Ullstein

ÜBER DAS BUCH:

Aline Apostolskas Buch ist ein Lebensratgeber im besten Sinne: die hohe Schule der Astrologie. Dieses Buch beschäftigt sich mit dem Kern der astrologischen Lehre: mit den Energien in uns, die durch die Sterne geweckt und beeinflußt werden. Aline Apostolska ordnet jedem Sternzeichen kosmische Energien zu und zeigt, wie man sie für das innere Gleichgewicht, für die Harmonie mit sich selbst und der Umwelt nutzen kann. So erschließt sie mit diesem Buch das eigentliche Wesen der Astrologie für unsere alltägliche Lebenspraxis. Lebendig und verständlich beschreibt die Autorin, wie man diese Energien der Sternzeichen erkennen und für unser Fühlen, Denken und Handeln anwenden kann. Im Mittelpunkt steht nicht wie in der konventionellen Astrologie die Frage nach unabänderlichen Schicksalsereignissen, sondern die tägliche Lebensgestaltung auf der Basis astrologischen Wissens.

DIE AUTORIN:

Aline Apostolska, geboren 1961 in Mazedonien im Zeichen der Jungfrau, studierte Geschichte an der Sorbonne in Paris. Der französischen Öffentlichkeit ist sie durch zahlreiche Auftritte in allen Medien bekannt. International hat sie sich als Vorreiterin einer modernen spirituell orientierten Astrologie einen Namen gemacht.

Aline Apostolska

Die Sternzeichen und deine kosmische Energie

Die neue astrologische Charakterkunde

Ullstein

Ullstein Buchverlage GmbH & Co. KG,
Berlin
Taschenbuchnummer: 35776

Titel der Originalausgabe:
Une vision inédite de votre signe astral
Einzig berechtigte Übersetzung aus dem
Französischen von Ursula Gaïl
Ungekürzte Ausgabe
April 1998

Umschlaggestaltung:
Vera Bauer
Unter Verwendung einer Abbildung von
Masterfile/BAVARIA

Printed in Germany 1998
Gesamtherstellung:
Ebner Ulm
ISBN 3 548 35776 8

Die Deutsche Bibliothek –
CIP-Einheitsaufnahme

Apostolska, Aline:
Die Sternzeichen und deine
kosmische Energie : die neue
astrologische Charakterkunde /
Aline Apostolska. [Einzig berecht.
Übers. aus dem Franz. von Ursula Gail].
– Ungekürzte Ausg.– Berlin : Ullstein, 1998
(Ullstein-Buch ; Nr. 35776)
Einheitssacht.: Une vision inédite de votre signe astral ‹dt.›
ISBN 3-548-35776-8

INHALT

Eine Einführung in die Astrologie

Die Beziehung zum Kosmos

»Die Astrologie ist der großartigste Versuch einer systematischen und konstruktiven Sichtweise der Welt, die je vom menschlichen Geist erdacht wurde.« (Wilhelm Knappich)

Diese Definition gibt dem Thema sofort die richtige Dimension und zeigt die ganze Vision der Beziehungen, die den Menschen mit dem Kosmos verbinden, dessen Teil er ist und den er in sich trägt.

Die Astrologie ist in ihrer Grundvorstellung ein poetisches System (denn sie spricht in Bildern und wendet sich an das Imaginationsvermögen) und auch ein symbolisches (denn sie ordnet diese Bilder in einer bestimmten Weise und verleiht ihnen einen Sinn). Sie ist das gewaltigste Werkzeug, das der Mensch je geschaffen hat, um zu versuchen, seine Beziehungen zum Unendlichen zu verstehen und seine Fähigkeit zu entwickeln, jene Energien zu beherrschen, die ihn umgeben und denen er nicht ausgeliefert sein will.

Man findet in der Astrologie jene Urdimension, die uns die Religionen wie auch die mystischen Philosophen stets begreiflich zu machen suchten: das Sichtbare zu definieren als das, was vom Unsichtbaren herrührt, und die Materie als das, was von der Energie des Geistes erschaffen wurde.

Die Astrologie ist die Brücke zwischen dem Sichtbaren und dem Unsichtbaren. Sie erlaubt, Raum und Zeit eines irdischen Lebens zu verstehen, weil sie dessen Mittelpunkt aufzeigt. Wie ein energetisches Mandala ermöglicht ein Horoskop, die dynamischen Antriebskräfte zu erkennen, für die ein Individuum gleichzeitig Szenerie und Handelnder ist. Und es gibt ihm die Möglichkeit, auf allen Gebieten seines Daseins das bestmögliche aus ihnen zu machen.

Sich erkennen, um sich zu lieben und zu respektieren

Die Astrologie ist weit davon entfernt, uns eine Lektion über das unvermeidliche und strafende Schicksal zu erteilen. Die Astrologie bietet vor allem die Chance, sich besser kennenzulernen: das, was einzigartig und unersetzbar an jemandem ist. Sie hilft, das »warum man gemacht wurde« herauszufinden, und von einer solchen allgemeinen Einschätzung der vorhandenen Kräfte ausgehend, den Weg zu weisen, wie man ein besseres Gleichgewicht und einen harmonischen und lebbaren Sinn zwischen dem Angeborenen und dem Erworbenen findet, zwischen dem Möglichen und dem Gelebten. Die Astrologie hat zum Ziel, uns zu helfen, uns besser zu verstehen, damit wir uns mehr lieben und danach harmonisch weiterentwickeln können.

Sagt die Astrologie die Zukunft voraus?

Sich besser zu kennen, die verschiedenen Gebiete des Lebens genauer zu erhellen, miteinander in Einklang zu bringen, sie zu beherrschen und gleichzeitig mit den dynamischen Kräften des Kosmos in Harmonie zu leben – das ermöglicht die westliche Astrologie. Kann sie aber auch Vorhersagen machen?

Ursprünglich ging die Astronomie aus der Astrologie hervor, denn mit ihr begann die tägliche Himmelsbeobachtung. Dann trennten sich die beiden immer mehr voneinander, bis der französische Staatsmann Jean Baptiste Colbert die Astrologie im 17. Jahrhundert endgültig aus der Akademie der Wissenschaften ausschloß. Man mußte bis zum 20. Jahrhundert warten, ehe ein Mann wie Albert Einstein es wagen konnte zu sagen: »Die Astrologie ist eine in sich geschlossene, aufklärende Wissenschaft. Durch sie habe ich viel gelernt. Ich habe ihr viel zu verdanken.«

Rein astronomisch gesehen besteht schon seit langer Zeit keine Übereinstimmung mehr zwischen dem Himmel und den astrologischen Zeichen. Doch das beeinträchtigt die zutreffende Richtigkeit der Astrologie, die eine rein symbolische ist, in keiner Weise. Wenn man vom Löwen spricht, meint man nicht die Sternkonstellation, sondern das Symbol und die Eigenschaften, die ihm zugeschrieben werden.

Die astronomisch-astrologische Spaltung ist das Merkmal des Westens, der sich dadurch von der Vorstellung eines »an den Himmel geschriebenen Schicksals« freimachen wollte. Im Orient ist dies anders, vor allem in Indien, wo sich das astrologische System im Lauf der Jahrtausende in Beziehung zur Astronomie entwickelte. Die Stärke der westlichen Astrologie ist ihre psychologische und dynamische Sachbezogenheit, während es bei der indischen Astrologie um die Vorhersage geht. Die beiden Systeme können sich also ergänzen, haben aber nicht das gleiche Ziel: Seit Jahrtausenden hat sich die westliche Astrologie als Werkzeug der Analyse und der Analogie vervollkommnet, während die indische ihre Werkzeuge der Vorhersage herausbildete.

Muß man sich deshalb von der westlichen Astrologie lossagen? Sicher nicht. Sie bleibt stets ein großes Mysterium auch und vor allem für »die Wissenden«, die den Symbolismus und

Arabische Astrologen stellen astronomische Beobachtugen an.

die Technik beherrschen. Die westliche Astrologie, so symbolhaft, psychologisch und energetisch sie sein mag, bleibt immer exakt, wenn man sie benützen will, um die Entwicklung einer Situation zu prüfen.

Sie ermöglicht es, viele Dinge zu erkennen. Sie ist ein unvergleichliches Werkzeug für die Entwicklung des Bewußtseins und der Verbindung zum Kosmos, doch sie bleibt immer etwas, das der Mensch nie genau kennen wird . . .

Die Werkzeuge der Astrologie

Um eine Persönlichkeit oder eine Situation zu entschlüsseln, die Energieflüsse zu erfassen und die spezifischen Antriebskräfte zu verstehen und dann zu lenken, hat der Astrologe Werkzeuge zur Verfügung, die ein großes esoterisches Wissen, eingehende Kenntnisse der Analogien und Jahrtausende von statistischen Erfahrungen zu ihrer heutigen Zweckmäßigkeit und Zuverlässigkeit geformt haben.

Diese Werkzeuge sind die Zeichen, die Planeten, die Häuser und einige immaterielle Punkte wie die Mondknoten, der Neumond, der Glückspunkt und vielleicht noch die Asteroiden Chiron und Ceres. Die Aspekte, die diese verschiedenen Punkte miteinander bilden, bestimmen die allgemeine Dynamik des Horoskops und zeigen die Stärken, Schwächen und Charakteristiken einer Person auf den verschiedenen Gebieten seines Lebens.

Betrachten wir das Horoskop einmal als eine genau umrissene irdische Reise, und stellen wir uns das Potential des Menschen als Fahrzeug vor: Die Zeichen bestimmen die Farbe der Karosserie und die typischen Eigenschaften der Marke, die Planeten sind für Stärke und Typ des Motors zuständig, und dank der Häuser ist es möglich festzustellen, auf welchem Gebiet des Lebens – persönliche Angelegenheiten, Gefühle, Beruf, Geld – sich diese Charakteristiken anwenden lassen.

Die wichtigsten Deutungselemente, um sich besser zu erkennen

Wie man an der untenstehenden Abbildung sehen kann, weist ein Horoskop mehrere Planetenpositionen in verschiedenen Tierkreiszeichen auf. Wir alle sind eine einzigartige Mischung der verschiedenen Komponenten. Wir fahren alle mit einer mehr oder weniger farbenprächtigen Karosserie. Um das Ganze lesen und verstehen zu können, muß man natürlich Astrologe sein, aber jeder von uns kann dank der zahlreichen Astrologie-Computer und Berechnungsgrundlagen die wesentlichen Elemente seines Horoskops kennenlernen, um dann mit einschlägigen Büchern weiterzuarbeiten.

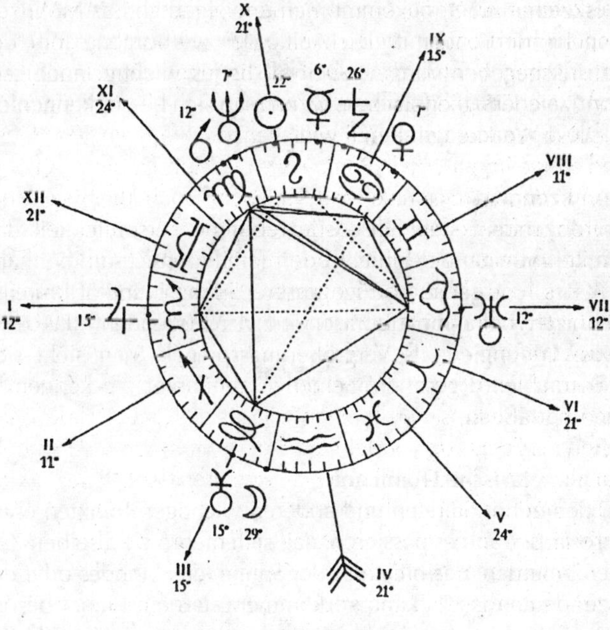

Beispiel eines Horoskops

Das Sonnenzeichen

Es ist der Grund, wenn wir sagen: »Ich bin Stier, Widder, Jungfrau ...« und durch die Position der Sonne im Augenblick unserer Geburt gegeben. Es charakterisiert unser äußeres Selbst, unser Sozialverhalten, unsere väterlichen Bindungen.

Das Mondzeichen

Es ist mindestens so wichtig wie das Sonnenzeichen, denn durch dieses Zeichen lernen wir unser inneres Selbst kennen, unsere Sensibilität, unsere Vorstellungskraft, unseren persönlichsten Teil und unser Mutterbild. Der Mond verrät mehr über die wesentlichen Seiten unseres Selbst, so daß gewisse Astrologien das Mondzeichen als das eigentliche wahre Zeichen betrachten. Wenn man in Indien jemanden nach seinem Tierkreiszeichen fragt, bekommt man unweigerlich das Mondzeichen zu hören, womit gleichzeitig der »verborgene Teil« des Ich preisgegeben wird ... Deshalb ist es wichtig, auch sein Mondzeichen zu erforschen, wenn man sich besser kennenlernen und genauer definieren will.

Der Aszendent

Der Aszendent stellt unsere angeborene Persönlichkeit dar, den Teil von uns, der uns in den familiären Zusammenhang stellt und die genauen Züge unserer Alltagsidentität umreißt. Technisch betrachtet repräsentiert der Aszendent das erste Haus. Er fungiert als Vergrößerungsspiegel: Man sieht sich darin und wird gesehen. Seinen Aszendenten zu kennen ist also unerläßlich.

Die planetarische Dominante

Bei den zehn Planeten und anderen wichtigen Punkten eines Horoskops kann es passieren, daß sich mehrere im selben Zeichen befinden, das nicht das der Sonne, des Mondes oder des Aszendenten ist. Es kann vorkommen, daß ein Planet besonders wichtig ist und sich in einem bestimmten Zeichen befindet. Diese Dominante wird gewöhnlich vom Astrologie- Computer berechnet, und man braucht sich selbst nur mit dem Studium des Zeichens dieser Dominante zu beschäftigen.

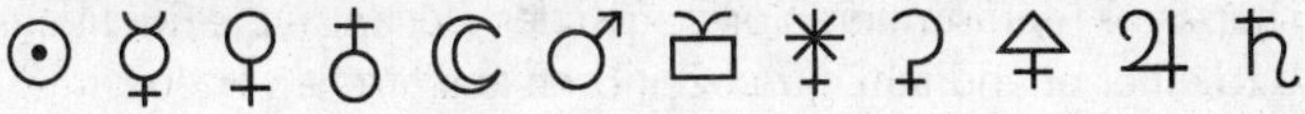

Diese verschiedenen Faktoren sind alle zuverlässige Hilfsmittel, um das kunstvolle, wohldurchdachte und subtile Werkzeug Astrologie gut und richtig zu gebrauchen.

Der Tierkreis

Die Zeichen – zwölf Bewußtseinsstationen

Wenn der Mensch den Blick zum Himmel erhebt, sieht er den Umlauf der Sonne am Himmelsgewölbe. Dieser Umlauf stellt den Tierkreis dar, der aus zwölf Konstellationen gebildet wird, Sterngruppierungen, die man heute gewöhnlich durch ein Abbild darstellt. Und diese Abbildungen haben den Tierkreiszeichen ihre Namen gegeben.

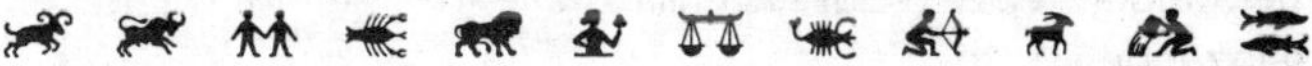

Gemäß den Planeten und den Sternbildern erstellten die Babylonier als erste einen Kalender, der auf der Astrologie und den vier Jahreszeiten basierte. Die Namen der Zeichen veränderten sich mit der Geschichte und den Zivilisationen, die sich eine nach der anderen »die Sprache der Sterne« aneigneten und weiterentwickelten . . . Aber was für Namen man den Zeichen auch gab, sie hatten immer die Aufgabe, das Fortschreiten der Zeit zu markieren, und symbolisch gesehen also auch die Weiterentwicklung der Persönlichkeit. Der Tierkreis verdeutlicht so in zwölf Abschnitten die Entwicklung der menschlichen Persönlichkeit, ihre Bewußtwerdung und den Übergang von einer Bewußtseinsebene zu einer anderen.

Jedes Zeichen hat bei dieser Entwicklung eine genau umrissene Aufgabe: vom Widder, der mit der Rückkehr der Urlebenskräfte analog dem Frühling das Ego in seinem ersten, aber auch kraftvollsten Primärstadium symbolisiert, bis zu den Fischen, die mit der Zeit der Schneeschmelze und der Auflösung aller irdischen Sicherheiten das Verschwinden des menschlichen Egos repräsentieren und auch den Zugang – die Rückkehr – zu einer unendlichen und zeitlosen kosmischen Ebene.

♈ ♉ ♊ ♋ ♌ ♍ ♎ ♏ ♐ ♑ ♒ ♓

Zwölf Zeichen, sechs Achsen

Die zwölf Zeichen, die wir kennen, wirken paarweise, das heißt, eigentlich existieren nur sechs wirkliche Zeichen, jedes mit einer Vorder- und einer Rückseite, aber die Grunddynamik und die wesentlichen Ziele sind identisch. Es gibt folgende sechs Achsen:

♈ ♎ **Die Achse Widder–Waage** oder *die Achse der Beziehung.* Die menschliche Beziehung bildet das Herzstück der Dinge, mit denen sich diese Zeichen beschäftigen, doch jedes der beiden reagiert auf gegensätzliche, das heißt am Ende ergänzende Weise.

Der Widder sagt: *Ich, ich ganz allein existiere gegenüber den anderen.*

Die Waage sagt: *Ich und der andere, ich existiere dank dem anderen.*

♉ ♏ **Die Achse Stier–Skorpion** oder *die Achse der Triebe.* Diese Zeichen sind im Zentrum der menschlichen und irdischen Materie. Sie kennen alle Geheimnisse des Lebens und des Todes, nehmen aber, was diese Grundfragen anbelangt, gegensätzliche Stellungen ein.

Der Stier sagt: *Das Leben ist auf der Erde. Ich erschaffe, und ich besitze.*

Der Skorpion sagt: *Das Leben geht durch den Tod. Ich zerstöre, um zu transzendieren.*

Echnaton, ägyptischer Pharao, opfert dem Sonnengott.

♊ ♐ **Die Achse Zwillinge–Schütze** oder *die Achse des Raums.* Diese Zeichen ermöglichen den Zugang zu einer vielschichtigen intellektuellen und dann spirituellen Sichtweise der Menschheit. Das Schlüsselwort heißt Bewegung, doch diese Bewegung wird verschieden erlebt.

Die Zwillinge sagen: *Ich bewege mich in meinem Kopf. Ich arbeite Ideen und Vorstellungen aus, ich übermittle.*

Der Schütze sagt: *Das Leben ist woanders. Meine Aufgabe ist zu suchen.*

♋ ♑ **Die Achse Krebs–Steinbock** oder *die Achse der Zeit.* Für diese beiden Zeichen liegt alles zwischen gestern und heute. Sie befinden sich jeweils an einem Pol des Lebensrades.

Der Krebs sagt: *Ich bin das Kind meiner Mutter. Das Imaginäre ist meine Realität.*

Der Steinbock sagt: *Ich bin mein eigener Vater. Ich ersteige meinen Berg.*

♌ ♒ **Die Achse Löwe–Wassermann** oder *die Achse der Individuation.* Diese Zeichen symbolisieren das Stadium des vollkommen Erwachsenen. Doch jeder sieht seine Rolle als Erwachsener unter Erwachsenen anders.

Der Löwe sagt: *Einer für alle. Ich bin das Vorbild, auf das jeder sich beziehen kann.*

Der Wassermann sagt: *Alle wie einer. Ich bin mit meinen Brüdern solidarisch und wesensgleich.*

♍ ♓ **Die Achse Jungfrau–Fische** oder die *Achse der Wiederherstellung.* An diesem Punkt des Tierkreises ist es an der Zeit, die Vorstellung einer Individualität aufzugeben. Es kommt auf die Seele an, und man denkt mehr an seinen Nächsten als an sich selbst.

Die Jungfrau sagt: *Ich opfere mich auf der Erde. Ich nütze dem Alltäglichen.*

Der Fisch sagt: *Ich lasse los. Durch mich vollendet sich das Gesetz Gottes.*

Vier Elemente, drei Kreuze

Die vier Elemente Feuer, Erde, Luft und Wasser, nach diesen sechs Achsen kombiniert, ergeben außerdem eine Dreieraufteilung, die den Typ der Elementenergie jedes Zeichens und auch das Stadium der initiatischen Entwicklung spezifiziert. Wir haben es also mit folgenden drei Kreuzen zu tun:

Das kardinale Kreuz
Widder/Waage
(Feuer/Luft, männlich)
Krebs/Steinbock
(Wasser/Erde, weiblich)

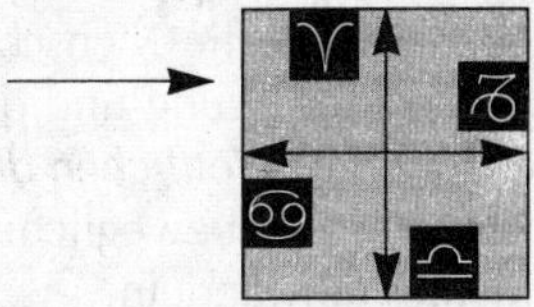

Es ist **das Kreuz des Geistes.** Im Lateinischen bedeutet das Wort *cardinal* »Türangel«. Die Kardinalzeichen *weihen die Energie des Elementes ein,* zu dem sie gehören. Sie führen den Begriff ein, gemäß der Vorbereitungszeit der Seele, ehe sie das Tor der Einweihung durchschreitet. Sie repräsentieren das erste Entwicklungsstadium der Seele.

Das fixe Kreuz
Stier/Skorpion
(Erde/Wasser, weiblich)
Löwe/Wassermann
(Feuer/Luft, männlich)

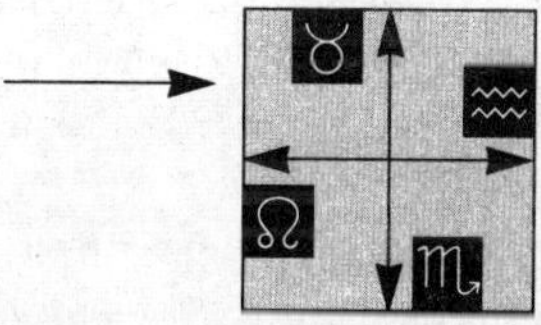

Dies ist **das Kreuz der Seele.** Es sind die heiligen Zeichen, die die Energie des Elementes symbolisieren, zu dem sie gehören. *Die göttliche Botschaft ist in ihnen niedergelegt,* daher die Analogie zu den vier Evangelisten. Die Zeichen repräsentieren die Seele in ihrer Vollendung.

Das bewegliche Kreuz

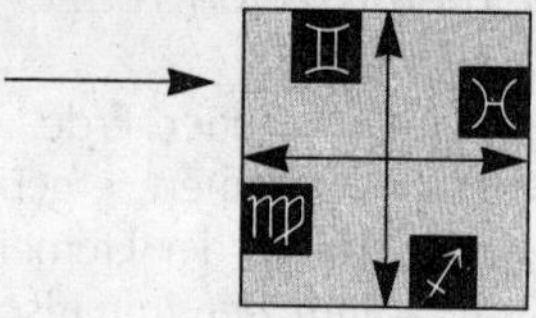

Zwillinge/Schütze
(Luft/Feuer, männlich)
Jungfrau/Fische
(Erde/Wasser, weiblich)

Es ist **das Kreuz des Körpers.** Es verdeutlicht den Weg des täglichen Lebens, dem alle Menschen unterworfen sind. Es repräsentiert die Kreuzigung und die täglichen Schwierigkeiten derjenigen, die *dem Göttlichen durch die Materie dienen,* und seinen Gebrauch. Die beweglichen Zeichen sollen die Energie ihres Elementes umwandeln.

Wie schon gesagt, sind wir alle eine Mischung dieser verschiedenen Variablen, aber ein Zeichen tritt auf unserem Weg eben ganz besonders hervor.

Ein Zeichen, ein Stern, eine Botschaft . . .
Erkunden wir es jetzt in allen Einzelheiten.

WIDDER

21. März–20. April

Ich bin, sagt der Drache.
Ich bin ein ungestilltes Feuer,
das Zentrum aller Kräfte,
ein Held mit großem Herzen,
gleichzeitig Wahrheit und Licht.
Meine Hände halten Macht und Ruhm.
Meine Gegenwart allein vertreibt die dunkelsten Wolken.
Man hat mich auserwählt, das Schicksal zu zähmen.

Das ist das Kredo des Widders, der in der chinesischen Astrologie dem Drachen entspricht. Das Bild ist schon auf den ersten Blick sehr eindrucksvoll, und wer sich einen feuerspeienden Drachen vorstellt, wird ins Land der Helden und Legenden versetzt, wo es um die Selbstüberwindung und die Notwendigkeit geht, sich nur auf seine eigenen Kräfte zu verlassen. Je nach Temperament wird der Betrachter angespornt, erschreckt oder gleichgültig zu sein. Der Widder selbst ist von diesem Bild völlig fasziniert, und die Vorstellungen von Kraft, Heldentum, Selbstbestätigung und Licht lassen ihn erbeben. Er sieht sich übrigens nicht in Gestalt des Drachen, sondern in der Rolle eines stolzen Ritters ohne Tadel, der den Drachen besiegen wird, und der Gedanke, er könnte seine Aufgabe nicht bewältigen oder daß es solche Mythen in der Wirklichkeit nicht gibt, streift ihn nicht einmal.

Die Vorstellung zu siegen mobilisiert seinen Körper und seine Seele, und dann kann ihn nichts mehr aufhalten. Versagen bedeutet für ihn schlimmstenfalls, wieder anzufangen ... was er übrigens während seines ganzen Lebens unaufhörlich tut. Wenn er eine Idee im Kopf hat, treibt ihn das mit der Geschwindigkeit und Unwiderruflichkeit einer Kanonenkugel vorwärts. Daß dies von Lärmen und Tosen begleitet wird, läßt ihn kalt: Der Widder weiß zu genau, daß keine Zeit für Vorsicht und Behutsamkeit ist, wenn das Leben beginnt. Er stürmt einfach vorwärts.

Zur Frühjahrs- Tagundnachtgleiche

Das Gesetz des Zwischen-zwei-Dingen-Stehens ist immer sehr vieldeutig auslegbar, denn es stellt einen vor die Aufgabe, eine Seite zu wählen und das Territorium abzustecken, ohne daß dieses von Anfang an klar abgegrenzt ist. Das ist das Problem des Zeichens der Fische, das im Unbewußten des Widders noch herumspukt. (Man darf nie vergessen, daß nach dem Gesetz der Rotation des Lebensrades der Widder direkt aus den Fischen »hervorgeht«.) Aber die Fische bleiben auf der Seite des Winterendes, der Widder dagegen ist gezwungen, sich auf die Seite des Frühlingsbeginns zu stellen. Eine gewisse Kälte bleibt jedoch: Es ist noch nicht aller Schnee geschmolzen, es regnet viel, und man weiß nicht, an welchen Eisheiligen man sich wenden soll, damit die Saat wächst und nicht durch einen plötzlichen Frosteinbruch erfriert.

Es ist nicht die Art des Widders, mit all diesen Feinheiten zu spielen: Sein Leben beruht auf der Tatsache, daß jetzt mit allem Zögern Schluß ist und er den neuen Aufbruch vorwärtstreibt. Schließlich ist er ja der einzige, der vom Frühling eine Vorstellung hat, eine genaue Idee, eine Fackel, die zum Sammeln ruft, eine Besessenheit, die jedes Zögern beendet. Das ist die Aufgabe, die dieser Pionier hat! Er ist der Wegbereiter. Er wird das Leben zurückbringen, das bis anhin noch niemand sieht und an das nur er allein glaubt . . .

Das Zeichen allen Neubeginns

Wer seine stürmische Energie, seine Unbesonnenheit, seine Wildheit und Gewalttätigkeit kritisiert, und das oft nicht zu Unrecht, muß bedenken, daß die Aufgabe des Widders sehr schwierig und es für ihn eigentlich besser ist, nicht zuviel darüber nachzudenken. Denn der Widder muß nicht nur genügend Kraft für alle haben, er weiß außerdem, daß er selbst von dem, was er in Gang bringt, letztlich nichts hat und nur teilweise davon profitiert. Er ist das Zeichen der Idee, des Beginns und der Geburt, nicht das der Verwirklichung und der Ernte, dafür muß man bis zum Stier warten. Ergebnisse interessieren den Widder sehr viel weniger als das In-Gang-Setzen der Dinge. Reizvoll ist nur, was noch erschaffen werden muß. Er bringt eine Sache ins Rollen, sucht dann aber sofort nach neuen Unternehmungen, die er starten kann.

Die menschliche Schöpfung spielt sich immer in drei Phasen ab: Ausdehnung, Konzentration und Zerstörung. Diese Phasen entsprechen denen des Mondes und damit auch allen Rhythmen des Kosmos und des Lebens, äußerlich und innerlich. Der Widder läßt den Tod hinter sich, den der Winter symbolisiert, und verkörpert am besten die Phase der Expansion, in der man vorangehen muß, ohne zu überlegen und ohne Scheuklappen. Sein Leben ist ein unaufhörliches Erzeugen. Das ist auch die Devise der tapferen Ritter, die ohne Berechnung ihr Bestes geben und nicht erwarten, daß sie etwas zurückbekommen.

Der Widder kennt die Einsamkeit des Eroberers, der nur seine Tapferkeit und seinen guten Glauben zu Gefährten hat und für den es, wenn die Tat getan und die Gerechtigkeit wiederhergestellt ist, keinen Grund gibt, sich länger bei denen aufzuhalten, die ihn gebraucht haben.

Die Angst vor der Einsamkeit

Und dennoch gibt es kein Zeichen, das die Einsamkeit so sehr verabscheut. Das kühne und eigensinnige Verhalten des Widders, der sich mit einer Idee, die ihn vorantreibt, vollkommen identifiziert, hat seine Existenzberechtigung nur in Verbindung mit dem Ergebnis, das er von außen her erwartet. Er ist nicht aus einem inneren Bewußtsein heraus mutig. Er ist mutig, damit die Außenwelt ihn anerkennt und ihm folgt . . . alles in allem also, um geliebt zu werden. So einfach ist das, aber oft erkennt man das nicht, weil der Widder mit solcher Schroffheit und Direktheit zu Werke geht und den anderen beinahe dazu drängt, ihn zu lieben.

Sein Enthusiasmus verführt viele. Andere aber verärgert er damit, und das ist das Problem. Sie fühlen sich von diesem aggressiven Ungestüm überrumpelt, verletzt, terrorisiert. Mit der Kunst des feinen Benehmens hat er nichts im Sinn. Wenn der Widder das Stroh anzündet, sieht er es schon zu Asche zerfallen, ehe es noch verbrannt ist. Das trifft auf alle Gebiete zu, bei denen es um Beziehungen geht, denn der Widder begeistert sich auf diese Weise für private und geschäftliche Unternehmungen ebenso wie für eine Reise. Er hat einen Horror vor der Einsamkeit, aber noch mehr schreckt er vor Verhandlungen oder echten Dialogen zurück.

Falls der Widder nicht auf jemanden trifft, der ihm folgt, ohne etwas von ihm zu wollen – obwohl ihn ein solcher Typ verärgert –, stellt ihm seine Unfähigkeit zu raten und zu versöhnen, seine notorische Aggressivität, die für ihn Jungsein, Verteidigung und Existenzbeweis zugleich ist, stets ein Bein. Alles in allem genommen steht er, was Beziehungen angeht, auf dem Standpunkt »Ich, ich ganz allein«. Das bringt ihn zwar selbst zur Verzweiflung, aber es ist seine einzige Möglichkeit zu funktionieren, denn er ist zutiefst davon überzeugt, daß man nur existiert, wenn man gegen etwas Front macht.

Ich opponiere, also bin ich . . .

Existieren heißt opponieren – in diesem Satz drückt sich eines der fundamentalen Gesetze der Widderexistenz aus. Um besser zu verstehen, was gemeint ist, genügt es, sich an das Verhalten eines zweijährigen Kindes zu erinnern. In dieser Phase der Identitätsbildung liegt der Antrieb in der Machtergreifung. Das Kind entdeckt die Fähigkeit, auf seine Umgebung einzuwirken und Wirkungen zu erzielen. Diese »wunderbare« Entdeckung ist berauschend, denn zum erstenmal wird sich das

Kind seiner Existenz und des Spiels von Frage und Antwort bewußt, der erzielten Wirkungen und der Auswirkungen, und das ist der zentrale Mechanismus des Lebens, von dem es bisher ausgeschlossen war.

Wie könnte man seine Existenz in diesem Stadium des Stammelns bekräftigen, wenn nicht durch Übertreibung und Wirbel? Existieren heißt opponieren, heißt nein sagen, und sei es auch nur, um sich wichtig zu machen, sein Revier abzustecken oder sich der mütterlichen Autorität zu widersetzen. Erst in einem weit fortgeschritteneren Stadium der Persönlichkeitsbildung kann man sich selbst finden, wenn man seine Lehrzeit durchgemacht hat und die wahre Reife erfahren hat. Und wenn man ein ganzes Individuum geworden ist.

Im Stadium des Widders, dem des Auftauchens des Ichs, erscheint die Vorstellung, zu sich selbst zu finden, wie eine Bremse, wie eine Gefahr, wie ein Hindernis, und das macht den Widder wütend. Sich zu erkennen würde ihn von seinen Bedürfnissen und seinem unmittelbaren Ziel abbringen. Und sein Ziel ist, mit allen Mitteln und mit Eklat seine Existenz und seine Handlungsfähigkeit zu beweisen. Deshalb sind die in diesem Zeichen Geborenen zu einer Opposition gezwungen, die für ihre Umgebung irritierend und ermüdend ist.

Dieses ständige Aufbegehren hat etwas Kindisches, Unechtes, Verdächtiges. An Energie und fast naiver Begeisterung mangelt es dem Widder glücklicherweise wahrlich nicht: Denn der Widder muß vorangehen, weil er nicht umkehren kann.

Alle Widder liegen, bewußt oder nicht, im Kampf mit ihrem äußerst widersprüchlichen Verlangen nach Beziehungen, nach Bindungen, nach Versöhnung. Das Verhältnis zur Mutter, zur Autorität, vor allem zur Gruppe (der Widder ist ein Herdentier) ist mehr als doppeldeutig und immer von Haßliebe geprägt, von Regungen der Ablehnung, auf die der Wunsch nach Versöhnung folgt. Sie träumen davon, zu zweit zu sein, verheiratet, vereint, mit dem anderen zu verschmelzen . . . Aber zur Bestätigung ihres souveränen Ichs, das sich gerade erst entfaltet und so zerbrechlich ist, daß man es überall lautstark ausrufen muß, lassen sie den anderen keine andere Wahl, als ihnen bedingungslos zu folgen und ihrer Stärke zu vertrauen – oder sich von ihnen zu trennen.

»So ist es eben und nicht anders!« Nun, es ist eben doch häufig anders, denn nicht jeder hat Lust, ständig im Zustand des Zweikampfs zu leben, was zwar reizvoll und aufregend sein kann, aber auch ermüdend und im Alltag nicht durchführbar. Die Streitereien häufen sich, und der Widder ist verzweifelt, denn er liegt ständig im Kampf mit seinem Traum von der vollkommenen und doch so unmöglichen Vereinigung . . .

Ermüdbar, aber unverwüstlich

Für den Widder ist die Fähigkeit, eine Idee bis zur Realisierung zu verfolgen, nicht alltäglich. Seine Hartnäckigkeit ist absolut schöpferisch, und er hat den Lorbeer für eine phänomenale Initiativkraft verdient. Der Kopf ist der Teil des Körpers, der dem Widder entspricht, und tatsächlich beginnt für ihn dort alles. Er formt dort seine Ideen, stellt sie sich vor, malt sich die Aussichten dafür aus. Seine Stärke liegt im Intellekt. Daß diese Einfälle oft Luftblasen sind, stört ihn nicht. Unter den vielen Ideen und Anregungen wird schon eine sein, die etwas taugt.

Der Widder heilt lieber, als vorzubeugen, experimentiert lieber, als Marktforschung zu betreiben. Er lebt von der totalen Ausschöpfung seiner unerschöpflichen Mittel. Das trifft für das Gebiet der Gesundheit zu und auch für den Alltag. Der Widder benutzt die Energie der Frühlings-Tagundnachtgleiche. Er weiß, daß er immer wieder von vorne anfangen kann. Schließlich gebraucht er nur, was ihm ohnehin gehört, selbst wenn sich das in Phasen von Depressionen (der Winter ist für ihn unannehmbar) und völliger Erschöpfung, gefolgt von neuem Anfang, manifestiert.

Über das Ich hinausgehen

Der Widder ist das Zeichen, unter dem das Ich hervortritt, und er hat das unbezähmbare Bedürfnis, seiner Existenz und seinem Gesetz Geltung zu verschaffen. Und so ist der Widder auch das Zeichen der Geburt, des Beginns aller Dinge. Aber trotzdem sehnt er sich insgeheim nach Vereinigung, nach Kennenlernen von all dem, was man nur zu zweit erfahren und erschaffen kann.

Zwar besteht er darauf, ein eigenständiges Individuum zu sein, das nach seinen eigenen Kriterien und eigenen Grundsätzen lebt, damit es im Leben etwas bewirken kann, aber für seine Entwicklung ist eine Verbindung unumgänglich – zumindest in einer menschlichen Gesellschaft, wie wir sie kennen und bei dem in ihm vorhandenen Gefühlspotential. Deshalb muß er über sein Ich, das Ego, hinauswachsen, über seine Unverfrorenheit und seinen Willen zur Macht, die sein Grundmuster sind. Um eine Sache anzufangen, genügt es, sich durchzusetzen. Um etwas aufzubauen, muß man außerdem lernen, zu verhandeln und sich zu mäßigen. Man beginnt ganz allein, aber nur zu zweit entwickelt man sich. Auf allen Gebieten seines Lebens muß der Widder nach tausend Reinfällen, die ihn zur Verzweiflung bringen, diese Lektion des Lebens lernen.

Den Widder verstehen

Die Grundstruktur

Männliches Zeichen

Die männliche Polarisierung erhöht, wie es in der astrologischen Fachsprache heißt, die aktive, wegbereitende, schöpferische, strukturierende und schätzende Komponente, die charakteristischen Yang-Eigenschaften, Äußerungen des trockenen und heißen Tagesprinzips. Dies bedeutet die Anlage zu leiten, zu entscheiden, voranzugehen, zu fordern und schließlich auch zu teilen, um zu herrschen, und weniger die Qualitäten zu empfangen, zu verstehen, zu versöhnen, sich zu mäßigen und sich zurückzuhalten. Es bedeutet aber auch, daß dieses Zeichen besser von Männern gelebt wird als von Frauen, denn seine Eigenschaften implizieren eine bessere Ausgewogenheit zwischen der Polarisierung des Zeichens und dem sexuellen Pol der Person.

Bei den **Männern** dieses Zeichens verstärkt sich übrigens auch ihr viriler Aspekt, und sie repräsentieren den Prototyp der Mensch gewordenen Kraft, mit einer ritterlichen und unverdeckt aktiven Seite. Sie sind dynamisch, verantwortungsbewußt, entscheidungsfreudig.

Die **Frauen** leben die Charakteristiken dieses Zeichens oft zu sehr aus, wie das häufig bei der sehr maskulinen Polarisierung der Feuerzeichen der Fall ist. Sie sind »tapfere kleine Soldaten«, die fest auf den Beinen stehen, den Kopf hoch erhoben, der Blick offen, der Geist klar und rein. Sie sind entschlossen, sich nicht auf die Füße treten zu lassen, und lassen keine Gelegenheit aus, die, die sie lieben, zu verteidigen, weil die sich ihrer Meinung nach ohne sie nicht aus der Affäre ziehen können.

Mars im Mann verkörpert bringt solide und zuverlässige, aber auch nervöse und dynamische Wesen hervor, die man mit einer elektrischen Batterie vergleichen könnte. Mars in der Frau verkörpert schafft mutige und kraftvoll gebaute Athletinnen, die das Leben bis zur Neige auskosten und es kampflustig anpacken, mit weichem Herzen unter einem eisernen Harnisch.

Feuerzeichen

Wie Löwe und Schütze gehört der Widder zum Element Feuer, was vor allem bedeutet, daß er »einen Tiger im Tank« hat. Die Feuerzeichen besitzen den fabelhaften Motor der Begierde und haben die phänomenale Eigenschaft, Berge versetzen zu können, um das ins Rollen zu bringen, was sie haben wollen. Begeisterung, Tatendrang, Mut, schöpferische Kraft und Unternehmungsgeist mischen sich mit ihrem Ehrgeiz und bilden eine übererregbare und demonstrative Persönlichkeit.

Das Feuer symbolisiert das Streben der Seele nach oben und

verzehrt alles, was vergänglich ist. Es bleibt nur die wahre Bedeutung und Echtheit jeder Sache.

Im Negativen verschärfen diese Charakteristiken eine Tendenz zu Übertreibung und Maßlosigkeit. Eine gewisse Neigung, zu schnell zu sein und konkrete Einzelheiten zu übergehen, gehört ebenfalls zu den für das Element Feuer typischen Fehlern. Alles in allem findet man bei ihm alle Großartigkeit, aber auch alles Elend der menschlichen Natur.

Das Feuer ist das Gegenstück zur Erde und »zieht nach oben«, in Richtung des Geistes und der Seele, und zielt darauf hin, den mehr göttlichen Aspekt der Menschheit darzustellen. Aber dadurch kann es auch dazu führen, einfache, alltägliche Dinge zu übergehen, weil man eine gewisse Schwierigkeit hat, sich für die Verwirklichung von Vorstellungen und Wünschen und den praktischen Gebrauch und die Verwaltung der Dinge zu interessieren. Beim Widder handelt es sich um das Feuer des Frühlings, ein impulsives und heftiges Feuer, das aus der Natur des Winters kommt, um einen neuen Zyklus der Lebensschöpfung zu befruchten.

Kardinalzeichen

Der Widder gehört wie Krebs, Waage und Steinbock zu den Kardinalzeichen und hat damit die Aufgabe, einen Zyklus einzuleiten. Diese Zeichen werden noch vom vorangegangenen Zeichen »bewohnt«, weil sie am Anfang der Jahreszeit stehen, zu der sie gehören. Für sie ist daher charakteristisch das Bedürfnis nach Entwicklung und Umwandlung, ein inneres (oder äußeres) Leben in ständiger Bewegung und das Temperament des Pioniers, des Aufklärers und des Wegbereiters. Man kann auch sagen, daß sie immer noch auf der Suche nach sich selbst sind, weil sie gerade erst im Werden sind, im Gegensatz zu den festen Zeichen, die jeweils die Fülle ihrer Jahreszeit symbolisieren. Der Widder repräsentiert also das Hervortreten des Feuerprinzips, das sich im Löwen verfestigt und sich im Schützen zu einem höheren Stadium entwickelt.

Die Erregbarkeit, Gefühlsbetontheit, der Mut und auch der Idealismus des Elements Feuer drücken sich also mit einem

Maximum an Lebhaftigkeit aus, aber auch die Neigung zur Instabilität, zur Heftigkeit findet sich in ihm verschärft. Im Stadium des Kardinalzeichens fehlt es immer an wahrer Reife, und beim Widder, dem ersten dieser Zeichen (»der erste der ersten«), verdoppeln sich diese allgemeinen Qualitäten und Mängel.

Cholerisches Temperament

Bei den Widdergeborenen spielt der Zustand der Nerven eine wichtige, vordringliche Rolle. Sie sind in ihrem Gefühlsleben extrovertiert, gesellig und Schwankungen unterworfen und erweisen sich gegenüber den Schwierigkeiten, die sie durch ihren Überschwang hervorrufen, und ihren oft sehr schmerzenden Enttäuschungen äußerst sensibel.

Ein wenig Mäßigung ist nötig, damit sie dank ihrer psychisch-emotiven Schwankungen nicht Achterbahn fahren, weil sie alles hautnah leben und die Wirklichkeit nur durch die Brille ihrer schlecht kanalisierten, schlecht angewendeten und unvollständig entsorgten Sensibilität lesen. Natürlich wirkt sich das auf der physischen Ebene aus, und weil der Widder es immer eilig hat, ohne zu wissen, warum, endet es damit, daß er die verschiedensten Leiden verspürt; er, der von eiserner Gesundheit ist und keine Krankheiten erträgt, weil sie ihn sowohl bremsen als ihm auch angst machen! Auch ist es nicht erstaunlich, daß die in diesem Zeichen Geborenen wegen ihres dünnen Nervenkostüms oft unter Depressionen und Melancholie leiden, ja sogar Alkoholiker und Zyniker sind, als letzte Waffen gegen eine Gefühlswelt, die sie nur wenig kennen und nur wenig steuern können.

Die Sterne des Widders

Als erstes **Kassiopeia,** weiß und strahlend, Symbol der Frau als Herrscherin. Kassiopeia liegt auf dem Polarkreis, beim Sternbild Cepheus, das den König oder den Gesetzgeber symbolisiert. Da das Zeichen des Widders mit der Notwendigkeit verbunden ist, seine Macht über die Materie und die Form zu demonstrieren, findet man sofort die Verbindung zwischen den

Sternen, die seine Schritte lenken, am Firmament und in ihm selbst.

Dann kommt **Cetus** (der Walfisch), der die inkarnierte Seele zerstören will. Und schließlich **Perseus,** der dem Sieg über die primitivsten und unmittelbar zerstörerischsten Instinkte entspricht. Er bringt dem Widder die Flügelsandalen, das Brustschild der Weisheit und das Sichelschwert, das seine Dunkelheit durchschneidet, damit er sich bis zur Reife entwickelt.

Mythologie

Die Mythologie ist die beste Quelle, um die Essenz der Zeichen zu erfassen. Ihre Bilder ermöglichen es, auch die verborgenen Dimensionen zu erkennen. Im Fall des Widders stehen alle mythologischen Gestalten, die ihm zugeschrieben werden (Mars regiert den Widder!), für die Uraggressivität des Lebenswillens, die Vormacht der Instinkte, der Kampfeslust, aber auch für das Bedürfnis, sich zu entwickeln und erste Begeisterung reifen zu lassen.

Wenn man annimmt, daß die Welt mit dem Zeichen der Fische beginnt – und dort auch endet –, dem Symbol der Urwasser, und sich im Zeichen des Stiers inkarniert und Form annimmt, erkennt man sofort, daß ein wichtiges Zwischenstück fehlt: das der Befruchtung, des männlichen und sexuellen schöpferischen Prinzips. Das ist die Entwicklungsstufe des Widders, deren Symbolismus in allen Mythologien der Welt mit dem »instinktmäßigen Anbruch der Morgendämmerung« assoziiert wird, aber auch mit der Notwendigkeit eines Opfers auf dieser ersten Stufe. Dieses Einweihungsopfer schafft die Möglichkeit, sich wieder mit den Tiefen des Seins zu verbinden und über den Instinkt zu triumphieren, um zur Erkenntnis zu gelangen.

Mutig, impulsiv, schöpferisch und dynamisch, aber auch cholerisch, dickköpfig, aggressiv und zerstörerisch, wie der Widder ist, sollte er erst immer über die Kräfte nachdenken, die ihn beherrschen, die ihn aber auch in seiner Entwicklung fördern, da sie ihn dazu antreiben, sich von seinen ursprünglichen Bindungen zu befreien. Aber sie erschöpfen sich dann sofort, und er bleibt schließlich von ihnen so lange abhängig, bis er seine Instinkte und Wünsche beherrschen und erkennen lernt, was ihn zum Handeln – und auch zum Zerstören – treibt und ihn letzten Endes daran hindert, weiterzuschreiten und seine Unternehmungen unter günstigen Bedingungen zu vollenden.

Die Heftigkeit – bei ihrem Ausbruch rettend und gesund – wird zur Gefahr, wenn sie sich in eine Bombe verwandelt, die man kaum noch entschärfen und die dem in diesem Zeichen Geborenen oder seiner Umgebung jeden Augenblick um die Ohren fliegen kann. Daß Bindungen zerbrechen, ist die größte Gefahr, da Vereinigung und Teilen die einzigen wahren Sehnsüchte des Widders und in seinen Augen die wichtigsten Ziele sind.

Wenn der Widder sich selbst gut beherrscht und als reifer Mensch handelt, kommt niemand ohne ihn aus – auf allen Ebenen –, und nichts kann ihn dann glücklicher machen oder ihn mehr motivieren . . .

Stärken und Schwächen des Widders

Die Stärken

- Enthusiasmus, Leidenschaftlichkeit, Staunen
- Erfindungsgabe, Kreativität, Unternehmergeist, Initiative
- Beschützerinstinkt, Ritterlichkeit, Pflichtbewußtsein
- Edelmut, Menschlichkeit, Sensibilität
- Charakterstärke, Authentizität, Verantwortlichkeit
- Mut, Kampflust, Pioniergeist
- Körperliche Widerstandsfähigkeit, Dynamik, Positivismus
- Sexuelle Kraft, Vergnügungsliebe, Großzügigkeit
- Fähigkeit zur Erneuerung und Wiedergeburt
- Offenheit, Ansprüche stellen, Loyalität
- Schnelle Auffassungsgabe, rasch im Handeln

Die Schwächen

- Naivität, Oberflächlichkeit, Infantilität
- Notorische Undiszipliniertheit, Provokation, chronisches Neinsagen, Zynismus
- Ernüchterung, Einsamkeit, Unsicherheit
- Keine Ausdauer, Uferlosigkeit, Kurzsichtigkeit
- Partei ergreifen, Engstirnigkeit, Borniertheit
- Verschwendungssucht, Komödie spielen, Unbeständigkeit
- Ermüdbarkeit, schlechter Umgang mit seinen Energien
- Tobsucht, Aggressivität, Zorn, Zerstörungswut
- Egoismus, falsche Sensibilität, Härte
- Linkisches Wesen, Mangel an Diplomatie und Psychologie
- Flüchtigkeit, Oberflächlichkeit

♈

Die Aszendenten des Widders

Das Zeichen des Aszendenten repräsentiert das erste Haus und spiegelt die Persönlichkeit wider.

Astronomisch gesehen gibt das Sonnenzeichen die Position der Sonne im Geburtsmonat an, der Aszendent die Position der Sonne am Tag und zur Stunde der Geburt. Durch die Aszendenten ist es möglich, das Zeichen, zu dem sie jeweils gehören, differenziert zu sehen, das heißt, die Wirklichkeit durch eine andere Facette wahrzunehmen.

In diesem Sinn ist der Aszendent ein Vergrößerungsspiegel, durch dessen Prisma man sich sieht und gesehen wird.

Wenn Sie das Zeichen Ihres Aszendenten noch nicht kennen, lassen Sie es sich am besten durch einen astrologischen Computer ausrechnen.

1. Widder – Aszendent Widder

Ein Widder »im Quadrat«. Aufbrausend und eigenwillig, ist er schwer zu lenken und im Zaum zu halten. Er ist egozentrisch, nimmt nichts ernst, widerspricht ständig, entscheidet über alles, und das immer sofort, aber nicht definitiv. Denn letzten Endes ist er sehr unschlüssig und will eigentlich nichts anderes, als sich seiner Umgebung anzupassen, benimmt sich dabei aber so, daß man ihn für den größten Einzelgänger und selbständigsten Menschen hält, den es je gegeben hat – ein schwerer Irrtum, den der Widder übrigens häufig als Ungerechtigkeit erlebt.

Die Frauen benehmen sich in dieser Hinsicht viel »mannhafter« und zeigen sich viel verstandesbetonter. Die Männer verbergen ihre Schwäche nur schlecht; sie träumen zwar von einer vollkommenen Vereinigung mit jemand Gleichgesinntem, verbringen aber nicht wenig Zeit damit, gegen alle und alles zu opponieren.

2. Widder–Aszendent Stier

Eine ruhigere Wesensart, weniger explosiv und weniger alles niederwalzend als die typischen Widder. Dem Wollen folgen meist konkrete Auswirkungen. Die in dieser Konstellation Geborenen können besser eine Verbindung zwischen Denken und Handeln herstellen, auch auf längere Dauer. Sie schätzen das Erworbene, ihr Haus, schöne Dinge. Sie lieben ihre Freunde und nächtelange Diskussionen über gemeinsame Pläne. Sie sind kraftvoll, künstlerisch begabt und gute Arbeiter, dabei aber empfindlich und spitzfindig.

Ihr Gefühlsleben regiert sie, im Guten wie im Schlechten, und macht sie letztlich sehr verwundbar und großen Gefühlserschütterungen unterworfen, die ihre innere Landschaft sehr schnell verändern. Einmal lachen sie, dann weinen sie, auf intensive Freude folgt tiefe Depression, und so reiben sie sich auf und können ihren Elan der Gefühle nicht mehr mit solchem Enthusiasmus und Vertrauen ausleben. Zweifel befällt sie, mit das Schlimmste, was ihnen passieren kann. Sie möchten so sehr, daß alles klar, ordentlich und einfach ist (sogar simpel) – aber sie müssen eben lernen zu akzeptieren, daß sie manchmal auch gegen den Strich gebürstet werden.

3. Widder – Aszendent Zwillinge

Achtung, hier kommen die Rambos – aber sehr zerbrechlich! Sensibel, lebendig, intelligent (sehr intelligent!), verstandesbetont, äußerst kreativ und phantasievoll, aber auch genauso instabil, aufgeregt, fahrig und von chronischer Nervosität. Physisch wie emotionell brauchen sie ständig Publikum als Spiegel, damit sie sich schön, stark, unschlagbar fühlen und dem gegenüber sie ihre Rolle als unbesiegbarer, aufrechter, gerechter – wenn nicht gar richtender – und unternehmender Indiana Jones spielen können. Ausgelassen und charmant, sind sie die Verkörperung der Lebensfreude. Der Humor ist ihre Waffe, und sie sind immer bereit, die besten, positiven und lebensvollen Seiten der Menschen und Dinge zu sehen.

Doch das kann sich auch in Zynismus verwandeln, denn das Leben ist nicht so klar wie ihr Geist, und sie sind zu intelligent, um nicht die Kehrseite der Dinge zu sehen. So schleppen sie einen Bodensatz enttäuschter Klarsichtigkeit mit sich herum, eine Klarheit des Geistes, der sie auch nicht durch ihre Lebensfreude entkommen können. Dies gilt vor allem für die weiblichen Widder, die großartige Frauen sind, ein klein wenig naiv, sehr fein und boshaft – aber im Grund äußerst zerbrechlich. Die in diesen Zeichen Geborenen funktionieren vor allem, wenn die Umgebung ihnen Grenzen und genaue Schranken setzt und sie sich um das tägliche Einerlei nicht kümmern müssen.

4. Widder – Aszendent Krebs

Bei dieser Konstellation spielt eine Art Sehnsucht nach der Kindheit mit hinein, die Schwierigkeit, das unheilvolle und so zwingende Erwachsenwerden anzunehmen. Phantasievoll und willensschwach hängen sie ihren Träumen nach, die manchmal glücklicherweise Wirklichkeit werden. Das macht sie zu schöpferischen Menschen, die auch Berge versetzen können, damit ihre Idee siegt und ihr Ideal im Alltäglichen Gestalt annimmt.

Die Frauen spielen ein wenig das schwache Geschlecht im Gewand des verhinderten Jungen aus. Die Männer, charmant und kampflustig mit großem Herzen, haben einen weiten, humanitären Horizont, sowohl spirituell wie aktiv. Die in diesen Zeichen Geborenen glauben an ein brüderliches Zusammenleben und wollen nicht gern brutal aus dieser Vorstellung gerissen werden: alles kleine Prinzen, die eine Mutprobe bestehen oder eine Verzauberung brechen müssen, wie es sie nur im Märchen gibt. Sie hören nur die Sprache der Stille und des Herzens.

5. Widder – Aszendent Löwe

Kühnheit, Dynamik, Tapferkeit, Edelmut, Kampflust, aber auch Loyalität, Großzügigkeit, Treue, Großartigkeit und Brillanz – in einer Welt, die eher kühl und eng geworden ist, fehlen solche »Übermenschen«! Doch man findet auch Pathos, Maßlosigkeit, Heftigkeit und einen massiven Dünkel, der alle Schwächen noch mehr hervorhebt und sie veranlaßt, sich für alle Rennen Paris–Dakar dieser Welt anzumelden – ganz gleich, ob es sich dabei um rein körperliche oder humanistische Herausforderungen handelt –, wenn es ihnen nur die Möglichkeit gibt, über sich hinauszuwachsen und das aufbauendste und positivste Bild von sich zu haben.

Sie sind oft enttäuscht, weil sie keine ihren Erwartungen und ihrem Charakter entsprechende Verwendung als Helden finden. Vor allem die Frauen haben es schwer, eine Möglichkeit zu finden, ihre Charakterstärke auszudrücken: Leichtgläubig für sich selbst, möchten sie gern hofiert werden, übernehmen aber nur zu gern die Initiative. Die Männer sind unersättliche Eroberer, unermüdliche Liebhaber, vollendete Familienväter und stahlharte Führungskräfte und suchen ständig nach Seelen, die sie beschützen, und Aufgaben, die sie erfüllen können. Man »angelt« sie mit ihren großen und starken Gefühlen, von denen sie regiert werden und die sie manchmal blenden, sogar blind machen.

6. Widder – Aszendent Jungfrau

Die in diesen Zeichen Geborenen sind hin und her gerissen von den großen Widersprüchen, die ihnen und anderen das Leben schwermachen. Sie fühlen sich gefangen zwischen dem vorantreibenden und expansiven Impuls ihres Sonnenzeichens und Verlustangst und Unsicherheit, die sie dazu treiben, sich zu schützen und zu begrenzen und tausendmal zu überlegen, ehe sie etwas unternehmen. Schließlich wird ihr Leben zu einem ständigen Hin und Her, in dem sie nur ein Minimum von Gleichgewicht finden können. Sie stellen sich als freie Helden vor, die tun und lassen können, was sie wollen, Abenteuer bestehen und Eroberungen machen, doch diese Dinge dann in die Tat umzusetzen, ist viel problematischer. Sie wählen das kleinere Risiko und ärgern sich dann, weil sie den Sprung nicht gewagt haben.

Trotzdem hilft ihnen ihr Sinn fürs Praktische, Dinge zu realisieren und seriöser zu erscheinen als ein typischer Widder. Sie führen traditionell ihre Unternehmungen zu Ende. Ihre Ernsthaftigkeit erstickt ihnen aber auch Unangenehmes. Die Männer kritisieren alles und sind viel engstirniger, als sie am Anfang scheinen. Andererseits halten sie die Verpflichtungen ein, die sie einmal übernommen haben, auch die kleinsten. Die Frauen sind richtige Soldaten, immer bereit zu dienen und sich aufzuopfern, wahre Missionsschwestern.

Die in diesen Zeichen Geborenen hüten sich vor der Liebe wie vor der Pest, warten aber ständig – mit unheilbarer Romantik – auf die einzige und wunderbare Liebe, die sie verwandeln wird. Alles in allem muß man sie stützen, ins Gleichgewicht bringen, beruhigen und ihnen auch ins Gesicht lachen. Mit der Zeit werden sie gewandter und gestehen sich mehr Dinge zu, ohne Schuldgefühle zu haben.

7. Widder – Aszendent Waage

Mehr als alle anderen Zeichen sehnen sich die in dieser Konstellation Geborenen nach Vereinigung, nach geteilten und aufbauenden Gefühlen, nach Harmonie und Herzensfrieden. Doch ihr sehr bewegtes und widersprüchliches Innenleben erleichtert die Aussicht auf eine dauerhafte Partnerschaft in keiner Weise. Sie haben nur den einen Wunsch, den anderen völlig zu erobern und schnell zu heiraten. Das ist vor allem bei Männern so, die eine Art Dringlichkeit an den Tag legen, die die einen besticht und die anderen in die Flucht schlägt. Die Frauen setzen mehr auf die Karte der beharrlichen und wirksamen Verführung.

Die in diesen Zeichen Geborenen schleppen mit sich eine Traurigkeit herum, die sie mit ihren Grenzen konfrontiert und ihnen keine Ruhe läßt. Sie haben das Gefühl, ständig eine Seite Ihres Wesens auf Kosten einer anderen wählen zu müssen, und immer Angst, auf ihre Freiheit verzichten zu müssen, obwohl sie doch gerade das ständig anstreben. Sie sind sehr liebenswürdig und haben eine gewisse Naivität, die sie lange – und trotz allem – glauben läßt, daß alle Menschen nett und gut sind. Aber Vorsicht, die Schwermut überfällt sie wie eine tödliche Epidemie bei jedem Bruch und jeder Verletzung durch die Liebe, und dies passiert bei ihnen schnell.

8. Widder – Aszendent Skorpion

Eine außergewöhnliche Präsenz, eine Persönlichkeit wie ein Fels und eine unglaubliche Streitlust. Eine Leidenschaftlichkeit, die auch zerstörerisch ist, weil sie unkontrolliert und impulsiv ist. Sie bricht aus, ohne daß sich derjenige dessen bewußt ist oder die Auswirkungen auf sich oder andere abschätzen kann. Das Unbewußte liegt mit den heftigsten Lebens- und Todeswünschen im Kampf und mit einer Aggressivität, die nicht immer leicht zu ertragen ist. Dies verleiht aber auch die Fähigkeit, die höchsten Gipfel zu bezwingen und alle Hindernisse zu überwinden. Doch die Begierden beherrschen die in diesen Zeichen Geborenen zu sehr. Sie werden von ihrer schlecht kanalisierten Sexualität mitgerissen, vor allem in ihrer glühenden und leidenschaftlichen Jugend.

Im allgemeinen erinnert man sich an sie mit Genuß oder mit Entsetzen, aber nie mit Gleichgültigkeit: an ihr fast diabolisch verführerisches Wesen, ihre Maßlosigkeit, in der sich physische Kraft und intuitive und psychische Stärke verbinden. Doch ein trotz ihrer »Großmäuligkeit« starker Puritanismus und eine fast religiöse Inbrunst verleihen ihnen ihre »quälende« und »bis an die Grenzen gehende« Seite. Man muß sie wirklich gut verstehen, lieben, stützen und ihre Leidenschaftlichkeit entschärfen.

9. Widder – Aszendent Schütze

Impulsivität, Unabhängigkeit, Optimismus, Spiritualität und Seelengröße. Auch eine überschäumende Sinnlichkeit, mit dem Wunsch, das Leben in vollen Zügen zu genießen und alles zu tun, koste es, was es wolle, damit die positiven und lebendigen Werte über die negativen und bedrückenden Aspekte der Existenz siegen. Aber sie spüren auch die Wunden eines Lebens besonders stark, das viel gewöhnlicher ist, als sie wahrhaben wollen. Eine extrovertierte, gesellige, dabei aber Stimmungsschwankungen unterworfene Wesensart ergibt sich zwangsläufig, mit tiefen Abgründen der Enttäuschung und Entmutigung. Danach aber kehrt das Leben in seiner ganzen Herrlichkeit zurück, mit Nachdruck und Temperament.

Es sind Genußmenschen. Sie haben für alles Hilfsmittel, einschließlich für sich selbst, wenn sie sie in humanitären Aktionen und Aufgaben kanalisieren können. Wenn sie einer Sache dienen wollen, ist ihre Tüchtigkeit und Hellsichtigkeit nicht zu schlagen. Schöne Wesen, die reisen, beschützen und sich um die lahmen Enten kümmern, da sie Kraft und Gerechtigkeit verkörpern.

10. Widder – Aszendent Steinbock

Eine schwierig zu lebende Konstellation, die aber nicht nur Unangenehmes bedeutet. Vielmehr hindert der entschiedene und kluge Aspekt des Steinbocks den Widderaspekt daran, zu viele Dummheiten zu machen und Energien zu vergeuden, die man besser mehr für sich behalten sollte. Die Widderseite dagegen macht optimistisch und kühn und verhindert, daß man in die Begrenzungen und Verhärtungen des Steinbocks fällt, die fast dazu verleiten, auf das wirkliche Leben zu verzichten. Die Kombination bringt gute Baumeister hervor, die den Wunsch, etwas zu erschaffen, mit der Verwirklichung und der harten Arbeit verbinden, so daß sie ihre Idee ausführen und in Realität verwandeln können.

Diese Konstellation erhöht jedoch auch den Grad des Anspruchs und der Strenge, aber auch die innere Reinheit und die Suche nach Echtheit. Die in diesen Zeichen Geborenen werden von Engherzigkeit und Wortbrüchigkeit tief verletzt. Sie sind ein Fels der Seriosität, und ihr Herz und ihre Treue leiden oft Schaden. Man muß ihnen Lachen, Leichtigkeit und Humor entgegenbringen und ihre starke Sinnlichkeit wecken – die unter der Schicht aus Frustration und Schuldgefühlen etwas abgekühlt ist. Aber was für eine menschliche Wärme unter all dem Eis!

11. Widder – Aszendent Wassermann

In ständiger Auflehnung, manchmal asozial, starten sie immer sofort, fliegen davon und wollen dauernd die Welt revolutionieren. Aber dann kehren sie zu ihren alten Werten zurück – und sind nicht mehr davon überzeugt! Sie verwechseln oft Neues mit Unordnung, Unabhängigkeit mit Einsamkeit, Originalität mit Ungeschicklichkeit, und das tut ihnen nicht gut, denn sie schwören immer auf den Altruismus und die Solidarität, zerstören aber alles, weil sie den Chef spielen wollen. Die Männer sind flüchtige Wirbelwinde, die nicht zu fassen sind und sich nicht festlegen. Die Frauen hält man für etwas verrückte Originale, aber was für eine Frische findet man bei ihnen!

Im Grunde mehr für ein freundschaftliches Verhältnis gemacht als für alles andere, haben sie als Familie nur die Menschen, zu denen sie sich außerhalb der Blutsbande hingezogen fühlen. Man muß ihnen folgen, sie im Flug einfangen und ihnen beim Landen helfen, und sei es auch nur für einen Augenblick, um die Sterne in ihrem lebhaften Blick leuchten zu sehen.

12. Widder – Aszendent Fische

Sie leben in einer anderen Welt, denn sie sind mit dem Unsichtbaren verbunden, das sie im Sichtbaren sehen und auf das sie sich stützen, wenn sie etwas Konkretes schaffen wollen. Eine Mischung aus Charakterstärke und Überzeugung bei ihren Handlungen und ihrer persönlichen Fähigkeit, die Dinge existent zu machen, und aus Trägheit, die sie häufig zu der festen Meinung führt, daß nur geschieht, was ohnehin geschehen muß, auch ohne ihr Zutun. Damit bringen sie es zu wahrer künstlerischer Meisterschaft – oder sie werden Alkoholiker. Dazu Verwundbarkeit, verbunden mit Unsicherheit, eine ambivalente Sexualität, mal unerklärlich unterwürfig, mal sadistisch. Sie sind wirklich hypersensibel.

Die Männer irren umher auf der Suche nach gesunden, soliden und einfachen Menschen, die ihnen als Heimathafen dienen könnten. Die Frauen wollen unbedingt, daß man sich mit ihnen beschäftigt, und beschäftigen sich selbst schließlich mit jedem und allem. Idealismus, eine Art Mystizismus, treibt sie zu verschiedenstem Suchen und Forschen. Man muß ihnen eine große Schale frische Luft mitbringen und auch einen großen Schoppen Idealismus, denn sie leben in den archaischsten und abgeschiedensten Seelenregionen der menschlichen Natur.

Kosmogenetische Entschlüsselung des Tierkreises

Die Astrologie verbindet uns direkt mit dem Universum der Schwingungen, aus dem wir hervorgegangen sind und das wir durch das Gleichgewicht – oder Ungleichgewicht – unserer drei Körper (physisch, mental und ätherisch) in uns tragen. Ein Horoskop ist somit eine Darstellung des harmonischen oder disharmonischen energetischen Kreislaufs, dessen ständiger Schauplatz wir sind. Es ermöglicht uns, sofort die Energieart zu erkennen, die von den vorhandenen Planeten und von den Aspekten, die sie untereinander bilden, transportiert wird. Jedem Planeten entspricht eine bestimmte Energie, und jedem Zeichen entspricht eine energetische Identität, die sich auf allen Gebieten des Gelebten manifestiert. Wenn diese Zirkulation nicht funktioniert und gordische Knoten entstehen, die die Harmonie blockieren, treten auf dem Gebiet der Gesundheit Störungen auf, Krankheiten.

Da jedes Zeichen durch eine ganz bestimmte Energie wirkt, die es stets auf dieselbe Weise einsetzt, können solche Schwankungen und Störungen erfaßt und korrigiert werden. Das bestmögliche Gleichgewicht von Zuviel und Zuwenig bewirkt also, daß der Energiekreislauf gut funktioniert und man sich allgemein wohl fühlt.

Schlüsselworte der Widderenergie

Kräfteverbrauch: Der Widder verbrennt seine Kräfte, ohne zu rechnen. Er erschöpft seine Reserven, als gehörten sie ihm nicht. Er setzt seinen Körper Belastungen aus, als gehörte er ihm nicht. Er bezahlt mit seiner Person den Erfolg, den sein Geist projektiert hat. Da der Widder ermüdbar ist, mit einem höchst unausgeglichenen Energiehaushalt, scheint er sich dadurch zu regenerieren, daß er sich erschöpft.

Zweikampf: Seine Energie wird durch den Zweikampf bestimmt, und das bedeutet Druck, Widerstand, Gelenksteifheit, Neigung zu Brüchen und Demineralisierung. Wenn der Widder in der Opposition ist, spürt er, wie seine Kräfte zurückkehren, und in diesen Augenblicken fühlt er sich in Hochform.

Rückgewinnung: Verbraucht sich der Widder tatsächlich rücksichtslos? Man könnte sagen, daß er schließlich nur das vergeuden kann, was er hat, das heißt, er verläßt sich auf seine phänomenale Regenerationsfähigkeit. Verliebt in jeden Neubeginn eines Kreislaufs, lädt er sich immer völlig auf, wenn der Frühling zurückkehrt, ein neues Abenteuer beginnt, ein neues Projekt sich zeigt oder eine neue Liebe oder ein neuer Wunsch ihm Gründe liefert, Hoffnung zu schöpfen und erneut alle Hindernisse zu besiegen.

Gesundheit

Der Widder, von seinen Handlungen vollkommen in Anspruch genommen, lebt sein Leben mit Hochdruck, weil ihn Notwendigkeit und Bestimmung dazu antreiben, was ihm aber auch gefällt und ihn anregt. Diese Art, innerlich zu »kochen« und äußerlich über die Stränge zu schlagen, erschöpft natürlich den Organismus und die geistige Gesundheit. Um so mehr, als der Widder, wie die anderen Feuerzeichen Löwe und Schütze, einen absoluten Horror vor Krankheiten hat. Schon die Vorstellung davon macht ihn krank!

Widerstandsfähig, zäh und tonisch, wie die Feuerzeichen sind, haben sie Schwierigkeiten, die Möglichkeit zu akzeptieren, sie könnten in ihren Unternehmungen gebremst, eingeschränkt oder diese gar annulliert werden. Sie zögern den Augenblick hinaus, sich um ihre Gesundheit zu kümmern, und warten immer ab, bis die Symptome so schwerwiegend sind, daß sie zum Arzt gehen müssen. Sie tun das nur zögernd und erkennen dann dessen Autorität nicht an. Die Folge: Es ist nicht einfach, sie zu behandeln.

Eigentlich hätten sie allen Grund – der Widder noch mehr als die anderen Feuerzeichen – vorzubeugen, statt zu heilen, sich also um den »Tempel der Seele« zu kümmern, der ihr Körper ist (obwohl es sich im Fall der Feuerzeichen vor allem um den »Tempel des Herzens« handelt). Sie sollten das schon in der Kindheit lernen. Die Eltern müssen bei diesen Kindern die Selbstachtung sensibilisieren und versuchen, den Überschuß an Energie in körperliche Aktivitäten zu kanalisieren, sie zu beruhigen und abzukühlen, damit es keine Krisen gibt – Tränenausbrüche, Wut- und Tobsuchtsanfälle, Gewalttätigkeit, Anflüge von Traurigkeit und andere negative Emotionsmanifestationen, zu denen der Widder neigt und die für ihn so gefährlich sind.

Als Erwachsener lernt der Widder besser, sich zu beherrschen, manchmal sogar zu sehr, was nur seine Neigung, sich zuviel zuzumuten, und seine innere Spannung erhöht, die wichtige Energie verbrauchen. Seine Heftigkeit nicht ausleben zu können wirkt sich direkt auf seine schwache Leber aus, seine schwachen Nieren und seine Neigung zur Demineralisierung, vor allem auf seinen Kalkhaushalt.

Migräne, Zahnschmerzen, Magenkrämpfe – sie quälen den Widder, wenn er sich nicht die Mühe macht, seine Gefühle zu verstehen, sie abzubauen und seine Begierden auszugleichen. Im reifen Alter akzeptiert er es eher, seinen Hausarzt regelmäßig aufzusuchen, seinen Blutdruck kontrollieren zu lassen und Verdauungsstörungen zu vermeiden. Er liebt es zwar nicht, sich zu schonen und zu pflegen, aber er hat dafür den seltenen Vorteil, aufladbar zu sein wie eine Batterie.

Schwache Punkte des Widders

Vor allem **der Kopf**, analog seinem Zeichen. Interessanterweise bezieht sich die Analogie nicht so sehr auf das Gesicht als auf die Schädeldecke, den einzigen Teil des Körpers, den man selbst nie sehen und sich deshalb nur vorstellen kann. Die geistigen Kräfte des Widders, zusammen mit seiner Gefühlsabhängigkeit und der Überbeanspruchung des Nervensystems, sind die Quelle seiner Kopferkrankungen, die ihn in Form von

Migräne, Spannungen, Wutanfällen, Schwermut und manisch-depressiven Schüben überfallen. Auf den Schlaf muß genau geachtet werden, denn er ist unruhig, leicht, kurz, unregelmäßig und bringt nicht die Erholung, die der Widder dringend braucht.

Ohren und Augen: Ohrensausen und alle möglichen Probleme mit den Nebenhöhlen, die sehr empfindlich und schnell gereizt sind. Sehstörungen wegen zu großer Anspannung des Sehnervs und Probleme mit dem Mittelohr.

Knochen, Haar, Zähne, Nägel: Bedingt durch die schlechte Aufnahme von Kalk, Phosphor und Mangan, die für den Widder typisch ist, findet man bei ihm häufig zu feines und sprödes Haar, Nägel mit weißen Flecken und Zähne mit vielen Problemen. Es muß auf den Zustand der Knochen und eine gute Skelettbildung geachtet werden. Die große Aktivität, die die in diesem Zeichen Geborenen so lieben, setzt sie außerdem dem Risiko von häufigen Brüchen aus.

Verdauungssystem: Der Widder macht gewöhnlich nicht viel Aufhebens von seiner Ernährungsart und dem Inhalt seines Tellers. Er ißt zuviel, dann zuwenig und hat einen fast instinktiven Hang, aufputschende Nahrung zu sich zu nehmen, um seine chronische Ermüdbarkeit zu überspielen. Er ißt zuviel rotes Fleisch, zu gesalzene, zu fette Gerichte, liebt scharfe Würste, Gewürze, Pfeffer und sehr saure Nahrung, ganz zu schweigen von den starken Alkoholika, die ihn unwiderstehlich anziehen, was seine Nähe zu den Fischen leicht in mehr oder weniger offenen Alkoholismus verwandeln kann. All dies, verschlimmert durch die Neigung, alles zu schnell hinunterzuschlingen, führt dazu, daß er verschiedene Verdauungsprobleme hat, die vom verdorbenen Magen bis zum Durchfall reichen, vor allem bei den Frauen dieses Zeichens.

Blutkreislauf: Auf ihn muß sehr geachtet werden! Die unregelmäßige Nahrungsaufnahme, die große Nervosität, die Neigung, alle Reserven aufzubrauchen, das anfällige Herz können leicht Kreislaufprobleme verursachen. Es besteht eine Neigung zu Anämie, zu Gefäßerkrankungen, zu Bluthochdruck und zu einem zu hohen Cholesterinspiegel.

Knochen und Muskeln: Ab 35–40 Jahren zeigt sich die Schwäche der Gelenke und Arterien und kann zu Arteriosklerose, Rheumatismus und Steinen in Galle, Blase, Nieren führen, was das Auftreten von Krampfadern, Venenentzündungen, schweren geschwollenen Beinen und ständig kalten Extremitäten (Finger, Füße, Nase) begünstigt. Die stark saure und zu üppige Nahrung ist die Ursache der Probleme, die direkt mit der schlechten Blutzirkulation in Verbindung stehen.

Haut: Natürlich kann das alles keine schöne Haut machen. Die Haut ist das ideale Terrain, um die übergroße Gefühlssensibilität und die chronische nervöse Gespanntheit aufzuzeigen. Sie ist zu trocken, sie juckt, sie brennt, ist im Winter blaß und im Sommer rot und hat wenig Elastizität. Außerdem bietet der Widder ein weites Feld für Allergien.

Die Widder mit **Energieüberfluß,** die immer ein Zuviel von sich geben, werden durch ihre phänomenale Regenerationsfähigkeit charakterisiert und durch die Tatsache, daß sie sich durch sportliche Aktivitäten und Nervenverbrauch aufladen. Die Widder mit **Energiemangel** haben dieselben Charakteristiken, sind aber immer erschöpft und nervös, was für sie selbst gefährlich und für ihre Umgebung unangenehm ist.

Ratschläge für ein besseres Gleichgewicht

Das Schlüsselwort für die Gesundheit des Widders heißt: ausgleichen. Es handelt sich stets darum, mögliche Schäden zu begrenzen und schlechte Eßgewohnheiten zu korrigieren, vor allem die Vorliebe für saure Nahrung, rotes Fleisch und Nahrungsmittel, die zu schnell verbrannt werden. Was die Handhabung seiner Gesundheit betrifft, muß der Widder seinen Schwung bremsen und einsehen, daß auch er manchmal einen Arzt braucht. Der allgemeine Raubbau, den er mit seinem Körper treibt, reduziert seine Reserven an Mineralien. Er muß unbedingt Mittel und Wege finden, um ergänzende Nahrung zu sich zu nehmen, und ein individuelles und stetes Programm der Remineralisierung befolgen.

Auch spürt er die jahreszeitlich bedingten Veränderungen sehr, vor allem die beiden Tagundnachtgleichen im Herbst und im Frühling. Er sollte seine Energien zu diesen Schlüsselzeiten reharmonisieren. Seine geistige und gefühlsmäßige Gesundheit ist empfindlich, auch wenn er das nicht wahrhaben will.

Harmonie durch Edelsteine

Zugeordnete Farbe: Rubinrot.

Roter Jaspis: Nützt einer guten Leberfunktion. Stimuliert die Riechfähigkeit. Schützt vor geistigen Verirrungen und Hexerei.

Glücksstein: Rubin. Verleiht Energie, harmonisiert den Blutkreislauf und fördert gute geistige Gesundheit.

Harmonisierender Stein: Saphir. Er fördert die Meditation und die Fähigkeit, zu große Impulsivität im Zaum zu halten. Er stärkt den Glauben, entwickelt die Fähigkeit für außersinnliche Wahrnehmungen und verjagt Illusionen und negative geistige Fixierungen.

Liebe und Freundschaft

Streiten, um sich zu versöhnen

Das ganze Leben des Widders ist von einem Gedanken beherrscht: die zwischenmenschlichen Beziehungen. Was für Formen nehmen sie an, wie weit reichen sie, wie drücken sie sich aus . . . Der Widder reagiert immer instinktiv. Er sieht im anderen eine Herausforderung und kämpft, wie er liebt, mit ganzer Seele und aus vollem Herzen. Für ihn geht es darum, sich durchzusetzen, weil ihn das in seiner Existenz bestätigt, und er zieht dabei keine Samthandschuhe an.

Honigsüß oder maßvoll zu sein, gehört nicht zu seinem Repertoire. Er verläßt sich vielmehr auf den ersten Eindruck: Jemand gefällt ihm, oder er kann ihn nicht leiden. Von Kindheit an folgt er nur der Stimme seines Herzens.

Im Klartext heißt das: Wenn der Widder liebt, liebt er total, ohne zu analysieren oder zu rechtfertigen. Er verhält sich dann richtig naiv, immer bereit, den geliebten Menschen die Stange zu halten, einfach, weil er sich dazu verpflichtet fühlt oder weil die anderen ihn brauchen. Zumindest muß er sich das glauben machen, damit er seine Rolle als Ritter und Rächer spielen kann. Für einen Freund gibt er sein letztes Hemd her.

In der Liebe ist er ein aggressiver und beharrlicher Eroberer. Er läßt von seiner romantischen Werbung nicht ab, auch wenn er riskiert, abgewiesen zu werden und sich unglücklich zu fühlen. Zumindest hat er dann, trotz allem, eine außerordentliche Liebesgeschichte erlebt, und das so spannend wie möglich – zumindest am Anfang. Die Leidenschaft motiviert ihn sein ganzes Leben. Sie ist genauso stark wie seine Enttäuschungen – falls er welche hat.

Man kann sich auf ihn verlassen, mit ihm lachen, viel unternehmen und große Projekte planen, mit ihm die verrücktesten Dinge erleben und die Welt revolutionieren. Er glaubt an das, was er tut, und hat die Gabe, selbst die Trägsten mitzureißen. Doch wenn ein Sandkorn in die Maschinerie gerät – dann ist er unwiderruflich enttäuscht, würdigt den anderen keines Blickes mehr und leckt sich seine Wunden woanders, bis er einen überzeugenden und wunderbaren Grund findet, neu anzufangen.

Er findet seine Selbstbestätigung nur in der direkten Konfrontation und durch Opposition, obwohl er nur ein einziges Ziel hat: das Leben Seite an Seite, von Herzen zu Herzen, die Partnerschaft und das Teilen. Er bewegt sich auf seine eigene Weise auf dieses Ziel zu. Schließlich spielt sich sein Leben nach Art des Mars ab, wenn nicht sogar auf martialische Weise: Auf Bruch folgt Versöhnung, auf Begeisterung folgt Enttäuschung, auf Sturm folgt Beruhigung, auf gespannte Beziehungen friedliche – und dann alles wieder von vorn. Er gehorcht dem Herzen und dem Impuls des Augenblicks, und das ist sein Vorzug, auch wenn es hart und ermüdend ist, das ganze Hin und Her zu ertragen.

Widder – Widder

Ein Wirbelsturm ist diese Begegnung zwischen Flamme und Stroh! Zwischen diesen beiden schleppt sich nichts dahin, alles überstürzt sich. Ihr Alltag besteht aus Dynamik, Leidenschaft, Impulsivität, Schwung und Ideen, die mit der Geschwindigkeit eines Formel-I-Rennens auftauchen, begeisternd und oft übertrieben. Die Zweikämpfe sind vielfältig, die Nächte sind heiß, aktiv, anregend. Die beiden Widder sind begeistert voneinander, fordern sich gegenseitig heraus, sind aber immer ein Herz und eine Seele, wenn es darum geht, die Welt zu erneuern. Sie leben das Leben aus dem vollen.

Sie wollen sich ständig überbieten und jeden Tag etwas Außerordentliches entdecken, um den tristen Alltag aufzuheitern, der auf ihnen lastet. Es kann zu Machtproblemen kommen, denn die Frage, wer den anderen führt und lenkt, stellt sich ständig. Aber Vorsicht mit all diesen Tumulten: Auch die stärksten Batterien sind einmal erschöpft.

Widder – Stier

Sie ergänzen sich in ihrem Wesen. Die kühnen Ideen des Widders werden durch Stabilität, Realitätssinn und Weitblick des Stiers konkretisiert und gefestigt. Und zwar dann, wenn sie gemeinsame Pläne haben, eine Sache zu Ende führen müssen oder eine Vorstellung realisieren wollen, die sowohl ihnen beiden als auch vielen Menschen ihrer Umgebung nützt. Es ist wichtig, daß jeder der beiden damit einverstanden ist, nur seine eigene Rolle zu spielen und an seinem Platz zu bleiben. Sonst können sie, da beide sehr starke Charaktere sind, die Zeit damit zubringen zu streiten, zu widersprechen und dem anderen seine Meinung aufzuzwingen. Bedrängt der Widder den ruhigen Stier zu sehr, schlägt der aus, grollt, falls er nicht sogar offen wütend wird. Wenn die beiden jedoch ihre große Unterschiedlichkeit respektieren, sind sie echt gute Freunde und tüchtige Partner, die gemeinsam großen Erfolg haben können.

Widder – Zwillinge

Was Kontaktfreudigkeit, Ausgehlust, Spiel und Spaß betrifft, verstehen sie sich prächtig. Sie leben im Hundert-Stunden-Kilometer-Tempo, benützen jede Möglichkeit, der Routine des Alltags zu entkommen und die Umgebung zu verblüffen. Beide sind sie offen, einnehmend, dynamisch, magnetisch und voller Humor – und das bringt sie einander nahe. Zumindest am Anfang, denn der Zwilling hat eine chronische und panische Angst vor einer festen Bindung, während der Widder sie dringend braucht. Das schafft in den Gefühlen Unsicherheit und Mißverständnisse, die die Beziehung von innen her aushöhlen.

Der Widder kann vom Zwilling in seiner Vorstellung von der Echtheit der Welt und seiner kompromißlosen Einschätzung der Menschen verletzt werden. Der Zwilling ist unbekümmerter und muß vermeiden, dem Widder zynisch zu kommen, weil der sich dagegen nicht wehren kann. Bei einer solch leichten und begeisternden Beziehung kann es im Getriebe knirschen, wenn sie enger wird. Deshalb funktioniert sie besser zwischen Freunden als zwischen Liebespaaren.

Widder – Krebs

Logisch gesehen müßten sie schon auf den ersten Blick voreinander flüchten, aber es handelt sich bei diesen Zeichen auch nicht um eine sehr logische Beziehung. Sie ist mehr von Empfindsamkeit und Gefühlen geprägt und auch von einer großen Anziehungskraft. Die Energie des Widders bringt den Krebs auf die feste Erde zurück, manchmal leider zu brutal. Der Krebs erscheint dem Widder bezaubernd und verträumt, seine sensible und unerreichbare Traumseite gefällt ihm auf Anhieb. Hauptsächlich wundern sie sich übereinander. Sie können sich gegenseitig ins Gleichgewicht bringen, was ja auch schon nicht schlecht ist.

Ist die Frau Krebs, geht es besser: Sie gibt dem männlichen Widder die Gelegenheit, den Ritter und Beschützer zu spielen, auch wenn er entdecken muß, daß Beharrungsvermögen und Selbstschutz beim Krebs viel solider und unerschütterlicher sind als bei ihm selbst, der so extrovertiert und aktiv ist. Aus subtilen Gründen, die der Widder nicht versteht und die ihm Kopfschmerzen bereiten, kann sich ihre Beziehung nur an der Oberfläche abspielen, denn sie haben niemals dieselbe Vorstellung von der Liebe.

Widder – Löwe

Ihr Feuer verbindet sich, sie strahlen zusammen. Beide sind hochherzig, großzügig und dynamisch. Gemeinsam können sie viele Wunder vollbringen, zumindest in der sichtbaren Welt. Aber wie steht es mit dem Ergänzen? Wer beschützt wen, wer führt wen, wer bringt den anderen zum Leuchten? Wichtige Fragen, die sich ständig stellen und die die Eintracht untergraben können.

Sie können zu einer schönen, sinnlichen und gesellschaftsbetonten Beziehung finden, die ihre Umgebung inspiriert – und auf die Dauer auch sie selbst, wenn sie über Äußerlichkeiten und das Alltagsleben hinaus Geschmack an der Intimität und dem, was nicht in Worte zu fassen ist, finden, wesentliche Bereiche, die häufig in ihrem Lebensverzeichnis fehlen.

Widder – Jungfrau

Ein Widder kann sich nicht einmal vorstellen, daß so etwas wie die Jungfrau existiert! Er hat einfach nicht die Zeit, Getue und Zögern, das die Jungfraugeborenen an den Tag legen, zu begreifen. Und was deren Selbstschutzmechanismus und deren

Zurückhaltung anbelangt, die bringen ihn zur Verzweiflung. Die Jungfrau wiederum verträgt Heftigkeit und Überschwang des Widders schlecht und verbringt viel zuviel Zeit damit, ihn zu kritisieren und auf seinen Platz zu verweisen. Kurz und gut, sie verstehen sich nur wenig oder schlecht.

Man kann nicht einmal behaupten, daß sie vom anderen etwas lernen könnten, weil sie beide nur wenig Toleranz kennen. Es sei denn, es gelingt ihnen durch ein Wunder oder mit viel Lebensphilosophie und Liebe, ihre Fehler zu kompensieren und eine gewisse Harmonie zwischen sich herzustellen, zu der der Widder Wünsche und die Ideen beisteuert und die Jungfrau Gelassenheit und Handhabung. Aber schließlich muß man einsehen, was offensichtlich ist: Die Beziehung muß in allen Einzelheiten bewußt aufgebaut werden, nichts geschieht von Natur aus, weil sie nicht in derselben Welt leben.

Widder – Waage

»Sage mir, wie dein Schatten ist, und ich sage dir, wer du bist« – dieser Satz beschreibt am besten die phantastische Beziehung, die die beiden eingehen. Der Widder opponiert, agiert und findet seine Selbstbestätigung in der direkten Auseinandersetzung mit dem Gegenüber. Die Waage schwört nur auf Übereinstimmung, auf das Miteinander und den Kontakt von Herz zu Herz. Der Widder sucht nur nach dem Vereintsein, während die Waage ihre Autonomie wild verteidigt.

Im Grund sind sie sich ähnlich und bewohnen dasselbe Universum, aber wie bei allen sich zu sehr gleichenden Menschen ist die Beziehung manchmal eine Idylle und manchmal die totale Disharmonie. Einfacher ist alles, wenn der Mann Waage und die Frau Widder ist, denn dann tut jeder sein Bestes und gibt sein Bestes, um eine wirklich harmonische Beziehung aufzubauen. Außerdem sind sie beide bezaubernde Verführungskünstler . . .

Widder – Skorpion

Der Widder lebt seine Gefühle aktiv und sofort aus, der Skorpion im verborgenen und auf lange Sicht. Beide gehen das große Risiko ein, sich – sehr – weh zu tun, aber auch, eine gegenseitige Offenbarung zu sein. Vor allem der Widder tut sich schwer, der nicht die Verstandeskraft hat, sich mit soviel Umwegen und Winkelzügen auseinanderzusetzen. Seine Spontaneität verleitet ihn dazu, frontal anzugreifen, obwohl die gegenteilige Taktik angebracht wäre.

Auf sexueller Ebene ist die Begegnung meistens sehr heftig, aber auch hier benimmt sich der Widder wieder so, als würde er in den Boxring steigen, während der Skorpion die Sache mehr wie eine Einweihungszeremonie angeht. Auf beruflicher Ebene sind sie gefürchtete Partner oder wilde Gegner, können aber immer aus irgendeinem Grund ihre zerstörerische oder selbstzerstörerische Seite hervorkehren. Man wünscht ihnen in ihrer Beziehung ein wenig mehr Leichtigkeit und Spiritualität.

Widder – Schütze

Zweifellos eine der bestmöglichen Verbindungen, die es gibt, sehr klar, sehr konstruktiv, für den Schützen dynamisierend, der dadurch seine Spießbürgerseite vermeidet, und strukturierend für den Widder, der seinen Schwung besser zu kanalisieren und zu verwirklichen lernt. Abgesehen davon finden sie sich gegenseitig wunderbar, und die Fröhlichkeit ist stets auf ihrer Seite. Der Widder hat das Bedürfnis, den Schützen zu bewundern, und tut alles, damit dieser auf seinem Piedestal bleibt. Das paßt dem Schützen sehr, der seinerseits den Widder gut beschützen und leiten kann.

Es können ab und zu Machtprobleme auftauchen, auch verbale Auseinandersetzungen kann es geben, da beide die Achillesferse haben, sich gern in Szene zu setzen, und abgrundtief naiv sind, was sie verletzlich macht.

Widder – Steinbock

Sie haben einfach nichts gemeinsam! Sie können sich nur stumm und starr ansehen. Der Widder möchte den Steinbock gern frontal angreifen, um ihn aus seiner Reserve zu locken und ihm zu beweisen, daß es keinen Zweck hat, seine Wünsche zu unterdrücken (der Ärmste, er hat nie Angst, daß etwas sinnlos sein könnte!). Der Steinbock möchte den Widder zwingen, zuzugeben, daß Langsamkeit, Nachdenken und Ausdauer ihre gute Seite und Wünsche nur dann ihren Wert haben, wenn man sie in die richtigen Bahnen lenkt (der Ärmste, er hat nie Angst, er könnte in der Wüste predigen!)

Sie können exzellente Partner in einem Betriebsrat sein, doch von da bis zu einer Kommunikation im Alltag . . . Es ist eine Beziehung, die reifen muß, denn mit dem Alter und Nachlassen der Kräfte kann sie interessant und ergänzend sein, aber erst dann, wenn der jugendliche Überschwang vorbei ist.

Widder – Wassermann

Eine sehr freie, sogar äußerst freie, revolutionäre, lachlustige und gegenseitig stimulierende Verbindung. Sie treiben sich gemeinsam bei allen Festen in der Stadt herum, bereisen gemeinsam die Welt oder ziehen plötzlich aufs Land. Wie zwei Batterien, die sich berühren, erleben sie Geschichten von knisternder Spannung. Die Dynamik des einen unterstützt alle Handlungen des anderen, solange der Wassermann nicht die Sterne erstürmen will und der Widder nicht einfach stur in seine Richtung geht. Ihre Bahn ist zweifellos nicht die gleiche, weil die grundlegenden Ziele in ihrem Leben sehr verschieden sind.

Der Widder wird immer von seinen Gefühlen und körperlichen Bedürfnissen angetrieben, der Wassermann von seinem Geist und seiner ätherischen, nüchternen und rationalen Seite. Auf der Herzensebene ist das ein Dialog der Schwerhörigen, nicht zu reden von der sinnlichen Ebene. Aber das hindert sie nicht daran, große Kumpel zu sein – mehr aber auch nicht.

Widder – Fische

Sie sind der absolute Widerspruch, und doch braucht einer den anderen. Der Widder setzt nur auf die Wirksamkeit seiner Handlungen, weil nur das »eintrifft, was man erschafft«. Der Fisch setzt nur auf sein »Wozu soll das gut sein?«, denn jedes Ding trifft zu seiner Zeit ein, ohne eigenes Zutun. Aus diesem Grund braucht keiner Aktivität und Einsatz des Widders so sehr wie der Fisch, und keiner braucht den Gleichmut und das intuitive Loslassen der Fische so sehr wie der Widder.

Etwas Faszinierendes, Ursprüngliches bindet den einen an den anderen, den einen im anderen. Aber trotz seiner sogenannten Nonchalance und seinem Kredo vom Geschehenlassen bleibt der Fisch immer intakt und schwimmt weiter in seinen inneren Gewässern, ohne sich je wirklich auf der festen Erde des Widders zu engagieren. Und der Widder hat es schließlich satt, ihm immer nachzulaufen.

Berufliches und gesellschaftsorientiertes Leben

Intelligenz, Leidenschaft und Autorität

Das gesellschaftliche und professionelle Leben des Widders wird durch seinen scharfen, schnellen und impulsiven Geist geprägt, untermauert von einer natürlichen Veranlagung zur Schlagfertigkeit und Aufmüpfigkeit und der Begabung, gegen Ausflüchte und Zögern seiner Umgebung energisch vorzugehen. Er hat oft die Möglichkeit, die Lacher auf seine Seite zu ziehen, und ein großes Geschick darin, mit Begeisterung alles Paradoxe zu verfechten. Er hat feste Überzeugungen, einen scharfen Blick und bildet sich im Nu eine Meinung, die ihm genügt, um sich sofort in die Realisierung eines Projekts zu stürzen, zu dessen Vorkämpfer und Verteidiger er sich dann aufwirft.

Seine geistige Unabhängigkeit bleibt immer erhalten oder ist sehr schnell wiederhergestellt. Es besteht nicht die geringste

Chance, ihn langfristig zu beeindrucken, weil er zu gern durch Erwiderungen opponiert – selbst wenn er findet, daß die Einwände des Gegners gerechtfertigt sind. Nur so beweist er sich, daß er existiert und denkt.

Seine geistige Lebendigkeit ist äußerst einnehmend und setzt sich mit einer überzeugenden Extrovertiertheit durch, die sich in manchmal beeindruckenden Gedankenflügen äußert. Das verleiht ihm die Fähigkeit, andere mitzureißen und zum Anführer zu werden. Der Widder – ob männlich oder weiblich – ist das geborene Oberhaupt eines Clans.

In der Schule Klassenbester, wird er Firmenchef, falls er der Grundforderung gehorcht, sich in eine Gruppe einordnen zu können, deren Leitung er dann übernimmt. Ist der Weg einmal vorgezeichnet, interessiert sich der Widder oft nicht mehr für die Ergebnisse und weigert sich, Folgen zu bedenken, seien sie positiv oder negativ. Er trotzt den Stürmen, aber er steht sie selten in totaler Solidarität mit den anderen durch. Oft erwischt ihn ein anderer Orkan, und er marschiert mitten ins Auge des Zyklons – denn andere Aufgaben, andere Projekte, andere Unternehmungen fordern seine Energie und seinen Tatendrang.

Der materielle Aspekt des Erreichten, das Anhäufen und Erhalten von Besitz übersteigt seine Kräfte völlig: Bestenfalls delegiert er diesen Aspekt der Dinge, falls er nicht offen der Politik des »Fasses ohne Boden« folgt. Auf finanziellem Gebiet denkt der Widder, genau wie bei seiner Lebensenergie, daß er schon ohne Schaden davonkommen wird – und oft stimmt es auch.

Der Widder fühlt sich also auf vielen Gebieten wohl, aber sie müssen immer sein Talent als Bahnbrecher, als Chef, seine Entscheidungskraft und seinen scharfen Verstand zur Geltung bringen. Er folgt seiner Eingebung – und nach ihm die Sintflut! Manchmal sind selbst die Leute, die ihm jahrelang gefolgt sind, sehr enttäuscht, wie er einfach eine neue Seite aufschlagen und zu einer anderen Sache übergehen kann. Aus seiner Sicht ist das kein Im-Stich-Lassen, keine Geringschätzung, sondern einfach der Ausdruck seiner Erneuerungskraft und seiner Unabhängigkeit.

Der Widder will, daß die Dinge schnell in Bewegung kommen, und möchte die ersten Früchte eines Sieges in dem Augenblick ernten, wo er sie braucht. Mißerfolge sind für ihn unerträglich, weil er mit ihnen nicht umgehen und keine Lehre aus ihnen ziehen kann. Man wird ihm deshalb Berufe und verantwortliche Posten empfehlen, bei denen er seine Investitionen schnell genießen kann.

Berufe des Widders

Verteidigung: Verteidigung des Bürgers in Justiz und Polizei, weil er so seinen Gerechtigkeitssinn entwickeln, seine Wertvorstellungen bewahren und den Rächer der Unterdrückten spielen kann. Ebenso in der Armee, wo er alles tun wird, um an die Spitze zu gelangen.

Chirurgie: Als Zerrbild der martialischen Werte ist die Chirurgie zweifellos der geeignetste aller medizinischen Berufe für ihn, vor allem Gesichts-, Schädel-, Knochen- und Herzchirurgie.

Eisen: Alle Berufe, die mit Eisen zu tun haben (Blechbearbeitung, Karosseriebauer, Fräser, Kupferschmied, Schweißer, Mechaniker allgemein), aber auch – in einem verfeinerten Stadium – Eisenskulptur und die Nutzung von Feuer zur künstlerischen Gestaltung.

Justiz: Rechtsanwälte und Gesetzgeber sind in diesem Zeichen nicht selten, seltener dagegen Richter, die zu stark mit Repräsentation der Gesellschaft verbunden sind, was dem Widder auf die Dauer nicht liegt. Man findet auch Erzieher und Berufe, die mit Rehabilitation zu tun haben, weil es dort um den »dunklen« Aspekt des einzelnen und der Gesellschaft geht.

Sport: Alle physischen und sportlichen Aktivitäten auf beruflicher Ebene, bei denen ihre großen physischen Stärken und ihre angebotene Widerstandskraft gefordert werden. Vor allem riskante Berufe ziehen sie an.

Zeitbedingte Berufe: Vor allem in modernen Berufen fühlen sich die Widder wohl, das haben sie mit dem Wassermann gemeinsam. Das heißt, in den neuen Technologien, in der modernen Kommunikation, Elektronik, Informatik und so weiter.

Schattenberufe, sitzende Berufe und solche ohne Aufstiegschancen und ohne Kontaktmöglichkeiten mit der Außenwelt passen in keiner Weise zum Widder. Er braucht Berufe, in denen sein Ungestüm und seine Kreativität kanalisiert und entwickelt werden können.

Begegnung mit dem Göttlichen in uns

In allen Zivilisationen kann man die Astrologie als Anfangsbasis der Religion betrachten, denn sie stellt die erste bewußte und geordnete Verbindung des Menschen mit Größeren, als er selbst es ist, dar, mit dem kosmischen Gesetz, das im Laufe der Zeiten alle Namen Gottes angenommen hat und dessen Botschaft – das Wort – auf den Menschen überkommen ist.

Auch zwischen Astrologie und Christentum bestehen durch die gemeinsamen Symbole des Lichts und des Worts Verbindungen. Wir sehen das zum Beispiel bei den festen Zeichen (Stier, Löwe, Skorpion und Wassermann), die klar und deutlich in der »Offenbarung« erwähnt werden. Es sind dort die vier lebenden Geschöpfe, die zur Übermittlung bestimmten Botschafter, die Evangelisten:

– **Das erste lebende Geschöpf ist wie ein Löwe.** Das ist Markus, der mit dem Zeichen Löwe assoziiert wird, der »militante« Prophet, den die Kopten für sich beanspruchen, in direkter Nachfolge der Lehren der Wüstenväter.

– **Das zweite lebende Geschöpf ist wie ein junger Stier.** Das ist Lukas, der mit dem Zeichen Stier assoziiert wird, dem Zeichen des Schöpfungswunsches, dessen irdische Aufgabe es ist, das in seinem Fleisch niedergelegte Wort zu offenbaren, nachdem er die Materie weggeräumt hat, die es schützt oder verdeckt.

– **Das dritte lebende Geschöpf ist wie das Antlitz eines Engels.** Das ist Matthäus, der mit dem Zeichen Wassermann assoziiert wird, Lehrer des Wortes und Versöhner des Menschen mit seinem göttlichen Teil.

– Das vierte lebende Geschöpf ist wie ein Adler im Flug. Das ist Johannes, der mit dem Zeichen Skorpion assoziiert wird, dem in der Überlieferung das Adler-Emblem entspricht und dessen Umwandlungsfähigkeiten zur Offenbarung und möglichen Auferstehung hinführen.

Diese vier lebenden Geschöpfe Stier, Löwe, Adler und Mensch, die auch die vier Elemente Feuer, Erde, Luft und Wasser darstellen, finden sich übrigens auch auf der Tarotkarte »Die Welt« , genauso wie im Symbol der Sphinx, dem Archetyp des Geheimen und Zeichen der Präsenz der universalen göttlichen Botschaft auf Erden . . .

Der Sinn für das Göttliche beim Widder

Die charakteristischen Widdereigenschaften, Einfälle zu haben, zu initiieren, zu kreieren, prädestinieren ihn zum Missionar, im geistigen wie im religiösen Sinn des Wortes. Alle Propheten der Menschheit gehören übrigens diesem Zeichen an, das der Rolle des Fackelträgers entspricht, des Trägers des großen universellen Lichts, verantwortlich für die Klarheit, die es auf der Erde verbreitet.

Diese Vorstellung einer Mission und eines Beginns ist meist verbunden mit einem starken Sinn für die Gerechtigkeit, die er klug verteidigt, wenn nicht sogar auf Erden personifiziert, einer göttlichen Gerechtigkeit und dem kosmischen Gesetz, deren ausführendes Werkzeug der Widder im höchsten Grad ist.

Entsprechend der Bewußtseinsebene, auf der die Widdergeborenen die Dinge erleben, und entsprechend dem Grad der Gefühlsloslösung, den sie erreicht haben, können sie sich engagieren, ohne jemals die Gründe noch die Gedanken zu erkennen, die sie dazu bewegen. Alles ist eine Frage der Erziehung und der Entwicklung des Bewußtseins. Und letzten Endes der Liebe.

Der Widder weiß um die göttlichen Gesetze. Er ist gewillt,

ihr Werkzeug zu sein und sich zu exponieren, um sie zu verteidigen, ja sogar dafür zu sterben, aber er verlangt immer, daß man ihm die freie Wahl der Waffen und des Führers überläßt. Es ist also ziemlich schwierig, ihn in eine Kirche oder einen Kult zu integrieren. Er beginnt jedes Engagement, als sei es endgültig und ausschließlich und als sei auf kosmischer Ebene beschlossen worden, daß er sein ganzes Leben dieser Sache widmen müsse – unter der Bedingung, daß er unterwegs Aufgabe, Kult oder Kirche wechseln kann.

STIER

21. April–20. Mai

Ich habe, sagt die Schlange.
Ich habe die Weisheit aller Zeiten
und besitze den Schlüssel zu den
Mysterien des Lebens.
Ich säe in fruchtbare Erde und
nähre meinen Samen mit Sorgfalt
und Beständigkeit.
Meine Ziele sind klar, mein Blick ist unveränderlich.
Ich gleite in einer regelmäßigen Bewegung voran, beharrlich,
ernst und unerbittlich.
Die Festigkeit der Erde stärkt meinen Körper.

Das sind Worte, die gut auf den Stier passen, denn in der chinesischen Astrologie entspricht die Schlange unserem Zeichen Stier.

Haben, besitzen, säen, erhalten – alle diese Ausdrücke beziehen sich auf das, was das Zentrum des Stier-Universums ist: die Materie, Mutter Erde, auf die er sich beruft und die er sehr viel besser kennt als alle anderen Zeichen, sogar besser noch als die beiden anderen Erdzeichen Jungfrau und Steinbock.

Das ganze Leben wie ein Frühling

Es stimmt, daß er das Leben mitten im Frühling entdeckt, in dem Augenblick, da die Materie sich am besten darstellt und beinahe dazu reizt, sich mit ihr in aller Ruhe und Schönheit zu identifizieren. Das Universum hat seinen schönsten Schmuck angelegt, und die Schönheit ist ein unerläßlicher Bestandteil dieser Welt. Alles ist da, um den feinen Sinnen des Stiers zu schmeicheln – sie warten nur darauf, geweckt und angeregt zu werden.

Wenn das ganze Leben einem Monat Mai gliche, hätte die irdische Existenz zweifellos etwas Paradiesisches. Daher wird der mitten im Paradies geborene Stier Unvollkommenheiten, Frustrationen, Einschränkungen und Erstarrungen, die sich als Enttäuschungen in sein Leben einmischen, nie ganz zugeben. Und kein anderer als der Stier, verwundert, daß er die Augen in einer so herrlichen Welt geöffnet hat, könnte unglücklicher und von all den Schrammen tiefer verletzt sein, die die Wirklichkeit seinem Ideal zufügt.

Diesen Sinnengenuß beansprucht der Stier für sich selbst, aber auch für alle, die er liebt, denn außer geliebt zu werden fordert er nichts so sehr wie eine Möglichkeit, zu lieben.

Es werde Form!

Und es wird Form! Der Stier erträgt es nicht, im Stadium der Idee oder des Wunsches zu verharren, der sich nicht realisieren und konkretisieren läßt. Im Stier drückt sich die Energie der Konzentration und Gestaltwerdung aus. Nichts ist von Interesse, solange es nicht existiert, und für den Stier bedeutet existieren berührbar sein und berührt werden, anfaßbar sein und angefaßt werden, und konsumierbar sein – lieber zweimal als einmal! Von der Materie ausgehend, die ihm so teuer ist, gibt der Stier den Begierden Form – den seinen, aber auch denen der anderen. Er ist Baumeister, Bildhauer, »Kneter des Lebens«, wobei für ihn das Wichtige ist, sich in Bewegung zu setzen, um den ausgedachten Traum zu erreichen. Für den Stier ist ein Traum nur interessant, wenn er Realität wird. Solange er sein Ziel trotz totalem und beharrlichem Arbeitseinsatz nicht erreicht hat, ist er unzufrieden. Er ist jemand, der einen Weg bis zu Ende geht, und deshalb ist seine Haupteigenschaft die Entschlossenheit und sein Hauptfehler die Dickköpfigkeit. Er ist nicht einfach zu führen oder zu behandeln. Er stellt sich nur auf sein Ziel ein und nimmt praktisch nichts mehr von seiner Umgebung wahr.

Der Stier setzt so viel Zeit daran, sich zu engagieren, daß er, wenn er eine Verpflichtung übernommen hat, gerade noch über genug Energie verfügt, um die Sache zu Ende zu bringen:

Er hat einfach kein Benzin mehr, um die Strecke zurück zu fahren. Die Vorstellung von Hindernissen und Hemmungen mit den im Frühling freigesetzten überschäumenden Energien zu vereinbaren, erscheint ihm unmöglich. Der Wunsch ist sein Herr auf Erden. Wenn er will, daß die Dinge existieren, gelingen sie ihm wie von selbst. In dieser Hinsicht kann man ihm voll vertrauen. Wenn ihm diese wahrhaft alchimistische Arbeit gelungen ist, wenn er eine Idee in einen Plan und den Plan in eine greifbare Form gebracht hat – wobei dies mit Lärm und Fehltritten geschehen kann –, ist bei ihm ein Kreislauf beendet, und die Stürme legen sich.

Tier der Lasten und der Liebe

Seine Taktik des Elefanten im Porzellanladen ist zweifellos die Ursache, daß er Details mißachtet und manchmal jemandem auf die Zehen tritt, aber wenn man nicht aus Watte ist, ist sie die wirksamste. Trotzdem sollte man aufpassen, ihn nicht automatisch für einen groben Klotz zu halten, denn seine künstlerische Ader ist durchaus vorhanden. Alle im Stier Geborenen haben, bis in die kleinste Kleinigkeit des Alltags, einen Sinn für Harmonie und Schönheit, der sie zumindest zu Ästheten macht, wenn nicht zu wahren Künstlern.

Ein großes Charakteristikum dieses Zeichens ist die Tatsache, daß schon allein der Begriff Arbeit als Kunst betrachtet wird, genauso wie seine künstlerische Verwirklichung Schwerarbeit ist. Da beide, Kunst und Liebe, aus dem Zusammentreffen von Sinnlichkeit und Imagination hervorgehen (ein für den Stier charakteristischer Vorgang), könnte man im Extremfall sagen, daß der Stier seine Arbeit nicht nur als Kunstwerk betrachtet und sein Kunstwerk als Arbeit, sondern daß er darüber hinaus liebt, wie er arbeitet und mit ebensoviel Raffinesse und Genuß arbeitet, wie er liebt! Ein richtiges Programm, durch das er sich ein produktives, solides und doch genußvolles Leben gestaltet.

Was kann den Stier veranlassen, den Kopf von der Arbeit zu

heben und in Untätigkeit zu versinken, die ihm trotz allem auch entspricht? Ausschließlich die Liebe, denn für ihn, der Rhythmus und Pulsschlag dem Modell des Frühlings nachzeichnet, hat nichts soviel Wert wie Menschen und Dinge, die sein Blut schneller kreisen lassen und seine überempfindliche Haut stimulieren. Man kann sehen, wie leicht er errötet, bleich wird, erschauert. Die Variationsmöglichkeiten seiner Haut sind eine wahre Sprache, häufig viel echter und genauer als die paar Worte, die er zu sprechen fähig ist, da die Schamhaftigkeit ihn zu verbaler Zurückhaltung zwingt. Da der Stier gastfreundlich und großzügig teilt, begnügt er sich nie damit, nur seine eigenen Wünsche zu betrachten. Er ist sehr zufrieden, wenn er sie mit dem Auserwählten oder der Auserwählten des Augenblicks teilen kann, oder mit dem Gefährten oder der Gefährtin seines Lebens, denn er neigt eher dazu, bei seinen Bindungen treu zu sein.

Glanz und Elend der Gefühle

Wenn man mit dem Stier über die Liebe spricht, kann man sofort auch über Sinnlichkeit und Sexualität mit ihm reden, denn er kann sich keinen Fall vorstellen, bei dem Körper und Gefühle nicht zusammengehören. Wenn er liebt, will er berühren, umarmen, zärtlich sein. Sein Körper läßt ihn nicht im Stich, sondern ist im Gegenteil sein bester und aufschlußreichster Führer, und der Stier gebraucht ihn ganz einfach und spontan, ohne jede moralische Hemmung, um die Art Gefühl, das in ihm steckt, seiner Umgebung begreiflich zu machen.

Seine Augen, die im allgemeinen groß und leuchtend sind, werden weit, und seine Lippen teilen sich mit einem schmeichelnden Lächeln, sobald er liebt, das heißt, sobald er Lust verspürt. Oder aber sein Blick wird dunkel und sein Mund zu einer abwehrenden Barrikade, wenn er nicht liebt, das heißt, wenn er nicht das geringste Verlangen verspürt.

Der Stier ist also auf diesen so subtilen Gebieten des Lebens eher einfach und unverdorben. Die Komplikationen, Nuancen und Nebengeleise liegen ihm nicht, und falls man sie ihm aufzwingt, falls der Partner nicht die gleiche Wellenlänge der Einfachheit und Direktheit hat wie er, leidet er sehr. Denn sein eigensinniger Geist – zu eigensinnig, finden manche, denn eigensinnig bedeutet auch rigide, intolerant, aufdringlich, ausschließlich – versteht das nicht.

Wenn man liebt, hat man Verlangen, und wenn man Verlangen hat, handelt man – und Schluß. Und wenn man Verlangen hat, dann weil man liebt – die vielen Nuancen sind überflüssig.

Der Enormität seiner Bedürfnisse entspricht nur die Enormität seines Verlangens und seines Angebots, aber wie immer bei dem Thema Enormität ist auch Übertreibung im Spiel. Kein Mensch auf der Welt kann auf ein solches Verlangen reagieren, noch ein solches Angebot in seiner ganzen Tragweite annehmen, ohne in einen Kokon mit einer stark pathologischen und neurotischen Komponente zu geraten. Mehr oder weniger ernste Gefühlsneurosen sind immer eine Gefahr für die in diesem Zeichen Geborenen, vor allem wenn ihre Kindheit schreckliche und unverzeihliche Erinnerungen an Verlassenheit und Mangel in ihnen zurückgelassen hat.

Das mag übertrieben scheinen, aber die Übertreibung ist eine Komponente dieses Zeichens. Gefühlsunabhängigkeit und -autonomie betreffen den Stier nie, der auf schmerzhafte Weise Unabhängigkeit mit Einsamkeit verwechselt. Sobald man ihm von Autonomie spricht, hört er nur, daß man ihn nicht mehr liebt . . .

Aus diesem Grund geschieht die Erziehung der Gefühle beim Stier immer durch eine Lehrzeit, in der er lernt, die persönliche Verantwortung für die Überfülle der Emotionen und Wünsche zu übernehmen, bis es ihm schließlich gelingt, die Seite der Kreativität mit der der Arbeit auszugleichen und so auf eine konstruktive und erwachsene Art seine leidenschaftliche Natur zu kanalisieren.

Der Stier bewahrt alle seine Gefühle lange, auch die vergiftenden. Er lagert sie und ist ungeschickt darin, sie zirkulieren zu lassen oder zu eliminieren. Er braucht tatsächlich viel Zeit, um sie durchzukauen, zu verdauen und schließlich auszuscheiden. Während dieser Zeit haben andere mehrere Liebesabenteuer erlebt, aber sicherlich nicht mit der gleichen Spannweite und Intensität.

Haben und daran sterben

Appetit und Begierden, Wünsche und Verlangen, Gefühle und Sinnlichkeit – beim Stier verbindet sich alles zu einer enormen Zukunft, und man kann sich nur schlecht vorstellen, daß sich der Mechanismus des Produzierens und des Konsumierens erschöpft oder stoppt. Aber einmal befriedigt, werden die Projektionen des Stiers zur Routine. Dann erscheint die andere Seite seiner Dynamik – Regelmäßigkeit wird zu Wiederholung, Hartnäckigkeit zu Langsamkeit, Verlangen zu Suche, Ruhe zu Erstarrung, aus dem Realisten wird ein Materialist, aus dem häuslichen ein schwerfälliger Mensch, aus dem konstruktiven ein konservativer.

Sein Leben scheint stillzustehen, in Spießbürgerlichkeit zu erstarren ohne jeden Funken, der diese Passivität in Bewegung bringen könnte, ohne jeden Raum für einen Neuanfang, denn alles ist gedacht, realisiert, konsumiert worden, alles ist dazu bestimmt, sich endlos zu wiederholen.

Es gibt viele Stiere dieses Typs. Sie sitzen auf dem Erworbenen wie auf einem Thron, in ihrem Erfolg mumifiziert. Die irdischen Werte zeigen nun ihre schrecklichsten Verkrustungen. Der Fatalismus kommt, der sagt, »daß alles so sein wird, wie es immer gewesen ist, weil es immer so gewesen ist«. Es ist sehr viel nötig – eine Katastrophe, ein Blitzschlag, ein Erdbeben, eine Überschwemmung –, um einen in der Schutzhülle seiner Erwerbungen versunkenen Stier dazu zu veranlassen, sich zu bewegen.

Der vollkommene Kreis. Alle Wünsche verflogen. Einigelung. Jede Art von Verwahrlosung, Krankheiten im Übermaß und Schwermut jeden Typs treten in Erscheinung.

Deshalb muß ein Stier in seinem schlimmsten Stadium andere Quellen finden, in einer Vision der Welt, die von seiner verschieden ist, mit einem Scanner, der als Reserve für besondere Zeiten auf dem Grund seines Unbewußten versteckt ist.

Wenn man behauptet, daß dieses Zeichen zerstörerisch sei, absolut, perfektionistisch und störrisch, so stimmt das. Doch diese Charakteristiken sind Fehler oder auch Qualitäten, je nachdem, wie man sie gebraucht.

Wenn der Stier in sein tiefstes Inneres lauscht, kann er die Schwierigkeiten bewältigen und seine Route fortsetzen, auf einer vollkommen neuen Erde mit einem neuen Horizont. »Erst wenn das Feld abgebrannt ist, wird die Erde wieder fruchtbar.« Nach dieser Zeit des Brachliegens kann der Stier seine Feldbestellung wieder aufnehmen und sich an eine erneute Aussaat wagen, frisch und neu wie ein Frühlingsmorgen . . .

Eigensinnig, kreativ, sinnlich und fleißig, aber bekanntermaßen auch possessiv, eifersüchtig und nachtragend, sollte der Stier über die Bedeutung seiner Veranlagungen nachdenken, die ihm böse Streiche spielen können, wenn sie im dunkeln bleiben oder ihn im Übermaß beeinflussen. Sie machen ihn immer wieder zu einem »Opfer, das man verlassen hat«, und verursachen ihm Herzenskummer, der besonders heftig ist, weil er mit seinen Wünschen nicht umgehen kann und ständig zuviel will.

Herzenskummer und Einsamkeit tun dem Stier gut, der nicht dazu gemacht ist, allein zu leben, und sich ein Leben ohne erfüllte und geteilte Liebe und Sinnlichkeit nicht vorstellen kann. Es ist nie zu spät zu vermeiden, daß geliebte Wesen die Flucht ergreifen. Wenn der Stier seine Gefräßigkeit und seinen Herrschaftsanspruch mäßigt, seine schlimmsten Fehler korrigiert, dann wird er zum liebenswertesten und unwiderstehlichsten Wesen.

Den Stier verstehen

Die Grundstruktur

Weibliches Zeichen

Die weibliche Polarisierung erhöht, wie es in der Astrologie heißt, die rezeptive, passive, liebevolle und freundliche Komponente, die großen Yin-Charakteristiken der Verinnerlichung des nächtlichen, feuchten und kalten Prinzips. Es disponiert mehr dazu zu empfangen, zu verstehen, zu schützen, zu versöhnen und zu behalten als dazu, sich zu äußern, voranzugehen, zu teilen und zu fordern. Es bedeutet auch, daß die Frauen das Zeichen besser leben als die Männer, weil dann zwischen der Polarisierung des Zeichens und dem sexuellen Pol der Persönlichkeit Einklang besteht.

Die **Frauen** des Zeichens kennzeichnet übrigens eine starke Persönlichkeit. Sie sind leicht als Menschen mit Charakter zu erkennen. Die Charakteristiken des Zeichens stellen einen Katalog dessen dar, was man die Frau gewordene Kraft nennt.

Den **Männern** dieses Zeichens mangelt es auch nicht an Charakter, aber der introvertierte Aspekt der weiblichen Polarisierung hemmt sie oft, vor allem in einer Gesellschaft, die wenig dazu neigt, feminine Männer zu akzeptieren. Sie haben die Neigung, die negativen, festhaltenden, possessiven Tendenzen des Zeichens übertrieben, ja pathologisch zu leben, und haben den Hang, von beherrschenden Frauen fasziniert zu sein. Die zum Mann gewordene Venus fühlt sich nicht immer wohl, vor allem nicht in der Kindheit, die sie »in den Röcken der Großen Mutter versteckt« verbringt.

Erdzeichen

Wie Jungfrau und Steinbock gehört der Stier zum Element Erde, was gleichzeitig für eine Fülle von Mitteln und eine kluge Art, damit umzugehen, sorgt. Praktischer Sinn, Beharrlichkeit, Methodik, Ordnung, Genauigkeit und eine konkrete und realistische Beziehung zu den Dingen sind die Qualitäten dieser Zeichen, die sich im Negativen in Dickköpfigkeit, Langsamkeit,

Materialismus verwandeln können und in eine Art Frostigkeit, die sie zu erstarrten und schwerfälligen Menschen machen kann.

Beim Stier handelt es sich um die Erde im Frühling, wo sie aufnahmefreudig und fruchtbar ist und sich ganz den Lebenskräften des Feuerzeichens darbietet. Sie repräsentiert das universelle mütterliche Prinzip, die allmächtige, aber auch alles verschlingende Große Mutter.

Festes Zeichen

Wie Löwe, Skorpion und Wassermann ist der Stier ein festes Zeichen. Es bedeutet, daß er das Prinzip selbst seines Elements darstellt und es in seinem genauesten Aspekt repräsentiert. Diese Festigkeit ist eine Starrheit, eine Kristallisationskraft, die sich präzise ausdrückt. Sie weist auch auf Stabilität, Zuverlässigkeit und Echtheit hin, aber manchmal auch auf eine gewisse Routine der Dickköpfigkeit und Gewohnheiten. Den festen Zeichen fehlt in höchstem Grad Schmiegsamkeit und Anpassungsfähigkeit.

Der Stier, ein Erdzeichen, ist geradezu eine Karikatur der Qualitäten und Fehler der festen Zeichen, vor allem der Stiermann, wenn er den Venusaspekt nicht lebt. Er lädt sich dann noch eine zusätzliche Last auf und wird in seinen Prinzipien tyrannisch und engstirnig. Wenn er dagegen seine beruhigende und konstruktive Seite ausspielt, gibt er feurig und eigensinnig – sein Bestes.

Nervöses Temperament

Der Stier gerät schnell in Feuer. Seine Gefühle spielen bei allen Aspekten seines Lebens eine Rolle, auch bei seinem mentalen und physischen Gleichgewicht. Sein Gefühlsüberschwang verdickt schließlich – wenn er ihn nicht kanalisieren kann – sein Blut und belastet es, sowohl physiologisch wie psychisch, mit verschiedenen Giftstoffen.

Die Sterne des Stiers

Aldebaran, der strahlende blaßrote Fixstern.

Orion, der Stern des Skorpions, der leuchtendste Stern, der in dem Maß im Frühling verschwindet, wie die Sonne am Firmament höher steigt und – in Analogie dazu – über die Kräfte der Dunkelheit triumphiert, die der Skorpion symbolisiert, das Alter ego des Stiers. Orion ist also für die in diesem Zeichen Geborenen verborgen, doch er wirft seinen Schatten auf ihr Unbewußtes – der Teil, der ihnen dunkel bleibt.

Die **Plejaden,** das Siebengestirn, eine Gruppe von weißen Sternen, die man bildlich auf den Schultern des Stiers darstellt.

Mythologie

Die Mythologie des Stiers ist einleuchtend, weil sie uns durch die Kosmogonie ins Innere des Erdursprungs führt.

Gaia, Mutter Erde

Am Anfang war Gaia, nach der Kosmogonie des Hesiod »die Erde im Werden«. Gleich nach dem Chaos entstieg sie eines Tages dem Urmagma wie aus dem Nichts und gebar einen Sohn: Uranus. Mit ihm bildete sie das erste göttliche Paar und brachte eine Generation von Göttern und Ungeheuern zur Welt: Titanen, Titaniden, Zyklopen, die Meergötter und andere Geschöpfe des Zeitenanfangs. Im Laufe weiterer zahlreicher und heftiger Vereinigungen wird Gaia zur wahren Figur der Mutter Erde, dem fruchtbaren Ursprung von allem, und (zusammen mit Demeter) verehrt als Göttin der Fruchtbarkeit der Erde und wegen ihrer zahlreichen Kinder als Beschützerin der Fortpflanzung.

Man sieht deutlich die Verbindung zum Stier. Die Analogie zu Gaia bringt uns seinen schöpferischen und unveränderlich zeugenden Aspekt näher, und gleichzeitig verdeutlicht sie auch die »Allmacht« seines Charakters (vor allem der Frauen dieses Zeichens), weil niemand – und besonders kein Mann – sich mit der von Gaia verkörperten Urkraft messen kann.

Stärken und Schwächen des Stiers

Die Stärken

- Scharfer Geist, Intuition, Vorherwissen bei Menschen und Situationen
- Mut, Ausdauer, Hartnäckigkeit, Beständigkeit
- Kreativität, Anmut, Lieblichkeit, Intensität, Sinnlichkeit
- Liebe, Vereinigung der Herzen und der Seele
- Echtheit, Zuverlässigkeit, Edelmut
- Klarheit, Unerschütterlichkeit, Heldenmut, Tapferkeit
- Vermögensverwaltung, Voraussicht, Zusammenschau
- Treue, Widerstandsfähigkeit, Kraft, Konzentration
- Kritischer Sinn, Festigkeit, Standhaftigkeit
- Enorme Arbeitskapazität, Tatkraft, Produktivität

Die Schwächen

- Ausschließlichkeitsanspruch, Eifersucht, Gier
- Pathologische orale Lust
- Macht, Herrschsucht, Despotismus, Tyrannei
- Cholerische Blindheit, Gefühlsscheuklappen
- Dickköpfigkeit, Unbeweglichkeit, Routine
- Hang zur Dramatisierung, Pessimismus, Nörgelei, Fatalismus
- Gerissenheit, Geilheit, Einseitigkeit, Derbheit
- Heftigkeit, Aufbrausen, Impulsivität, Ungeduld
- Negativität, Zerstörung, Widerstand
- Langsamkeit, Schwerfälligkeit, Hang zur Entsagung

Die Aszendenten des Stiers

1. Stier – Aszendent Widder

Der Widder verleiht mehr Aggressivität, Kampflust und eine lebendigere Haltung gegenüber dem Alltag. Er färbt das Temperament des Stiers mit Heftigkeit und Schnelligkeit und schafft so eine Persönlichkeit, bei der Hartnäckigkeit und Energie vorherrschen. Die in diesem Zeichen Geborenen verfolgen ihre Ziele bis zum Ende, in einem Stück, ohne sich um die unterwegs verursachten Schäden zu kümmern.

Die Männer sind entschieden viril, die Frauen sind etwas schwer zu verstehen und zu behandeln. Die in diesen Zeichen Geborenen brauchen eine Dosis Humor, und äußere Einflüsse sollten sie dazu bringen, die Dinge nicht so tragisch zu nehmen, damit sie nicht in ihren Gefühlen und ihrer legendären Sinnlichkeit ertrinken.

2. Stier – Aszendent Stier

Einen doppelten Stier darf man nur mit der Pinzette anfassen. Man darf ihn nicht drängen, nicht stören und noch viel weniger ihn gegen den Strich bürsten. Dafür sind die in diesen Zeichen Geborenen entschlossen, produktiv, hartnäckig, tüchtig, fast zu tüchtig.

Sehr sinnlich, Genießer der irdischen Freuden und guten

Dinge, ist genau das auch die größte Falle für sie. Man muß ihnen unbedingt Luft verschaffen und darf nicht zulassen, daß sie im Sumpf ihrer Zwanghaftigkeit und Hyperaktivität versinken. Dafür sind sie immer für ihre Familie, ihre Nächsten und Freunde da, ganz gleich, was passiert.

3. Stier – Aszendent Zwillinge

Hier vermählen sich Witz und Leichtigkeit mit Charme und künstlerischem Temperament. Sie sind lebhaft und fröhlich und wissen ihren Körper und ihre Sprache zu gebrauchen. Sie sind oft leichtsinnig und können nie etwas ausschlagen, vor allem nicht sich selbst.

Die in diesen Zeichen Geborenen fühlen sich manchmal im Widerspruch zwischen Körper und Geist gefangen. Phasen von Unbekümmertheit wechseln mit übermäßigem Pessimismus. Entgegen ihren Behauptungen legen sie große Gefühlszartheit und Feinnervigkeit an den Tag.

4. Stier – Aszendent Krebs

Um ein Haus zu entwerfen, zu bauen und einzurichten und dann mit Kindern und Fröhlichkeit zu erfüllen, gibt es niemand Besseren. Die in diesen Zeichen Geborenen sind freimütig und fürsorglich, die besten Eltern der Welt, und das Universum der Kindheit bleibt ihr Privileg.

Konservativ in ihren Ansichten und in ihrem Geschmack, sind sie auch der Prototyp der vollkommenen Ehepartner und vollendete, gutmütige und herzliche Gastgeber. Aber wehe, wenn man ihren Schutzpanzer berührt oder sie mit etwas Unvorhergesehenem konfrontiert! Zu sensibel, in ihren Gefühlen unreif, hassen sie schon die Vorstellung von Autonomie und können für den anderen erstickend werden.

5. Stier – Aszendent Löwe

Ihr Leben ist wie ein Kunstwerk. Sie schmücken jede Einzelheit aus und haben einen unvergleichlichen Sinn für die Harmonie zwischen Inhalt und Form. Unersättliche Ästheten, die beim Großen, Schönen und Aufwendigen nicht knausern, zeigen sie höchste Verachtung für Mittelmäßigkeit und Mangel an Höflichkeit und Umgangsformen. Ihre »Star«-Seite macht sie zu faszinierenden Menschen, die nicht bereit sind, von ihrem Piedestal zu steigen, vor allem die Frauen nicht.

Dennoch lauern Egoismus und Pathos auf sie, und sie müssen lernen, ihr Herz nicht an alles Glänzende zu hängen. Da sie das Leben nur von der besten Seite betrachten, ist ihnen die Idee einer Niederlage unvorstellbar. Aber sie haben mehr als genug Kraft und ein weites Herz für andere und sind stets von einer Menge »lahmer Enten« umgeben.

6. Stier – Aszendent Jungfrau

Logik, Organisation, der materielle und intellektuelle Aspekt der Welt haben den Vorrang. Alles – vom Gefühl bis zur Arbeit – hat seinen Preis, und sie kennen jeden Trick, um nicht hereingelegt zu werden. Man könnte sagen, daß das ihr Leitmotiv ist, ihr Wegweiser, aber in Wirklichkeit ist es nur ihr armseliger Selbstschutz. Sich zu schützen und zu erhalten beschäftigt sie so sehr, daß es schließlich verdächtig wird. Und dann entdeckt man plötzlich, daß es ganz einfache, sensible, echte Menschen sind, entschlossen, weder zu geben, noch zu nehmen, bis zu dem Tag, da sie alles geben können. Sie bringen ihre Instinkte so lange zum Schweigen, bis sie ihnen völlig freien Lauf lassen können.

Was Materie war, wird dann Seele, in einem wissenden und scharfsichtigen Aufeinanderzugehen. Nicht einfach, etwas masochistisch und hämisch, meinen sie alles zu meistern und zu wissen – und warten dabei nur auf den, der sie in ihren Grundfesten erschüttern kann, und das für immer.

7. Stier – Aszendent Waage

Venusianer, zweifellos, aber die irdische Ausgabe! Die Frauen sind schön wie die Barbie-Puppe, reizend, elegant, künstlerisch, ein schöner Körper, in dem feine Gefühle wohnen. Die Männer sind gutaussehend, großgewachsen und leidenschaftliche Liebhaber. Zumindest in der sanften und oberflächlichen Lesart der Dinge, denn alles in allem haben sie wegen ihres zwiespältigen Charakters nicht immer ein harmonisches Leben. Sie sind sehr gefühlvoll, aber auch sehr unabhängig, sehr leicht verliebt, aber auch sehr logisch, sehr selbstsicher, aber auch ständig voller Zweifel.

Idealistisch und ruhig, können sie sehr aufbrausend werden und haben die Manie, sich bei Partnerschaften aus der Affäre zu ziehen, falls diese schwierig werden. Sie hoffen auf eine Sicherheit, die sie nicht haben, und segeln mit ihren Nervenanfällen und Gefühlsausbrüchen von einer Welle zur anderen.

8. Stier – Aszendent Skorpion

Sie kennen alle menschlichen Geheimnisse und benützen sie – ohne sich dessen bewußt zu sein –, um den anderen am »sexuellen Ende« zu erwischen. Sie sind Extremisten, Idealisten, sind cholerisch, anspruchsvoll, unnachgiebig – aber auch leidenschaftlich und anziehend. Angst und Verlangen kämpfen in ihrer glühenden Seele, und sie ziehen den anderen in ihre Welt, auf Tod und Leben.

Keine Kompromisse oder Halbheiten. Es steckt eine Energie in ihnen, mit der sie Berge versetzen könnten. Sie sind wahre Arbeitstiere. Bis sie plötzlich von der Gewißheit durchdrungen werden, jetzt sei alles zu Ende, und dann zerstören sie alles, bis hin zu ihren schönsten Träumen. Wunsch und Ohnmächtigkeit leben in ihnen Seite an Seite, doch häufig sind sie bei anderen konstruktiver als bei sich selbst. Schließlich akzeptieren sie bei ihren Impulsen ein Stück Realität und beruhigen sich etwas, wenn sie auf die Vierzig zugehen.

9. Stier – Aszendent Schütze

Gesund, schön, höchst sinnlich, sind sie auf die Achse Wohlbefinden, Lebensfreude und Realisierung ihrer immer großartigen und humanitären Pläne ausgerichtet. Sie machen bei allem mit, sind immer fair und erscheinen manchen sogar naiv, weil sie die Einheit von Körper und Geist so stark bejahen, die übrigens bei ihnen möglich ist. Von Natur aus Genießer und häuslich, haben sie aber regelmäßig Anfälle von Ruhelosigkeit. Auf Zeiten am heimischen Herd folgen dann Perioden als Globetrotter.

Sie lieben große Eßgesellschaften, gute Geschichten und großartige Helden, aber sie übertreiben immer und werden schließlich lästig – falls ihnen nicht von vorneherein Takt und Zurückhaltung fehlen. Mäßigung gehört nicht zu ihrem Repertoire. In dieser Beziehung haben sie noch alles zu lernen.

10. Stier – Aszendent Steinbock

Von Natur aus geduldig, ruhig, hartnäckig und weitblickend, betrachten die in diesen Zeichen Geborenen das Leben mit Realismus und Ausgeglichenheit. Viel Einfachheit und Echtheit, mit einer naturnahen Seite: geborene Ökologen, mit einer großen Liebe zu den Bergen.

Die sinnliche und genießerische Seite ist bei ihnen eindeutig ausgeprägter als bei einem reinen Steinbock, und dadurch sind sie weniger verschlossen und frustriert, wobei sie in ihren Beziehungen immer Wahrheit und Ernsthaftigkeit suchen. Sie wollen Pläne verwirklichen, ihre Arbeit zu Ende führen und haben unantastbare Wertvorstellungen. Kinder und Familie stehen immer im Mittelpunkt. Zu ihren manuellen Begabungen gesellt sich im Alter noch die Philosophie.

11. Stier – Aszendent Wassermann

Die Frauen sind verführerisch, die Männer verwirrend. Die in diesen Zeichen Geborenen sind nicht einfach einzuschätzen. Vor allem nicht von sich selbst, denn sie wollen immer andere Dinge als die, die sie gerade unternehmen, und das mit ihrer ganzen Hartnäckigkeit und ihrem Erfindungsgeist. Sie beanspruchen für sich selbst jede Freiheit, tun sich aber schwer, sie anderen zuzugestehen. Sie verunsichern, ohne zu ertragen, daß man sie ihrerseits verunsichert. Sie ertragen es auch nicht, wenn man sich an sie hängt, und bekunden Anflüge eines verborgenen Hanges, besitzergreifend zu sein.

Bei ihnen ist jeden Tag Kino: Sie verbinden Kunst und Technik, das Irreale mit Alltäglichem. Gefühlsturbulenzen packen sie, große Liebe schlägt in Abweisung um, Anbetung in Gleichgültigkeit, Unerbittlichkeit in »ist mir doch egal«. Kurz, sie sind eine Welt für sich und haben zwar das Verdienst, originell zu sein, doch auch den Nachteil, daß sie nie zufrieden sind.

12. Stier – Aszendent Fische

Sie behexen – mehr ist nicht zu sagen. Sie reden nicht, denn alles geht durch die Augen, das Herz und vor allem die Haut. Hier regieren die »hautnahen« Beziehungen, wo man sich spürt und vibriert. Sie wollen nichts durch Vernunft und Intellekt erklären – die sie auch nicht im geringsten betreffen. Mit Harmonie der Formen und Proportionen, mit grenzenloser Sinnlichkeit, manchmal lästiger Berührungslust, sind sie vollendete Geishas, echte Künstler, gefühlvoll, sanft, verträglich und intuitiv.

Aber wie sie einen erdrücken! Wie kann man ihnen nur entkommen, denkt man schließlich. Wie kann man sich ihrer gallertigen Art entziehen? Kapriziös und nonchalant, geraten sie plötzlich in großen Zorn, und das schlimmste für ihre Umgebung ist mitzuerleben, wie sie weinen und seufzen, weil man sie »feige sitzengelassen« hat. Aber sie trösten sich bald wieder – an der nächsten Straßenecke.

Schlüsselworte der Stierenergie

Konzentration: Es dauert etwas, bis sie sich in Bewegung setzen, aber dann sind die Stiere nicht mehr leicht aufzuhalten. Ihre fabelhafte Energiezusammenballung hat eine bemerkenswerte Beherrschung aller Etappen eines begonnenen Unternehmens zur Folge.

Eine zu große libidinöse Energiekonzentration kann zu Sklerose führen.

Befruchtung: Damit das Leben weitergeht, ist der Stier zu allem bereit. Seine Lebenskunst sucht ihresgleichen. Nur sein Sinn dafür, wie man von ihr profitieren und seine Freunde profitieren lassen kann, reicht an sie heran. Wenn sie fehlt, wenn das Erschaffen ihn nicht mehr motiviert, wird er dick und erstarrt.

Fortschreiten: Der Stier lebt in Übereinstimmung mit den Grundrhythmen des Lebens. Es ist ihm immer bewußt, an welchem Punkt eines geplanten und organisierten Unternehmens er gerade angelangt ist, und niemand kann ihn ohne Schaden drängeln. Trotz seiner richtigen und genauen Gesamtschau spielt ihm seine fundamentale Faulheit aber manchmal seltsame Streiche. Er hat Schwierigkeiten, seinen Energieverbrauch richtig zu verteilen, was schädliche »Energieklumpen« zur Folge hat, die schwierig aus dem Weg zu räumen sind.

Gesundheit

Man sollte der sogenannten eisernen Gesundheit des Stiers nicht trauen. Er mag noch so solide wirken, seine Widerstandsfähigkeit ist keinesfalls die eines Betonklotzes. Sie hält bis zu dem Augenblick, wo sie unter wiederholten Angriffen auf seine zu starke Gefühlsdurchlässigkeit mit einem Schlag in tausend Stücke zerspringt. Leute, die keine Halbheiten kennen, sind so gebaut: Ohne Vorwarnung verfallen sie in das Extrem von alles oder nichts.

Der Vorteil dagegen liegt in der vernünftigen Art und Weise, wie der Stier dieses Thema angeht. Er vertraut seinem Körper ohne übertriebene Angst und ohne sich zuviel vorzumachen. Er folgt seinem eigenen Rhythmus, ohne sich drängen zu lassen, und verläßt sich lieber auf das, was er spürt, als auf das, was der Arzt sagt. Traditionell hassen die Stiere Medikamente und künstliche Mittel, sie sind lieber richtig krank – denn Krankheit ist auch ein Zeichen von Vitalität.

Ihre allgemeine Philosophie ist: Ich bin krank, weil es natürlich ist, ab und zu krank zu sein. Sie verlassen sich dann auf die Wirkung von Schlaf, richtiger Ernährung und Hausmitteln, bis sie spüren, wie ihre Kräfte zurückkehren. Wenn ihnen etwas fehlt, sind sie kratzbürstig und dickköpfig und schicken alle zum Teufel, die behaupten, besser als sie selbst zu wissen, wie sie funktionieren und was sie brauchen. Der Vorteil ist, daß sie ihren Stoffwechsel nicht willkürlich belasten, der Nachteil, daß sie häufig zu lange warten, bis sie einen Arzt aufsuchen.

Sie sagen sich: Das geht vorbei, und stoßen dadurch manchmal an ihre Grenzen. Wirklich ernsthaft wird es nur, wenn sie nicht mehr schlafen können (sie brauchen viel Schlaf) und keine irdischen Gelüste (auf Essen und Sex) mehr haben, denn dann sind sie ernstlich krank.

Schwache Punkte des Stiers

Hals, Nasen, Ohren: Sie weisen auf seine nervliche und affektive Instabilität hin und haben direkte Konsequenzen für seine traditionell schwache Lunge. Die Probleme der Atemwege (vor allem der Lunge) verweisen direkt auf Gefühle, mit denen der Stier nicht immer umgehen kann. Durch Gefühlsübertreibung wird der Stier in diesem Punkt zu einem der schwächlichsten Zeichen. Nasen-Rachen-Katarrh, Nebenhöhlen-, Lungen- und Rippenfellentzündungen und Asthma schwächen schließlich durch die Häufigkeit ihres Auftretens und durch die notorische

Disziplinlosigkeit, mit der er die Bedeutung der Botschaft herunterspielen will, sein Immunsystem. Er neigt auch zu Entzündungen des Mundes, des Zahnfleisches und des Sprechapparats: Kehlkopf, Stimmbänder. Nicht selten leidet der Stier an Heiserkeit, Verlust der Stimme und Luftröhrenentzündung.

Haut: Die Haut ist ein ideales Terrain, um die Gefühlsübersensibilität und die chronische Nervenanspannung aufzuzeigen, und macht ständig Probleme. Sie ist fett, aufgedunsen, juckt, im Winter blaß, im Sommer rot und hat keine Elastizität. Außerdem bietet der Stier einen ausgezeichneten Nährboden für Allergien und Akne (auch noch nach der Pubertät).

Endokrines Drüsensystem: im allgemeinen anfällig, vor allem bei den Frauen. Sie sollten ihren Hormonhaushalt überwachen.

Verdauungsapparat: Eine schwache Verdauung ist für den Stier typisch (wie für alle Menschen, die unter dem Einfluß des Mondes stehen). Psychischer Druck läßt sich dort ganz direkt ablesen. Man kann nicht oft genug wiederholen, welche kompensatorische und doppelsinnige Rolle die Nahrung im Leben des Stiers spielt, vor allem wegen seiner Vorliebe für Milchprodukte und Zucker. Störungen können, zusammen mit der ohnehin langsamen Verdauung, die verschiedensten Gewichtsprobleme verursachen, chronische Fettsucht oder unheilbare Magerkeit, zuviel Cholesterin, Diabetes, Gastritis, Luftschlukken, Verstopfung, Dickdarmkatarrh und im schlimmsten Fall Hepatitis.

Nervenschwäche: Sie ist die direkte oder indirekte Ursache für viele Stierprobleme, denn sie begünstigt eine ständige Nervenanspannung und zeigt sich im Körper durch Blockaden an den verschiedensten Orten. Angstzustände, latente Depression oder manisch-depressiver Charakter, Identitätsverlust, Übererregbarkeit mit Angstzuständen, Phobien, gefolgt von Momenten plötzlicher Euphorie.

Immunsystem: Nichts greift das ganze Immunsystem so sehr an wie schlecht verdaute Emotionen, schwache Nerven und übergroße Sensibilität. Die Stiere können sich dann in einen »Mikrobenschwamm« verwandeln mit einer ganzen Reihe von Infektionskrankheiten und mehr oder weniger ernsten Immunstörungen.

Wichtig ist es, zwischen den beiden Stiertypen zu unterscheiden: Der Stier mit einem **Übermaß an Energie** hat von allen Charakteristiken des Zeichens zuviel und deshalb die Tendenz, Energie zu speichern und seinen Stoffwechsel zu belasten und zu überfordern. Der Stier mit **Energiemangel** entspricht dem negativen Bild der Zeicheneigenschaften und verrät durch Erschöpfung und Übersensibilität eine organisch bedingte verminderte Abwehrkraft.

Ratschläge für ein besseres Gleichgewicht

Das Schlüsselwort für die Gesundheit des Stiers ist: **ausscheiden.** Empfehlenswert ist, viel zu trinken, vor allem harntreibende Kräutertees, und sich »anzukurbeln« , damit die Energien zirkulieren, denn die in diesem Zeichen Geborenen haben die Neigung, sie aus Angst vor Gefühlsmangel zu speichern. Die emotionalen Fixierungen sind die fast ausschließliche Quelle aller Krankheiten des Stiers und verursachen seine meisten Störungen. Ausgleichende Aktivitäten im Kontakt mit der Natur oder mit einer künstlerischen Tätigkeit (vor allem Tanz und Gesang) sind für ihn wie geschaffen, wie auch ayurvedische Massagen oder Lymphdrainage, das türkische Bad und Sitzungen bei der Kosmetikerin, gut für Körper und Moral. Manuelle Betätigungen wie Töpfern, Weben, Modellieren und Bildhauern laden ihn wieder auf und zentrieren ihn wieder besser.

Harmonie durch Edelsteine

Zugeordnete Farben: Gelb und Rosa.

Saphir: Fördert die Meditation, die geistige Entwicklung, stärkt den Glauben, entwickelt außersinnliche Wahrnehmung, vertreibt Illusionen.

Smaragd: Fördert künstlerisches Schaffen, entwickelt den Sinn für Schönheit und Harmonie, ermöglicht die Entwicklung des Bewußtseins, zieht Reichtum an.

Topas (Sonnenstein): Aktiviert Ausstrahlung, Kraft und Geist von Überzeugungen, erleichtert durch Kälte verursachte Krankheiten, fördert Nahrungsassimilation und Blutzirkulation.

Zitrin: Fördert die Ausscheidung von Giftstoffen, vertreibt Ängste und beruhigt. Bei Diabetes und Verstopfung empfohlen.

Glücksstein: Saphir.

Harmonisierender Stein: Amethyst. Hilft, sich von Körperlichkeit und Trieben zu befreien. Mildert ein Übermaß an Willen und Eifersucht.

Liebe und Freundschaft

Die Wichtigkeit der zwischenmenschlichen Beziehungen

Die zwischenmenschlichen Beziehungen sind die Drehscheibe der Stiergeborenen, deren Wohlbefinden und allgemeines Gleichgewicht völlig von der Dosis Liebe abhängen, die sie von ihrer Umgebung erhalten. In dieser Hinsicht ist der Stier ein Zeichen, das die Ausgewogenheit zwischen Geben und Empfangen gut kennt, und bei Qualität und Intensität dessen, was er gibt, geizt er nicht, damit er sicher sein kann, Ähnliches zurückzubekommen.

Ernsthaftigkeit und Echtheit sind für die Stiere die Quellen der menschlichen Beziehungen. Sie öffnen sich schwer und mit Mißtrauen, aber wenn sie sich einmal engagiert haben – und das gilt für alle Lebensgebiete –, bleiben sie bei der Stange und sind sehr zuverlässige Partner, ob in Liebe oder Freundschaft. Im Fall eines Bruchs entsprechen ihre Schmerzen dann aber auch ihrem Engagement, das heißt, sie sind gigantisch und praktisch unheilbar. Fühlen sie sich verraten und nicht geliebt, verfolgt sie das ihr ganzes Leben, und deshalb muß man auf die Art achten, wie man sich ihnen nähert und dann wieder von ihnen trennt, um diese zarten, weiten Herzen nicht zu verwunden, die sich unter dem dicken Panzer aus Realismus und Schüchternheit verbergen.

Auch die enge Bindung an Freunde und Liebespartner – und der Wunsch, sich mit ihnen in allen Aspekten des Lebens zu vereinen – entspricht dem Charakter der Stiere, die leben, arbeiten, essen, schlafen, lieben, reisen, einfach alles innerhalb des sicheren und konstruktiven Kreises der Erwählten ihres Herzens tun wollen. Tatsächlich gehören bei ihnen die Freuden des Herzens mit den Freuden der Stabilität und der finanziellen und materiellen Erfolge zusammen, und die in diesem Zeichen Geborenen glauben oft, daß viel Liebe genügt, damit alle Geschäfte gutgehen und die Ergebnisse zum Wohl jener, die man liebt und die einen lieben, geteilt werden können. Das hat eine prosaische und naive Seite, aber im Leben eines Stiers funktioniert das so. Er ist schließlich ein sehr einfaches Tier und hält sich lieber an den Weg des Herzens als an intellektuelle Lösungen.

Allerdings stimmt auch das Gegenteil, das heißt, wenn sich die Gefühle ändern, kann der Stier erbarmungslos sein und jede materielle Bindung ablehnen, die ihm dann unecht und unangebracht erscheint. Hatte er vorher geteilt und war hilfsbereit gewesen, wird er nun geizig, egoistisch und sogar kleinlich. Er rechnet dann bis aufs geringste Detail alles auf und erinnert den anderen immer wieder daran, was er ihm schuldet, auf allen Ebenen und in jedem Sinn des Wortes. In einer pathologischen Ausformung, bei der der Stier von einem Extrem ins andere fällt, kommt dann einer der unangenehmsten Aspekte seines Zeichens zum Vorschein.

Die Stiermänner sind dann unausstehlicher als die Stierfrauen, die in Ärger, Zorn und sogar im empörten Hinauswurf für den Verlust ein Ventil finden, wenn auch oft nur vorübergehend. Zur sexuellen Bindung gehört – für die Männer wie für die Frauen dieses Zeichens – auch die Liebesbindung, weshalb

Trennungen für sie schwer zu ertragen sind, denn der Stier betrachtet diejenigen, die er liebt, immer als persönliches Eigentum.

Die Beziehungen zu den anderen Zeichen

Stier – Widder

In ihrer Beziehung können sie sich sehr ergänzen. Der Widder liefert die kühnen Ideen, die der Stier durch seine Standfestigkeit und sein Realisierungstalent in greifbare Form bringt, vorausgesetzt, es handelt sich um ein gemeinsames Projekt. Der Stier ist manchmal von der Schnelligkeit des Widders unangenehm berührt, der impulsiv eine Bindung eingeht, dann aber das Gefühlsleben mit größerer Zwanglosigkeit betrachtet, als es dem Stier paßt. Sie haben also nicht immer dieselbe Wellenlänge: Der Widder findet den Stier zu besitzergreifend, und der wirft dem Widder leicht vor, daß er nicht sehr seriös ist und seine Versprechen nicht hält.

Doch wenn eine Leidenschaft sie zusammenhält oder sie gemeinsam etwas auf die Beine stellen können, spielen sich die Dinge harmonisch ab, und sie können besser miteinander umgehen, ohne den Unterschied ihrer Energie und ihres Rhythmus in ein Handikap zu verwandeln. Wenn der Widder allerdings übertreibt, den ruhigen Stier drängt und sich bei ihm durchsetzen will, kann er das nicht ertragen, denn der Stier lehnt es grundsätzlich ab, hart angefahren zu werden.

Stier – Stier

Bei ihnen herrscht der gesunde Menschenverstand. Sie lieben ihr Haus, ihre Kinder, ihre Familie, ihren Grund und Boden, ihren Bankier, ihre Freunde – und träumen insbesondere davon, das alles bei einem netten kleinen Essen zu versammeln, damit alle das irdische Leben aufs beste genießen können. Und zum

Besten gehört für sie auch Kunst, Schönheit und im Bett verbrachte Abende, zum Schlimmsten hingegen ihr gemeinsamer Hang zur Wiederholung und ihr übertriebenes Sicherheitsdenken, was sie schließlich zu einem Paar macht, das in Monotonie versinkt. Die Frau wirft dem Mann ständig vor, daß er sie langweilt und schwerfällig sei, er denkt das gleiche, sagt es aber nicht – und schmollt.

Handelt es sich dagegen um eine Freundschaft, ist diese sehr konstruktiv: Männer helfen sich auf materiellen Gebieten, bauen gemeinsam etwas auf, Frauen sind sich in ihrer Sinnlichkeit und Zärtlichkeit einig und werden zu Freundinnen, die man schon von weitem an ihrer Lieblichkeit, Originalität und ihrem Kunstinteresse erkennt.

Stier – Zwillinge

Der Zwilling bringt seinen Kopf in diese Beziehung ein, der Stier sein ganzes Herz und seinen Körper. Sie haben absolut nicht die gleiche Sicht von der Welt und auch nicht die gleichen Sorgen. Wenn sie also zusammen arbeiten – was noch das Beste ist, das ihnen passieren kann –, streicht der Stier die Wand, während der Zwilling an den Fußleisten herumbastelt: keine gemeinsame Perspektive!

Je verschiedener sie sind, desto mehr respektieren sie sich, und ihre Freundschaft ist echt und für jeden nützlich. Aber in der Liebe wird der Dialog schwierig, und noch mehr auf sinnlicher Ebene. Dieser Stier ist ganz entschieden zu besitzergreifend für den Zwilling, der seinerseits wenig ernsthaft und des Vertrauens nicht würdig zu sein scheint. Die gegenseitigen Beschuldigungen sind schwer, und wenn die Partner auch den Schein wahren können, stellt doch das Mißverständnis den wahren Inhalt ihrer Beziehung dar.

Stier – Krebs

Nichts Besseres für Familienfreuden, ein Herz für Kinder, Herzlichkeit und Zärtlichkeit auf Dauer! Man versteht sich im Kopf, man fühlt im Herzen gleich, man ergänzt sich großartig und könnte das ganze Leben lang in diesem abgeschlossenen Universum bleiben. Dann aber tauchen Probleme auf, denn der Erstickungstod droht . . .

Da sich der eine viel zu sehr auf den anderen verläßt, Gefühlsleeren aufzufüllen und sich gegen Frustrationen zu wappnen, sind sie nicht genügend beweglich, und das gilt für eine Freundschaft wie auch für eine reine Liebesbeziehung. Der Stier langweilt sich zuerst und organisiert mehr oder weniger geschickt Fluchtmöglichkeiten und Notausgänge – vor allem wenn er weiblich ist. Beim Krebs kann es sein, daß die Beziehung ein wenig so ist wie zwischen einer allmächtigen Mutter und ihrem bewundernden Sohn. Im übrigen aber ist diese Verbindung für Kreativität und Phantasie sehr günstig.

Stier – Löwe

Hier gilt es herauszufinden, wer sich wem unterwirft, da die jeweiligen Kräfte der Zeichen von Natur aus nur aufeinanderprallen können. Die dabei entstehenden Schwingungsbeben sind beeindruckend, vor allem für ihre Umgebung, die wenig Lust hat, in einem derartigen Wirbel zu leben. Sie selbst halten es in dieser Überspannung ziemlich gut aus, und wenn sie sich nicht gegenseitig stützen, um gemeinsam zu wachsen, machen sie sich gegenseitig fertig, weil keiner nachgeben will.

Der Stier ist nie durch den äußeren Schein, den der Löwe so liebt, zu beeindrucken. Der Löwe ist durchaus damit einverstanden, sich in Frage stellen zu lassen, falls er dem Stier auch auf die Füße treten darf. So können sie durchaus ein »nettes Paar« sein, das die Zuschauer beeindruckt. Ansonsten aber ist es besser, wenn sie nur zusammen arbeiten und daß der Mann der Löwe ist. Die Sinnlichkeit ist in jedem Fall auf ihrer Seite.

Auf freundschaftlicher Ebene kommt es zur echtesten und herzlichsten Verbindung, die möglich ist.

Stier – Jungfrau

Viele Astrologen meinen, dies sei die bestmögliche aller Verbindungen – den Teufel ist sie das! Aber um was für eine Beziehung geht es denn? Nicht gerade um eine sinnliche, denn die Zurückhaltung der Jungfrau bringt den armen Stier zur Verzweiflung. Auch nicht gerade um eine Liebesbeziehung, da die Jungfrau die Leidenschaftlichkeit bremsen will, die diesen Genießer entflammt. Aber sicherlich ist diese Beziehung arbeitsmäßig gut und produktiv, vor allem läßt sie die Kasse klingeln.

Da die beiden sich eine solide, geregelte und durchorganisierte Welt schaffen, gehen sie kein wirkliches Risiko ein, ausgenommen das, sich zu langweilen und sich schließlich zu kritisieren, ohne ihre Unstimmigkeiten wirklich zu klären. Ihre Gefühlswünsche kreuzen sich, falls der Stier der Mann ist und die Jungfrau etwas auftaut. Die gegenteilige Konstellation ist sehr viel schwieriger, denn die anspruchsvollen Stierfrauen schicken den scheuen, unentschlossenen Herrn, der nur an seine Selbsterhaltung denkt, schon bald zum Teufel. Bleibt ihnen nur die Devise: Gute Bankkonten machen gute Freunde . . .

Stier – Waage

Sicher, sie sind beide Feinschmecker, aber leider schmeckt ihnen nicht das gleiche. Sie verstehen sich glänzend, wenn es sich um Kunst, künstlerische oder literarische Schöpfungen, Tanzvorstellungen und Einladungen für ihre Freunde handelt. Doch die gesellschaftlichen Dinge sind sehr viel mehr das Gebiet der Waage, die nach dem Rhythmus der gesellschaftlichen Anforderungen lebt, während der Stier nach dem Rhythmus seiner Sinne lebt, und das fast zu ausschließlich. Sie genießen die Harmonie und die Ruhe, die Liebenswürdigkeit und die Anmut – und was noch? Schließlich ist das nicht das ganze Leben.

Der Stier haßt die dekorative Seite der Waage, die den Stier grob und ungehobelt und wenig repräsentabel findet. Und dann – der Stier kennt kein Zögern: Wenn er beschlossen hat, etwas zu tun, tut er es auch, und zwar gründlich, und die Waage ist genau das Gegenteil davon. Es geht besser, wenn die Frau Stier ist, denn sie wird vom Waagemann ins rechte Licht gesetzt und selten in Frage gestellt. Ansonsten mögen sie sich und sind gute Partner im Beruf. Aber im Grund gibt es zwischen der Traurigkeit der Waage und der Übertreibung des Stiers keinen Platz für einen wahren Dialog der Herzen und der Seelen.

Stier – Skorpion

Sie sind maßlos, sexbezogen – übermäßig vor allem dann, wenn sie nicht miteinander schlafen. Ihre intime Welt ist mit libidinösem Dunst erfüllt, und das verbergen sie nicht voreinander, außer sie haben eine radikal entgegengesetzte Art, diese Dinge zu erleben. Der Stier ist ziemlich normal und sieht darin überhaupt nichts Schlechtes, während der Skorpion immer eine Art Schuldgefühl hat und zwischen Verlangen und Verweigerung hin und her schwankt.

Sie ergänzen sich, und ihre Beziehung ist konstruktiv bis zu dem Augenblick, wo sie sich zu zweit daran machen, alles kaputtzuschlagen! Dem Skorpion macht es Spaß, den Stier zu verunsichern, der Stier möchte den Skorpion zur Vernunft bringen und beruhigen, aber bringt ihn nur völlig durcheinander. Dennoch: Zusammen können sie sich alles erlauben, denn sie kennen sich, als wären sie füreinander gemacht worden. Wenn sie sich über ihre Seelen finden können, wenn sie spirituelle Wege gehen, sind sie großartig und können auf wunderbar weite Horizonte zuschreiten, die anderen unerreichbar sind.

Stier – Schütze

Wenn sie beisammen sitzen, bei gutem Wein, ist das Leben vollkommen. Sie nehmen ferne Ziele aufs Korn, doch der Stier erreicht sie langsamer als der Schütze, und das Ganze löst sich häufig in einer endlosen Diskussion auf. Was sie einander näherbringt, ist die materielle Welt, das finanzielle und konkrete Universum. Da können sie ihre Einsätze zusammenlegen und ohne Probleme vorwärtskommen. Sie sind unschlagbare Partner, bei Geschäften gefürchtet, und haben Erfolg. Ihr Verstand trägt sie und bringt sie einander nah.

Aber der Schütze liebt die Freiheit, nutzt jede Fluchtmöglichkeit, die sich ihm bietet, vor allem, wenn es eine Schützefrau ist und der Stiermann sich zu besitzergreifend zeigt. Es besteht eine größere Chance, daß eine Stierfrau einverstanden ist, zum Lebensgepäck eines Schützemannes zu gehören, aber er darf es nicht zu eilig damit haben! Ein Wunder geschieht, wenn es den beiden gelingt, sich in ihrem spirituellen und religiösen Streben zu verbinden, aber dazu ist Zeit nötig, denn nur die kann ihre fleischlichen Gelüste dämpfen und die Wünsche des Stiers etwas verfeinern. Am besten sind sie als Eltern, denn sie sind zweifellos die besten Erzieher des Tierkreises.

Stier – Steinbock

Wenn sie auf Logik, Verstand und ihre konkrete Sicht der Welt schalten, haben sie dieselbe Wellenlänge. Sie können vor allem gemeinsam etwas aufbauen und darauf wetten, daß es lange hält. Diese beiden Arbeitstiere haben alle Trümpfe, um etwas auf die Beine zu stellen und sich bei ihrem gemeinsamen Vorgehen zu verwirklichen. In dieser Beziehung sind sie zuverlässige Partner und respektieren sich als vernünftige Erwachsene. Die Sinnlichkeit ist ebenfalls ihr großer Trumpf, auch wenn sie das nicht hinausposaunen. Der Stier spielt für den Steinbock die Rolle des Aufklärers, denn er ist einer der wenigen, die ihm Mut machen können, weil sie ihn dazu ermuntern, sein Verlangen zu zeigen und es mit Vergnügen und Genuß auszuleben. Der Steinbock vergeht darüber fast, und das öffnet ihm den Horizont des Herzens und des Körpers, aber auch den des Bewußtseins und der Askese.

Die Gefühlsebene ist schwieriger, denn der Stier fühlt sich ständig frustriert und mit Kälte behandelt, zur Ordnung gerufen und in dem notwendigen Ausdruck seiner Gefühle behindert, vor allem, wenn es sich um Stierfrauen handelt. Die beiden müssen sich auf eine lange Wartezeit einrichten, denn wenn ihre Vereinigung in reiferem Alter geschieht, verstehen sie sich besser und akzeptieren sich schließlich. Ganz und aufrichtig geworden, treffen sie sich dann häufig wieder, um festzustellen, daß sie einander tief und innig lieben.

Stier – Wassermann

Am Anfang könnte man glauben, es sei ein Gespräch zwischen Gehörlosen, und trotzdem haben sie sich gegenseitig absolut alles zu geben. Keiner kann wie der Wassermann den Stier aus seiner Verkrustung befreien, die ihn abtötet und einengt. Keiner kann so gut wie der Stier dem Wassermann Kunst und Sinnlichkeit nahebringen, die seinem Rationalismus so sehr fehlen. Ihre Beziehung ist konstruktiv, falls sie sich gegenseitig akzeptieren, denn der Wassermann möchte dem Stier unbedingt zeigen, daß die Wirklichkeit revidiert und korrigiert werden kann, und der Stier möchte dem Wassermann absolut begreiflich machen, daß der Alltag sein Gutes hat und man sich auf ihn verlassen kann.

Der Wassermann, der seine Sinnlichkeit sublimiert, hört nicht auf, den Stier zu frustrieren, der mit seinem Latein am Ende ist. Aber gerade weil sie nicht in allem zusammenpassen, kommen sie sich näher. Sie sind tatsächlich die besten Freunde der Welt, ohne selber zu wissen, warum. Wenn sie wirklich bereit sind, sich das zuzugeben, merken sie schnell, daß sie ohne den anderen nicht sein können, denn sie beide bilden eine sich ergänzende und vollständige Welt.

Stier – Fische

Für sie steht einwandfrei fest, daß sie füreinander gemacht sind. Sie spüren, daß sie das gleiche innere Universum teilen, daß alles von der Empfindsamkeit und den subtilsten Emotionen abhängt. Aber sie tun sich unglaublich schwer, es dem anderen zu sagen. Alles geschieht soviel besser durch die Hände, die Augen, die Poren, die Seele – vor allem durch die Seele, jene Seele, die man so verhätschelt.

In der irdischen Realität hindert der Stier den Fisch daran, sich zu ertränken, und der Fisch hindert den Stier daran, sich in die Erde zu vergraben. Musik, Tanz, Malerei, alle künstlerische Arbeit und besonders die Freuden ihrer Beziehung – und manchmal auch die Schrecken der Leidenschaft mit einem leicht sadomasochistischen Beigeschmack –, das ist ihr Universum. Sie können großartige Freunde sein, wenn sie demselben Geschlecht angehören. Zwischen ihnen gibt es magische zwillingshafte Strömungen. Bei verschiedenem Geschlecht ist es eine sehr sinnliche Liebesbeziehung, denn sie verlangen immer von ihren Körpern, im Namen ihrer Seele zu sprechen, und wissen nicht, wie oder warum sie sich dem entziehen sollen.

Berufliches und gesellschaftsorientiertes Leben

Ausdauer, Tüchtigkeit und Geschäftsgebaren

Der Stier ist nicht übermäßig um sein gesellschaftliches Image besorgt. Nicht daß er darauf gar nicht achten würde, er möchte es nur nicht auf Sand bauen. Für seine Taten anerkannt zu werden braucht er, obwohl übertriebene Dankbarkeit ihm peinlich ist. Aber alles darauf auszurichten und sich nur um diesen Aspekt zu kümmern, paßt ihm absolut nicht. Er hat sehr moralische Überzeugungen, die in dem Glauben bestehen, daß man sich alles verdienen und langsam und sicher erwerben muß. Vor allem, was zu schnell geht und ihm zu schnell Ruhm,

Sieg, Vermögen oder Ansehen einbringt, ist er auf der Hut wie vor einer Gefahr. Er sieht sich sehr wohl im Grund seines Herzens gut installiert, ohne finanzielle Sorgen, beruflich anerkannt, mit einer guten gesellschaftlichen Stellung, doch das erst in der zweiten Lebenshälfte. Letzten Endes ist er für den Erfolg gemacht, der mit dem Alter und der Erfahrung eintritt.

Die Berufe, die zu ihm passen, und die Art, wie er mit seinem Geld umgeht, bezeugen diese Tendenz genau. Beides hängt vom Entwicklungs- und Bewußtseinsniveau des Stiers ab, der sich mit der Zeit von der materialistischen Verkrustung und seiner banalen Art, die Dinge zu erleben, löst. So sublimiert er die irdischsten Gebiete (Finanzen, Landwirtschaft, Gaststättenwesen) mit Tanz, Malerei, Gesang, Fotografie oder Schreiben.

Genauso sind die Bedeutung, die er dem Geld beimißt, und die Art – vernünftig oder unvernünftig –, wie er es verdient und verwaltet, von seiner Entwicklung abhängig und von dem Stadium seiner Loslösung von seiner direkten Beziehung zur Materie, die sich durch die Bindung ans Geld zeigt.

Berufe des Stiers

Mund: Berufe, die mit der Ernährung zusammenhängen: Landwirtschaft, Hotel- und Gaststättengewerbe, Lebensmittelindustrie, Kochkunst. Im medizinischen Bereich: Hals-Nasen-Ohren-Arzt, Zahnarzt.

Erde: Garten, Wald, Weide, Landwirtschaft, Botanik, Gartenbau, Agronomie, Naturheilkunde, alternative Medizin. Alle Berufe, die mit Weidenutzung, Tierhaltung und -verarbeitung zu tun haben. Alle Berufe, die mit Wein zusammenhängen, auf jeder Ebene.

Geld: Bank, Börse, Anlageberatung, Verwaltung, Steuer, Finanzplanung, Wirtschaftspolitik, internationale Finanzorganisationen.

Immobilien: Bauindustrie, Hausverwaltung, Landerschließung, Makler, Treuhänder.

Bauwesen: Zivilingenieur, Staudämme, Straßenarbeiten, öffentliche Arbeiten, Bauunternehmer, Architekt, Maurer, Pflasterer, aber auch Dekoration, Design, Inneneinrichtung.

Schönheit: Kosmetik, Haare, Mode, Düfte, Lederwaren, Bekleidungs- und Einrichtungsindustrie. Besonders günstig alles, was mit Seide zusammenhängt.

Künste: Tanz, Malerei, Gesang, Oper (seine eigentliche große Domäne), bildende und angewandte Künste, Heimgestaltung. Kunsthandel, Kunstkritiker.

Stimme: Gesang, Chorgesang, Gesangs- oder Instrumentalpädagogik.

Auge: Fotografie, Film, Video.

Begegnung mit dem Göttlichen in uns

Der Sinn für das Göttliche beim Stier

Die Loslösung von den materiellen Werten und der Übergang zu einem höheren kosmischen Verständnis motivieren den Stier mindestens so stark wie die Befriedigung seiner geschmacklichen, physischen und konkreten Wünsche.

Stiermenschen praktizieren ihren Glauben selten im strikten Sinn des Wortes, denn sie mißtrauen zu sehr dem Prunk und der Kompliziertheit von Zeremonien. Ein Stier wendet sich beinahe instinktiv an den Gott seines Herzens und an eine Nächstenliebe, die sich im Alltag – häufig auf praktische Weise – durch hilfreiche Taten und Hilfe im Alltag manifestiert. Für ihn äußert sich Mystik in Taten, was seiner Wesensart und seiner Weltsicht entspricht.

Um dem Göttlichen auf Erden zu begegnen, benützt der Stier die Mittel und Werkzeuge, die ihm durch seine fleischliche Hülle gegeben sind, und er folgt der Stimme der Sinne ebensosehr wie der Stimme der Vernunft. Im extremsten Fall ist der Liebesakt für ihn das beste Sprungbrett, um die höhere Welt zu erreichen. Er folgt den Spuren der Tantriker und Sufis und predigt nie Askese, sondern Praxis. Er setzt den ganzen

Körper ein, um seine Seele zu erreichen, denn diese wohnt in allen seinen Poren. Er lebt diese Seite seines Wesens auf eine feminine und inbrünstige Art. Ihm genügt es, die Natur und ihre täglichen Wunder zu betrachten, um von der göttlichen Kraft überzeugt zu sein, und das Schwelgen im Irdischen öffnet ihm göttliche Horizonte. Genießen und Teilen bringt ihn Gott entschieden näher als Leid und Selbstverleugnung.

Seine Kinder, seine Angehörigen und die »Erwählten« seines Herzens zu lieben, stellt dann den größten Akt der Hingabe dar und ist für ihn der Weg, die unwandelbarsten Geheimnisse des Menschseins zu verstehen.

ZWILLINGE
21. Mai–21. Juni

Ich kann, sagt das Pferd.
Ich bin das Kaleidoskop des Geistes,
und ich bringe Licht, Farben und ewige Bewegung.
Ein elektrisches Strömen belebt mich und meine Welt.
Nur meiner Unbeständigkeit bin ich treu.
Weltliche Normen lehne ich ab, kein Zwang bindet mich.
Ich jage frei über die wilde Prärie.
Mein Gebiet ist ungezähmt, meine Seele auf ewig frei.

Beweglichkeit, Freiheit und Unbezähmbarkeit – das sind die großen Schlüsselworte für den Charakter des Zeichens Zwillinge, dem in der chinesischen Astrologie das Pferd entspricht. Bewegung und Handeln nach eigenem Gutdünken charakterisieren es. Frei wie der Wind, mutwillig und unstet, unterliegen die Zwillinge trotzdem ihrem eigenen Lebensgesetz: leben heißt reden, existieren heißt teilnehmen, in der Gesellschaft leben und existieren heißt mitteilen. Aber mitteilen bedeutet, abzuhängen von den Beziehungen, die zu anderen Menschen entstehen, bedeutet, abzuhängen von der Wirkung auf andere und dem Wunsch nach einer Reaktion von ihnen. So sehr von dem Spiegel abhängig zu sein, den die anderen für einen darstellen, heißt im Grunde, daß man niemals frei sein kann – zumindest nicht physisch, nicht auf der irdischen Ebene. Es bleibt also für den Menschen als einzige unbestreitbare und absolute Freiheit nur die des Geistes übrig. Und hier sind die Zwillinge natürlich Könige in ihrem Reich.

Wenn jedes der zwölf Tierkreiszeichen eine Stufe der Entwicklung des menschlichen Bewußtseins darstellt, kommt mit den Zwillingen der dritten Stufe ein neuer Begriff hinzu, der bei Widder und Stier, den vorherigen beiden Stadien, fehlte: der Intellekt. Widder und Stier haben die Aufgabe, die Welt zu erschaffen, doch wäre es eine sehr materielle Welt, wenn sie an diesem Punkt stehenbliebe. Glücklicherweise tauchen die Zwillinge auf, um alles in Frage zu stellen, dank der wirksamsten Kraft des Infragestellens, die die Menschheit kennt (und die die ihre ist): dem Verstand und seiner obersten Manifestation, dem Wort.

Ab den Zwillingen kann jeder Begriff sein Gegenteil enthalten, werden alle Abwandlungen und Spielarten möglich. Es ist grundfalsch, den Zwillingen nur eine Dualität zuzuschreiben, denn sie sind nicht nur zweifach, sondern in ewiger Teilung, in ständiger Vervielfachung.

Dieser Aspekt ist der Hauptschlüssel zu diesem Zeichen, und es ist von größter Bedeutung, ihn zu verstehen und im Gedächtnis zu behalten. Der Zwilling ist der erste, dem genau und ernsthaft bewußt wird, daß man nicht immer das ist, was man sagt, nicht immer sagt, was man denkt, nicht immer denkt, was man tut, nicht immer jeden Tag dasselbe macht unter immer den gleichen Umständen – denn das eigentliche Prinzip des Lebens ist die Beweglichkeit. Dies als Betrug zu deklarieren, wäre ein vorschnelles Urteil, denn wenn die Zwillinge diese Eigenschaft natürlich auch im negativen Sinn gebrauchen können, beherrscht doch die Vorstellung von der Beweglichkeit der Realität ihren Geist und nicht die des Betrugs. Die Kraft der Intelligenz, der Analyse und der Klarheit zählt zu den größten Trümpfen der Zwillinge, auch wenn sie von einer gewissen analytischen Kälte begleitet wird, die ihnen von ihrer Umgebung immer wieder vorgeworfen wird.

Spalten und Vervielfachen zwingt dazu, seinen Standpunkt ständig zu überprüfen und Ereignisse neu zu bestimmen. Weit davon entfernt, oberflächlich und leichtsinnig zu sein, wie es auf den ersten Blick scheinen mag, befassen sich gerade die Zwillinge, dank der unfehlbaren Sonde ihres Geistes, zwar mit der Äußerlichkeit der Dinge, um sie dann aber bis zur Urquelle ihres Grundmechanismus zurückzuverfolgen. Sie zu täuschen, einzuschläfern oder ihren Geist zu betäuben erweist sich da als unmöglich.

Mit seinem Doppelgänger kommunizieren

Die erste Funktion des Verstandes ist die Kommunikation, die davon ausgeht, daß man von vornherein den anderen als verschieden und unabhängig von sich selbst anerkennt und Mittel und Wege findet, ihn zu respektieren, anzuhören und in seiner Verschiedenheit zu verstehen. Häufig verwechseln wir das reine Sprechen mit dem tieferen Akt der Kommunikation. Ein Fehler, den der Zwilling niemals macht. Er weiß zu gut, daß echte Kommunikation zu Beziehung und Verbindung mit einem anderen führt, der selbst auch unabhängig und aktiv ist. Kommunikation erfordert aktive Gegenwart des anderen. Das Charakteristikum des Zwillings ist es, diesen anderen in sich selbst zu haben.

Der Zwilling weiß, daß in ihm zwei entgegengesetzte Charaktere in mehr oder weniger Disharmonie miteinander existieren: Einer handelt, spricht, bewegt sich und scheint tatsächlich Leichtigkeit und Beweglichkeit, ja sogar Sorglosigkeit zu haben, der andere beobachtet mit bemerkenswerter Strenge und Moralität, weil er zu genau weiß, daß das Wesentliche, das Geheimnis, der Kern der Dinge, nicht in dieser äußeren scheinbaren Leichtigkeit liegt. Der Zwilling hat so etwas Orphisches: Wie Orpheus in der Unterwelt bewegt sich ein Teil von ihm auf der sichtbaren Oberfläche der Erde, während ein anderer in den Tiefen des Unsichtbaren wohnt und unbestechlich die sichtbare und oberflächliche Seite des Menschen beurteilt.

Auf der Suche nach Publikum, Zuhörern und Spiegeln ist der Zwilling der einzige, der weiß, bis zu welchem Punkt der eine oder andere dieser Aspekte nichts als eine provisorische Maske ist. Niemand außer ihm ist derart gleichzeitig Richter und Partei eines mitleidlosen Gerichts der inneren Hölle. Seine ganze Leichtigkeit wird nur als Hilfsmittel, als Rettungsring verwendet und ist eine Art von ständigem Trotz gegen die Bedrohung durch soviel Unsichtbares, das ihn jeden Augenblick an den Füßen packen und in die Tiefe ziehen kann. Daher dieser Schatz an Gestikulationen und daher das Verlangen, alle

Schranken, alle Grenzen, den ganzen gesellschaftlichen Kodex zu zerstören und jegliche Art von Gehorsam zu brechen. Zu sterben, weil man zu scharfblickend ist, oder voll Leichtigkeit sein – das ist die Dualität des Zwillings.

Natürlich weiß man nie vorher, auf welche Seite des Zwillings man gerade trifft. Er selbst weiß es auch nicht genau. Und wenn er es tut, amüsiert er sich damit, die Spuren zu verwischen, um zu beweisen, zu welchen Heldentaten sein Geist fähig ist. Spielen – das ist Leitwort des Zeichens. Mit den beiden Gesichtern spielen, mit den Bereichen, den Masken, den Spiegeln spielen und deren ständiger Vervielfältigung – da wundert sich niemand mehr über die nervöse Grundhaltung und geistige Zerbrechlichkeit der in diesem Zeichen Geborenen. Von da bis zu dem Punkt, wo sich Intelligenz, Humor und geistige Beweglichkeit in Zynismus, Widerspruchsgeist oder sogar methodischen Negativismus verwandeln, ist es dann nur ein Schritt . . .

Übermitteln – Aufgabe und Bedürfnis

Der Zwilling betreibt zwar mit mehr oder weniger Leichtigkeit und Flexibilität den Gedankenaustausch mit sich selbst, aber seine irdische Aufgabe ist vor allem zu übermitteln, das heißt, das Wort zu verbreiten. Ob im Guten oder Schlechten, hängt vom jeweiligen Fall ab und der Art, wie man das Wort verwendet. Auch das kommt von seiner doppelten Struktur: Der aktive Tagesaspekt des Zeichens spricht und übermittelt, was der nächtliche, verborgene und dunkle Teil seit aller Ewigkeit weiß. Darauf eingestellt, die Botschaft des Wesentlichen zu überbringen, ist der Zwilling nicht der Ideenträger, sondern derjenige, der diese Idee für den Menschen verständlich und integrierbar machen soll. Deshalb findet man ihn in allen Berufen, die etwas übermitteln (mündlich, schriftlich, musikalisch, im Spiel, im Tanz, durch Mimik), und in Positionen, die etwas allgemeinverständlich machen oder weiterleiten sollen. In der Schule erkennt man ihn an der Schwatzhaftigkeit, an der scharfen Intelligenz und dem notorischen Ungehorsam. Die unvergleichliche Geisteskraft des Zwillings weiht ihn in alle Geheimnisse ein und zwingt ihn, geschickt zu taktieren (darin ist er Meister), um die Formel zu finden, auf die das Publikum anspricht. Deshalb passen ihm die Handelsberufe – auch Marketing und Werbung – wie angegossen.

Raum und Bewegung

Da Bewegung als Grundkomponente beim Zwilling immer vorhanden ist, kann sie unter Umständen zur Quelle der Zersplitterung und Unsicherheit werden. Sich festzulegen ist für den in diesem Zeichen Geborenen schwierig, was durch die Jahreszeit (später Frühling) seiner Geburt zu erklären ist. Der Zwilling ist im Tierkreis das letzte Zeichen der Expansionsphase, die vom Widder bis zu ihm reicht und sich dann beim Krebs und anschließend beim Löwen festigt. Die jugendlichen Antriebskräfte, Ideen und der Wunsch nach Veränderung sind bei den Zwillingen noch in vollem Schwung.

Analog der Zuordnung der Hände und des Oberkörpers zu dem Zeichen drückt der Zwilling sich gern durch körperliche Bewegung aus, aber immer in Einklang mit dem, was ihm als Wirbel an Ideen im Kopf herumgeht. Bestenfalls ist er eine elektrische Batterie für andere, schlimmstenfalls ist er unzuverlässig, weil er seine Meinung ständig ändert und nur dem Stakkato-Rhythmus seines Augenblickimpulses folgt.

Der Weg der Weisheit

Im Zeichen Zwillinge taucht der Intellekt auf, das heißt, dem Menschen wird die Wirklichkeit über seine wahre Natur faßbar gemacht. Der Zwilling hat als erster die Fähigkeit, sich selbst zu verstehen und deshalb den Menschen zu verstehen.

Nun bricht sich eine erste Feststellung Bahn: Dualität gehört zum menschlichen Wesen, es besteht aus einem Körper und einem Geist. Das ist die tiefe Offenbarung an diesem Punkt des Tierkreises. Sie vereinfacht die Dinge nicht. Sie stürzt die in diesem Zeichen Geborenen in völlige Verwirrung, denn wenn auch jetzt die Trennung erkennbar wird, so ist die Vereinigung von Körper und Geist – die das Ziel aller Menschen ist und direkt zur Seele führt – in diesem Stadium unmöglich. Aber sie ist deshalb nicht weniger der Antriebsmotor für das Forschen, die grundlegende Suche dieses Zeichens. Der Zwilling ist der geborene Streber nach Weisheit. Jeder seiner Schritte, so leicht sie auch scheinen mögen, ist ein Gedankenflug hin zum Weg der Weisheit. Der Zwilling stellt die erste Stufe der ewigen Suche nach dem Göttlichen dar – er ist also das Symbol des Jüngers.

Die meisten in diesem Zeichen Geborenen verharren ihr ganzes Leben lang im Stadium ihrer grundlegenden Dualität. Darüber hinaus fördern sie diese Dualität noch durch eine völlig doppelte und zweideutige Haltung und ein entsprechendes Leben, das aus dem Kampf zwischen Körper und Geist besteht, zwischen Materie und Intellekt, Verstand und Intuition, zwischen Moral und Unmoral.

Wenn es ihm gelingt, die verschiedenen Facetten seiner Persönlichkeit zu verstehen, kann der Zwilling zu einer Einheit und einer Sicherheit gelangen, die ihm vermeiden helfen, in die zu große Ruhelosigkeit, Disziplinlosigkeit und Unaufrichtigkeit zu verfallen, die man ihm nicht ganz zu Unrecht vorwirft. Dann zeigt er sich von seiner besten Seite, nämlich der Seite der Intelligenz, des Humors und der schöpferischen und ansteckenden Fröhlichkeit.

Die Zwillinge verstehen

Die Grundstruktur

Männliches Zeichen

Die männliche Polarisierung erhöht, wie es in der astrologischen Fachsprache heißt, die aktive, erzeugende, wegweisende, schöpferische, strukturierende und schätzende Komponente, die typischen nach außen gerichteten Yang-Eigenschaften des trockenen und warmen Tagesprinzips. Das bedeutet leiten, entscheiden, vorangehen, fordern und schließlich auch teilen, um zu herrschen, aber weniger empfangen, verstehen, versöhnen, mäßigen und festhalten oder sogar sich zurückhalten. Es bedeutet auch, daß dieses Zeichen im allgemeinen von den Männern besser gelebt wird als von den Frauen, denn seine Charakteristiken stehen für ein besseres Gleichgewicht zwischen der Polarisierung des Zeichens und dem sexuellen Pol der Persönlichkeit.

Dennoch leben die Zwillingsmänner und -frauen dieses Zeichen identisch, was sich durch die sexuelle Geisteshaltung und die Zwitterhaftigkeit des Zeichens erklärt. Ihr Unbewußtes ist durch die Suche nach dem Bruder oder der Schwester gekennzeichnet, nach dem völlig Gleichen, was schließlich zu einer Suche nach sich selbst im Spiegel des Doubles führt und – analog gesehen – zur Treue gegenüber derjenigen, die die Verbindung zu ihren Kindern darstellt: der Mutter. Die unter dem Einfluß des Merkurs stehenden Zwillinge werden deshalb lange von ihrer Kindheit und Jugend beeinflußt, was sie zu ewigen Kindern machen kann. In dieser Beziehung sind die Zwillingsfrauen oft reifer, selbständiger, strukturierter und dynamischer, angeblich auch komplizierter, während die männlichen Zwillinge den Ruf der Unbeständigkeit und Infantilität, verbunden mit einem Fluchtkomplex, haben. Aber es wird ihnen dank ihrer magischen Waffe, der Verführung mit Witz und Leichtigkeit, immer wieder verziehen.

Luftzeichen

Wie Waage und Wassermann gehören die Zwillinge zum Element Luft, was ihre intellektuellen und geistigen Fähigkeiten genauso in den Vordergrund rückt wie ihr Verlangen, sich zu bewegen, zu verändern und schnell und geschickt von einer Sache zur anderen überzugehen. Die Luft ist Vehikel und Übermittlungskanal für die Verbreitung des Elements Feuer. Wenn das Leben durch das Fruchtbarmachen der Erde mit Wasser entsteht, so gelangt es durch das Feuer zu seiner vollen

Ausdehnung. Doch damit es sich ausbreiten kann, muß Luft in Aktion treten, um es auf der ganzen Erde und unter den Menschen zu verteilen und wachsen zu lassen.

Bewegliches Zeichen

Mit Schütze, Jungfrau und den Fischen bilden die Zwillinge das Kreuz der beweglichen Zeichen. Es bedeutet, daß sie die Aufgabe haben, die Energie des Elements, zu dem sie gehören, umzuwandeln. Die beweglichen Zeichen stellen, wie schon ihr Name andeutet, in Veränderung befindliche Prinzipien dar, denn sie erscheinen am Ende einer Jahreszeit und ziehen daher schon die Energie der nächsten an. Sie nehmen an der einen Jahreszeit teil, dann an der anderen, an der einen Energie, dann an der anderen, und haben die Aufgabe, den Übergang zu sichern. Ihre Eigenschaften der Anpassung, der Leichtigkeit, der Beweglichkeit, aber auch der Doppeldeutigkeit finden so ihre Erklärung.

Sie sind auch die Zeichen – vor allem die merkurischen Zwillinge und Jungfrau –, die sich dem Dienst am Nächsten verschrieben haben. Im Negativen können diese beweglichen Zeichen wegen ihrer Anpassungsfähigkeit und Biegsamkeit instabil, manichäisch und doppelzüngig werden und mit dem von Merkur beeinflußten agilen Geist kritiksüchtig, kleinlich, übertrieben und analytisch und wenig gefühlvoll.

Im allgemeinen jedoch leben diese Zeichen von den menschlichen Beziehungen und können ihre Intelligenz den Gruppenbedürfnissen anpassen.

Nervöses sanguinisches Temperament

Es ist nicht erstaunlich, daß die nervliche Belastung bei diesem Zeichen eine so große Rolle spielt. Der Zwilling ist in der Hauptsache schizothymisch, das heißt, er ringt mit seiner inneren Spaltung und dem Spiel mit dem Spiegel, was ihn verunsichert und in die Hölle des Zweifels und der latenten und permanenten Selbstkritik stürzt. Die innere Dualität läßt ihn zwischen chronischer Unentschlossenheit – weil keine Lösung absolut ideal ist – und einer trotz allem heftigen und spontanen Sucht nach Äußerung seines Willens und seiner Intelligenz schwanken. Wie bei allen nervösen Menschen hilft hier nur eine gewisse innere Duldsamkeit und ein hartes Ringen um Echtheit, Disziplin und eine Festlegung auf das Wesentliche. Für den Zwilling ist das sehr schwierig, vor allem, wenn der Planet Merkur (der Herrscher des Zeichens) im Gesamthoroskop eine wichtige Rolle spielt.

Die Sterne der Zwillinge

Der **Große Hund,** ein Sternbild, in dem sich der Sirius befindet, der Hundsstern, bekannt unter dem Namen »Führer der ganzen himmlischen Vielheit«, denn er ist zehn- bis zwölfmal heller als alle anderen und wird deshalb auch immer mit großer Wärme assoziiert.

Der **Kleine Hund,** der auch »der Erlöser« heißt oder »der Lastenträger«. In der Symbolik des Großen und Kleinen Hundes kann man die zwei Aspekte (göttlich und menschlich, allmächtig und dienend) der Zwillingsdualität erkennen.

Das Sternbild des **Hasen** wird mit den beiden vorangegangenen assoziiert und ist von einem wunderschönen glühenden Rot. Der Hase mit seinen flinken Beinen, ans Rad des Lebens gefesselt und identifiziert mit der negativen Materie, steht für die Geschichte unserer Vergangenheit. Deshalb ist er der Feind des »Fürsten, der kommt«, der Erleuchtung.

Mythologie

Die Vorstellung der Zweiteilung bestimmt die Zwillinge, das heißt ein menschlicher, dunkler und erdgebundener Teil und ein göttlicher, lichtvoller, luftartiger und heiterer Teil. Es fragt sich nun, welchen Teil seines Ichs der in diesem Zeichen Geborene zeigen will: jenen, bei dem der Geist über das Unbewußte und die erdgebundenen Kräfte triumphiert, oder jenen, der vom Unbewußten überwältigt wird, das sich seinem Leben als Schicksal aufprägt.

Es ist das Thema des Ewigmenschlichen, das uns alle Mythen der Welt in verschiedener Gestalt überliefern, als Kastor und Pollux zum Beispiel, als Janus oder Romulus und Remus.

Die Arbeit des Wiedervereinens und der Überwindung der dualen und unaufrichtigen Aspekte ist zweifellos ein zentraler Punkt im Leben der Zwillinge, und man täte gut daran, sie endlich nicht mehr nur als nette, ausgelassene Jugendliche anzusehen, die nur gern lachen und ein wenig inkonsequent sind. Sie haben beträchtliche mediale Fähigkeiten und einen direkten Zugang zum Schatten und den unsichtbaren Mächten, was ihnen das Leben nicht immer leicht macht.

Am besten für sie ist es, sich der Aufgabe zu widmen, die zu ihrem Zeichen gehört und die sie am besten beherrschen: dem Dienst am Menschen – durch Vermittlung, Kommunikation und Herstellung von Kontakten. Dann sind sie ganz sicher die originellsten Freunde, die leichtesten Partner und die gescheitesten Ratgeber.

Stärken und Schwächen der Zwillinge

Die Stärken

- Originalität, Erneuerung, Unabhängigkeit, Spontaneität
- Scharfsinn, Vorstellungsvermögen, Geschicklichkeit, Findigkeit
- Fröhlichkeit, Leichtigkeit, Humor, Entdramatisierung
- Anpassungsfähigkeit, Beweglichkeit, körperliche und moralische Geschmeidigkeit
- Intelligenz, Scharfblick, Mitteilsamkeit, Verständlichmachen
- Mediale Fähigkeiten, Kenntnis des Unsichtbaren, geistige Vielseitigkeit
- Gefälligkeit, Gewissenhaftigkeit, Hilfsbereitschaft, Verfügbarkeit
- Sinn für Freundschaft, Brüderlichkeit, Gastlichkeit, Freude am Gespräch
- Übermittlungs- und Umwandlungsfähigkeit

Die Schwächen

- Zersplitterung, Abschweifen, Flatterhaftigkeit
- Geschwätzigkeit, Oberflächlichkeit, Unbeständigkeit, Unentschlossenheit
- Doppelzüngigkeit, Unaufrichtigkeit, Betrug, Mangel an Offenheit
- Unruhe, Nervosität, Angeberei, Gehaltlosigkeit
- List, Nachahmung, Bedenkenlosigkeit, Opportunismus
- Klatschsucht, Lüge, Spott, Zynismus
- Neid, Intrige, Selbstsucht, Manipulation
- Ungeniertheit, Schlüpfrigkeit, Angst vor Verpflichtungen
- Spielleidenschaft, Illusionen, voller Tricks
- Charakterschwäche, Weinerlichkeit, Faß ohne Boden

Die Aszendenten der Zwillinge

1. Zwilling – Aszendent Widder

Eine auf alles neugierige Natur, intelligent, lebhaft. Vertritt seine ernsthaften, aber wechselnden und vom jeweiligen Augenblick abhängenden Überzeugungen mit Nachdruck. Manchmal zu unbeständig. Anfälle von chronischer Nervosität. Sie machen um ihre Freunde oft einen Kult und ziehen sie der Familie, ja sogar ihren Liebschaften vor, obwohl gerade die Liebesbeziehung die einzige Beziehung ist, die sie wirklich motiviert. Spontan und einfallsreich, sind sie in der Gesellschaft sehr beliebt. Durch ihre Gefühlsempfindlichkeit sind sie oft ohne Gegenwehr, aber nie ohne Antwort.

2. Zwillinge – Aszendent Stier

Charmante Gefährten im Alltag, den sie akzeptieren und gestalten, ohne ihm zuviel Gewicht beizumessen. Beständiger und zuverlässiger als reine Zwillinge, auch sinnlicher und besitzergreifender.

Die Frauen sind sehr künstlerisch veranlagt, die Männer eher Opportunisten. Sie verlieren nie ihre Interessen aus den Augen und erholen sich schnell von ihren Leidenschaften.

3. Zwillinge – Aszendent Zwillinge

Sie haben Ähnlichkeit mit dem Schützen und versuchen immer, eine Möglichkeit zu finden, sich zu vereinen. Ansonsten spielen sie mit sich selbst und ihren Gefühlen Versteck und Bockspringen mit ihrer Verantwortung. Sie gehen forsch mit Vergangenheit und Zukunft um und verführen alles, was sich bewegt, und das bei jeder Gelegenheit.

Wie kann man ihnen widerstehen? Wie soll man sich von den Luftspiegelungen erholen, die sie einem vortäuschen? Sie verlangen wirklich große geistige Offenheit, Freiheit und einen wahrhaft breiten Rücken.

4. Zwillinge – Aszendent Krebs

Viel verdeckte Phantasie und Sensibilität, die man aber erahnt, eine starke Bindung an die Welt der Kindheit und vor allem an die Mutter. Da sie in dieser Zwangsvorstellung verankert sind, haben sie ziemliche Schwierigkeiten, sich als verantwortungsbewußte Erwachsene zu verwirklichen.

Die sie lieben, müssen ihnen in dieser Beziehung unbedingt helfen, sie unterstützen, bei ihren Spielen mitmachen und sie von ihren Höhenflügen zurückholen, wenn sie sich zu sehr einsamen Träumen hingeben.

5. Zwillinge – Aszendent Löwe

Anziehungskraft bis in die Haarspitzen – Stars in ihrer ganzen Pracht! Es sind begabte, umworbene und selbstsichere Wesen. Sie verstehen alles, ihnen gelingt alles, und sie passen sich glänzend an, obwohl es für sie unerhört schwierig ist, ihre vielfältigen Gaben zu kanalisieren.

Heftig, exzessiv und nervös, sind sie auf der Gefühlsebene verwundbar. Sie setzen sich durch, hoffen dabei aber immer, daß jemand kommt, der sie beschützt.

6. Zwillinge – Aszendent Jungfrau

Sie sind geborene Schriftsteller oder zumindest Leute, die sich mitteilen können. Sie verlassen sich dabei nur auf die Kraft ihres Geistes – und die ist tatsächlich sehr groß. Bedürfnis nach Bewegung, nach Veränderung, aber auch nach Gefühlssicherheit und echter Teilnahme. Gut im Schreiben und Informieren, hegen sie dennoch die tiefe Überzeugung, daß das Wesentliche unausgesprochen bleiben muß.

Daraus ergibt sich eine sehr große psychische Verletzlichkeit und der Ruf, kompliziert zu sein, was sie zur Verzweiflung treibt. Leider haben sie die Manie, sich immer als Opfer darzustellen.

7. Zwillinge – Aszendent Waage

Leichtigkeit und Feinheit mischen sich hier mit Intelligenz und echtem praktischem Verstand. Egoismus ist auch mit im Spiel. Sie sind Romantiker und ständig auf der Suche nach einem Gleichgewicht, das täglich durch ihren Geist erschüttert und täglich durch ihre Elastizität wieder neu erobert wird. Gruppenbedürfnisse wiegen immer schwerer als ihre persönlichen Interessen, die gerade geltenden Wertvorstellungen sind stets Gesetz.

Harmonisch, charmant und fröhlich, können sie alle und alles mit schönen Sätzen und Gesten entwickeln. Kunstsinn und Auftreten haben sie von der Waage, dazu aber auch Ungeduld und Unverfrorenheit der Luftzeichen. Sie marschieren gern hinter der richtigen Fahne.

8. Zwillinge – Aszendent Skorpion

In ihren scharfen und schneidenden Worten stecken Tiefe und eine nackte Wahrheit, die häufig verwirrt, weil sie aus dem Innern des Universums zu kommen scheint. Und tatsächlich wissen sie alles, spüren alles, sind gefürchtete Medien. Etwas Geheimnisvolles umgibt sie, mit dem sie gerne spielen. Sie brauchen häufig Zeit (etwa vierzig Jahre), um ihr schweres und dunkles Unbewußtes leichter zu machen.

Sie übersehen keine Schwäche, geizen nicht mit Kritik und Zynismus, wissen, wie sie ihr Ziel erreichen und gebrauchen dazu widersprüchliche Aussagen und Doppeldeutigkeiten. Man mißtraut ihnen, weil sie zu dick auftragen. Nur sie allein wissen, ob sie etwas ernst meinen, es gefällt ihnen, Zweifel zu schüren. Sie verabscheuen die Ängstlichen, die »Kleinen« und die Schwächlinge und beugen sich nur vor denen, die viel stärker – und viel sinnlicher – sind als sie selbst.

9. Zwillinge – Aszendent Schütze

Es ist ganz einfach: Anderswo ist alles immer besser! Sie möchten gern soviel realisieren! Alles! Es gelingt ihnen, wenn sie es schaffen, über das Stadium der Worte und der sogenannten guten Ideen hinauszukommen. Frei und lebhaft, zweifeln sie oft an ihrer eigenen Ernsthaftigkeit. Die Rolle des Übermittlers spielen sie jedoch hervorragend.

Sie sind schwer einzufangen, höchstens in freien, freundschaftlichen Beziehungen, die mit Reisen, Unternehmungen und Reportagen zu tun haben. Sie brauchen sturmfreie Buden, in denen alle Arten von Besuchern ein und aus gehen, oft nicht gerade die ausgesuchtesten . . .

10. Zwillinge – Aszendent Steinbock

Die Kombination erweist sich als positiv, weil sie das Zuviel an Negativem beider Zeichen korrigiert. Ihre Klarheit läßt nie nach, ihr Realitätssinn vollbringt Wunder, ihre Weigerung, sich etwas vorzumachen, ist erstaunlich. Sie tun alles sorgfältig, genau, mit Fleiß und Bedacht und sind viel ehrgeiziger, als sie scheinen. Und haben auch mehr Ausdauer als reine Zwillinge!

Sie lachen leichter als echte Steinböcke, zeigen Humor und

Unvoreingenommenheit und verlangen vor allem Geduld und Festigkeit. Sie sind sehr gute Ratgeber.

11. Zwillinge – Aszendent Wassermann

Sie sind die ewigen Halbwüchsigen, Jungen, Sympathischen, Unabhängigen, Antikonformisten, mit einer Seite, die ihrer Zeit weit voraus ist und ihr soziales und berufliches Leben mit Rückschlägen und Schwierigkeiten und ihr Privatleben mit Überraschungen füllt, was sie nicht bedauern. Trotzdem – weich, schwärmerisch, aufbrausend, wie sie sind, brauchen sie Wärme, Halt und Beständigkeit der Gefühle.

Ihre psychische Zartheit ist sehr groß, und sie haben Angst davor, sich zu binden – daher rührt ihr Ruf, unbeständig und treulos zu sein. Tatsächlich gehen sie jedoch haushälterisch mit sich um und ziehen einfach außergewöhnliche Entdeckungen – die Welt der Ideen und Bilder und der Musik – komplizierten zwischenmenschlichen Beziehungen vor.

12. Zwillinge – Aszendent Fische

Man fragt sich: »Über was machen sie sich lustig?«, weil es einem weder gelingt, sie zu fassen – noch sie zu verstehen. Sie streiten sich nicht, weil sie ihre Ruhe haben wollen, und verlieren sich nicht in konkreten Überlegungen, weil sie ihnen zu schwer auf den zarten Schultern lasten. In ihrem Alltag und in ihrer Wirklichkeit sehen sie nicht sehr klar, sondern flüchten sich – mit Erfolg – in ihre legendären und heilsamen medialen Fähigkeiten. Paradoxerweise aggressiv, sind sie aber emotional, empfindsam und haben immer das Gefühl, unter Wasser zu schwimmen – unter trübem Wasser.

Ihr Leben weist immer wieder außergewöhnliche und unerwartete geniale und inspirierte Handlungen auf, denn ihre Haupteigenschaft ist es, das, was sie fühlen, weitergeben zu können. Um nicht zu leiden, ziehen sie sich aber lieber in ihre innere Welt zurück, zu der niemand Zutritt hat, obwohl sie nach außen hin sehr umschwärmt, sehr umworben und sehr umgänglich sind. Ihr Verstand verläßt sie nie. Er begleitet sie wie ein Schatten . . .

Energie und Gesundheit

Schlüsselworte der Zwillingeenergie

Spannung: Mit seiner Energie hauszuhalten und sie richtig einzusetzen ist nicht gerade eine Stärke des Zwillings, der sich, wie der Widder, rücksichtslos verausgabt, ohne seine Kräfte im idealen Augenblick und unter den besten Gegebenheiten auf das richtige Ziel zu lenken. Aber wo sich der Widder physisch verausgabt, verausgabt sich der Zwilling in nervlicher und geistiger Hinsicht. Daraus ergibt sich eine ständige Spannung, die im wesentlichen auf die große Schwierigkeit zurückzuführen ist, die konkreten und für den Alltag des Lebens wichtigen Dinge zu integrieren. Die zu starke Vergeistigung des Zeichens vernachlässigt oft den Körper, was zu der Trennung von Körper und Geist paßt, die für den Zwilling charakteristisch ist.

Aufteilung: Die Energie des Zwillings verströmt sich im allgemeinen im Zweiertakt: Der eine ist der Takt der Projektion nach außen, die mit seiner Art, sich nur an den Augenblick zu klammern, zusammenhängt und dem gleichzeitigen Wunsch, die Flucht nach vorn anzutreten. Der andere Takt ist der des Rückzugs, der einem tiefen, aus dem Unbewußten auftauchenden Zweifel gehorcht und alles ins Wanken bringt. Natürlich verursacht dies Müdigkeit, denn nichts ist aufreibender, als jede seiner eigenen Bewegungen kurzzuschließen. Dieser Zustand der Dauerexplosion läßt schließlich den Zwilling kraftlos zurück, psychisch plattgewalzt, unzentriert und zitternd. Im schlimmsten Fall endet es damit, daß der Zwilling »nicht mehr die Erde berührt« , was bei ihm zyklische und chronische Störungen verursachen kann, die für dieses Zeichen typisch sind.

Umwandlung: Glücklicherweise liegt die unbestreitbare Stärke des Zwillings in seiner Fähigkeit, die Energie zirkulieren zu lassen und umzuwandeln. Er kann darauf bauen, daß er nicht zu lange einen störenden und verhärtenden Überdruck aufbaut und diese abbauenden Phasen in schöpferische Phasen umwandelt, was zu seiner merkurischen Doppelfunktion der Empfänglichkeit und Findigkeit paßt. Aber alles hängt dabei von der geistigen Gesundheit und dem richtigen Umgang mit den Gefühlen ab, Domänen, die der Zwilling zu seinem Schaden immer mißachtet.

Gesundheit

Als Zeichen der körperlichen und geistigen Wendigkeit ist der Zwilling den Wirkungen jenes Äußerlichen zu sehr unterworfen, das in seinem Leben eine solche Rolle spielt und das ihn, je nachdem, wie er es aufnimmt, mit ihm umgeht und es verdaut, positiv auflädt oder erbarmungslos angreift. Ganz allgemein liegt der Akzent auf seiner Verteidigungsschwäche, auf seiner übergroßen Empfänglichkeit und auf seiner Art, ein Blatt im Wind zu sein, wenn er nicht richtig zwischen positiven und negativen Energien unterscheiden kann, für die er gleichermaßen so empfänglich ist.

Auf allen Ebenen zu Hause, erweist der Zwilling sich auf der physischen Ebene als nicht sehr tüchtig. Genau wie die anderen Luftzeichen Waage und Wassermann hat der Zwilling die verschiedensten krankhaften Anfälle, die er aber dank seiner Beweglichkeit und seines angeborenen Interesses für die Medizin schnell überwindet. Das eigentliche Risiko liegt in der Möglichkeit, daß diese Störungen chronisch werden und es ständig Rückfälle gibt. Schnell anfällig, schnell geheilt, schnell rückfällig – das ist das ungefähre Verschleißmuster. Zwillinge müssen lernen, mit der für sie typischen Unausbalanciertheit umzugehen.

Schwache Punkte der Zwillinge

Vegetatives Nervensystem: Die gegensätzlichen Tendenzen ihrer Persönlichkeit rufen eine innere Spannung hervor, die große Müdigkeit und das ständige Gefühl von Erschöpfung verursachen. Depressionen mit heftigen Krisen liegen auf der Lauer. Sie können sich durch einen Zustand der Abwehr manifestieren, der an Verhärtung grenzt. Aber auch durch zu große Sensibilität, die durch Tränenausbrüche, ständiges Jammern, verbale und körperliche Aggressivität gekennzeichnet ist. Bei den Nervenkrankheiten sind chronische Krampfanfälligkeit zu nennen (vor allem bei den Zwillingsfrauen), Ernährungsprobleme (Über- oder Unterernährung, Neigung, zu schnell und zu achtlos zu essen), Verdauungsstörungen, Auftauchen von unerklärlichem Fieber, Nervenflattern, Schüttelfrost, Atemnot, Adrenalinmangel.

Lungen und Atemsystem: Man sagt, die Zwillinge seien das Zeichen des chronischen Rauchers, wie die Fische das des Alkoholismus. Dieses Suchtverhalten ist auf die nervöse Instabilität und die Beziehungsschwäche zurückzuführen und hat natürlich Folgen für die traditionell schlechten Lungen dieses Zeichens. Doch die Probleme des Atemsystems gehen direkt auf die Gefühle zurück, mit denen der Zwilling nicht immer umgehen kann. Durch vieles Abstrahieren oder Unterdrücken der Gefühle wird der Zwilling in dieser Beziehung eines der anfälligsten Zeichen. Nasen-Rachen-Katarrh, Nebenhöhlenentzündung, Lungenentzündung, Rippenfellentzündung, Asthma schwächen durch die Häufigkeit ihres Auftretens und den Disziplinmangel der in diesem Zeichen Geborenen schließlich das Immunsystem.

Knochen und Muskeln: Abnützung und Austrocknung der Bänder, Knochen- und Gewebesteifheit sind symptomatisch und für ein Zeichen, das für Beweglichkeit steht, wahrlich paradox. Aber Krämpfe, Sehnenscheidenentzündung, Verstauchungen, Hexenschuß, Rheuma, Arteriosklerose, Rücken-, Nacken- und Schulterschmerzen tauchen immer wieder auf, ebenso Kreuzverrenkungen und Wirbelsäulenversteifungen.

Kreislauf: Der Statistik nach sind die Luftzeichen am häufigsten Kreislaufstörungen unterworfen. Der Grund ist ihre Unfähigkeit, sich richtig zu ernähren, Unausbalanciertheit und ihr schwaches Nervensystem. Zu hoher Cholesterinspiegel, Diabetes, erhöhter Blutdruck, Herzklopfen, Herzrhythmusstörungen stehen im Lebensprogramm der Erwachsenen, zusammen mit einer deutlichen Neigung zu Bauch und Verfettung des Oberkörpers (bei häufig feinen und zarten Beinen, die für die Körperform des Zwillings typisch sind). Letzteres bringt vor allem die Frauen zur Verzweiflung, besonders, da die Silhouette in der Kindheit und Jugend filigran ist. Diese spektakulären Veränderungen ergeben sich zwangsläufig aus dem unausbalancierten Gleichgewicht und einer unausgewogenen Ernährung.

Leber: Hier finden sich die Folgen von drei Faktoren: Nervenschwäche, Kreislaufstörungen und Immunschwäche, das alles gefördert durch wenig Disziplin und wenig gesundes Leben.

Charakteristisch für den Zwilling mit **zuviel** Energie ist eine allgemeine und ständige Unruhe, das eindeutige Verlangen, Dinge zu tun, die noch nie getan wurden, nicht zu essen, jedem Zwang zu entgehen, hastige Entscheidungen und Handlungen und eine übergroße Neigung zur Durchtriebenheit und zu verletzenden Worten. Die Probleme der Atemwege verzehnfachen sich hier, Sonnenstrahlen sind unerträglich, der Schlaf komatös.

Im Gegensatz dazu findet man beim Zwilling mit **zuwenig** Energie eine Form der verzehrenden Angst, ein starkes Verlangen, sich übermäßig zu schützen, sich schwach und unverstanden zu fühlen. Der Geist ist konfus, das Reden fällt schwer, die Hörfähigkeit ist gestört, Entscheidungen und Handlungen müssen Berge von Widerständen überwinden, es drohen Neurasthenie und Depression. Es besteht die Gefahr von Lungenentzündung und Tuberkulose, Kälte ist unerträglich, Blutarmut tritt auf, Lymphfluß und Urinausscheidung können problematisch sein.

Ratschläge für ein besseres Gleichgewicht

Das Schlüsselwort für die Gesundheit des Zwillings heißt **Zirkulation.** Nicht unterscheiden zu können, was wahr und richtig für ihn ist und was ihn, im Gegensatz dazu, verleitet, in die Irre zu gehen, was notwendig für ihn ist und was überflüssig, kann dazu führen, daß Emotionen, Worte und Handlungen stocken und er sich mit einer Menge von Menschen und Dingen blockiert, die ihn schließlich ersticken und krank machen.

Seine Gesundheit hängt davon ab, daß er seine Rolle als Antenne, als Durchgangsort, der nichts zurückhält, gut spielt, nicht abstrahiert, sondern sichtet, ausräumt und eliminiert. Nur so findet der Zwilling ganz natürlich zu seiner Wendigkeit, seiner Leichtigkeit und jugendlichen Spontaneität, zu seiner Lebensfreude und Tatenlust zurück.

Harmonie durch Edelsteine

Zugeordnete Farbe: Blauviolett.

Aquamarin: Reinigt Körper und Seele und hilft bei der spirituellen Entwicklung.

Achat: Er fördert die Beredsamkeit, menschliche Kontakte und macht liebenswert und angenehm. Soll gegen das Böse schützen.

Quarz (Bergkristall): Er fördert Ruhe, Entspannung und Erholung. Falsch verwendet, kann er die Verbindung zu den unheilvollen Energien der niedrigen Astralebene herstellen.

Harmonisierender Stein: Smaragd. Er fördert die Kreativität, den Schönheitssinn und den Gefühlskontakt, hebt das Bewußtsein durch Inspiration und Meditation und verbindet mit den reinen Energien der höheren Astralebene.

Mein Freund, mein Bruder . . .

Freiheit, geliebte Freiheit – das ist es, was die in diesem Zeichen Geborenen immer wieder beschäftigt. Sie können sich nicht vorstellen, daß man sein ganzes Leben lang nur mit einer Person zusammen ist, ohne Langeweile, Routine, Verschleiß zu riskieren. Freiheit, die manchmal die Züge von Polygamie, exzessiven Flirts und flüchtigen Liebschaften annimmt. Beim Zwilling ist für die persönliche Entwicklung, für zwischenmenschliche Beziehungen, Begegnungen, Austausch von Gedanken und Gefühlen Vielfalt unbedingt notwendig.

Und so ist er gleichzeitig mehreren Personen treu, denn eine allein kann nie alle Facetten einer Beziehung repräsentieren. Die allgemeine Moral will, daß jeder seine Wahl trifft, sich auf einen einzigen Partner festlegt und damit eine gewisse Anzahl von Facetten opfert, um nur eine zu leben. Dem Zwilling fällt es sehr schwer, sich an diese Regel zu halten. Er kann sich Partnerschaft, Einssein, enge Beziehungen zwar sehr gut vorstellen, aber unter der Bedingung, daß es sich um vielerlei Begegnungen und Beziehungen handelt, die sich ergänzen. Der Zwilling will die Gesamtheit leben, nicht nur einen Teil des Ganzen.

Falls sie nicht Junggesellen aus Überzeugung sind, suchen die unter diesem Zeichen Geborenen starke, aber nicht bindende Beziehungen mit Partnern, die ihre Ansichten verstehen oder besser noch nach denselben Kriterien leben. Eine freundschaftliche Liebesbeziehung auf der Basis von Brüderlichkeit oder einer gemeinsamen Unternehmung paßt ihnen unbestreitbar am besten. Eine Zusammenarbeit unter Brüdern im Geiste respektiert ihre Individualität am meisten und bringt alle Vorzüge ihrer Person zum Vorschein. Andernfalls findet man sie (vor allem die Frauen) in der Rolle des Kindes, mit einem starken Partner, der das Elternbild personifiziert und moralisch streng, vernünftig und solide ist. Doch gilt dies nur für diejenigen, deren Persönlichkeit noch nicht ausgereift ist und für die ihr legitimer Freiheitsanspruch eine zu große Bürde zu sein scheint.

Zwillinge – Widder

Sie sind ein Herz und eine Seele, was ihre Kontaktfreudigkeit, ihre Unternehmungslust, ihre Lust zu lachen und die Dinge spielerisch zu sehen anbelangt. Sie leben beide aus dem vollen, nützen jede Gelegenheit, um der Routine des Alltags zu entgehen, und verblüffen immer wieder ihr Publikum. Beide sind offen, angenehm, humorvoll und haben Charisma. Das alles bringt sie einander näher, jedenfalls am Anfang. Denn der Zwilling hat immer große Angst vor einer Bindung, der Widder dagegen braucht sie dringend. So kommt es in den Gefühlen zu Unsicherheit und Mißverständnissen, und das höhlt die Beziehung von innen aus.

Der Widder ist in seiner Vorstellung, was echt zu sein hat, und in seiner kompromißlosen Einschätzung der Menschen verwundbar. Der Zwilling ist sorgloser, sollte aber seinen Zynismus in Schranken halten, weil der Widder sich dagegen nicht wehren kann. Im Grund wird eine anfangs so leichte und enthusiastische Beziehung es schwer haben, Wurzeln zu schlagen.

Zwillinge – Stier

Der Zwilling ist mit dem Kopf dabei, der Stier mit Herz und Körper und kriegt sehr schnell eins ausgewischt, denn sie haben absolut nicht die gleichen Ansichten und die gleichen Sorgen. Wenn sie zusammen arbeiten – noch das Beste, was ihnen passieren kann –, streicht der Stier die Wand, und der Zwilling wischt den Boden: So verschieden ist die Perspektive.

Und weil sie so verschieden sind, respektieren sie sich besonders, und ihre Freundschaft ist echt und nützt allen beiden. In der Liebe wird die Verständigung problematisch, bei der Sinnlichkeit noch mehr. Der Stier ist zu possessiv und findet, daß der Zwilling zu wenig ernst ist und nicht vertrauenswürdig. Die gegenseitigen Beschuldigungen wiegen schwer. Die Partner können zwar den Schein wahren, aber eigentlich ist ihre Beziehung ein einziges Mißverständnis.

Zwillinge – Zwillinge

Das Gras in Nachbars Garten ist immer grüner! Am Anfang erleichtert dies das Kennenlernen (gemeinsam neu geboren werden oder für sich neu geboren werden und dem anderen bei seiner eigenen Neugeburt helfen). Es fördert das Spiel, das Teilen, die beiden angeborene Freude zu lachen und die ihnen gemeinsame Leichtigkeit.

Gleichsein bis zum Exzeß wird aber unerträglich: Man hat die gleichen Zweifel, den gleichen Zynismus, den gleichen Wankelmut, die gleiche Schwierigkeit, den Alltag zu ertragen – das wird zur Hölle!

Zwillinge – Krebs

Wenn es darum geht, gemeinsam ein Theaterstück zu schreiben, gibt es keine bessere Kombination. Geht es aber darum, ein Leben zu zweit zu führen, wird die Sache heikler. Denn die Rollen sind nicht gut verteilt: Jeder will das Kind spielen!

Doch da es keinen tüchtigen, starken und gleichzeitig feinsinnigen und sensiblen Regisseur gibt, gelingt es dem Publikum nie, diese Geschichte zu glauben. Das schlimmste ist, daß die Schauspieler selbst, auch wenn sie mit einer gewissen Begeisterung dabei sind, von ihr nicht immer ganz überzeugt sind.

Zwillinge – Löwe

Eine Beziehung, bei der die Partner sich glänzend ergänzen und sehr einig sind. In der Verbindung Luft – Feuer liegt nämlich der Akzent auf der gesellschaftlichen, repräsentativen und konstruktiven Rolle dieser sehr brüderlichen Partnerschaft.

Dennoch grollt der Löwe, weil er sich den Zwilling zielstrebiger wünscht. Der Zwilling bewundert den soliden Charakter des Löwen, doch er findet er gelegentlich den Löwen erdrükkend. Die Intimität leidet darunter ein wenig, denn es ist nicht sicher, ob sie beide in der gleichen Gefühlswelt leben. Trotzdem – sie tun die Dinge gemeinsam und haben dabei Erfolg, und ihre Solidarität ist eine unbezwingbare Verteidigungslinie.

Zwillinge – Jungfrau

Der Zwilling hat die Ideen, und die Jungfrau folgt ihm. Ihr Geist ist nach demselben Schnittmuster gemacht, und die Arbeit – alltäglich und von Merkur geprägt – bringt sie sich unbestreitbar näher. Die Jungfrau sorgt für das Konkrete im verstandesbetonten Universum des Zwillings, räumt das zerbrochene Geschirr weg und gibt Sicherheit.

Der Zwilling vermindert die Gefühlsschwere der Jungfrau und erspart es ihr, immer das Glas bis zur Neige auszutrinken. Die sinnliche Ebene läßt dagegen viel zu wünschen übrig. Die Beziehungen sind mehr freundschaftlich und verstandesbetont.

Zwillinge – Waage

Sie mögen sich, sie verstehen sich gut, haben sich viel zu erzählen und genießen es, gemeinsam auszugehen und in Gesellschaft zu erscheinen, wo sie bewundert werden. Wenn sie zusammen eine Public-Relations-Firma aufmachten, wäre es ein voller Erfolg. Aber auf der sinnlichen und der Gefühlsebene wäre ihre Beziehung ein Irrtum, eine beiderseitige Verirrung. Anfangs gefallen sie sich zwar und sind ein Herz und eine

Seele, dann aber werden sie wütend und werfen sich gegenseitig Unzuverlässigkeit vor.

Zwillinge – Skorpion

Die Anziehungskraft ist enorm, die gegenseitige Faszination groß. Jeder kämpft mit seinen Waffen, um den anderen zu verführen und einzuwickeln. Der Beziehung fehlt es also nicht an Glanz, wenn man davon absieht, daß der Zwilling mit dem Kopf marschiert und der Skorpion mit dem Bauch.

Im geschäftlichen und beruflichen Leben sind sie ein Erfolg. Nichts und niemand widersteht ihnen. Aber im Intimbereich kommt es zum Duell, wenn nicht gar zum psychischen Sadomasochismus, weil sie ganz und gar nicht die gleiche Sinnlichkeit haben.

Zwillinge – Schütze

Daß sich diese geistigen und seelischen Zwillinge anziehen, ist mehr als sicher. Sie haben große Pläne, große Ideen, führen lange und intelligente Gespräche, haben Freunde und Bekannte, die es mit dem *Who's who* aufnehmen.

Im Getriebe der Welt läuft alles bestens, nur – der Schütze ist durch die Gesinnungsschwankungen und den beißenden Zynismus des Zwillings in seiner Weltsicht immer wieder zutiefst erschüttert. Seine Ideale und seine Gefühlswelt geraten völlig durcheinander. Und der Zwilling glaubt ständig in Gefahr zu sein, von dem vollblütigen Schützen verschlungen zu werden, der die Rolle des Übermenschen perfekt spielt.

Zwillinge – Steinbock

Jeder hat genau das, was dem anderen fehlt. Also ein guter Grund, sich entweder zu ergänzen oder abzustoßen. Es hängt vom Augenblick, dem Zeitpunkt, dem Bewußtseinsniveau und dem jeweiligen Gebiet des einzelnen ab. Im besten Fall lockert der Zwilling die Sache auf, und der Steinbock macht sie solider. Der Zwilling diskutiert, der Steinbock urteilt und entscheidet.

Aber das gleiche ließe sich auch anders sagen: Der Zwilling laviert herum, der Steinbock scheitert. Der Steinbock drängt sich auf, und der Zwilling erstickt. Bestenfalls rettet sie ihr Humor. Schlimmstenfalls . . . bleibt der Steinbock sehr allein.

Zwillinge – Wassermann

Sie bleiben Brüder oder Schwestern für alle Ewigkeit. Freiheit ist das verbindende Band zwischen ihnen, Freundschaft und Liebesbeziehung beruhen auf Instinkt und intellektueller Gleichgerichtetheit. Sie lieben beide Bewegung, Geschwindigkeit, haben gern Freunde, diskutieren gern nächtelang und bauen eine neue Welt – also viele gute Gründe, um sich glänzend zu verstehen, zu respektieren und zu lieben.

Ob Sinnlichkeit und Intimität ein wenig fehlen? Ja, zweifellos, aber sie merken es wahrscheinlich nicht.

Zwillinge – Fische

Sie sind vor allem dazu gemacht, sich grundsätzlich nicht zu verstehen. Daß sie in zwei vollkommen verschiedenen Welten leben, beschreibt diesen Zustand nur sehr kläglich. Und dennoch eröffnet jeder dem anderen unterschiedliche Reiche – allerdings ohne daß dieser sie dann betritt. Dem Zwilling gelingt es zwar, das Universum seiner medialen Fähigkeiten zu schildern, das sie trotz allem gemeinsam haben. Der Fisch aber erreicht Bewußtseinszonen und -ebenen, die dem Zwilling noch verschlossen bleiben.

Die Beziehung wird von immateriellen Wesen bewohnt und durchquert, von Phantomen und Schatten, die nicht leicht zu entschlüsseln und auch nicht unbedingt positiv sind. Das ist subtil, medial – oder sumpfig. Jedenfalls produziert das alles Dramen für den Körper und Hochgenüsse für den Geist. Oder umgekehrt. Man weiß es nicht so genau.

Berufliches und gesellschaftsorientiertes Leben

Intelligenz, Beziehungen und Kommunikation

Es ist die Stärke des Zwillings, sich mit Einfallsreichtum, Kühnheit und Scharfblick auszudrücken, seine typischen Charaktereigenschaften. Jedenfalls ist dieses Zeichen absolut nicht dafür gemacht, in der Abgeschiedenheit zu leben und keine Kontakte in der Außenwelt zu haben. Isolation oder Zurückhaltung liegen ihm keinesfalls. Zurückgezogenheit und am Bau der Welt, die ihn umgibt, nicht teilzunehmen, kann nur als Strafe, als widersinnig, wenn nicht gar als unerträgliches Versagen empfunden werden. Das gilt für die Männer wie für die Frauen, die man beim Aufbau ihrer Karriere immer Seite an Seite (und Auge in Auge) mit ihren männlichen Kollegen antrifft und die ihnen in nichts nachstehen. Langeweile, Trägheit, Warten und Abhängigkeit sind ihre geschworenen Feinde, und der Zwilling tut lieber »irgend etwas« , bis er seinen Weg deutlich sieht, als die Hände in den Schoß zu legen und abzuwarten, bis »das vorbeigeht«.

Genausowenig wie auf dem Abstellgleis zu stehen, gefällt es dem Zwilling, alleine zu arbeiten. Die Gruppe ist der eigentliche Ort seiner Ausdrucksmöglichkeiten, dort kann er seine Trümpfe optimal ausspielen. Wenn es ihn persönlich nicht zuviel angeht oder zumindest nicht abstößt, braucht der Zwilling das Gefühl, unentbehrlich zu sein, und die Überzeugung, daß das gute Funktionieren der Gruppe teilweise von ihm abhängt, das heißt, von der Rolle desjenigen, der die Verbindung zwischen den einzelnen herstellt und das Zentrum ist, beides Aufgaben, für die er am geeignetsten ist. Er knüpft die Kontakte, er pflegt die Beziehungen, er spielt den Vermittler auf allen Ebenen. Er ist nicht der Schöpfer, Erneuerer oder Initiator, doch ohne ihn kann nichts weitergeleitet werden oder im Kontakt mit der Außenwelt existieren. So ist er der Gruppensprecher: Die anderen sind damit zufrieden, zu tun und zu machen, aber er will, daß die ganze Welt es erfährt und anerkennt.

Man wird den Zwilling selten in leitender Stellung finden. Nicht daß er dazu nicht fähig wäre, denn er hat Sinn für Psychologie und zwischenmenschliche Beziehungen, aber er fühlt sich in der Chefrolle und den damit zusammenhängenden bindenden Verpflichtungen nicht wohl.

Für die Stelle eines Beraters oder als rechte Hand ist er dagegen sehr geeignet, was mit dem Begriff des Dienens zusammenhängt, für den das Zeichen steht. Dann setzt er sich voll ein, mit seiner ganzen Freude an Neuerungen und Veränderungen, mit seinen Geistesblitzen, seiner Findigkeit und seinem unvergleichlichen Sinn für jede Art von Austausch. Ein aufgewecktes und neugieriges Kind, das schon früh ein Talent für die Sprache und das Schreiben zeigt und sich gern bewegt (aber auch zur Disziplinlosigkeit neigt), wird er später ein Stützpfeiler der sozialen und beruflichen Gruppen, in die er sich integriert. Vorausgesetzt, er muß seine geistige Unabhängigkeit und seinen kritischen Sinn nicht aufgeben, die er heftig verteidigt.

Im Negativen besteht die Gefahr des Scheiterns wegen seiner Voreiligkeit, seiner Disziplinlosigkeit, fehlender Selbstkontrolle, mangelhaften Umgangs mit seinen Kräften, zyklothymischer Erschöpfung seiner Energien, seiner schwachen Nerven und auch wegen einer zu großen Empfänglichkeit für jede Art von Einflüssen.

Berufe der Zwillinge

Schreiben: Alle Berufe, die mit dem Schreiben verbunden sind, passen zu einem guten Prozentsatz der Menschen, die in diesem Zeichen oder unter dem Einfluß von Merkur geboren sind: Journalist, Schriftsteller, Redakteur, Drehbuch- und Dialogschreiber, Werbetexter, aber auch Übersetzer, Korrektor, Lektor.

Sprache: Auch hier ist es wieder die Rolle des Übermittlers, die im Vordergrund steht: Alle Berufe des Bild- und Tonjournalismus, Animator, Präsentator, Moderator, Dolmetscher, aber auch Psychoanalytiker, Psychologe, Berufe, die mit Psychomotorik zu tun haben.

Handel: Die große Vielfalt und die Schnelligkeit des Austauschs in der modernen westlichen Welt läßt die Begabung des Zwillings, etwas allgemeinverständlich zu machen, zu analysieren und zu übermitteln, immer wichtiger erscheinen. Vor allem Berufe, die mit der Öffentlichkeit zu tun haben oder einem Publikum etwas verkaufen wollen, kommen hier in Frage: Marketing- und Werbefachmann, Reisender, Vertreter, Verkäufer, Presseattaché, Kommunikationsfachmann, Öffentlichkeitsarbeiter, Medienbeobachter.

Unterhaltung: Hier kommt die großartige Eigenschaft des Zwillings, mit Publikum umgehen zu können, zur Geltung: Theater, Kino, Tanz, Kabarett, Alleinunterhalter.

Öffentlichkeit: Alles, was mit Politik und Diplomatie zusammenhängt, vor allem auf internationalem Gebiet, wo sich der Zwilling als ausgezeichneter Berater, Diplomat, Politiker und Redner erweist.

Medizin: Hier geht es um die Äskulapseite des Zwillings, seine Grundangst vor dem Tod und sein Bedürfnis, den Lauf des Lebens zu steuern, aber auch, anderen zu helfen. Man wird ihn vor allem in Berufen der Paramedizin finden, beim Umgang mit Energien, in der Naturheilkunde und in der Alternativmedizin.

Mediale Fähigkeiten: Seine natürliche Verbindung mit dem Unsichtbaren kann der Zwilling auf vielen Gebieten verwenden, allerdings mit dem Fragezeichen, was für ein Gebrauch davon gemacht wird und welche Umwege ihn dabei reizen. Den Schritt vom Psychologischen zum Spirituellen zu tun, ist für ihn immer eine Angelegenheit mit nicht vorhersehbarem Ausgang, und den Unterschied zwischen Aberglauben und Überlieferung zu machen ebenfalls.

Der Sinn für das Göttliche bei den Zwillingen

Im Zeichen Zwillinge mischt sich der Geist der Gottheit zum erstenmal auf Erden ein und versetzt den Menschen in die Rolle des Schülers, des Eingeweihten, der alles zu lernen hat. Demut, Mut, Geduld und Ehrfurcht sind ihm deshalb auf seinem Weg vorgeschrieben.

Um seine kosmische Aufgabe zu erfüllen, hat der Zwilling zwei Dinge mitbekommen: seinen Wunsch zu dienen und seine verbale Begabung.

Es gibt keine edlere Aufgabe als die, durch Wissen helfen zu wollen. Dieses Wissen besitzt der Zwilling von Natur aus und kann es durch die Struktur seines Geistes noch vervielfältigen.

Wenn sich der Sinn für das Göttliche nicht auf diese Weise ausdrückt, so ist er doch in der Fähigkeit des Zwillings vorhanden, anderen Rückhalt zu geben, sie zu beraten und im Gestrüpp ihres Alltags Ordnung zu machen und damit das Leben der Gruppe, von der er selbst abhängt, ganz entschieden zu verbessern. Im Bewußtsein des Zwillings hinterläßt das allerdings eine Art natürlicher Verachtung für alle, die da glauben, eine heilige Mission müsse in erhabenen Höhen und auf eine ganz besondere Art und Weise gelebt werden. Das Göttliche bedeutet für ihn, in seinem Nächsten einen Bruder zu sehen und im Alltag praktizierte Hilfe.

Andererseits gibt es auch in diesem Zeichen Geborene, die nur mit Bitterkeit – sogar Hohn und Eifersucht – die Tatsache akzeptieren, daß sie sich mit dieser Rolle begnügen müssen. Weit davon entfernt, demütig zu sein, können sie auf Abwege geraten und in die Rolle des Zauberlehrlings schlüpfen.

In allen Fällen jedoch beruht die Mission, das irdische Verlangen des Zwillings, mit dem er dem Göttlichen begegnet, auf dem, was ihm unbestreitbar mitgegeben wurde, um seine Rolle auszufüllen: dem Wort.

KREBS

22. Juni–22. Juli

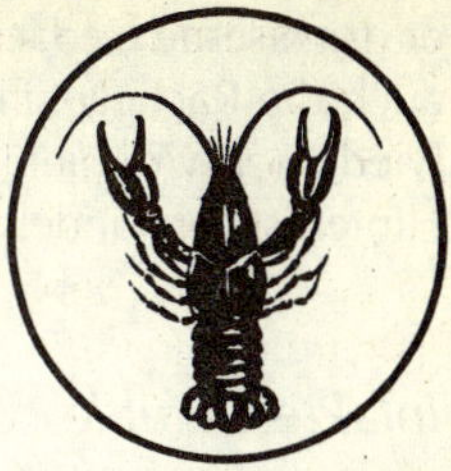

Ich fühle, sagt die Ziege.
Ich bin das Kind, das die Natur auf
Händen trägt.
Vertrauen lohnt meinen Glauben,
das Glück lächelt mir immerzu,
und alles blüht durch meine Sanftmut.
Alle meine Bewegungen sind eine Suche nach Schönheit.
Mein Gesicht ist friedlich, und anmutig mein Nahen.

Sensibilität, Gedächtnis und Vorstellungsgabe – das sind die drei Schlüsselworte für das Zeichen Krebs, das in der chinesischen Astrologie der Ziege entspricht.

Der Krebs geht durchs Leben mit einem Koffer voller Erinnerungen: Er sammelt und stapelt alle Gefühle, Äußerungen, Bilder und Freuden, aber auch alle Verletzungen und Narben. Er schmiedet sich einen Panzer, der immer schwerer und dichter wird. Sein Herz gibt nie etwas her, was es einmal aufgenommen hat. Im besten Fall arrangiert, ordnet und dekoriert der Krebs die wachsende Menge seiner Lebensspuren. Ob sie noch relevant sind, spielt dabei keine Rolle.

Sein Herz wird so zu einem Heiligtum, in dem er seine Vorfahren, seine Mumien verehrt – er ist ein großer Zeremonienmeister. Sein Zimmer wird zu einem magischen Ort, wo alles aufbewahrt wird, von den ersten Zeichnungen aus dem Kindergarten bis zu Hunderten von geordneten und jeweils mit Seidenbändern umwickelten Liebesbriefen, auch wenn sie Mitteilungen einer enttäuschten Liebe oder über einen Abbruch der Beziehungen enthalten.

Der Krebs liebt die vergehende Zeit nicht. Er will, daß die Zeit verweilt und daß die Werte, die schon immer gegolten haben, für ewig weitergelten.

Er geht auf die Zukunft zu wie die Krabbe: schlimmstenfalls rückwärts, bestenfalls schräg. Und alles, was ihm unter die Scheren kommt, läßt er nicht mehr los. Mit dem Elefanten teilt er das eiserne Gedächtnis, die Treue und Anhänglichkeit, aber auch die Rachegefühle und Empfindlichkeit, die sich hin und wieder (er wird niemals plötzlich gewalttätig und aggressiv) in Hinterlist verwandeln.

Intakte Gefühle

Seine Gefühle sind stark und heftig. Da alles, was dem Krebs nahegeht, unauslöschliche Spuren in ihm hinterläßt, sind seine Sensibilität und seine ungeheure Affektivität seine Stärke, aber auch seine Achillesferse. Er ist nämlich nicht fähig, das, was sich ihm wie mit einem glühenden Eisen eingeprägt hat, einfach auszulöschen, denn er ist für einen Donnerschlag genauso empfindlich wie für die kleinste Brise. Schon die leiseste Berührung kann ihn schmerzen: Es genügt oft schon ein Nichts, eine Kleinigkeit, die seine rege Phantasie, sein immer wachsames Unbewußtes, seine legendäre Intuition und seine ständige Empfangsbereitschaft für das Unsichtbare spürt oder entschlüsselt, wo der gewöhnliche Sterbliche nichts als die banale Wirklichkeit entdecken kann.

Der Stier erfaßt das Unsichtbare durch seinen Körper, der Zwilling durch seinen Geist, der Krebs – er fühlt es. Er kennt alles, was sich in den Labyrinthen jener Emotion bewegt, die ihn überschwemmt und die in den Tiefen seines Unbewußten registriert wird, für immer intakt. Eine Fotografie, Tanz, Malerei, Musik, eine Geste, ein Lächeln, ein Wort, ein Gegenstand – kleine Nichtigkeiten des Lebens lassen eine poetische, seltsame Fabelwelt erstehen, die wenige Sterbliche wahrnehmen, für den Krebs aber geliebtes Universum sind.

Man kann nicht sagen, daß der Krebs ein weites Herz hat, eher ein Herz wie ein Schwamm, wie ein Kalkstein, in dem es von Emotionen wimmelt. Aber er ist imstande, damit Wunder entstehen zu lassen, Diamanten, die für alle nützlich sind, denn er vermag mehr als jeder andere mit dem Herzen, mit den Augen, mit den Fingern zu kommunizieren und dank seiner typisch weiblichen Fähigkeit, sich in den anderen hineinzuversetzen, seine Mitmenschen zu verstehen. Den anderen zu fühlen, als stände man an seiner Stelle, fähig zu sein, die Gefühle des anderen nachzuempfinden, um ihm als Spiegel und als Wegweiser zu dienen – das verdankt er dem Mond, dem Symbol und Antriebsplaneten des Zeichens. Ebenso wie die seltenen Qualitäten der Toleranz, Zärtlichkeit, Anteilnahme und Beeindruckbarkeit. Der Krebs kann im Grund nicht anders, als freundlich und mitfühlend zu sein und mit den Menschen, mit denen er wie medial verbunden ist, zu weinen und zu lachen. Und es braucht unglaublich viel, bis er jemanden verläßt, der ihm weh getan hat. Liebevoll und aufmerksam, werden die Krebse von allem berührt und bewahren sich die Sensibilität ihrer Kindheit das ganze Leben hindurch.

Sie wissen, daß sie verletzlich und besonders exponiert sind und haben glücklicherweise sehr wirksame und sichere Schutztechniken. Das reicht vom hartnäckigsten Schmollen über ihre legendäre Kraft des passiven Widerstands bis zum ausgeklügelten Rösselsprung: einen Schritt vor und zwei zurück.

Ihr damit angestrebtes Ziel, den Augenblick, ehe sie ihr Herz öffnen, möglichst lange hinauszuzögern, geht vielen auf die Nerven. Die Krebse wissen eben ganz genau, was Grenzen bedeuten, und öffnen das stählerne Tor zu ihrem Innern erst, nachdem sie reine Absichten und ein reines Herz gesehen haben. Und das lieber hundertmal als nur einmal.

Grenze und Innerlichkeit

Der Krebs ist unbestreitbar das Zeichen der Grenze, und zwar im Sinn der Zone, die den Übergang eines Gebietes in ein anderes, eines Clans in einen anderen, einer Kultur in eine andere markiert. Es ist ihm angeboren zu wissen, was zu seiner Welt gehört, vor allem aber, was ihr fremd ist. Das Fremde ist lebensgefährlich, das ist klar. Es handelt sich also darum, sehr genau die Grenze zwischen dem Bekannten und dem anderen abzustecken – das immer anders ist als man selbst. Sein Bedürfnis nach persönlichem Schutz ist in dieser Vorstellung verankert, die seine Natur von Anbeginn her kennt, denn er weiß sofort, was mütterliches Territorium ist (die Matrix, der Schoß, der Kokon, dann das Heim) und was nicht dazugehört. Nach diesem Modell sortiert er sein Leben lang. Und dabei verfährt er nach dem Muster alles oder nichts, totale Aufnahme oder Abstoßung.

Das heißt, nachdem er – lieber hundertmal als nur einmal – diejenigen beobachtet hat, die sich seinem Territorium nähern, beschließt er, sie in seine Welt aufzunehmen, mit allen an der Grenze notwendigen Übergangsriten, oder sie für immer abzuweisen. Sind die Erwählten erst einmal inthronisiert, schließt sich die Tür wieder fest, und die Neuerwerbung findet ihren Platz in den Regalen des bereits Bekannten und Vertrauten. Das kann Monate, Jahre dauern, aber wenn es dann geschieht, ist eine Umkehr unmöglich, und die Erwählten brauchen viel Mut, um sich aus dieser Umklammerung zu befreien und wieder so frei zu werden, daß sie kommen und gehen können, ohne Rechenschaft ablegen zu müssen oder sich schuldig zu fühlen.

All dies verrät das Urbedürfnis des Krebses, die Welt als eine Ansammlung von selbständigen und voneinander abgegrenzten geschlossenen Gruppen zu erleben, die keinen Austausch untereinander haben. Schlimmstenfalls ist das Schizophrenie, bestenfalls ein Kastengeist. Für den Krebsmenschen ist kennzeichnend, daß er häufig die Welt in Sparten einteilt: die Guten, die Bösen, die Schwarzen, die Weißen, die Frauen, die Kinder. Das ähnelt natürlich sehr stark der Art, wie die ganz kleinen Kinder die Außenwelt von ihrem begrenzten Gesichtsfeld aus betrachten, das ihr tägliches Zuhause ist. Solange sie nicht soweit sind, ohne Furcht in die Welt hinauszutreten, können sie die vielfältigen und einzelnen Teile der weiteren Umgebung noch nicht eingliedern. Sie bedeuten für sie die Gefahr der Abtrennung, der Abschneidung, des Bruchs, der Unsicherheit. Aber was für kleine Kinder normal ist, wird bei einem Erwachsenen, der einen solchen Geisteszustand bewahrt, zum Syndrom.

Die Mutter, eine zentrale Figur

Beim Krebs (und allen Personen, die einen starken Mond im Horoskop haben) findet man eine große Beständigkeit der Wichtigkeit der Mutter, eine matriarchalische Geschlechtslinie von Großmüttern, Müttern, Töchtern, Enkelinnen. Die sehr positive Seite dieser weiblich geprägten Familien ist die Zärtlichkeit, das Umsorgen, das Gemeinschaftsgefühl und die gefühlvolle und nährende Wärme, die in ihrem Zusammenleben einen großen Platz einnehmen und von denen auch Freunde, Nachbarn und Bekannte profitieren, die in einem solchen warmen und freundlichen Zuhause immer herzlich willkommen sind. Beim Krebs steht im Mittelpunkt das Mutterbild, oder mehr noch das Bild einer Vorfahrin.

Man neigt häufig dazu, die Krebse als die ewigen Träumer hinzustellen, die sich nur wenig in das produktive Leben einordnen können, auch wenn sie sehr besorgt sind um die zwischenmenschlichen Beziehungen, die Qualität ihres Lebens und das ihrer Umgebung. Aber sie haben durchaus einen Sinn für das Pragmatische, einen Willen, der auf Hartnäckigkeit und Zähigkeit beruht, und schlagen sich im täglichen Leben nicht schlecht durch. Wenn sie lernen, sich weniger zu beklagen und zu bedauern und die Gegenwart zu schätzen, statt die Vergangenheit wiederzukäuen oder sich in die Zukunft zu versetzen, können sie ihre Vorstellungskraft, ihre Sensibilität, ihren künstlerischen Sinn und ihre ansteckende Herzenswärme mehr genießen.

Den Krebs verstehen

Die Grundstruktur

Weibliches Zeichen

Die weibliche Polarisierung erhöht, wie es in der astrologischen Fachsprache heißt, die aufnehmende, passive, liebende und empfangende Komponente. Es sind dies alles große Yin-Eigenschaften der Verinnerlichung und des nächtlichen, feuchten und kalten Prinzips. Dies schafft die Neigung zu empfangen, zu verstehen, zu beschützen, zu versöhnen und zu bewahren und weniger die, nach außen zu strahlen, voranzuschreiten, zu teilen und zu beanspruchen. Es bedeutet auch, daß das Zeichen meistens von den Frauen besser gelebt wird, weil in diesem Fall zwischen der Polarisierung des Zeichens und dem sexuellen Pol des Menschen Einklang besteht.

Die **Krebsfrauen** sind dabei ganz in ihrem Element, bleiben sehr lange schlanke junge Mädchen mit knabenhaftem Körper und einem sinnlichen Temperament und sind sehr abhängig von ihrem Partner oder Lebensgefährten. Oder sie werden das Gegenteil, nämlich reife Frauen, die deutlich erkennbar das Bild und die Rolle der Mutter verkörpern. Im Mittelpunkt der Persönlichkeit steht mehr die Mütterlichkeit als die Fraulichkeit.

Die **Männer** des Zeichens sind häufig zart und kindlich, werden perfekte Väter, die ihre Kinder verwöhnen und zu allem bereit sind, um ihre Brut glücklich zu machen. Das Bild einer dominierenden, überlegenen Mutter bleibt aber trotzdem unbewußt die zentrale Antriebskraft.

Wasserzeichen

Der Krebs gehört wie Skorpion und die Fische zum Element Wasser, was den Akzent auf die psychischen Eigenschaften setzt. Das Wasser ist das grenzenlose Unbewußte, aus dem alles aufsteigen kann, Traum, das Imaginäre und das Reich der Sensationen, die wenig zu fassen zu sein scheinen und trotzdem das Wesentliche und die Wahrheit des Lebens vereinen. Die Beeindruckbarkeit ist eine Haupteigenschaft der Wassermenschen, verbunden mit dem Begriff des passiven Behältnisses, analog zum Yin der chinesischen Überlieferung. Das Innenleben ist extrem entwickelt, denn diese Menschen leben zwischen zwei Welten, an der Grenze zur unsichtbaren.

Die Hauptsymbolik des Elements Wasser ist die Fruchtbarkeit und die Reinigung. Alles Leben kommt aus den Tiefen des Wassers, in der Natur, in der tierischen, symbolischen, psychischen und menschlichen Welt.

Das Wasser schenkt nicht nur dem Körper das Leben, sondern auch der Seele. Es ist ein großes Symbol der Einweihung und der Umwandlung, denn es unterwirft den Menschen der Prüfung der Reinigung.

Das Wasser des Krebses ist frisches Quellwasser und wird deshalb direkt mit der Symbolik der Fruchtbarkeit verbunden, der Regeneration und der lebensnotwendigen physiologischen Ernährung und, weil es so klar und lebendig fließt, mit der Symbolik der Reinigung.

Kardinalzeichen

Wie Widder, Waage und Steinbock ist der Krebs ein Kardinalzeichen und hat dadurch die Aufgabe, einen Zyklus zu beginnen. Diese Zeichen sind noch von dem vorangegangenen beeinflußt, weil sie die Jahreszeit einleiten, zu der sie gehören. Sie werden daher durch das Bedürfnis nach Entwicklung und Umwandlung charakterisiert, durch ein ständig bewegtes inneres – oder äußeres – Leben und durch das Temperament des Pioniers, des Kundschafters und des Wegbereiters. Man könnte auch sagen, daß sie noch auf der Suche nach sich selbst sind, denn sie sind sozusagen erst im Entwurf vorhanden, im Gegensatz zu den festen Zeichen, die die Fülle des Elements symbolisieren, zu dem sie gehören. Interessant ist, daß das Wort *cardinal* aus dem Lateinischen kommt und soviel heißt wie Türangel. Deshalb sind die Kardinalzeichen die Zeichen des Einzuweihenden, des Schülers, der sich im ersten Stadium seines Werdens befindet.

Der Krebs repräsentiert die erste Tür zum Leben. Er hat gerade die erste Manifestation der fleischlichen Existenz erreicht, und seine Zellen haben noch die Erinnerung an die mütterlichen Wasser, die ihn ernährt haben, und an die Geschichte der Menschheit, aus der er hervorgegangen ist. Seine Handlungen werden von Erinnerungen, Gefühlen und den unterschiedlichsten Eindrücken behindert. Das Handeln des Krebses ist sprudelnd, instabil, nicht faßbar und den für das Kardinalkreuz typischen Schwankungen unterworfen, aber es wird hier auf der inneren, psychischen und emotionalen Ebene gelebt. Das Zögern, die Wirbelstürme der Phantasie und auch die Dickköpfigkeit und das Beharrungsvermögen, die für dieses Zeichen typisch sind, lassen es äußerlich mehr wie ein festes Zeichen erscheinen.

Lymphatisches Temperament

Die Vorstellung von Lymphe verbindet sich mit dem Begriff der Weichheit und Flüssigkeit. Dazu gehört auch noch die Eigenschaft der Empfänglichkeit, die zu einer erhöhten Aufnahmebereitschaft führt, sowohl auf der Ebene der Sensibilität, der Gefühle, der Sensitivität, wie auch organisch und vor allem bakteriell.

Ein Aktivposten der lymphatischen Natur ist ihre unglaubliche – weil völlig unerwartete und geheimnisvolle – Regenerationsfähigkeit. Sie wird durch eine Kraft zur Erneuerung charakterisiert, die wieder aufleben läßt, eine »neue Haut« macht, seine Kräfte wiederfinden läßt, so daß man wieder auftaucht, nachdem man in den verschiedensten Strömungen untergetaucht und beinahe ertrunken war. Das liegt an der ständigen Verbindung mit dem Kosmischen und am kollektiven Unbewußten, wie auch an der Fähigkeit, sich in andere hineinzuversetzen, eine Eigenschaft, die die lymphatischen Krebse, Skorpione und Fische kennzeichnet. Fähig, anscheinend völlig passiv, in jede Art von mehr oder weniger sauberem Wasser einzutauchen, genügt ihnen ein Nichts, eine winzige Bewegung, um unbeschadet, intakt wieder aufzutauchen, als hätte sie nicht das geringste berührt. Doch ist der Krebs zweifellos dasjenige der drei Zeichen, das sich am wenigsten geschickt aus der Schlinge zieht. Er kann nicht gegen die Strömung schwimmen wie die Fische oder seine Energien umwandeln wie der Skorpion. Er weicht zurück, seine Gefühle stocken, und er betoniert seinen Schalenpanzer immer mehr zu, statt ihn zu entleeren. Deshalb ist seine physische und psychische Gesundheit äußerst problematisch, vor allem was seinen Verdauungsapparat und Entzündungen betrifft, gar nicht zu reden von seiner geistigen Labilität.

Die Sterne des Krebses

Drei Sternbilder stehen mit dem Zeichen Krebs in Beziehung: der **Große Bär,** der **Kleine Bär** und **Argo.**

Der **Kleine Bär** ist wegen seines hellsten Sterns bekannt, des **Polarsterns,** des Sterns des Nordens. Symbolisch betrachtet, bedeutet diese Konstellation Masse oder Gruppe, analog zum Krebs. Der Polarstern verweist auf die Vorstellung des Leitsterns, der den Menschen zu dem hinführt, was er selbst entdecken muß, um zur Reife zu gelangen. Er führt auch den Pilger, der zurückkehrt in sein Haus, ebenfalls ein Symbol des Krebses.

Argo erstreckt sich über den ganzen Weg vom Krebs bis zum Steinbock und ist eine der größten Sternkonstellationen. Er umfaßt 64 Sterne, der hellste ist **Canopus.** Seine Symbolik bezieht sich auf das Leben des Menschen vom Augenblick der Inkarnation bis zur Erreichung seines Ziels. Über der Route des Argo glänzt der Nordstern. Der Krebs, der seine Schale verläßt (wenn er dazu bereit ist und nach mehreren vergeblichen Versuchen), braucht sich nur noch auf den Weg zu machen – der Mond wacht auf diesem Weg.

Mythologie

Die Gestalt der Mutter, die bei diesem Zeichen eine so wichtige Rolle spielt, findet man in den Mythen aller Zivilisationen. Die andere Gemeinsamkeit ist der Dialog zwischen den beiden Lichtquellen Sonne und Mond und ihren mythischen Verkörperungen. Das irdische und menschliche Gleichgewicht beruht auf dem Dialog zwischen diesen beiden Lichtarten (ein Gleichgewicht, das beim Zeichen Krebs sehr zugunsten des Mondes verschoben ist). Alle Monddarstellungen sind doppelt wie das weibliche Prinzip: eine beschützende, lichtvolle, nährende und keusche Seite und eine andere schattenhafte, verschlingende, tödliche und ausschweifende.

Die **Krebsfrauen** verkörpern, vor allem in ihrer frühen Jugend, durch ihren deutlich zu erkennenden fließenden und zarten Aspekt eine Art geheimnisvoller, magischer und nicht möglicher Liebe. Was die **Krebsmänner** betrifft, so sind sie ihr ganzes Leben lang bereit, einem Traum zu folgen, einem Bild, einer Erinnerung, einer Frau, die unerreichbar ist.

Der Krebs – Zeichen des Übergangs zum Stadium des endgültig Erwachsenseins – kann den Mann veranlassen, in der Ehefrau immer das Mutterbild zu suchen. Die Frauen suchen oft die negative oder göttliche Seite der Mutter, was im schlimmsten Fall zu einer Verleugnung der eigenen Weiblichkeit führen kann.

Das Zeichen Krebs symbolisiert das Stadium, in dem man die Welt des Uranfangs verläßt, die Welt der Verschmelzung mit der Gruppe und der Form. Zusammen mit dem Steinbock verkörpert der Krebs die beiden Tore des Tierkreises. Das Tor des Krebses öffnet sich zum irdischen Leben, das des Steinbocks zum spirituellen.

Das Geheimnis des Zeichens ist, daß ihm »die Dinge am Herzen liegen«, denn er lebt und reagiert durch sein Herz. Um die Schwelle zur Maturität zu überschreiten und in das wahre – wirkliche und erwachsene – Leben einzutreten, muß der Krebs das Magma aus Gruppe, Familie, Mutterschaft und Unbewußtheit verlassen. Aber wie soll er das machen? Ein frustrierter oder verletzter Krebs verharrt krankhaft in einer allgemeinen Gefühlsabhängigkeit, eben wegen der empfangenen (oder eingebildeten) Verletzungen, die sich bei ihm in Rachegefühle verwandelt haben.

Die Intelligenz des Herzens ist das höhere Stadium des bewußten und reifen Erwachsenen. Das zu erreichen ist sehr viel verlangt vom kleinen Krebs, den die Vorstellung, er könnte der Welt der harten Wirklichkeit ohne seinen Panzer trotzen, entsetzt. Aber trotzdem ist dies die Botschaft des Zeichens. In seinem Herzen stark zu sein, eine innere Gelassenheit zu haben und Vertrauen in seine eigene Identität – wenn der Krebs das erreicht hat, kann er wahrhaftig leben und von dem Stadium der einsamen Zuflucht seiner Träumereien hinüberwechseln zu dem der Teilnahme und des Aufbaus, von der Abhängigkeit in mehr Eigenständigkeit.

Stärken und Schwächen des Krebses

Die Stärken

- Sensibilität, Sensitivität, Sentimentalität
- Verinnerlichung, Innerlichkeit, Diskretion, Zuhörbereitschaft
- Diplomatie, Aufmerksamkeit, Sinn für Nuancen
- Hingabe, Gruppen- und Familiensinn, Kunstsinn, Gefühl für Form und Harmonie, Musikliebe
- Spielfreude, Kinderliebe, überfließende Phantasie
- Empfänglichkeit, mediale Veranlagung, Intuition, übersinnliche Fähigkeiten
- Hartnäckigkeit, Ausdauer, Gedächtnisstärke, Entschlossenheit
- Verführung, Beweglichkeit, Hübschheit, Frische des Geistes

Die Schwächen

- Stimmungsschwankungen, Launenhaftigkeit
- Mißtrauen, Verdächtigung, Zögern, Langsamkeit
- Selbstschutz, Abschottung, Begrenzung
- Kaprizen, Trotz, Trägheit, überspannte Unzufriedenheit
- Hang zur Vergangenheit, zur Wiederholung, Passivität, Regressivität
- Konturlosigkeit, Konfusion, Zaghaftigkeit, Abhängigkeit
- Beeinflußbarkeit, Parasitentum, Mitläufertum, Weichheit
- Empfindlichkeit, Hypochondrie, Weinerlichkeit
- Falschheit, fehlender Ernst, Schwarzseherei

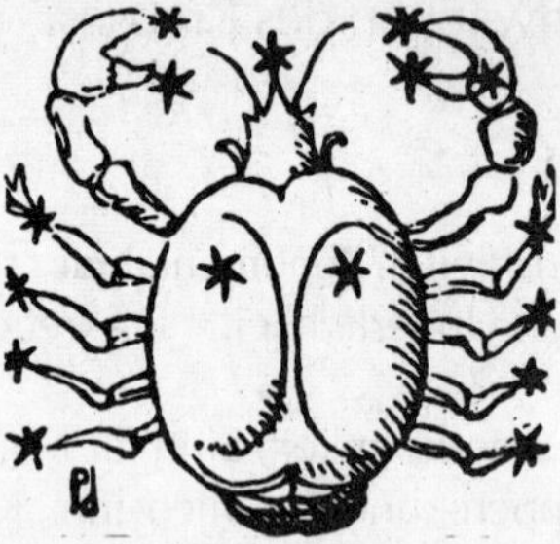

Die Aszendenten des Krebses

1. Krebs – Aszendent Widder

Das sind stürmische, zornige, impulsive Krebse. Es fällt ihnen schwer, das bedrohliche und unvermeidliche Erwachsenwerden zu akzeptieren. Phantasievoll und willensschwach hängen sie ihren Träumen nach, die manchmal glücklicherweise Wirklichkeit werden. Jedenfalls sind sie schöpferische Menschen, die Berge versetzen können, damit ihre Idee siegt und ihr Ideal im Alltag Gestalt annimmt.

Die Frauen sind Prinzessinnen auf der Erbse, die Männer charmant und kampflustig, mit einem unsteten Herzen, hin und her gerissen zwischen Krieg und Traum. Sie brauchen die Gruppe, um als edle Helden leben zu können, die wie im Märchen Mutproben bestehen oder eine Verzauberung brechen müssen. Sie hören nur auf die Sprache des Herzens.

2. Krebs – Aszendent Stier

Niemand eignet sich besser, um ein Haus zu entwerfen, zu bauen, einzurichten und mit Kindern und Fröhlichkeit zu erfüllen. Diese Krebse sind direkt und fürsorglich, und derjenige, der sie aus ihrem Kokon der Häuslichkeit herausholen kann, ist noch nicht geboren! Sie sind die besten Eltern der Welt, und das Universum der Kindheit bleibt ihr Privileg.

Wegen ihrer konservativen Ansichten und ihres konservativen Geschmacks sind sie auch der Prototyp der perfekten Ehepartner, dazu gutmütige und herzliche Gastgeber. Aber man darf nicht an ihrem Panzer rütteln oder sie mit etwas Unvorhergesehenem konfrontieren. Weil sie zu sensibel und in ihren Gefühlen unreif sind, hassen sie schon allein die Vorstellung von Unabhängigkeit und können ziemlich klebrig sein, ganz abgesehen von ihrer Empfindlichkeit und ihrer Ausschließlichkeit.

3. Krebs – Aszendent Zwillinge

Große Vorstellungskraft und sehr sensibel, was sie aber nur zu gern verbergen! Sie hängen an der Welt ihrer Kindheit und vor allem an ihrer Mutter. In diesen Zwängen verankert, haben sie es schwer, verantwortungsvolle Erwachsene zu werden.

Wer sie liebt, muß ihnen in dieser Hinsicht unbedingt helfen, sie unterstützen, bei ihren Spielen mitmachen und sie abfangen, ehe sie in ihren einsamen Träumereien versinken.

4. Krebs – Aszendent Krebs

Eine entschieden weibliche Struktur. Die Männer sind träumerisch und doppeldeutig veranlagt, die Frauen mütterlich und bemutternd. Unendlich viel Charme, Freundlichkeit, Sanftmut und Sensibilität, viel Intuition, wenn nicht gar mediale Fähigkeiten, Phantasie im Überfluß und ein Hang, den Clown zu spielen.

Es besteht allerdings auch die Möglichkeit, daß sie faul und passiv bleiben, vor allem was materielle Dinge angeht, bis zu dem Augenblick, wo sie plötzlich in Richtung Steinbock schwenken und beharrlich und eigensinnig werden und voll zähem Ehrgeiz und einem durchschlagenden Organisationstalent zum Erfolg streben. Ihr Leben ändert sich, wenn ein Kind kommt. Es wird der Mittelpunkt ihrer Welt. Vorsichtig – sie können besitzergreifend werden.

5. Krebs – Aszendent Löwe

Eine funkelnde Inszenierung ist ihre Welt, was sie ein wenig zu sehr von sich selbst eingenommen macht. Entweder sie bilden sich ein, viel erfolgreicher und brillanter zu sein, als sie es je werden können, oder sie bekommen einen Minderwertigkeitskomplex. Etwas Wesentliches muß bei ihrer Persönlichkeit, ihrer Selbsteinschätzung und der Dosierung des männlichen und weiblichen Teils in ihrem Inneren ins Gleichgewicht gebracht werden.

Das Vaterbild ist ein Leuchtturm, der sie leitet oder irreführt, was ganz davon abhängt, wie stark der mütterliche Einfluß gegensteuert. Sie sind großzügig und haben Ansporn nötig. Sie beten ihre Kinder an und wenden das Elternbild – nicht unbedingt zum Vorteil – auch auf ihr Liebesleben an.

6. Krebs – Aszendent Jungfrau

Vom Selbstschutz kennen die in diesen Zeichen Geborenen jede Schattierung. Aber sie hegen auch einen wahren Sinn der Hingabe und Uneigennützigkeit. Sie gestatten sich, viel zu träumen, kehren aber am Ende auf den Boden der Tatsachen zurück. Sie sind pingelig und genau, aufrichtig und hypochondrisch bis zum Gehtnichtmehr.

Den Begriff Reinheit oder Sauberkeit wollen sie genau geklärt wissen, was oft zu libidinösen Problemen führt, die sie mit Gewalt lösen oder durch Ablehnung. Das macht sie unglücklich und zu noch größeren Protektionisten ihrer selbst. Eigentlich warten sie ja nur darauf, daß man sie aus ihrem Gefängnis holt, und das möglichst ohne Schmutz zu machen und unter Berücksichtigung ihrer intellektuellen Neugier und Liebe zum Geheimnisvollen. Da müssen sie oft lange warten . . .

7. Krebs – Aszendent Waage

Man bezeichnet sie manchmal als den Inbegriff des Künstlerseins mit ihrem Sinn für das Schöne, für Harmonie, Lebensart und Ästhetik. Intuitiv und begabt, zweifeln sie jedoch überall und an allem und setzen sich erst in Bewegung, wenn man sie antreibt – oder besser noch heiratet! Dann erwacht unvermutet der zentrale Zug ihrer Persönlichkeit: die Egozentrik.

Komödiantisch und oberflächlich, scheinen sie zu glauben, daß ihnen alles gehört. Sie lassen sich gut formen, geraten leicht in Abhängigkeit, erlangen aber rasch ihre Unabhängigkeit wieder – und sei es auch nur innerlich.

8. Krebs – Aszendent Skorpion

Sie sind viel komplizierter, als sie aussehen. Und auch viel zäher. Verschlossen, leidenschaftlich, völlig instinktiv und intuitiv, haben sie eine Seite, die an die Gottesanbeterin erinnert und sie mit einer unglaublichen Aura der Anziehungskraft umgibt. Ständig mit dem Unsichtbaren verbunden, neigen sie jedoch mehr dazu, auf esoterische Praktiken und Aberglauben zu setzen als auf eine wahre spirituelle Erleuchtung (obwohl sie das Gegenteil behaupten).

Faszination und komplizierte Beziehungen gehören zu ihnen, denn sie sehen viele Dinge, fühlen und wissen viele Dinge, aber was machen sie daraus? Bestenfalls Kunstwerke, oder sie gehen in die Unterhaltungsindustrie oder ergreifen einen Beruf, der mit Psychologie zu tun MondsMonds-MondshMondsMondsMondsMondsat und in dem sie sich hervortun können. Was die Kindheit betrifft – in neun von zehn Fällen war sie schwierig, mit einem negativen Mutterbild, das in ihnen eine tiefe Angst hinterlassen hat, die sie sich bewußt machen müssen. Idealismus peinigt sie, Reisen motiviert sie, Theater interessiert sie. Man muß ihnen helfen, sich zu vereinfachen, und ihnen Widerstand leisten, um sie neugierig zu machen.

8. Krebs – Aszendent Schütze

Sie verstehen alles und wollen immer nur das Beste. Andererseits haben sie die Tendenz, sich für viel stärker und unternehmender zu halten, als sie es wirklich sind. Sie kompensieren ihr Bedürfnis, beschützt zu werden (vielleicht, weil sie nie beschützt wurden) dadurch, daß sie die anderen zu sehr beschützen, vor allem die Frauen dieser Zeichenkombination. Vor allem kümmern sie sich um Kinder, um ihre eigenen, die der Welt, die, die leiden.

Offener als die reinen Krebse, lieben die in diesen Zeichen Geborenen keine Geheimnisse und Komplikationen und haben zum heimischen Herd ein zwiespältiges Verhältnis: Entweder sie sind Pantoffelhelden oder sie können nicht zu Hause bleiben. Meistens finden sie aber doch in den Heimathafen zurück.

10. Krebs – Aszendent Steinbock

Mal sind sie zärtlich, spielerisch, abhängig, verträumt, sensibel und voll Poesie, mal sind sie kalt, hart, abweisend, klar, ehrgeizig und moralistisch – und im Grunde unheilbar romantisch.

Häufig fällt ihnen das Leben schwer, weil sie von einem ungeheuren Gefühl der Frustration und des Verlassenseins beherrscht werden, der Neigung, sich einzukapseln und zu schmollen, weil sie überzeugt sind, daß sie nicht richtig verstanden werden.

Gesellschaftlich sind sie angesehen. Sie träumen nur von Wärme und Hingabe, die sie sich jedoch niemals erlauben. Hilfe tut not! Glücklicherweise haben sie Humor, und ehrlich sind sie auch. Und wenn das Eis schmilzt – was für Köstlichkeiten sind darunter verborgen!

11. Krebs – Aszendent Wassermann

Ein natürliches Erfindergenie, viel Freundlichkeit, Freiheit, ein echtes Gefühl für Freundschaft und eine ewige kindliche Naivität. Hang zu helfen und zu dienen. Sie haben eine internationale Seite, eine Lust, etwas in Bewegung zu bringen, aber zuwenig Willenskraft und unterliegen zu vielen verschiedenen Einflüssen, die sie jedoch mit Donnergetöse und definitiv kappen, wenn sie enttäuscht werden.

Sie sind immer auf der Suche nach einer soliden und gleichzeitig freien Beziehung und leben ihre Originalität voll aus. Fotografie, Bildgestaltung in jeder Form, Spiel, Theater – im Leben oder auf der Bühne – sind ihr Reich.

12. Krebs – Aszendent Fische

Hypersensibel, hellsichtig, medial – man glaubt, sie schliefen, und dann findet man sie am anderen Ende des Planeten wieder! Sie haben die verrückte Eigenschaft, sich von den Dingen völlig durchtränken zu lassen, um danach jedesmal gestärkter und völlig intakt wieder aufzutauchen. Und wie geschickt sie das machen! Flatterhaft, das schon, aber auch dickköpfig wie ein Muli. Sicherlich auch ein Don Juan, aber treu, wenn es um eine besondere Beziehung geht, um eine von vielen . . .

Sensibel und empfindsam, wollen sie anderen wirklich helfen, und das gelingt ihnen auch oft. Sie leben natürlich auch in anderen Welten, ohne Zeit, ohne Grenzen, entsprechend ihrer ungeheuren Einbildungskraft. Und ganz bestimmt sind sie Masochisten, doch sie nennen es nicht so. Die Doppeldeutigkeit regiert auch hier, vor allem bei den Männern.

Schlüsselworte der Krebsenergie

Der Umgang mit seinen Kräften: Wenn man weiß, daß man vor Energie nicht überfließt und man nicht bis ins Unendliche aus seinen begrenzten Reserven schöpfen kann, gebietet der gesunde Menschenverstand, nicht maßlos verschwenderisch zu sein. Dem Krebs fehlt es niemals an gesundem Menschenverstand. Sparsamkeit und die richtige Verwendung seiner Energien sind seine größte Stärke. Deshalb ist erstaunlich, auf welch unerschütterlichen und wirksamen Widerstand man trifft, wenn man denkt, man hätte es nur mit einem kleinen zarten Krebs zu tun.

Rückwirkende Reaktion: Derselbe Sinn für Reserven drückt sich auch in der Tatsache aus, daß der Krebs langsam reagiert, eine typische Eigenschaft von ihm. Zwischen dem Augenblick, in dem ein Ereignis seinen Alltag stört, und dem Augenblick, in dem er zu erkennen gibt, wie er diese Störung empfangen und erlebt hat, kann Zeit vergehen, grenzenlos viel Zeit. Der Krebs gruppiert seine Reaktionskräfte um, schluckt und verdaut und reagiert dann, wenn alle die Sache längst vergessen haben, mit Nachdruck – sogar mit Heftigkeit – und greift aus dem Hinterhalt an, denn während er seine Waffen geschliffen hat, haben die anderen ihre verloren. Subtil! Dieses Elefantengedächtnis mit Vogel-Strauß-Reaktion ist sein raffiniertestes Mittel, sich zu verteidigen sowohl auf der Gefühlsebene wie in psychischer und physiologischer Hinsicht.

Selbstverteidigung: Entsprechend seinen Verteidigungswaffen (Schale, Rüstung, Panzer), durch die er Angriffe abwehren und ihre Auswirkungen bis zu dem Augenblick hinauszögern kann, in dem er fähig ist, sich mit ihnen auseinanderzusetzen, verhält sich der Krebs auch so, wenn es sich darum handelt, seine antreibenden oder schöpferischen Energien zurückzuhalten. Kompakt, angespannt und kontrolliert, wie sie sind, bedeuten sie vor allem eine sichere Abwehrkraft. Notwendig und taktisch wichtig, kann diese Verteidigungskraft aber im schlimmsten Fall Stockungen verursachen, Knoten, die die Energie blockieren und die unbedingt aufgelöst werden müssen, um den Energiekreislauf wiederherzustellen.

Gesundheit

Der Krebs gehört zu den Zeichen, die keine gute Gesundheit haben. Seine Widerstandskraft ist jedoch, auf die Dauer gesehen, häufig verblüffend, und außerdem weiß man bei seiner nur zu gut bekannten Hypochondrie nie, wie krank er in Wirklichkeit eigentlich ist. Und da er den Sport haßt und auch noch die Neigung hat, sich nicht zu verausgaben und sich übermäßig zu pflegen, kann seine Anfälligkeit nur größer werden. Vorsichtigkeit, Fixierung, Unbeweglichkeit und Langsamkeit werden so zu den Brüsten, aus denen der Krebs seine Gesundheit saugt. Die Auswirkungen sind, nach dem Vorbild der Brüste, zweifach:

Einerseits verringert die wachsame Aufmerksamkeit, die er seinem Körper und seinem Gleichgewicht schenkt, das Risiko von Unfällen, Brüchen und heftigen und unerwarteten physischen und psychischen Folgen. Die Gefahr der organischen Erschöpfung mit den sich daraus ergebenden Infektionskrankheiten verringert sich. Der Schlaf, sein wichtigstes Heilmittel, ist ebenfalls eine ausgezeichnete Quelle, um sich wieder aufzuladen und ins körperliche wie seelische und gefühlsmäßige Gleichgewicht zu bringen, selbst wenn die in diesem Zeichen Geborenen dazu neigen, ihn zu übertreiben.

Andererseits verursachen Unbeweglichkeit und energetische Sparsamkeit alle Arten von Überlastung (besonders was Gewicht und Nieren betrifft) und auch von Blutandrang (vor allem bei Kreislauf und Atemsystem). Zu stark auf sich zu achten und sich damit einzukapseln ist also eine zweischneidige Lebensphilosophie, die, wenn sie zu weit getrieben wird, sogar zur echten Bremse für das Leben selbst werden kann.

Schwache Punkte des Krebses

Blutkreislauf: Der schwächste Punkt des Krebses, der durch eine allgemeine Trägheit der Herztätigkeit seine Abneigung gegen Anstrengung und Sport erklären läßt. Auch die Schwäche der Atmungsorgane, die für das Zeichen typisch ist, fördert die Sauerstoffzufuhr des Blutes nicht, und so ist das Terrain günstig für Zirkulationsstörungen, für Gefäßerkrankungen und ihre Folgen: Krampfadern, Venenentzündung, geschwollene oder schwere Beine, schwache Gefäßwände, geplatzte Äderchen.

Atmungsorgane: Der Krebs hat traditionell ein starkes Skelett, aber einen starren und zuwenig entwickelten Brustkorb. Bei der für den Krebs typischen Körperform ist die Magenpartie breit und betont, Schultern und Brustkorb sind schmal. Der allgemein schwache Muskeltonus ist für die Entwicklung der Brust nicht günstig. Die Lungen und ihre Funktion sind im allgemeinen ungenügend, was daran erinnert, daß der Krebs für das Element Luft wenig übrig hat und vor allem das Wasser liebt (das der Organismus übrigens viel zuviel speichert). Von Kindheit an hat der Krebs sehr anfällige Lungen und ein sehr anfälliges Atmungssystem, was die Herzschwäche nicht bessert. Das kann sich äußern in: Bronchitis, Asthma, Keuchhusten, Lungenentzündung, Rippenfellentzündung, Bronchialkatarrh und als Folgeerscheinung auch in Problemen des Hals-Nasen-Ohren-Bereichs.

Nieren: Ihre Unzulänglichkeit hängt mit dem Wasser zusammen und damit, wie der Organismus des Krebses es verarbeitet. Die Krebse brauchen Wasser und trinken oft mehr, als sie essen. In diesem Punkt heißt es alles oder nichts: Entweder sie trinken kaum einen Tropfen und schaffen mühsam einen Viertelliter pro Tag, oder sie trinken unablässig, bis sie sich aufgebläht fühlen. Bei den Frauen neigt die Sekretion der Geschlechtshormone zur Überproduktion. Die Zeit der Pubertät und der Wechseljahre sollte bei Krebsen übrigens noch mehr als bei den anderen Zeichen überwacht werden. Die Nierenfunktion macht sich durch allerlei Probleme bemerkbar: Statt auszuscheiden, kommt es zu Stauung und Überlastung, die chronisch werden können, wenn man nicht aufpaßt. Vorsicht vor akuter oder chronischer Nierenentzündung, Blasenentzündung, Gicht, Arteriosklerose, Diabetes – was alles schnell eintreten kann.

Verdauungsapparat: Ein schwacher Magen ist, wie die Kreislaufprobleme, typisch für den Krebs und Menschen allgemein, die unter dem Einfluß des Mondes stehen. Psychische Schwierigkeiten und »Mutterprobleme« lassen sich daran direkt ablesen. Man kann nicht genug wiederholen, was für eine ausgleichende Rolle die Ernährung im Leben des Krebses spielt, vor allem wegen seiner Vorliebe für Milchprodukte und Zucker. Aber es läßt sich bei Krebsen auch das Gegenteil finden. Dann kasteien und bestrafen sie sich und essen gar nichts mehr. Diese ganze Unordnung zusammen mit der allgemeinen langsamen Verdauung kann ständige Gewichtsschwankungen zur Folge haben, chronische Fettsucht oder unheilbare Magerkeit, zuviel Cholesterin, Diabetes, Gastritis, Luftschlucken, Muskelkrämpfe, Verstopfung, Dickdarmentzündung und schlimmstenfalls Leberprobleme.

Psyche: Emotional, gefühlsbetont, empfänglich und von einer vor allem auf einer mangelnden Regenerationsfähigkeit beruhenden psychischen Zartheit, ist der Krebs für Einflüsse seines Unbewußten und seiner unmittelbaren oder kosmischen Umwelt besonders offen. Er muß sich vor Handlungen, Umwandlungen und Trugbildern in acht nehmen, die den Geist schwächen und das Bewußtsein verdunkeln können. Diese psychische Schwäche ist real und kann bei einer echten oder eingebildeten Verletzung zu Apathie und chronischer Depression führen. Es ist immer gut, die in diesem Zeichen Geborenen an Klarheit und Bewußtheit zu erinnern. Mit Gespenstern zu spielen ist aufregend, bis zu dem Tag, wo sie, ohne daß das Bewußtsein es merkt, zu existieren anfangen und gefährlich werden.

Der Krebs mit **zuviel** Energie ist hochtrabend, überschwenglich, übertreibt bei allem, was er im Alltag tut, zu jedem fröhlich, jeden bemutternd. Merkwürdigerweise erweist er sich oft aber auch als seltsam hart, autoritär und aufbrausend, behauptet, daß er sich vor nichts fürchtet, und liebt die Dunkelheit und die Nacht. Manchmal drehen die Krebse ein wenig durch und haben das Gefühl, verfolgt oder unterdrückt zu werden, und verfallen übergangslos in Melancholie. Sie leiden an Energieblockaden, die sich in Herzkreislaufstörungen und Nierenkoliken und Herzklopfen äußern.

Die Krebse mit **zuwenig** Energie sind dagegen ängstlich, bekümmert, unsicher, zu dick oder zu mager und Opfer einer apathischen Gleichgültigkeit und eines neurotischen Verlangens, sich zu schützen, das durch ein niedriges Bewußtseinsniveau noch verstärkt wird. Die Nacht versetzt sie in Panik, und sie sehen Gespenster. Müdigkeit und chronische Schlaflosigkeit können auftreten. Sie erwarten alles von der Liebe und leiden entsprechend darunter. Geringe sexuelle Energie, Ohrenschmerzen und Kreislauf- und Ernährungsprobleme sind typische Symptome. Abhängig und abergläubisch, wie sie sind, wechseln sie rasch vom Zustand von zuviel Energie in den von zuwenig.

Ratschläge für ein besseres Gleichgewicht

Das Schlüsselwort für die Gesundheit des Krebses ist: **sich öffnen.** Für alle Arten von Energien gilt, daß es unbedingt notwendig ist, sich nicht abzukapseln, sondern nach außen zu gehen, ob es die psychologische Ebene betrifft oder die seelische. Man schützt sich nicht dadurch, daß man in seiner Schmuckschatulle bleibt und Erinnerungen und Ressentiments immer wieder durchkaut. Im Gegenteil: Alle Störungen und schlimmstenfalls Krankheiten rühren von der Tatsache her, daß man nicht wagt zu leben. Aber übertreiben wir nicht. Die Krebse lieben das Leben und ihre Freunde, sie haben Sinn für Phantasie und öffnen ihr Herz, wenn sie zu einem Menschen Vertrauen gefaßt haben. Ihr wahres Problem liegt darin, sich nicht ins Lager der Erwachsenen zu schlagen: Sie müssen selbständig und bewußt werden und sich von den zu starken traditionellen Bindungen lösen können.

Harmonie durch Edelsteine

Zugeordnete Farben: Grün und Silberweiß.

Smaragd: Begünstigt die künstlerische Arbeit, entwickelt den Sinn für Schönheit, verbreitet Harmonie, ermöglicht die Entwicklung des Bewußtseins, schützt vor dem bösen Blick und Aberglauben.

Mondstein: Er fördert Gefühle, Intuition und Übersinnlichkeit. Hilft der spirituellen Entwicklung und dem inneren Leben.

Harmonisierender Stein: Topas, ein Sonnenstein, der die Ausstrahlung, die Kraft und die Überzeugungskraft aktiviert. Er soll durch Kälte verursachte Krankheiten lindern und Nahrungsaufnahme und Blutzirkulation fördern.

Liebe und Freundschaft

Die Fallen der Zärtlichkeit

Das ganze Leben dreht sich beim Krebs um die Welt der Gefühle, und man erreicht ihn nur wirklich, wenn man die Sprache des Herzens mit ihm spricht. Teilhabenlassen, Verstehen, Intimität und lange, zu zweit verbrachte Stunden sind sein geliebtes Universum. Es ist eigentlich keine Sexualität dabei im Spiel, das heißt, sie ist vor allem sentimental und romantisch gefärbt. Schmeicheln, kindliche Küsse, Zärtlichkeiten ins Ohr gemurmelt, Hand in Hand durch die Straßen schlendern, sich nahe sein, jeden Augenblick, Tag und Nacht – das ist es, was für die in diesem Zeichen Geborenen ein voll entfaltetes Gefühlsleben bedeutet. Vor allem aber bedeutet es den Wunsch, all dies mit den ihnen Nahestehenden, den Freunden, der Familie und vor allem mit den Kindern zu teilen.

Kindheit und Häuslichkeit sind Bestandteil seiner Lebenslandschaft. Wenn sie nicht vorhanden sind, fehlt dem Krebs etwas Wesentliches. Als Erwachsener ist der Krebs, wenn er ein reifer Mensch ist, nie lange mit der engen Zweiergemeinschaft zufrieden, die ihm am Anfang der Beziehung so gefiel. Es kommt sehr schnell der Augenblick, wo er Nachkommen haben möchte. Für ihn hat die Liebe nur den einen Sinn – Kinder zu haben und aufzuziehen.

Der Krebs ist nicht nur romantisch, sondern auch schwärmerisch. Prinzessin und Ritter dienen als Modell, Ritterlichkeit und platonische Liebe haben in seinem Geist ein gewisses Gewicht, vor allem mit einer moralischen Komponente. Er gehört nicht zu den Leuten, die viele Beziehungen und Abenteuer haben, die sein Herz eher austrocknen als beruhigen. Die Krebse – Männer wie Frauen – gehören auch nicht zu den Leuten, die viele außereheliche Treulosigkeiten begehen. Sie mühen sich sehr lange mit ihrem Ehepartner ab, bevor sie zuzugeben wagen, daß sie vielleicht sehr gute Gründe haben könnten, ihn zu verlassen! Das schlimmste ist, daß sie sich nicht lösen können, wenn man sie fallenläßt – ein masochistischer und unterwürfiger Aspekt, den man im Charakter des Krebses immer etwas findet, vor allem dem der Männer. Die Frauen dagegen sind unerreicht, wenn es darum geht, beim Partner Schuldgefühle zu nähren.

Die Beziehungen zu den anderen Zeichen

Krebs – Widder

Sie müßten schon beim Anblick des anderen die Flucht ergreifen, wenn man es logisch betrachtet, aber es handelt sich um keine sehr logische Beziehung. Sie ist eher empfindsam und gefühlvoll, mit einer Anziehungskraft, die die Partner eint. Die Energie des Widders holt den Krebs auf die feste Erde zurück, manchmal leider zu brutal. Der Krebs erscheint dem Widder bezaubernd und verträumt, seine sensible und ihm nicht zugängliche verträumte Seite gefällt ihm auf Anhieb. Wenn sie Glück haben, gelingt es den beiden, über einander zu staunen und sich gegenseitig auszugleichen.

Bei einem weiblichen Krebs geht es besser: Der männliche Widder hat Gelegenheit, ritterlich zu sein, obwohl er entdekken muß, daß Beharrungsvermögen und Selbstverteidigung beim Krebs viel solider und unerschütterlicher sind als bei ihm selbst. Aus sehr subtilen Gründen, die der Widder nicht erkennt und die ihm Kopfweh machen, wird sich ihr Spiel nur auf eine oberflächliche Ebene beschränken: Denn sie werden niemals dieselbe Vorstellung von der Liebe haben.

Krebs – Stier

Es gibt keine besseren Partner, um Freude an der Familie zu haben, das Herz mit den Kindern zu teilen, für Liebkosungen und Zärtlichkeiten auf Dauer. Wir sind mitten in einer Orgie von zu vielen überheizten und beanspruchten Gefühlen. Sie verstehen sich im Kopf, sie fühlen sich durch alle Poren, ergänzen sich hervorragend und könnten in ihrem abgeschlossenen Universum ihr ganzes Leben verbringen. Das Problem liegt darin, daß sie einander ersticken. Sie verlassen sich völlig darauf, daß der andere ihre Gefühlsleere füllt und sie gegen Frustrationen abschirmt. So sind sie bewegungsunfähig, ob es sich nun um eine Freundschaft oder eine Liebesbeziehung handelt.

Als erstes langweilt sich der Stier. Er organisiert mehr oder weniger geschickt Fluchtwege und Notausgänge (vor allem, wenn er weiblich ist). Eigentlich klappt es bei diesem Paar nur, wenn der Mann Stier ist. Ist er Krebs, besteht die Gefahr, daß die Beziehung ein wenig der zwischen einem Regenwurm und einem Stern gleicht. Für Kreativität und Phantasie ist sie aber sehr günstig.

Krebs – Zwillinge

Um ein Theaterstück zu schreiben, gibt es keine bessere Kombination, doch wenn man das Leben zu zweit spielen will, wird es sehr viel schwieriger. Die Rollenverteilung ist schlecht, weil jeder das Kind sein will.

Da ein tüchtiger und energischer und gleichzeitig feinfühliger und gewandter Regisseur fehlt (so was ist schwer zu finden), gelingt es den Zuschauern nie, diese Geschichte zu glauben. Am schlimmsten ist dabei, daß die Schauspieler, obwohl sie mit einer gewissen Begeisterung mitmachen, von ihr auch nicht immer ganz überzeugt sind.

Krebs – Krebs

Sie bleiben in ihrem zweimal abgeschlossenen Haus, wenn nicht gar in ihrem Zimmer. Hin und wieder stecken sie die Nase hinaus und feiern ein Fest, am liebsten ein mittelalterliches Fest. Ihre Welt ist zweifellos wunderbar, sie fühlen sich wohl darin. Die Möbel sind vom Antiquitätenhändler, die Einrichtung raffiniert, die Musik beruhigend, die Küche köstlich, viele Kinder spielen auf dem weichen Teppichboden.

Kinder? Die Eltern sind auch welche! Von innen betrachtet, scheint alles bestens zu gehen. Von außen betrachtet, löst die Verbindung ein erstickendes Gefühl aus.

Krebs – Löwe

Zweitausend Jahre jüdisch-christlicher Bilder und gesellschaftliches Übereinkommen verbinden dieses Paar. Jeder ist an seinem Platz, es gibt keine Rätsel: der Mann aktiv nach außen, die Frau rezeptiv im Innern, die vollkommene Yin-Yang-Ergänzung.

Dafür muß der Mann allerdings der Löwe und die Frau der Krebs sein, und sie dürfen sich auch keine Fragen nach ihrer wahren Identität stellen, denn eine so ideale ausgeglichene Verteilung verkehrt sich zwangsläufig irgendwann ins Gegenteil.

Krebs – Jungfrau

Goldmedaille für das glänzend zusammenpassende, sich hervorragend verstehende und vernünftige Paar. Eine lange dauernde und sichere Beziehung, die andere allerdings eine Falle nennen würden. Aber man muß ja nicht unbedingt originell oder verwegen sein, um glücklich zu werden. Die beiden lieben die einfachen und klaren Dinge, suchen die Ruhe des Herzens und der Familie. Obwohl jeder tief im Unbewußten darauf wartet, daß endlich jemand kommt, um ihn davor zu retten! Der Krebs bringt die Gefühle in die Beziehung ein, die Jungfrau ordnet den Alltag und entscheidet die meisten Dinge schon im vorhinein.

Der Krebs ist zwar nicht sehr zufrieden, läuft aber Gefahr, an einer Beziehung, bei der einer beherrschend ist und der andere beherrscht wird, Gefallen zu finden. Die Jungfrau auch. Die beiden Zeichen stehen für Versorgung, doch ihre entgegengesetzten Ansichten in dieser Sache verraten viel darüber, daß sie im Grund uneins sind. Aber letztlich mögen es beide, wenn alles glattläuft, auch auf die Gefahr hin, daß sich alles ewig im Kreis dreht.

Krebs – Waage

Ihre Grundbedürfnisse sind total verschieden. Dem Krebs gelingt es nicht, der Waage Halt zu geben. Die Waage wird es nie schaffen, den Krebs zum Träumen zu bringen. Der Krebs ist der Waage ein Rätsel, und die Waage holt den Krebs in die soziale Wirklichkeit zurück. Bei allen Problemen haben sie aber zwei Dinge gemeinsam: Kunst und Freunde.

Krebs – Skorpion

Eine Beziehung, die direkt aus den Tiefen des Unbewußten kommt und auf der Unveränderlichkeit der menschlichen Natur beruht. Sie haben die gleiche Vorliebe für Magie, das Wunderbare und Erhabene, und vor allem für das romantische und leidenschaftliche Liebesleid. Der Skorpion umkreist den Krebs, um den Riß im Panzer zu finden, und der Krebs findet das herrlich. Endlich jemand, bei dem er das Gefühl hat, lebendig zu sein. Das hat den dumpfen Geruch satanischer, barocker Feste und setzt ein ganzes schweflig riechendes Universum in Schwung.

Kreative, warmherzige und wirklich gleichgestimmte Strömungen sind jedoch nicht zu leugnen, denn die beiden stammen tatsächlich aus derselben Welt. Vorsicht vor sadomasochistischer Psychologie, die auch zur Ausrüstung gehört.

Krebs – Schütze

Noch mehr Unverträglichkeiten, und man würde dran sterben – zumindest dem Anschein nach. Sie terrorisieren sich gegenseitig: Für den Krebs personifiziert der Schütze Unsicherheit und Frustration. Für den Schützen ist der Krebs das personifizierte Gefängnis und beeinträchtigt seinen Hang zur Flucht und zu Ausflüchten.

Doch wenn es ihnen gelingt, sich näherzukommen, entdecken sie, daß ihre Grundsorgen die gleichen sind: Wie kann man hier sein, wenn man woanders ist, wie kann man die Geborgenheit eines Zuhauses haben, ohne sich damit belasten zu müssen, wie kann man seine Kinder gut erziehen und eine Familie aufbauen, ohne seine Persönlichkeit und seine eigene Dimension aufzugeben? Wenn sie wollen, können sie tatsächlich – und wunderbarerweise – gemeinsam solide Antworten finden. Es ist eine alchimistische Beziehung in reifem Alter.

Krebs – Steinbock

Jeder ist des andern Spiegel, um sich selber besser sehen zu können. Das schafft den schönsten – und den schlimmsten – Ärger. Da sie sich ergänzen, sollte sie das trotzdem weiterbringen, unter der Bedingung, daß der Krebs dem Steinbock folgt. Es geht darum, von dem Ganzen zu profitieren, solange es dauert.

Den Steinbock berühren die Zärtlichkeiten und Liebesbeweise des Krebses, der Krebs liebt die Ernsthaftigkeit und Gefühlsstabilität des Steinbocks. Ihre Freunde, ihre Familie, ihre Chefs, ihre Kinder fühlen sich mit ihnen auf sicherem Gebiet. Aber sie selber langweilen sich hin und wieder, weil keiner den anderen wirklich weiterbringt.

Krebs – Wassermann

Kindlich und naiv, poetisch und verträumt, ein Vor und Zurück, impair und passen. Totales Nichtbegreifen der Gefühle des anderen. Selbst wenn der Krebs akzeptierte, schweigend zu leiden und sich auf eine völlige und leicht perverse Unsicherheit einzulassen, der Wassermann würde ihm niemals gestatten, daß er ihn mit seiner Liebebedürftigkeit einwickelt. Er ist frei und flüchtet in Räume, in die ihm der Krebs niemals folgen kann.

Ist der Krebs eine Frau, kann sie die unerreichbare Prinzessin spielen, was den Wassermann motiviert. Ist sie mütterlich, möchte sie für ihn sorgen können. In den seltenen Augenblikken, in denen er so gnädig ist, auf die Erde zurückzukehren – einen Atemzug lang!

Krebs – Fische

Ihre Seelen kommunizieren miteinander. Sie brauchen nicht einmal zu sprechen, um sich ihr inneres Universum und die intuitive Wahrnehmung der fließenden, unsichtbaren, magischen und ewigen Welt mitzuteilen. Ihr Körper ist das Gefäß ihrer Seele, und sie haben die gleiche Vorliebe für subtile sinnliche Spiele. Letztlich ist es eine mediale Beziehung – für alle Ewigkeit –, wie es sie nur selten gibt.

Aber – der Krebs lebt auf der Erde, auch wenn er sich in den unergründlichen Tiefen des Meeres aufhält. Der Fisch hat nur die Unendlichkeit des Kosmos zur Heimat. Es bestehen Mißverständnisse über die Dimension der Dinge und die Vorstellung von Freiheit. Der Fisch ist sehr zufrieden, beim Krebs Sicherheit zu finden, wenn er sie braucht, aber er verschwindet, ohne ein Wort zu sagen, in der Unendlichkeit, die seine einzige »Familie« bleibt. Das ist für den Krebs äußerst erschrekkend, und er ist mit seinem Latein am Ende. Denn wie kann man dem Unnennbaren folgen, wenn man weder Flügel noch Flossen hat? Fluktuierend, magisch und gleitend – so ist die Szenerie.

Berufliches und gesellschaftsorientlertes Leben

Langsamkeit, Zusammengehörigkeit und Treue

»Langsam, aber sicher« – dieses Sprichwort scheint für den Krebs und seinen Panzer in jeder Hinsicht, vor allem aber auf beruflicher und gesellschaftlicher Ebene, maßgeschneidert zu sein.

Zuallererst einmal, weil die in diesem Zeichen Geborenen allgemein das dringende Bedürfnis haben, so lange wie möglich – und mit den verschiedensten Strategien – den Eintritt ins Berufsleben hinauszuziehen. Sie wollen in der soziokulturellen Struktur, der sie angehören, so spät wie möglich aktiv Verantwortung übernehmen. Sie beginnen erst mal damit, von ihrem Erwachsenenleben zu träumen und es sich vorzustellen, es bis ins kleinste Detail auszuschmücken, um so die Risiken auf ein Minimum zu reduzieren. Der Krebs wird – ähnlich wie die Jungfrau – versuchen, seinen Aktionsradius und sein Forschungsgebiet sehr eng zu begrenzen und sich zu spezialisieren, um so seine Arbeitskraft optimal einzusetzen.

Es stimmt, daß er Zeit braucht, um seinen Weg zu finden,

weil er sicher sein will, daß es der richtige ist, und er so wenig Risiko wie möglich eingehen möchte (denn er weiß, daß seine Fähigkeit, umzukehren, sehr begrenzt ist). Aber noch mehr Zeit braucht er, um alle Aspekte seines Wirkungskreises und der Menschen, die er dort antrifft, in sich aufzunehmen. Er geht alle Ecken und Winkel ab, wälzt jede Möglichkeit hin und her und möchte die ganze Rangordnung der Angestellten eines Unternehmens erfahren, ehe er daran denkt, mitzumachen.

Der Ehrgeiz gehört nicht zu seinen Haupteigenschaften, jedenfalls nicht der im üblichen Sinn. Sein Ehrgeiz geht nicht in die Breite, sondern in die Tiefe. Außerdem interessieren ihn Autorität und Macht nicht besonders. Und was die Unabhängigkeit betrifft – die Vorstellung davon entsetzt ihn! Im Grund ist sein Hauptehrgeiz, in engem, vertrautem Kreis zu arbeiten. Der Familienbetrieb mit all seinen guten und schlechten Seiten findet voll seine Zustimmung. Sich zu verstehen, zu kennen, zu fühlen und zusammen zu arbeiten – kurz, sich zu lieben (das gilt für die Kollegen und auch für die Familienmitglieder), ist für ihn die einzige Möglichkeit, sein Bestes zu geben und zur Hochform aufzulaufen.

Sicherheit, was die Gefühle betrifft, und gegenseitiges Vertrauen sind für den Krebs bei der Arbeit die wichtigsten Kriterien. Selbst wenn er in der zweiten Reihe bleibt (was ihm lieber ist), tut er alles, um sich völlig unentbehrlich zu machen. Er organisiert, reguliert und verwaltet Investitionen und Kräfte und setzt sie wirtschaftlich ein, dank seines ausgeprägten Sinns für Wiederverwertung und Synthese. Er ist ein Perfektionist und kann lange vorausplanen. Auch seine Menschenkenntnis, die ihm angeboren ist, und sein geschickter Umgang mit den Menschen helfen ihm, ebenso seine erstaunliche Intuition. Er ist der perfekte Mitarbeiter, um zerbrochenes Geschirr zu kitten, um Verluste jeder Art zu verringern und sich um Zeit- und Raumeinteilung zu kümmern. Er kann hinter den Kulissen eine Firma organisieren, so daß der Alltag reibungslos läuft. Seine vom Mond geprägte Beziehung zur Öffentlichkeit und zur Gruppe verleiht ihm auch die Fähigkeit, vor allem in reiferen Jahren, einer Gruppe das Gefühl der Zusammengehörigkeit zu geben, sie zu formen und zu leiten. Er kann auch Arbeitsgruppen koordinieren und sich darum kümmern, daß jeder seine Arbeit tut, ohne die anderen zu stören. Die Vorstellung »jeder für sich« macht ihm angst und mobilisiert seine Energien, um jede Abtrennung, jeden Bruch, jede Auseinandersetzung und jeden Streit zu vermeiden, weil er damit nicht umgehen kann. Dadurch, daß er sich voll einsetzt – was nur Künstler von einem besonderen Krebstypus nicht tun –, wird er zu einem unersetzbaren und konstruktiven Glied eines Ganzen, das man sich ohne ihn nicht mehr vorstellen könnte. Wie die fürsorgliche Mutter, die der Mittelpunkt des Hauses ist und für Harmonie sorgt.

Im negativen Fall versagen die Krebse, weil sie nicht genug Mut und Initiative haben, weil sie sich zu sehr begrenzen und spezialisieren wollen, weil sie Neues nicht annehmen und damit umgehen können, weil sie zu empfindlich und gefühlsabhängig sind. Ihre Passivität und blinde Hingabe können ebenso schuld daran sein wie Materialismus, Launenhaftigkeit, Schmollen und Langsamkeit.

Berufe des Krebses

Beamter, öffentliches Leben: Weil der Staat vor allem die größte Familie ist und ein Maximum an Sicherheit für den Krebs bedeutet. Auch seine Begabung im Umgang mit Menschen wird hier verlangt.

Kinder und Erziehung: Der Krebs findet hier für seine traditionelle Liebe zur Welt der Kindheit und seinen Wunsch, Kinder zu erziehen (seine eigenen und andere) häufig ein Ventil. Berufe, die die Mutter entlasten (Kinderkrippe, Kindertagesheim, Kinderpflege), bis zu Schule und Universität (Lehrer, Erzieher, Dozent).

Sozialberufe und humanitärer Einsatz: Aufopferung, Verständnis und Warmherzigkeit gehören zu den großen Qualitäten des Krebses. Man findet ihn überall dort, wo das Elend der Menschheit gelindert werden kann: Waisenhäuser, humanitäre

Unternehmungen, Sozialhelfer, karitative Vereine, Alkohol- und Drogenarbeit.

Medizin: Nicht wenig Krebse sind Kinderärzte oder aber als Pflegepersonal, Sanitäter und Krankenhausangestellte tätig.

Ernährung: Von der Kantine bis zum Nobelrestaurant, Hotelgewerbe, Konditorei, Bäckerei.

Immobilien und Inneneinrichtung: Alle Berufe, die damit zu tun haben (vielleicht mit Ausnahme der Bauberufe), Maklerbüro, Restaurierung alter Gebäude, Verkauf, Innenarchitekt, Sakralbauten, Design, Stoffe, Farben, Posamente.

Kunstgeschichte und Antiquitäten: Antiquitäten jeder Epoche, die mehrere Passionen gleichzeitig befriedigen: Vergangenheit, Ausstattung, Restaurierung von Kunstwerken, Kunst, Möbel und Kunsthandwerk.

Angewandte Kunst: Dekoration und Styling, Bühnenbilder und -kostüme, Graphik, Illustration – alles, was ihnen erlaubt, ihre überschäumende Phantasie anzuwenden und ihren Schönheitssinn durch Bilder und Formen zu verwirklichen.

Schreiben und Malen: Eine Welt erschaffen und ausdrücken, der Fabulierleidenschaft und dem Sinn für Poesie freien Lauf lassen – viele berühmte Maler, Schriftsteller und Dramatiker sind in diesem Zeichen zu finden.

Theater und Ballett: Der Krebs hat eine sehr starke und sehr natürliche Bindung an alle Berufe, die mit Theater, Film und auch Tanz (vor allem Choreographie) zusammenhängen.

Esoterik: Sie hat mit der medialen und intuitiven Seite des Krebses zu tun, mit seinem psychologischen Geschick und seinem für das Zeichen typischen Hang zum Okkultismus und Aberglauben. Der Krebs liebt Karten, Tarot, Spiritismus, Astrologie und ist immer bereit, Botschaften zu empfangen.

Öffentliche Angelegenheiten: Für den Krebs mit seinem angeborenen Familiensinn bedeutet die breite Masse die große Familie, und deshalb stellt er viele Politiker. Allerdings handelt es sich hier mehr um ein vom Mond beherrschtes Horoskop als um das Zeichen Krebs allein. Bei allen großen Politikern, Künstlern und berühmten Persönlichkeiten des öffentlichen Lebens ist der Mond dominierend.

Der Sinn für das Göttliche beim Krebs

Wenn die festen Zeichen die göttliche Botschaft symbolisch gesprochen in sich tragen, so steht der Krebs – mit dem ihm gegenüberliegenden Zeichen Steinbock – vor der Pforte der Einweihung. Doch sein Zögern, sie zu durchschreiten, kann lange dauern. Manchmal ist in seinem Leben ein einschneidendes Ereignis – oder eine Katastrophe – nötig, damit er seine behagliche Umgebung verläßt und sein Herz öffnet. Denn nur durch die Öffnung des Herzens findet er den schmalen Pfad zum Licht. Das Zeichen birgt alle Möglichkeiten, dies zu erreichen. Der Rest hängt vom Entwicklungsniveau des einzelnen ab.

Aber lange verwechselt der Krebs absichtlich Okkultismus, Magie, Ahnungsvermögen mit dem wahren Glauben. Aber diese Verirrungen sind, falls er sie hinter sich läßt, eine Botschaft, ein möglicher Fortschritt.

Wenn der Krebs das erkennt und das Tor der Entscheidung zur Öffnung der Seele durchschreitet, wenn er keine tausend Glauben und Sicherheiten mehr braucht, wenn er auf seine Vorliebe für geheimnisvolle, okkulte Gesetze verzichtet – dann überschreiten die für ihn charakteristische Aufopferung und Nächstenliebe den engen Rahmen der Familie und der eigenen Kinder, können sich über die Welt ausbreiten und das ganze Universum erfüllen und nähren. Es geht für den Krebs darum, der Nahrung, dem Hauptsymbol des Zeichens, den Sinn der »Kommunion« zurückzugeben und die lichtvolle und befreiende Botschaft des Gesangs der Gesänge zu hören: »Ich schlafe, aber mein Herz wacht . . .«

LÖWE

23. Juli–22. August

Ich tue, sagt der Affe,
ich bin der Wanderer im alten Labyrinth,
Zauberer des Unmöglichen und Genius der List,
meine Originalität bleibt ewig unerreicht.
Mein Herz birgt einen Zauber,
der schützt vor aller Hexerei.
Ich lebe nur für mein Vergnügen.

Klarheit, Realität, Kraft und Handeln sind die Schlüsselworte des Zeichens Löwe, das dem Affen in der chinesischen Astrologie entspricht.

Um den Löwen zu verstehen, sollten wir die Jahreszeit betrachten, in der er geboren ist und die seine Weltsicht bestimmt: Es ist der Sommer an seinem höchsten Punkt. Die kosmische Uhr hat einen Umlauf vollendet. Es herrscht die klare, vollkommene, absolute und herrliche Wirklichkeit. So wie die Natur im besten Alter ist, wie die Sonne in ihrem Zenit steht, stellt der Löwe den Erwachsenen in Vollendung dar, er ist das perfekte Modell der vollendeten Persönlichkeit.

Wie die Sonne am Mittag kann man ihn nicht übersehen, ein Vorbild für das verwirklichte Selbst. Seiner Aufgabe bewußt, wird der Löwe nie, was auch passiert, gegen seine Pflichten oder seine Würde verstoßen.

Zu dieser Vorstellung, ein Vorbild zu sein, gesellt sich zwangsläufig die der Einzigartigkeit, zentrale Antriebskraft für die Löwepsychologie. Natürlich färbt eine Spur Egozentrik das Bild, zusammen mit einem Hauch von Hochmut, Rücksichtslosigkeit, Snobismus und Oberflächlichkeit. Die in diesem Zeichen Geborenen sind die ersten, es zuzugeben, noch ehe man Gelegenheit hat, es ihnen vorzuwerfen.

Jedenfalls verträgt der Löwe nur Selbstkritik, und dann auch nur, wenn er es nicht vermeiden kann. Obwohl er das Hervortreten der Seele repräsentiert, weiß er aber auch, daß er damit nicht brillieren kann, und so kümmert er sich nur um die irdische, konkrete, reale und produktive Ebene, auf der er sich hervortut, ohne Doppeldeutigkeit und ohne hinderliche Seelenzustände. Seine Maxime ist: Lieber das Beste aus seinen guten Eigenschaften machen, als seine schlechten korrigieren. Das ist der Schlüssel zu seinem Erfolg, und diese Löweweisheit erklärt vieles, vor allem, wenn man weiß, daß man dem Löwen niemals Faulheit oder mangelnden Einsatz vorwerfen kann. Es könnte aber nicht schaden, ihm beiläufig zu stecken, daß dieser Schlüssel zu seinem Erfolg gleichzeitig auch der Schlüssel seiner Grenzen ist.

Besieger der Höhle

Im Krebs schläft der Mensch noch in den Wassern der Erinnerung und der Vergangenheit. Im Löwen ist er nun ein selbständiges Individuum geworden. Der Krebs stand vor dem Tor zur Einweihung, der Löwe hat es gerade durchschritten. Der Löwe verläßt sich nur auf seine Taten, seinen Wirklichkeitssinn, seinen Scharfblick und seine Rechtschaffenheit. Und schwört bei seinem reinen und treuen, gütigen und edlen Herzen, die positiven Werte der Menschheit zu verteidigen und hochzuhalten. Doch dieses so großartige und gerechte Herz ist auch die Achillesferse des Löwen: Es ist ein unbeständiges Herz.

Aber man muß kämpfen, und kämpfen bedeutet siegen. Geduldig und mutig hat der Löwe alle seine Monstren aus seiner ursprünglichen Höhle, aus seiner Kindheit und aus seiner eigenen Dunkelheit geholt und sie eines nach dem anderen vernichtet. Niemand weiß es, niemand soll es wissen. Wie er von seiner Nacht in seinen Tag gelangt ist, von seinem Unbewußten in die volle Bewußtheit, vom Mond in die Sonne, von seinem schlimmsten zu seinem besten Selbst – das geht nur ihn persönlich etwas an. Der Löwe hängt seine Niederlagen nicht an die große Glocke, er hat die Eleganz, nur von seinen Siegen zu berichten – allerdings besteht er darauf, daß man ihren Wert erkennt.

Nach diesem Muster ist sein ganzes Leben wie das Programm eines Athleten. Der Sport ist übrigens für ihn eine Philosophie. Um im Kopf stark zu sein, braucht man einen starken Körper. Er legt bei sich selbst die Höhe der Latten fest, die er überspringen will, und wenn die Menge jubelt, weil er den Weltrekord eingestellt hat, ist er erst zufrieden, wenn er die Marke erreicht hat, die er sich persönlich vorgenommen hat – ganz zu schweigen davon, daß er bei jedem Sieg die Stange eine Kerbe höher anbringt. Das ist die innere Stärke des Löwen.

Aber auch auf der Höhe seiner selbst verliert der Löwe nie den Überblick über seine Fähigkeiten und Eigenschaften und kommt sich immer unvollkommen vor. Ist er einmal zufrieden, wird er nicht eher ruhen, bis er die Früchte seines Erfolgs mit anderen großzügig geteilt hat.

Im Namen des Vaters . . .

Diese Worte erhellen einen anderen wesentlichen Aspekt der Löwepersönlichkeit. Auf keinen Fall lebt er in einer Gruppe den eigenen Maßstäben nach, wenn diese die Gruppe aus dem Gleichgewicht bringen. Er kann es nicht. Man schließe daraus nicht voreilig, daß er alles mitmacht. Seine Vorstellung von Solidarität ist viel subtiler.

Was ist dann das Vorbild, nach dem sich der Löwe verhält? Es ist das Gesetz der größten Zahl. Ihm ist die Demokratie angeboren. Er ist sogar deren Vertreter und Garant. Als bewußter Erwachsener stellt er sich nie auf die Seite von Minderheiten. Eine Existenz am Rand stellt genau das Gegenteil von dem dar, was er ist und wofür er kämpft. Der Löwe verkörpert und respektiert das Gesetz. Er wendet es an und beugt sich vor ihm.

Und was ist für ihn auf individueller, familiärer und sozialer Ebene Gesetz? Der Vater. Für den Löwen ist das Vaterbild der Hauptbezugspunkt. Vor allem sein eigener, aber auch der Begriff der Vaterschaft allgemein.

Die Mutter beschützt und nährt ihr Kind, der Vater dagegen veranlaßt es, sich aufzurichten, die Höhle zu durchqueren und den Weg zum Erwachsenwerden einzuschlagen. Also ist in seinem Leben der Vater die Sonne im Zenit. Wenn er es nicht gewesen ist, wenn er aus diesem oder jenem Grund überstrahlt wurde (ganz oder teilweise), stellt ihn der Löwe, auch wenn er darum viel kämpfen muß, wieder an seinen richtigen Platz, indem er selbst ihn verkörpert. Wichtig ist, daß auf diesem Bild sein Narzißmus und seine Persönlichkeit beruht und sie für ewig formt und daß es das Gesetz bleibt, der Bezugspunkt.

Und hat er einmal seine Rolle als Sonne angenommen, kann er es sich nicht erlauben, das räudige Schaf zu spielen. Heimlichtuerei, Engherzigkeit, Falschheit, Gemeinheit – er weiß nicht, wie man das macht, er ist darin nicht gut. Auch auf die Gefahr hin, naiv zu erscheinen, setzt er sich lieber mit der Wahrheit auseinander und bekennt Farbe.

Die Illusion der Symbolik

Die ganze westliche Gesellschaft ist auf der Vorstellung gegründet, daß die Sonne das Prinzip des Herrschers vertritt. Das absolute Symbol dafür ist der Löwe, was ihm irdische, persönliche und soziale Rechte verleiht. Aber mehr noch als Rechte sind damit unermeßlich viele Pflichten verbunden. Was bedeutet das für den Löwen? Es ist klar: Sein Szepter und seine Krone sind vor allem ein Kreuz und ein Banner. Aber bei allem Applaus muß er wissen, daß die Leute, die Beifall rufen, nicht immer auch die sind, die ihn unterstützen. Im Gegenteil, es gibt keinen einsameren und ferneren Ort als seinen Thron, der die Repräsentanz der Sonne vertritt. Der Löwe hängt grundsätzlich zu sehr davon ab, daß man ihn anerkennt, daß jeder in ihm die Verkörperung seiner eigenen Werte sieht. In Frage gestellt, beurteilt, kritisiert, ausgepfiffen fühlt er sich direkt ins Herz getroffen und ist völlig hilflos. Seine Wertvorstellungen sind nicht seine eigenen, sondern die der Gruppe, die er verkörpert. Er ist das Emblem dafür, sein Leben hängt davon ab.

Sein, Existieren heißt, sich selbst erkennen und nicht zu warten, bis man durch die Augen der anderen existiert. Dies ist das große Problem des Löwen. Sein ganzes Leben lang wird er immer wieder daran erinnert, daß es notwendig ist, nach innen zu schauen, sich die Dinge wirklich bewußt zu machen, sich selbst zu analysieren und mit den Abgründen in seinem Innern zu konfrontieren.

Die Notwendigkeit, in sich hineinzusehen

Der Löwe glaubt, daß er, da er das Ungeheuer in der Höhle besiegt und es dem unterdrückten Volk zum Fraß vorgeworfen hat, auch die Seele bezwungen hat. Ein fataler Irrtum. Er möchte, daß, allein durch seinen Willen, die Mittagssonne und der goldene Glanz des Sommers für alle Ewigkeit bleiben. Mit letzter Kraft hat er versucht, den Lauf der Zeit zu unterbrechen und den Erfolg in einem Zustand der Schwerelosigkeit zu halten, und ist sich nicht klar, daß er oben an einer Rutschbahn steht.

Wenn Dinge in Frage gestellt werden oder Fragen auftauchen, auf die es keine Antwort gibt, geraten die in diesem Zeichen Geborenen völlig aus der Fassung und sind angesichts all dieser Probleme, dieser Vorstellung von Schatten, die man ihnen rücksichtsvollerweise erlaubt hatte zu vergessen, völlig verloren. Sie entdecken, daß auch sie wie alle anderen ganz gewöhnliche Menschen sind. Das verletzt sie, und sie drücken das aus, indem sie behaupten, man liebe sie nicht mehr. Nichts ist bemitleidenswerter als ein Löwe, der zweifelt, im Kampf mit einem zerbrochenen Spiegel und einer Menge, die Tomaten wirft oder ihm, noch schlimmer, den Rücken kehrt. Das Phantom des Ungeheuers aus der Höhle umschwebt ihn, und er gibt Fersengeld. Entdeckung: Das irdische Leben dauert nur eine bestimmte Zeit. Ganze Schlachten werden dann auf den Sofas der Psychoanalytiker geschlagen, und das ist noch das Beste, was passieren kann – denn es wird für den Löwen Zeit, in eine viel schwierigere Schlacht zu ziehen, weil der Feind im Innern und unsichtbar ist, weit davon entfernt zu brüllen. Er schweigt. Gewöhnlich lehnt es der Löwe ab, sich in die feinen Verästelungen des Unsichtbaren hineinzuwagen. Er reagiert klar und nüchtern in jeder Situation und ist bekannt für seine Stärke. Doch hier sind ihm seine gewohnten Waffen nicht die geringste Hilfe.

Die Stunde ist gekommen, da der Löwe anfangen muß, seine Gewänder abzulegen. Hart, sehr hart, denn wenn es ihm schon einmal passiert, Exhibitionist sein zu müssen, stellt er sich vor allem in seinen prächtigsten Kleidern und seinem schönsten Schmuck zur Schau. Außerdem verabscheut er es viel zu sehr zu frieren, um Nudist zu sein. Glücklicherweise ist Sommer – aber nicht mehr lange!

Der Löwe nimmt eine Schlüsselstellung im Tierkreis ein und repräsentiert alles, was wir erreichen möchten, aber auch alles, was wir hinter uns lassen müssen. Und das ist hart – und er weiß es!

Den Löwen verstehen

Die Grundstruktur

Männliches Zeichen

Die männliche Polarisierung erhöht, wie es in der astrologischen Sprache heißt, die aktive, initiierende, schöpferische, strukturierende und schätzende Komponente. Dies sind bedeutende Yang- Eigenschaften, Ausdruck des trockenen, heißen Tagesprinzips. Es bedeutet die Veranlagung zu leiten, zu entscheiden, voranzugehen, zu fordern und schließlich auch zu teilen, um zu herrschen, und weniger die Eigenschaft zu empfangen, zu verstehen, zu versöhnen, sich zu mäßigen und zurückzuhalten. Es bedeutet auch, daß Männer dieses Zeichen besser leben als Frauen, denn diese Eigenschaften umfassen auch eine bessere Ausgewogenheit zwischen der Polarisierung des Zeichens und dem sexuellen Pol der Persönlichkeit.

Bei den **Männern** des Zeichens ist übrigens ihr viriler und eleganter Aspekt erhöht, denn der Löwe ist das zweite Feuerzeichen im Tierkreis, aber die flammende Virilität des Widders ist hier zurückgenommen, maßvoll, kanalisiert. Die Löwemänner sind großmütig, galant, beschützend und beherrschend, aber auch zuvorkommend, verfeinert und respektieren Sitten und Gebräuche, sogar mitten im Kampf.

Die **Frauen** des Zeichens leben die Charakteristiken oft zu sehr, wie häufig die Frauen, die der sehr männlichen Polarisierung der Feuerzeichen unterstehen. Sie sind wachsam, unbeugsam, mutig, hartnäckig und fallen durch ihre Statur, ihre Haltung und ihre brillante Persönlichkeit auf. Lebhaft und höflich, mögen sie keine Verlierer und tun alles, um zu den Siegern zu gehören. Und da einen niemand so gut bedient wie man sich selbst, stehen sie immer in der ersten Reihe.

Feuerzeichen

Wie Widder und Schütze gehört der Löwe zum Element Feuer, was vor allem bedeutet, daß er »einen Tiger im Tank« hat. Die Feuerzeichen haben den märchenhaften Antriebsmotor der Begierde und die phänomenale Eigenschaft, Berge zu versetzen, um das zu erreichen, was sie haben wollen. Enthusiasmus, Tatendrang, Mut, schöpferische Kraft und Unternehmergeist mischen sich bei ihnen mit Ehrgeiz und bilden eine leicht erregbare und demonstrative Persönlichkeit. Das Feuer symbolisiert das Aufwärtsstreben der Seele und verzehrt alles, was vergänglich ist. Es läßt nur die wahre Bedeutung und Echtheit jeder Sache übrig. Im Negativen verstärken diese Charakteristiken eine Tendenz zu Übertreibung, Maßlosigkeit, Autoritärsein und Größenwahn. Eine gewisse Neigung, zu schnell zu sein und konkrete Einzelheiten zu übergehen, gehört ebenfalls zu den für das Element Feuer typischen Fehlern.

Das Feuer im Löwen ist das Feuer des Hochsommers, warm und verbrennend. Es führt die Schöpfung zu ihrer höchsten Entfaltung und Vielfalt. Es ist das volle und reife Lebensfeuer, das aus den Tiefen des Menschen seine ganze Sichtbarkeit erreicht und von allen geteilt werden kann. Es gibt den Menschen Mut, die guten Willens sind, und leitet sie.

Es bringt sowohl Antriebskraft hervor als auch die Gewalttätigkeit des Blitzes und ist furchtbar, wenn seine Beweglichkeit behindert wird und seine Bahnen verstellt sind oder wenn die Luft ihm nicht zu Hilfe kommt, damit es zirkulieren und sich ausbreiten kann. Dann ist es ein Feuerball, eine Bombe des Uranus, die nach innen gehende Zerstörungen oder Erschöpfung bewirken kann, denn statt zu nähren und die Materie zu beleben, verzehrt es sie von innen her.

Festes Zeichen

Wie Stier, Skorpion und Wassermann ist der Löwe ein festes Zeichen, was bedeutet, daß er das Prinzip seines Elements darstellt und es in seinem vollendetsten Aspekt repräsentiert.

Da er die Beständigkeit des Feuers verkörpert, steht der Löwe dadurch auch für das Hervortreten aus der Gruppe, für die Fähigkeit, ein warmes und schöpferisches Licht für die anderen zu sein.

Cholerisches Temperament

Überaktivität und Extrovertiertheit bestimmen ihn mit einer eindeutigen Neigung, nur auf seine eigenen Taten zu setzen und seine Energie zu vergeuden. Glücklicherweise ist sie übersprudelnd und unerschöpflich. Solange es ums Handeln und Reagieren geht, läuft alles glatt, doch die Gefühle und die große Empfindsamkeit des Zeichens sind häufig die Quelle für Unordnung und Ungleichgewicht. Blutstauungen, Stimmungsschwankungen, Überanstrengung – die Kräfte werden verzehrt, und beim Herzen, beim Verdauungs- und Herz-Kreislauf-System kommt es zu Verschleißerscheinungen. Für die Choleriker ist es unbedingt wichtig, einen Gegner vor sich zu haben, fehlt er, drehen sie sich im Kreis und fressen sich innerlich auf.

Die Sterne des Löwen

Die **Hydra,** der **Becher** und der **Rabe** sind die drei Sternbilder, die dem Löwen zugeordnet werden. Sie fassen das Problem des Menschen zusammen, der die Einweihung sucht, und beschreiben eindeutig die Arbeit, die er zu tun hat:

Die **Hydra,** ein großes Sternbild, das mit der Zahl Sechs assoziiert wird, drückt die Grenzen der Natur des Körpers aus, der durch die Form handelt, die durch die Kraft der Persönlichkeit ihre Vergöttlichung erreicht hat. Die Hydra ist auch die Schlange, die dann im Skorpion gezähmt und entfernt werden wird. Im Löwen stellt sie die Materie dar, die die Seele noch verhüllt und verbirgt.

Der **Becher,** ein Sternbild, das aus dreizehn Hauptsternen und neunzig kleinen Sternen besteht, wird zum Symbol des Glaubensabfalls oder der Tatsache, daß man sich abgewandt hat. Beim Löwen handelt es sich um den Kelch des Leides, den jeder Mensch leeren muß und der mit dem gefüllt ist, was er aus seinen Erfahrungen in der Materie destilliert hat.

Der **Rabe,** ein Sternbild mit neun Sternen, befindet sich über der Hydra und hackt mit dem Schnabel auf sie ein.

Mythologie

Die Zahl Zwölf

Der Löwe, das Tier der Sonne, herrscht über den Kreislauf von Tag und Nacht und auch über das Vergehen und die Erlösung. Ihm entspricht die Zahl Zwölf, die das Symbol des Universums in seinem zyklischen Raum-Zeit-Ablauf ist: Der Tag hat zwölf Stunden, die Nacht hat zwölf Stunden, das Jahr hat zwölf Monate. Es gibt die zwölf Arbeiten des Herkules, die zwölf Namen der Sonnengöttin Surya, die zwölf Apostel, die zwölf Stämme Israels, die zwölf Früchte des Baums des Lebens und die zwölf Tore des Himmlischen Jerusalem. So triumphiert der Löwe, Zeichen der kosmischen Macht, unaufhörlich über die von der Schlange verkörperte Nacht. Er wird zum Symbol der Wiederauferstehung und dann der Unsterblichkeit.

Der Löwe ist das Emblem der Kampfkraft der Könige der irdischen Welt, aber auch der himmlischen Könige. Sein Brüllen läßt erzittern, seine Gewalt ist gezähmte Kraft, denn das Zeichen ist das zweite Feuerzeichen im Tierkreis und ist sich seiner Taten bewußter als der kriegerische Widder. Deshalb kämpft der Löwe immer gegen Ungeheuer aus der Erde an, die aus den Tiefen der Materie kommen. Er kann aber auch ins Gegenteil verfallen, seine Kraft mißbrauchen und so schädlich werden wie die Sonne, die ihm als Vorbild dient und sowohl nährend wie zerstörerisch ist. Doch den größten Kampf muß der Löwe erst noch bestehen: den gegen sich selbst, seine Machtgier und den Hochmut seiner verwirklichten Persönlichkeit, gegen seine Hauptfehler wie Oberflächlichkeit, Egoismus und zu große Anfälligkeit für äußerliche und gesellschaftliche Werte. So wird er über den Löwen in seinem Innern triumphieren und sich bereithalten für die viel härtere Schlacht – die Schlacht gegen die Schlange der Dunkelheit.

Trotz allem sind die in diesem Zeichen Geborenen Lichtwesen, mutig, tapfer, selbstsicher, vernünftig und positiv. Ihnen widersteht nichts, oder zumindest glauben das die anderen. Aber ein richtiger Löwe bleibt immer unzufrieden mit sich selbst und legt seine persönliche Meßlatte immer höher. Wenn er seinen Blick ins Innere lenkt, wird er, obwohl traditionell kurzsichtig, sehen, daß es sich sogar lohnt, die Schluchten und Höhlen zu erobern, und daß die Schlangen häufig nur Nattern sind oder gar nur Papierschlangen.

Stärken und Schwächen des Löwen

Die Stärken

- Erwachsen, selbständig, unabhängig, reif
- Klar, realistisch, selbstsicher, entschlossen
- Unparteiisch, gerecht, loyal, ehrlich
- Dynamisch, eigenwillig, sportlich, kämpferisch
- Großzügig, gutmütig, hochherzig, beschützend
- Organisatorisch, pädagogisch, gewissenhaft, genau
- Kreativ, künstlerisch, ästhetisch, elegant
- Edel, repräsentativ, gesellig, sensibel
- Gastfreundlich, familienbetont, freundschaftlich

Die Schwächen

- Hochmütig, egozentrisch, eitel, geringschätzend
- Unnachgiebig, unnachsichtig, starr
- Snobistisch, karrieresüchtig, oberflächlich, kitschig
- Unbesonnen, lasch, parteiisch
- Naiv, meinungsabhängig, weltlich
- Cholerisch, aufbrausend, tyrannisch, diktatorisch
- Dramatisch, emphatisch, ruhmsüchtig
- Ungebildet, unüberlegt, großschnäuzig, anmaßend
- Patriarchalisch, sektiererisch, kastenbewußt

Die Aszendenten des Löwen

1. Löwe – Aszendent Widder

Kühn, dynamisch, tapfer, edelmütig, kampflustig, aber auch loyal, großzügig, treu, großartig und brillant – in einer Welt, die eher kühl und eng geworden ist: Solche »Übermenschen« gibt es nicht genug. Doch sie können auch pathetisch, maßlos und heftig sein und einen massiven Dünkel haben, der ihre Schwächen noch mehr betont. Er veranlaßt sie auch, sich für jedes Rennen Paris – Dakar dieser Welt anzumelden – ganz gleich, ob es sich um einen rein körperlichen oder um einen humanistischen Einsatz handelt –, wenn sie nur die Chance bekommen, über sich hinauszuwachsen und das herrlichste und positivste Bild von sich zu haben.

Häufig sind sie enttäuscht, weil sie keine Verwendung als Helden finden, die ihren Erwartungen und ihrem Charakter entspricht. Vor allem die Frauen haben es schwer, ihren starken Charakter ausdrücken zu können. Sie möchten gern hofiert werden, übernehmen dann aber nur zu gern die Initiative. Die Männer sind unersättliche Eroberer, unermüdliche Liebhaber, vollendete Familienväter und stahlharte Führungskräfte. Sie suchen ständig nach Seelen, die sie beschützen, und Aufgaben, die sie übernehmen können. Man »angelt« sie mit ihren großen und starken Gefühlen, von denen sie beherrscht werden und die sie manchmal blenden, sogar blind machen.

2. Löwe – Aszendent Stier

Ihr Leben ist ein Kunstwerk. Sie schmücken es bis in die Einzelheiten aus und haben einen beispiellosen Sinn für die Harmonie zwischen Inhalt und Form. Unersättliche Ästheten, die nicht knausern, wenn es um etwas Schönes und Großes geht, haben sie nur Verachtung für das Mittelmaß, mangelnde Lebensart und fehlende Umgangsformen. Ihre »Star«-Seite macht sie zu faszinierenden Menschen, die nicht bereit sind, von ihrem Postament herabzusteigen, vor allem die Frauen nicht.

Trotzdem lauern Egoismus und Pathos auf sie. Sie müssen lernen, ihr Herz nicht an alles Glänzende zu hängen. Da sie das Leben nur von der besten Seite aus betrachten, ist für sie die Idee einer Niederlage unvorstellbar. Aber sie haben mehr als genug Kraft und ein weites Herz, und im Laufe der Zeit versammeln sich um sie herum eine Menge kranker und lahmer Enten.

3. Löwe – Aszendent Zwillinge

Anziehungskraft aus allen Poren – Stars in ihrer ganzen Herrlichkeit! Sie sind begabt, umworben und selbstsicher und verstehen alles. Ihnen gelingt alles, und sie passen sich hervorragend an, obwohl es für sie unglaublich schwierig ist, ihre vielen Talente richtig einzusetzen.

Heftig, übertreibend und nervös, sind sie auf der Gefühlsebene verwundbar. Sie setzen sich durch, hoffen dabei aber immer noch, daß jemand kommt und sie beschützt.

4. Löwe – Aszendent Krebs

Eine Inszenierung wie ein Feuerwerk ist ihre Welt, was sie ein wenig von sich eingenommen macht: Entweder bilden sie sich ein, viel erfolgreicher und brillanter zu sein, als sie es jemals werden können, oder sie haben einen Minderwertigkeitskomplex. Etwas Wesentliches muß bei ihrer Persönlichkeit, ihrem Selbstwertgefühl und dem Verhältnis zwischen männlichem und weiblichem Anteil in ihnen in Einklang gebracht werden. Das Vaterbild ist ein Leuchtturm, der sie leitet oder ihr Schiff in die Irre führt. Das hängt von der Kraft ab, mit der der mütterliche Teil das Steuerruder hält.

Sie sind großzügig und brauchen Ermunterung. Sie beten ihre Kinder an und wenden das Elternbild – nicht unbedingt zum Vorteil – auch auf ihr Liebesleben an.

5. Löwe – Aszendent Löwe

Sie sind zuviel des Guten. Sicher, ihre Persönlichkeit ist sehr stark, ihre Tapferkeit, ihre Großzügigkeit und ihr Benehmen makellos. Klar, sie übernehmen die Initiative, greifen energisch durch, erobern, ohne zu zögern, verkünden allen ihre Erfolge und nehmen jeden Kampf auf.

Aber wo bleibt dabei der andere? Entweder ist er auch ein Selbstinszenierer, selber ein Held, oder eine richtige Galatea, die nur auf ihn wartet, damit sie anfangen kann zu leben. Da ihnen selbstverständlich Psychologie und echte Bewußtheit fehlen, könnten sie obendrein verlangen, daß man nichts als ihr Spiegel ist – ihr vollkommener Spiegel.

6. Löwe – Aszendent Jungfrau

Stolz, leicht verletzbar und introvertiert, lieben sie die Genauigkeit und ihre Arbeit. Sie haben rednerisches Talent und sind diplomatisch. Oft führen sie ein Doppelleben, das eine repräsentativ, das andere geheim und abgeschlossen.

Es ist, als hätten sie eine Verpflichtung, von der sie sich gern befreien würden und die sie hindert, sich so zu entfalten, wie sie gern möchten. Dann besteht ihr Leben aus einzelnen Teilabschnitten, die sich nicht gleichen.

7. Löwe – Aszendent Waage

Ästhetik, Kunst und etwas erschaffen, das ist sehr wichtig für die in diesen Zeichen Geborenen. Sie sind magnetisch und verführerisch, die geborenen Schauspieler, mit unvergleichlichem Charme. Die Frauen sind umschwärmt, aber ihre Entschlußlosigkeit vergiftet ihnen und anderen das Leben. Trotzdem leben sie ihre Veranlagung mit mehr Schwung als die Männer dieser Konstellation.

Alle haben das Bedürfnis nach Harmonie und Verständnis, glauben an die Ehe, an die Freundschaft und an die großen ritterlichen Ideale, obwohl sie häufig mehr mit ihrem Verstand – klar und kalt – als mit ihrem Herzen reagieren.

8. Löwe – Aszendent Skorpion

Faszinierende Bestimmtheit, Autorität, Energie und Anziehungskraft. Man weiß eigentlich nie genau, was sie denken, trotz ihrer Beredsamkeit und ihrer außergewöhnlichen Erfolge im Beruf. Sie sind die geborenen Beherrscher, zweifeln jedoch an sich, weil sie sich ständig in Frage stellen, wobei sie die Antwort aber selbst finden. Sie kennen alle Geheimnisse, würden sie aber lieber nicht wissen.

Sie sind philosophisch, intellektuell, auch intuitiv, großzügig und tiefsinnig und lassen keine Mittelmäßigkeit oder Langsamkeit zu. Sie lieben Geheimnisse und die sexuellen Freuden. Sie helfen denen, die an ihrer Seite sind, können Berge versetzen und jedes heikle Thema anschneiden. Vorsicht – ihre sehr unnachgiebige Art kann diktatorisch werden.

9. Löwe – Aszendent Schütze

Idealistisch, großherzig, realistisch und übertüchtig, sind sie auch die verkörperte Weitherzigkeit und haben die Begabung, alle Hindernisse zu überwinden und alles in Bewegung zu setzen, um ihre Ziele zu erreichen. Alle ziehen einen Nutzen daraus, weil ihre Großzügigkeit und ihr Beschützerinstinkt nur noch durch ihren Enthusiasmus und ihren unerschütterlichen Optimismus übertroffen werden. Kurzum, perfekte und wohlgeratene Helden, deren Vorbild der ewige Vater und deren Problem der reale Vater ist.

Da die in dieser Zeichenkombination Geborenen sehr viril sind, wird sie von Männern besser gelebt. Aber aufgrund ihrer Großartigkeit und Vollkommenheit werden sie auch leicht hochtrabend, cholerisch, besitzergreifend, eingebildet und sind dabei doch unheilbar naiv.

10. Löwe – Aszendent Steinbock

Mehr Struktur, Ausdauer, Gründlichkeit als die reinen Löwen. Auch strenger und unnachgiebiger. Einerseits haben sie ein günstiges Bild von sich selbst, andererseits glauben sie sich in ihren Gefühlen frustriert, und so brauchen sie Liebe, Unterstützung und Beruhigung.

Die Frauen sind von kühler Schönheit, die eine grundlegende echte Einfachheit überdeckt, wenn nicht sogar eine gewisse Traurigkeit, weshalb sie gern den starken Kumpel spielen, um dies zu verbergen. Äußerlichkeiten und Repräsentation reizen die in diesen Zeichen Geborenen, aber es endet immer damit, daß sie mißtrauisch werden, weil sie nur schwer Vertrauen fassen. Kompliziert . . .

11. Löwe – Aszendent Wassermann

Narzißtisch, leichtsinnig, dann empfindsam und plötzlich gutmütige Dummköpfe, wie es sie eigentlich gar nicht geben dürfte. Die in diesen Zeichen Geborenen sind verwirrend – auf der einen Seite sind sie narzißtisch, auf der anderen altruistisch, einerseits legen sie Wert auf viele Beziehungen, andererseits haben sie das Gefühl, sie können sich nur auf sich selbst verlassen. Sie reden viel, provozieren aus Lust am Provozieren, stürzen sich in Exzentrik und lassen sich vom Ruhm beeindrucken. Das Vaterbild ist zwiespältig und läßt ihnen bis ans Ende ihrer Tage keine Ruhe.

Während die Frauen die Kraft zeigen, die in dieser Zeichenverbindung steckt, halten es die Männer mehr mit der problematischen Seite. Letztlich aber begeistern sich beide immer für das Wohl der Menschheit und die Erneuerung sozialer Werte und Strukturen. Sie sind bewußt auf die Zukunft und eine universelle Brüderlichkeit orientiert.

12. Löwe – Aszendent Fische

Intuitiv, altruistisch, idealistisch und mystisch, leben sie zwischen der rauhen Wirklichkeit und ihrer Medialität, die ihnen sehr viel interessantere Horizonte öffnet. Sie brauchen eine gewisse Zeit, um diese beiden Welten zu vereinen und als gegenseitige Ergänzungen verwenden zu können, nachdem sie lange Jahre damit verbracht haben, zwischen hemmungslosem Materialismus und absoluter Entsagung hin und her zu schwanken.

Im besten Fall vergraben sie sich in der Arbeit, opfern sich der Liebe auf und werden von großen humanitären Idealen beherrscht. Künstler und Sinnesmenschen, sind sie weniger stark, als sie scheinen, aber auch viel mitfühlender als reine Löwen.

Energie und Gesundheit

Schlüsselworte der Löweenergie

Angriffslust: Man unterscheidet allgemein zwei Löwetypen – den herkulischen, mehr massiv, vierschrötig, sogar ein wenig gedrungen, nichts als Muskeln und Kraft, und den apollinischen, groß, fein, rassig, mit einer von Natur aus edlen und distinguierten Haltung, deutlich mehr Künstler und sensibler.

Die Frauen erkennt man an dem feinen Knochenbau des Oberkörpers und den kräftigen Hüften und Beinen. Die Backenknochen sind betont, die Haltung ist aufrecht, der Mund groß. Doch gleichgültig, um welchen Körpertyp es sich handelt, ihre Energie ist den in diesem Zeichen Geborenen immer anzusehen. Man erkennt sie in ihrem Gesicht, ihrem Blick, ihren Gesten und der Art, wie sie sich bewegen und handeln. Handeln bedeutet für sie immer, voranzugehen und ihre Wünsche und ihre Kraft auf ein kreatives und konstruktives Ziel zu richten. Kämpferisch, offenherzig und extrovertiert, erkennt man sofort, daß sie dazu gemacht sind zu gewinnen und sich auszuzeichnen. Das Feuer, das sie trägt, erweist sich gleichzeitig als lebenswichtig und ansteckend.

Eroberung: Wenn Mißerfolg eintritt – was einfach unerträglich für einen Löwen ist, der sich respektiert –, dann stellt er sich auf der psychologischen oder gefühlsmäßigen Ebene ein. Der Löwe ist zu allem bereit, um dies zu vermeiden, weil er nur zu gut weiß, daß die Schmerzen des Herzens sich auf sein Ego auswirken und sein allgemeines Gleichgewicht direkt angreifen. Sein Solarplexus zieht sich zusammen, und sein Rükken schmerzt. Seine Angriffsenergie ist also völlig auf die Idee der Eroberung, wenn nicht gar auf die der Beherrschung ausgerichtet. Er will sein Territorium auf allen Gebieten absichern, sein Reich eingrenzen und darüber als Souverän herrschen. Wenn es ihm nicht gelingt, sich entsprechend dieser Vorstellung zu verhalten, kann ihn eine gewisse Maßlosigkeit überkommen, und dann zeigt sich der leicht diktatorische Aspekt des Zeichens. Das Banner im Wind, den Mut in der Tasche, überschreitet er die Grenzen, um das Gebiet, in dem er sich frei bewegen kann, zu vergrößern und sich das weiteste, raffinierteste und möglichst gestylteste Panorama zu verschaffen.

Großzügigkeit: Man täusche sich nicht – diese ganze erobernde und konstruktive Energieentfaltung ist dazu bestimmt, den Erwählten des Herzens und der Freundschaft großzügig angeboten zu werden. Zu siegen, um sich ganz allein mit seinem Erfolg zu verkriechen, ist nichts für die Löwen. Ihre Erfolge sind zwar auch Trophäen, die Eindruck auf die Welt machen sollen, aber sie wollen vor allem geliebt werden und dem Nächsten helfen. Der Löwe ist aufrichtig überzeugt von der Idee der Solidarität. Er will dem Zusammenhalt der größtmöglichen Gruppe dienen. Dies erklärt sich durch seine patriarchalische Veranlagung, seine Abhängigkeit von Gruppen, vor allem aber von der des Bildes, das die anderen von ihm haben, dieses Spiegelbild des Herzens, das ihm Flügel verleiht oder seine Füße in Eisen legt.

Gesundheit

Der Löwe hat einen Horror vor Krankheiten. Es ist ihm unvorstellbar – und noch weniger kann er es ertragen –, daß es in seiner persönlichen Entwicklung Verzögerungen oder Hindernisse geben könnte. Er kann nur im vollen Besitz seiner Kräfte leben. Er zählt auf seinen Körper und will stark sein. Wenn er dementsprechend sportlich und diszipliniert ist, liegt der Grund darin, daß dies eine echte Lebensphilosophie für ihn ist. Kaum hat er ein Wehwehchen, läßt er es schon behandeln. Nicht daß er hypochondrisch wäre, aber Schwäche hat einfach keinen Platz in seiner Welt. Ist er dagegen wirklich einmal krank, möchte er es gern ignorieren und das Problem verächtlich abtun. Er behauptet dann, »lieber aufrecht sterben zu wollen als lange dahinzusiechen«. Das »aufrechte Sterben« ist übrigens tatsächlich bei diesem Zeichen häufig, das für plötzliche Krisen, Infarkte und Herzschlag anfällig ist.

Heißt das nun, daß die in diesem Zeichen Geborenen tatsächlich eine gute Gesundheit haben? Die meiste Zeit ja. Die Kraft des Löwen ist echt, um so mehr, als er sie pflegt und immer noch zu erhöhen und zu vervollkommnen sucht. Aber es hängt völlig davon ab, ob die Energie extrovertiert ist und nach außen getragen wird oder gehemmt und zurückgehalten wird. Das Feuer, das in ihm brodelt, muß sich ausdrücken können, sonst frißt es den Menschen von innen her auf.

Der Löwe ist das Zeichen der Energie schlechthin. Aber wie die Sonne – Lebensenergie und Lebenskraft par excellence, auf die sich sein Leben gründet – kann die Energie des Löwen strahlend oder verdunkelt sein.

Sie ist der zentrale Punkt beim Löwen, ein Trumpf oder ein Hindernis. Entweder fühlt er sich buchstäblich unbesiegbar, oder er hat nicht die geringste Kraft und fühlt sich innerlich leer, ohne Leben. Die in diesem Zeichen Geborenen können also entsprechend den verschiedenen Phasen entweder einen Zustand der Kraft oder der Erschöpfung durchleben. Sie schwanken zwischen bewußter Mißachtung der vom Körper ausgesandten Alarmsignale und übertriebenem Kraftaufwand hin und her, die ihren Motor mitleidlos auf Hochtouren jagt. Halbe Maßnahmen und Wirtschaftlichkeit interessieren den Löwen ganz und gar nicht. Doch er sollte sich darum kümmern, denn den Aufwand seiner Kräfte zu regulieren und zu harmonisieren ist der eigentliche Einsatz im Spiel um seine Gesundheit.

Schwache Punkte des Löwen

Herz: Herzschwäche und -störungen stehen bei der Anfälligkeit des Löwen an erster Stelle. Emotionen, Gefühle, Nervosität und zu große physische Verausgabung machen sich hier bemerkbar. Dazu kommt das Temperament des Feuerzeichens, zu dem der Löwe gehört. Die in diesem Zeichen Geborenen sind mehr energisch und aktiv als widerstandsfähig. Ab vierzig Jahren (wenn nicht schon früher) sollte man auf folgendes achten: Herzrhythmusstörungen, Herzgeräusche, Herzklopfen, hoher Blutdruck, Kreislaufstörungen, Arteriosklerose. Es besteht Gefahr für Herzkrisen und Infarkte, vor allem während großer Hitzeperioden.

Wirbelsäule: Der Rücken, wo sich die Spannungen und Übertreibungen des Löwen niederschlagen, ist immer sehr empfindlich. Steifheit der Gelenke, Hexenschuß, Bandscheibenvorfall, Wirbelverschiebungen, Kreuzverrenkungen, Nacken- und Rückenmuskelspannungen, Rückgrat- und Rückenmarkprobleme – dies alles sind Botschaften und Alarmsignale des Körpers, die die Löwen besser nicht überhören sollten.

Lungen: Erregbarkeit und Überfunktion verschiedener Organe schlagen sich oft in Beschwerden der Atemwege und vor allem in einer Anfälligkeit der Lungen nieder: Angina, Heiserkeit, Bronchitis, Bronchialkatarrh, Lungenentzündung und Rippenfellentzündung. Feuerzeichen sollten unbedingt lernen, richtig zu atmen, um ihre zu große Spannung durch bewußtes Atmen abzubauen.

Augen und Sehkraft: Auch dies sind beim Löwen schwache Punkte, meistens schon in jungen Jahren. Nervenspannungen und schwaches Nervensystem wirken gerade auf diese Schwachstellen ein. Schielen, Verspannungen, Sehstörungen, Schwäche des Sehnervs, Hornhautprobleme – die in diesem Zeichen Geborenen müssen häufig den Augenarzt konsultieren.

Verdauungssystem: Auch hier sammeln sich die Spannungen an und machen sich mit verschiedenen Verdauungsproblemen bemerkbar: Gastritis, Verstopfung, zuviel Magensäure, Gallenprobleme, schwere Verdauungsstörungen oder gar keine Verdauung. Der Organismus weigert sich, noch mehr zu schlucken, und schlägt zurück. Die Löwen neigen dazu, unregelmäßig und zu fett zu essen und werden oft von ihren Eingeweiden zur Ordnung gerufen.

Geschlechtsorgane, Harn, Blase: Hier sind vor allem Löwefrauen betroffen, auch von verschiedenen Problemen, die direkt mit den Geschlechtshormonen, also auch der Schwangerschaft, verbunden sind. Urologische Störungen zeigen sich häufig in Müdigkeit und Trägheit, auch in allgemeiner Erschöpfung des Organismus oder machen sich in Übergangszeiten wichtiger hormonaler Veränderungen bemerkbar, wie der Pubertät, der Schwangerschaft und der Wechseljahre.

Löwen mit einem **Überschuß an Energie** sind kurzatmig und von einer notorischen Nervosität, Erregbarkeit und Aggressivität, Beweise für den ständigen Spannungszustand, in dem sie leben und den sie ihre Umgebung spüren lassen. Machtgefühl und Reizbarkeit sind krankhaft (und führen zu Krankheiten), sie leiden an chronischer Schlaflosigkeit und chronischem Appetitmangel, ihre Spannungen verkrampfen den Körper und verursachen Schmerzen. Ihr Sexualtrieb ist stark, aber die Löwen sind nie befriedigt und werden in dieser Beziehung zu Besessenen. Sie werden zur Beute einer inneren Glut, die ihre Kräfte übersteigt und sie schließlich von innen her verzehrt.

Dagegen sind die Löwen mit **Energiemangel** von einer Schwäche, die ihnen gar nicht liegt und über die sie verzweifelt sind, weil sie nicht zu ihrem Selbstbild paßt und ihre Lebensfreude unterminiert. Die Müdigkeit ist extrem groß, alles scheint zu schwer zu sein. Traurigkeit, Unlust und Schwermut treten an Stelle von Unternehmungslust und Freude am Liebesleben. Die Lebhaftigkeit macht einem krankhaften Trübsinn und einer chronischen Depression Platz, die mit einem Gefühl, versagt zu haben, und einem Minderwertigkeitskomplex verbunden ist. Die Gliedmaßen gehorchen nur schwer, und die in diesem Zeichen Geborenen haben die schreckliche Vorstellung, ihr Leben nicht mehr zu beherrschen.

Ratschläge für ein besseres Gleichgewicht

Das Schlüsselwort für die Gesundheit des Löwen lautet: **ableiten.** Wenn der Löwe leidet, bedeutet das: zuviel ist zuviel. Selbst der widerstandsfähigste Organismus zeigt irgendwann eine gesunde Reaktion und speit die zu große Belastung sozusagen wieder aus. Das heißt, er reinigt sich in Form von Krankheiten. Beim Löwen kommt alles daher, daß er allem unbedingt seinen Willen, seine Kraft, sein Gesetz, seine Persönlichkeit aufoktroyieren will. Die Kraft, die auf diese Weise transportiert wird, wendet sich gegen ihn selbst und erschöpft ihn schließlich. Das Problem ist, daß die in diesem Zeichen Geborenen diese Warnungen nicht hören und beginnen, die Maschinerie sofort wieder aufzuladen und zu verstopfen.

Lauterkeit des Herzens und Strebens, Ruhe und Besänftigung, philosophische Haltung und Meditation über die Nutzlosigkeit (und Gefahr) eines zu überschwenglichen Egos sind die einzigen Heilmittel. Viel trinken, viel frische Luft, träumen, nichts tun sind auch eine Art, an der Welt teilzunehmen.

Harmonie durch Edelsteine

Zugeordnete Farben: Goldgelb und Orange.

Rubin: Er soll energetisieren, beruhigen, die Konzentration fördern und die Zirkulation regulieren.

Bernstein: Der Bernstein ist das erhärtete Harz von Nadelbäumen des Tertiärs. Er hat die Sonnenstrahlen eingefangen und verwandelt, und die Energien, die er ausstrahlt, werden als die wohltuendsten und kreativsten angesehen, die es gibt. Es ist ein warmer, edler, strahlender Stein, mit einer großen Fähigkeit, statische Elektrizität abzuleiten. Der Überlieferung nach zieht man die Sonne im Körper und in der Seele an, wenn man Bernstein trägt. Ein schönes Bild, das dem Löwen gefallen wird.

Diamant: Der Stein der Steine. Seiner Reinheit ebenbürtig sind nur seine Festigkeit und seine Leuchtkraft, die er über alle, die ihn tragen, ausstrahlt. Er verstärkt die Energien und begünstigt den Kontakt mit der höheren Astralebene.

Harmonisierender Stein: Jaspis, eine Abart des Chalzedon. Die Farben variieren von Ockerbraun bis Dunkelgrün. Dazwischen liegt eine Reihe von Rottönen. Der grüne Jaspis wird wegen seiner beruhigenden und ausgleichenden Eigenschaften empfohlen. Er regt auch die Leber an und den Fluß der Körpersäfte. Er soll vor verschiedenen negativen und vergiftenden Schwingungen schützen.

Liebe und Freundschaft

Loyalität, Solidarität und Leidenschaftlichkeit

Die Löwen lieben die erwachsene Liebe, die Liebe zwischen Erwachsenen, das heißt zwischen Menschen, die für sich allein schon reif, strukturiert und selbständig sind, ehe sie es zu zweit sind, in einer soliden und sich ergänzenden Verbindung. Vorausgesetzt jedoch, daß sie selbst ausgeglichen sind. Auf Verbindungen, in denen der eine Partner krankhaft herrscht, beschützt oder patriarchalisch den Führer und den Vater spielt, sollten sie sich nicht einlassen. Derartigen Beziehungen mangelt es an Harmonie, und Harmonie bestimmt die Beziehungen des Löwen und deren Haltbarkeit. Mann oder Frau – sie lieben fertige, erfolgreiche, solide, zuverlässige, treue Menschen mit wahrer moralischer und körperlicher Schönheit . . . wie sie es alles in allem selbst sind. Sie möchten jemanden in ihrer Nähe haben, der ihr Bild ergänzt und vervollständigt, denn in fehlerhaften Spiegeln können sie sich nicht selbst erkennen. Es ist die vorbildliche Liebe, vollkommen und ideal, oft sogar idealistisch. Die Löwen wollen sich binden, treu sein und mit einem Partner, der genau ihren Vorstellungen entspricht, etwas erschaffen. Ins Schlepptau genommen zu werden – oder einen Klotz am Bein zu haben –, erschöpft sie schon im vorhinein oder gefällt ihnen nur für kurze Zeit, die Zeit, um festzustellen, daß der andere nichts unternimmt, um sich zu bessern.

Denn sie sind anspruchsvoll gegenüber sich selbst und auch gegenüber ihren Partnern und Freunden. Die sollten alles immer noch besser machen, könnten noch besser sein und sich entwickeln. Wenn man einem Löwen erzählt, daß man mit seinem Leben zufrieden ist, mit der unbedeutenden Arbeit, der kleinen Wohnung, dem kleinen Fahrrad, dem kleinen Gehalt und dem kleinen friedlichen, allerdings sterilen Alltag, wird er davongehen und andere mit seinem Glanz blenden. Alles, was ihn an die Kindheit bindet und ihn zwingt, sich einzuschränken, interessiert ihn nicht. Er will etwas aufbauen, und das zusammen mit dem anderen.

Leidenschaftlich und voll Verlangen, glühende Liebhaber und aufmerksam ihrem Partner gegenüber, sind die Löwen großzügig, solidarisch und bereit, Stunden zu diskutieren, um jemandem zu helfen, sein Bestes zu geben. Sie ermutigen, beflügeln, bringen einen soweit, den Kampf aufzunehmen und Ziele zu erreichen, die man ohne sie niemals gewagt hätte anzuvisieren. Sie sind die treuesten und zuverlässigsten Freunde, zu allem bereit, um einem aus einer Schwierigkeit zu helfen – solange sie nicht von einem enttäuscht sind.

Ach, die Enttäuschung! Sie ist gepaart mit der Idealisierung und trifft die Löwen immer mitten ins Herz, ohne daß sie sich davor schützen können. Wenn das geliebte Wesen vom Sockel stürzt, ist es aus: Der Stern wird zur Schnecke. Und die Löwen verabscheuen wirbellose Tiere. Vor allem die Frauen, die da noch unerbittlicher sind. Geht alles gut, werden sie in ihrem Vertrauen nicht enttäuscht, dann sind sie bereit, Berge zu versetzen, und vollbringen Heldentaten für ihre Familie (die sie vergöttern), ihr Heim, die Harmonie und die Schönheit ihrer Beziehung. Da ihre Begierde groß und ihre Sexualität stark ist, können die in diesem Zeichen Geborenen hier und da Seitensprünge machen. Dann sind sie zu dem Liebhaber oder der Liebhaberin (und sei es nur für einen Abend) galant und rücksichtsvoll, aber das ist keine allgemeine Tendenz des Zeichens. Denn die Löwen können nicht an mehreren Stellen gleichzeitig eine echte Bindung eingehen. Sie hassen Heimlichkeiten und Betrügereien, sie reizen sie nicht. Sie sind im Gegenteil respektvoll und respektabel, und die Legitimität paßt Ihnen sehr.

Es ist die edle Liebe, die den Löwen brüllen läßt – vor Vergnügen! Er glaubt immer wieder an neue Möglichkeiten. Aber genau er ist es, der für die anderen unerträglich, qualvoll und unausstehlich wird, wenn er aus idealistischen Gründen unüberwindliches Leid erfahren hat – sei es bewußt oder sei es, daß es auf die Kinderzeit zurückgeht. Rachsüchtig und zynisch, diktatorisch und abschätzend, benützt er seinen Kummer, um Despot zu werden, zum wahren »Herzensschlächter«. Er sucht dann im anderen nur noch Selbstbestätigung, und sei es auch nur für einen Augenblick. Er benützt ihn und wirft ihn weg wie ein Papiertaschentuch. Hat der Löwe eine schlechte Meinung von sich – und das gibt es! –, macht ihn das noch schrecklicher. Oder noch verachtungswürdiger.

Die meiste Zeit jedoch sind die Löwen felsenfest davon überzeugt, daß sie sich mit der Liebe ihres Lebens auf ewig verbinden, und sie glauben das sehr ernsthaft – jedesmal.

Die Beziehungen zu den anderen Zeichen

Löwe – Widder

Ihr Feuer verbindet sich, und sie strahlen zusammen. Beide sind sie hochherzig, großzügig und unternehmend. Gemeinsam können sie viele Wunder vollbringen, jedenfalls in der sichtbaren Welt. Aber wie ergänzen sie sich? Wer beschützt wen, wer führt, wer bringt den anderen zum Leuchten? Grundsätzliche Fragen, die sich immer wieder stellen und das Einvernehmen strapazieren können.

Es ist eine schöne sinnliche und soziale Beziehung, die ihre Umgebung inspiriert und auf die Dauer auch sie selbst, wenn sie über Äußerlichkeiten und das Alltagsleben hinaus den Sinn für Intimität und das, was man nicht in Worte fassen kann, finden. Wesentliche Bereiche, die in ihrem Lebensprogramm oft zu sehr fehlen.

Löwe – Stier

Das Spiel geht darum, herauszufinden, wer von den beiden sich dem anderen unterordnet, da die jeweiligen Kräfte der Zeichen so sind, daß sie nur aufeinanderprallen können. Die dabei entstehenden atmosphärischen Beben sind beeindrukkend. Vor allem für die Umgebung, die wenig Lust hat, solche Wirbelstürme mitzuerleben. Sie selbst halten diese Hochspannung ganz gut aus, aber wenn sie sich nicht gegenseitig stützen, um gemeinsam zu wachsen, fressen sie sich auf, weil keiner nachgeben will.

Der Stier ist nie durch den oberflächlichen Glanz zu beeindrucken, mit dem der Löwe sich umgeben will. Der Löwe hat gar nichts dagegen, wenn man ihn in Frage stellt, falls er dem Stier auch auf die Füße treten darf. Sie können ein hübsches Paar bilden, das den Leuten gefällt. Im Grunde aber ist es besser, wenn sie nur zusammen arbeiten und wenn der Mann Löwe ist. Auf jeden Fall ist die Sinnlichkeit auf ihrer Seite. Was die Freundschaft betrifft, so kommt es auf diesem Gebiet zur echtesten und besten Verbindung.

Löwe – Zwillinge

Bei dieser Beziehung ergänzen sich die Partner glänzend und sind sich sehr einig, denn die Verbindung von Luft- und Feuerzeichen setzt den Akzent auf die gesellschaftliche, repräsentative und konstruktive Rolle dieser sehr brüderlichen Partnerschaft.

Der Löwe grollt, weil er möchte, daß der Zwilling geradeaus marschiert. Der Zwilling bewundert die Charakterfestigkeit des Löwen, doch er findet ihn gelegentlich lästig. Dann leidet die Vertraulichkeit ein wenig darunter, denn es ist nicht sicher, ob sie beide im gleichen Universum der Gefühle leben. Aber sie tun die Dinge gemeinsam und haben dabei Erfolg. Ihr Zusammengehörigkeitsgefühl ist eine unbesiegbare Verteidigungsfront.

Löwe – Krebs

Zweitausend Jahre jüdisch-christlicher Vorstellungen und gesellschaftlicher Konventionen verbinden dieses Paar. Jeder hat seinen Platz, es gibt keine Geheimnisse: Der Mann ist in der Außenwelt aktiv, die Frau verinnerlicht und rezeptiv – es ist die perfekte Yin-Yang-Ergänzung, das heißt der sich ergänzenden Gegensätze.

Doch muß dabei der Mann der Löwe und die Frau der Krebs sein, und sie dürfen einander nie fragen, wer sie in Wirklichkeit sind. Denn eine so ideale, ausgeglichene Verteilung tendiert leicht dazu, sich ins Gegenteil zu verkehren.

Löwe – Löwe

Nach außen hin leben sie in Eintracht, auf jeden Fall nach den Kriterien der Repräsentation und der Extrovertiertheit, die ihnen ja auch am meisten entsprechen. Darin wetteifern sie miteinander und trainieren sich gegenseitig.

Ihr Erfolg ist dadurch gesichert, und so fühlen sie sich beruhigt. Falls nicht auch Rivalität mit im Spiel ist und Herausforderung, Wut, Eifersucht. Die Nächte sind heiß und aktiv, das Erwachen ziemlich stürmisch. Tropisches Klima mit der Gefahr von heftigen Wirbelstürmen.

Löwe – Jungfrau

Eine im wesentlichen intellektuelle und vernünftige Beziehung. Der Löwe hätte es gern, daß die Jungfrau mehr Begeisterung an den Tag legte und das Leben in größerem Rahmen sähe. Die Jungfrau bewundert und fördert den Löwen und erreicht dadurch eine andere Dimension.

Solange die Jungfrau sich in den Dienst des Löwen stellt und die Zuschauer begeistert, um sein Ansehen zu stärken, solange sie materielle Sorgen von ihm fernhält und er sich nicht um den Alltag kümmern muß, geht alles gut.

Löwe – Waage

Der Löwe betet die Waage an, und sie lohnt es ihm. Sie spielen schamlos vor allen das schöne Paar, und das festigt ihre Beziehung. Die Waage fühlt sich geborgen, in ihrem Wert anerkannt. Der Löwe ist friedlich und fühlt sich ebenfalls geachtet. Sie haben vor allem dieselbe Definition des Schönen gemeinsam.

Aber die Waage ist eigensinnig, und das ist dem Löwen verhaßt. Aber sie setzt ihren Kopf mit so viel Takt durch, daß er nicht einmal etwas sagen kann. Da fühlt er sich dann gefangen wie eine Ratte und glaubt, man mache sich über ihn lustig. Bei dieser Beziehung sind der gesellschaftliche Aspekt und die Gefühle viel schwieriger, als man glaubt.

Löwe – Skorpion

Das ist die Anziehung zwischen Oberfläche und Tiefe. Jeder der beiden regiert ein entgegengesetztes Reich, der Löwe das äußere, der Skorpion das innere. Und die Szepter sind absolut nicht zu teilen – wenn sie sich nicht sogar in tödliche Waffen verwandeln. Ein eiserner Wille prallt auf den anderen, die Persönlichkeiten reiben sich gegenseitig auf. Ihre Körper ziehen sich leidenschaftlich an, wodurch sie sich in ziemlich grauenhafte Affären verstricken. Sie sterben lieber, als von ihren Prinzipien abzuweichen.

Wie die Gladiatoren nach dem Kampf erweisen sie der Tapferkeit und der Stärke des anderen die Ehre, denn sie achten sich gegenseitig enorm (und das zu Recht), ohne das jemals zuzugeben. Eine zu heftige Beziehung und deshalb im Alltag nicht leicht, immer kompromitbschnitten, die sich nicht gleichen.tierend und ohne Komprobschnitten, die sich nicht gleichen.miß.

Löwe – Schütze

Viele, sehr viele Gründe, um sich gut, sehr gut zu verstehen. Das ist also klar, und außerdem ist diese Beziehung aus Klarheit gemacht. Sie helfen sich gegenseitig bei ihrer Entwicklung und dem Aufbau ihrer Persönlichkeit. Sie verstehen sich problemlos.

Doch Weitherzigkeit und Ähnlichkeit verpflichten. Es ist besser, wenn jeder ein anderes Feld beackert, denn zwei Sonnen nebeneinander machen niemandem das Leben leicht.

Löwe – Steinbock

Das ist eine Allianz aus Hartnäckigkeit und Spannungsentladung. Der Löwe stürzt sich in große Heldentaten. Der Steinbock nimmt sie mit Dankbarkeit entgegen, doch sie leben nicht für dieselbe Sache.

Der Steinbock ärgert sich darüber, wie der Löwe sich zur Schau stellt, während dieser findet, daß die Moral und die Einschränkungen des Steinbocks wirklich nichts für ihn sind. Außer im Sektor körperlicher Liebe haben sie sich nichts zu sagen – es sei denn, sie sind beide große Philosophen.

Löwe – Wassermann

Der Wassermann bewundert den Löwen, der das genießt, aber der Löwe neigt dazu, den Wassermann für einen mittelmäßigen Typ zu halten. Also beschließt er, ihm seinen Willen aufzuzwingen, und das ist eine harte Nuß, die er da zu knacken hat. Denn der Wassermann hat mit den Grundsätzen und der Autorität des Löwen nichts im Sinn. Er will sich nicht festlegen.

Wenn die Frau Löwe ist, vergöttert der Wassermann sie gern und stellt sie auf ein Piedestal. Am besten ist es, sie finden ein humanitäres Unternehmen, das sie gemeinsam durchführen können, oder haben Überzeugungen, die sie zusammen verteidigen. Aber die Beziehung ist riskanter, als es scheint.

Löwe – Fische

Da der Fisch den Löwen vorbehaltlos verehrt und ihn mit der ihm fehlenden Intuition und Spiritualität versorgt, sind alle Hoffnungen erlaubt, um so mehr, als die Nachgiebigkeit des Fisches glauben läßt, daß es zu keinen Zusammenstößen kommen wird. Im allgemeinen ist es deshalb besser, wenn der Fisch eine Sirene ist und geführt werden mag. Aber Vorsicht, man wird sie nie unterdrücken können, auch wenn es so aussieht.

Falls der Mann Fisch ist, schwimmt er gut neben der gelassenen Kraft seiner Begleiterin her, die ihn glauben macht, daß er das Boot steuert, selbst wenn sie am Steuer sitzt. Tatsächlich dröhnt der Löwe, daß nur er allein weiß, wohin es geht, doch der Fisch erreicht das Ufer als erster. Eine reife Beziehung!

Berufliches und gesellschaftsorientiertes Leben

Initiative, Spannweite und Erfolg

Die gesellschaftliche und berufliche Domäne ist für jeden Löwen, der etwas auf sich hält, eine große Sache, und die meisten bauen darauf den Sinn ihres Lebens auf. Ihre Qualitäten entfalten sich tatsächlich dort am meisten, ob es sich dabei um ihre Tatenlust, die Freude an der Herausforderung, um Kühnheit oder Autorität und Perfektionismus geht. Erfolg haben, gewinnen, sich bestätigen ist das Hauptziel der in diesem Zeichen Geborenen, solange sie die erwartete Befriedigung und Anerkennung noch nicht gefunden haben. Und selbst wenn sie ihr Ziel erreicht haben, müssen die Löwen es im Namen ihres sakrosankten Bedürfnisses nach Fortschritt und Verantwortung noch überbieten.

Daher stürzen sie sich früh in die Schlacht, nach kurzem, brillantem Studium, das sie als notwendiges Sprungbrett betrachten, das aber niemals ewig dauern oder ihren Eintritt in die Realität der Gesellschaft verzögern darf. Die Löwen sind bodenständige Leute, die sich mehr auf durch aktive Mitwirkung und Anstrengung erworbene Erfahrung verlassen als auf angesammelte Diplome. Sie wollen vor allem, daß man ihnen vertraut und Verantwortung überträgt. Sie können schuften, bewähren sich und haben es eilig, jedem Ergebnis ihren Stempel und ihre persönliche Ansicht aufzudrücken. Man komme ihnen nicht mit Erklärungen, wie sie etwas machen sollen, man presse sie nicht in eine Form: Sie wissen alles im voraus. Oder zumindest werden sie es wissen. Sie beißen sich durch, und wenn man die Resultate prüft, stellt man fest, daß sie mehr als das Ziel erreicht und nicht gezögert haben, bei ihrer Arbeitsmethode und bei möglichen Perspektiven Neuerungen einzuführen.

Die Löwen suchen immer nach neuen Perspektiven, nach unbegangenen Wegen, auf die sie ihren Ehrgeiz richten können, um mehr und besseres und anderes zu erreichen. Deshalb sind sie auch verdammt unbequeme Menschen: Mitarbeiter, auf die der Chef zwar stolz ist, vor denen er aber gleichzeitig Angst hat, denn sie sind offensichtlich unkontrollierbar, fordern, daß man sie anerkennt, diskutieren über alles und haben Ideen und Ambitionen, die immer erst persönlich und nicht die des Teams sind, für das sie arbeiten und in das sie sich nur integrieren, solange man ihnen erlaubt, sich weiterzuentwickeln.

Auf jeden Fall sind sie die geborenen Chefs, denn noch mehr als Erfolg haben wollen sie kommandieren (und sind dazu gemacht). Machtanspruch, gesellschaftliche Anerkennung und ein gewisser Narzißmus kennzeichnen ihre Persönlichkeit und bestimmen ihr berufliches Verhalten. Wenn man sie behalten will, muß man Rücksicht auf sie nehmen und ihnen die Zügel schießen lassen. Sonst macht man sie sich zu Feinden, was sie selbst weniger stört als die anderen. Dann wirft man ihnen vor, daß sie ihr Leben zu sehr auf dem Erfolg aufbauen und auf willkürliche und oberflächliche Weise darauf fixiert sind. Aber da es oft damit endet, daß sie recht haben – was die Betroffenen mit den Zähnen knirschen läßt –, bleibt einem nichts übrig, als sich ihrer seltsamen ungestümen Persönlichkeit anzupassen.

In der gesellschaftlichen und beruflichen Arena benehmen sie sich wie echte Löwen und provozieren extreme Reaktionen: Entweder man betet sie an und bewundert sie, oder man verabscheut und kritisiert sie. Das beste ist, wenn sie ihr Schiff bauen und steuern können, wie es ihnen gefällt, weil sie auf diese Weise die Früchte ihres Erfolges am besten teilen und durch die Vollkommenheit des von ihnen verkörperten Vorbilds der Gesellschaft wirklich von Nutzen sein können. Man könnte ihnen als Nachteil ankreiden, daß ihr Ehrgeiz nicht lange anhält und sie sich eine gewisse Faulheit erlauben, wenn sie ihre Ziele erreicht haben. Auf der Höhe des eroberten

Throns können sie sich tatsächlich mit einer mehr ehrenvollen als aktiven Rolle zufriedengeben und sich mehr ihrem Ruhm als dem Fortschreiten ihrer Entwicklung widmen.

Sie haben Erfolg, weil sie glauben, sie können die Realität ihrem Willen unterordnen, weil sie ständig über sich hinauswachsen, weil sie kühne Behauptungen aufstellen, weil sie klare Ideen und Ziele haben, Autorität und ein alchimistisches Wissen, wie sie ihre Schwächen kompensieren können. Mißerfolge – die haben sie auch – können als Ursache fehlendes Feingefühl und mangelnde Psychologie haben. Sie haben kein Verständnis für die Bedürfnisse des einzelnen, es fehlt ihnen an Subtilität, an geistiger Offenheit. Das schlimmste aber ist ihr fanatischer, zu großer Ehrgeiz, ihre zu große Ichbezogenheit und ein blinder, mitleidsloser Hochmut.

Berufe des Löwen

Den Löwen erkennt man eher an der Art, wie er arbeitet und sich sein soziales und berufliches Leben aufbaut, als an speziellen Gebieten. Er kann sich in allen Berufen wohl fühlen, wenn er einen verantwortlichen Posten mit echter Freiheit und großer Reichweite hat. Trotzdem lassen sich eine gewisse Zahl von Sparten aufzählen, für die er sich besonders eignet.

Kunst und Kreativität: Die damit zusammenhängenden Berufe sind für den Löwen besonders geeignet, da ihm Kreativität angeboren ist, auch wenn er kein ausgesprochener Künstler oder Ästhet ist. Man findet ihn in jedem künstlerischen Milieu, überall in der Unterhaltung, in der Mode, im Design und besonders in musikalischen und malenden Berufen. Die Filmbranche ist geradezu für ihn gemacht, ob als Schauspieler oder als Regisseur. Die Beziehung zum Publikum und zum Ruhm verlangt automatisch nach einer Löwekomponente in der Persönlichkeit: Entweder ist der Aszendent Löwe, oder die Sonne dominiert.

Geschäftswelt: Geschäfte zu treiben liegt dem Löwen sehr, denn er ist dazu gemacht, ein Unternehmen zu gründen, zu leiten und auf eigenen Füßen zu stehen. Erfindungsgeist, Offenheit, Kühnheit, Kampfgeist, Freude am Geld, Entscheidungsfreudigkeit – er hat alle Eigenschaften, um in diesem Milieu der Haie nach oben zu kommen, in dem er sich übrigens mit Moral und Anspruch bewegt, wenn nicht sogar mit Unnachgiebigkeit. Ein Erbe zu verwalten ist eine besondere Stärke von ihm.

Politik: Auch hier steht er im Vordergrund, aber vor allem setzt er sich für das Volk ein, von dem sein Leben abhängt und mit dem er sich, ohne zu zögern, verbündet. Es ist nicht erstaunlich, daß man unter den großen Gestalten der internationalen Politik so viele Löwen findet: Diplomaten, Staatschefs, Berater, Botschafter – aber auch Revolutionäre, Könige und berüchtigte Diktatoren.

Gesetz: Er ist das Gesetz. Er personifiziert es, aber vor allem respektiert er es, wendet es an und verteidigt es in Berufen wie Richter, Anwalt, Gerichtspräsident oder Vertreter von Institutionen und auf Posten, die mit öffentlicher Ordnung und Verteidigung des Bürgers zu tun haben.

Humanitärer und sozialer Einsatz: Hier geht es um den Gerechtigkeitssinn des Löwen und seine Achtung vor den Unterdrückten. Die Löwen (und mehr noch die Löwinnen) laufen zu ihrer vollen Größe auf, wenn sie eine gerechte Sache verteidigen, und zögern nicht, sich in große Hilfsaktionen zu stürzen oder sich an die Spitze verschiedener Wohltätigkeitsorganisationen zu stellen: Ob es sich nun um mißhandelte Kinder oder Greenpeace handelt, Lohnungerechtigkeiten oder Seniorenerholung, man tut immer gut daran, sich einen Löwen zu Hilfe zu holen, der dann den Kampf siegreich besteht.

Sport: Sport und Athletik haben für die Löwen einen moralischen Wert und bedeuten für sie eine echte Lebensphilosophie. Zum Sport gehören Begriffe wie über sich selbst hinauswachsen, Perfektionismus und der Wunsch, sich ständig zu verbessern – alles Dinge, die auch die großen Vorzüge der Löwen sind. Sie haben eine Vorliebe für noble Sportarten wie Autorennen, Golf, Polo.

Der Sinn für das Göttliche beim Löwen

Alles ist Licht und geht durch das Licht – in diesen wenigen Worten läßt sich die geistige und initiatische Sprache des Löwen zusammenfassen. Aus dem Vorangegangenen ist klar geworden, daß der Löwe einen zentralen Platz unter den vier Boten einnimmt, den vier lebenden Geschöpfen der Apokalypse, das heißt, er ist ein potentieller Träger der christlichen Botschaft, die diese lebenden Geschöpfe überbringen. Der Löwe ist das Herz, und in der Figur des Evangelisten Markus findet man sein Bedürfnis und seine Fähigkeit wieder, das Herz der Menschen zu erwecken und auf höheres Streben zu richten, weg vom Ego und dem individualistischen Denken des einzelnen.

Um diesen Einsatz geht es bei dem Zeichen hauptsächlich: Sein geistiges Potential, das groß und wohlgeordnet ist, alle seine intuitiven, medialen und spirituellen Fähigkeiten müssen sich entfalten können und ihn dazu veranlassen, auf ausschließlich irdische, alltägliche und materielle Beschäftigungen zu verzichten. Die Beschaffenheit der Seele und des Herzens ist bei diesem Zeichen wirklich auf einem höchstmöglichen Niveau. Sie ist in jedem Löwen wach, und er verläßt sich in allen Lebenslagen nur auf sie. Er entwickelt und verbreitet sie, Bild der Entsagung und der Reinheit, aber auch des Absoluten.

Das Absolute ist genau das, was den Löwen tief erzittern läßt. Das Absolute und das Ewige. Er ist in seiner Auffassung deshalb noch nicht gottesgläubig oder pazifistisch. Zutiefst metaphysisch und aktiv, ist er kein Anhänger der Weltflucht und noch weniger der Beschaulichkeit. Seine Vorstellung von der Liebe für den anderen, der wahren Nächstenliebe, die sein Herz erhellt, ist ohne persönlichen, aktiven, realen und wirksamen Einsatz nicht vorstellbar. Er ist vollkommen davon überzeugt, daß die Seele sich durch Taten ausdrückt und nicht dadurch, daß man in seiner einsamen Ecke sitzen und nur denken soll. Sein Gebet ist ein militantes Gebet, er will gern Gutes tun, im mystischen Sinn des Wortes, indem er hilft und beisteht, präsent und aufmerksam. Hochherzigkeit und Redlichkeit haben für ihn eine echte heilige Bedeutung.

In diesem Sinn verwirklicht er sich in seinen Handlungen und ihrer Lauterkeit. Er ist mehr auf seiten der Mutter Teresa als auf der des Eremiten in seiner Höhle. Das Licht, das er verbreitet, soll die Herzen der Menschen nähren und die Seele der Sterblichen erleuchten.

Und natürlich wäre der Löwe, der Kunstliebende und Ästhet, über eine Welt ohne Harmonie entsetzt. Er opfert Blut und Schweiß, um aus der Welt, die er liebt, für die, die er liebt, ein wahres Kunstwerk zu machen, bei dem Freude, Klarheit und Schönheit so geachtet werden wie die Werte des Evangeliums.

JUNGFRAU

23. August–22. September

Ich analysiere, sagt der Hahn.
Mit meinem Gesang feiere ich den
Anbruch des Tages
und segne seinen Sinn.
Ich fordere Genauigkeit und Klarheit.
Bei meiner Suche nach der Vollkommenheit
muß jedes Ding seinen Platz finden.
Ich bin der Meister, der wachsame Verwalter.
Meine Welt ist die vollkommene Ordnung,
und ich symbolisiere die unwandelbare Hingabe.

Wachsamkeit, Methodik und Dienen – das sind die drei Schlüsselworte der Jungfrau, die dem Hahn der chinesischen Astrologie entspricht. Im Löwen hatte das Leben seine Fülle erreicht und sich in die Feuerfarben der Herrlichkeit gekleidet. Die menschliche Persönlichkeit war am Ende ihres Kreislaufs der Entwicklung und Reife angekommen. Wenn die Jungfrau im Tierkreis auftritt, ist auf der irdischen Ebene schon alles getan, und die Vollkommenheit in ihrer höchsten Vollendung herrscht von nun an auf Erden. Sie reiht sich in eine fertig erbaute, auf Hochglanz polierte Welt ein, zu deren würdiger, weiser und verdienstvoller Erbin man sie gemacht hat.

Man überträgt ihr die Rolle der Hüterin, denn sie ist die Garantin dieser Perfektion. Ihre Funktion ist es, die Verantwortung für diese Fülle zu übernehmen, deren Gefäß sie ist, aber keinesfalls die Urheberin. Es dauert übrigens auch nicht lange, bis sie zur Sklavin dieser Fülle wird, an das Geschenk gekettet wie an die wichtigste und dringendste Arbeit. Das ist von Anfang an das Universum der Jungfrau: die Atmosphäre einer weder gewollten noch selbstgesuchten Vollkommenheit, einer vollkommenen Schöpfung, deren Urheber man nicht war und die man nicht bewahren kann – eine in die Wiege gelegte störende Last, von der man weiß, daß man sich mit größter Sorgfalt um sie kümmern muß.

Die Jungfrau hat die Aufgabe, zu empfangen und zurückzugeben, eine unbequeme und beängstigende Position. Sie hat – im Idealfall – dafür zu sorgen, daß das Leben zirkuliert, aber das Leben kreist eben nicht: Es setzt aus.

Um sich davon zu überzeugen, braucht man nur die Natur zu betrachten. Die Kornähre – das Emblem der Jungfrau und Symbol der Fruchtbarkeit – ist geerntet worden und wird zum Bestandteil einer wirtschaftlichen Produktionskette. Sie trocknet und ergibt Mehl. Die Erde ist erschöpft, sie muß umgepflügt und die Saat bestellt werden. Auch das Licht wird blasser, und man beginnt, in der Luft zu spüren, daß die Zeit sich zurückziehen wird. Es bleibt nichts anderes übrig, als auf den Winter zu warten, aber auch er ist noch nicht da. Es ist eine Zwischenzeit, die man Nachsaison oder besser noch Altweibersommer nennt, weil die Sonne manchmal schon kühl wird. Doch es ist die Nostalgie, die gewinnt: Man wird die Zähne zusammenbeißen und sich darauf vorbereiten müssen, auf »die andere Seite der Zeit« hinüberzuwechseln. Die Jungfrau klammert sich fest: Was für ein Pech, eine solche Rolle spielen zu müssen.

Sie will sich schützen, sie mißtraut, sie hat einen Horror davor, loszulassen, was doch unvermeidlich ist. Die Jungfrau möchte alles Menschenmögliche und noch mehr tun, um zu versuchen, diese Zeit festzuhalten, die verfliegt, sich verflüchtigt und sie mitzieht. Sie möchte glauben, daß sie alles behalten und alles bewahren kann, alles in Töpfe tun, mit schönen Etiketten versehen, auf großen, sauber abgestaubten Regalen. Diese Zwangsvorstellung beherrscht sie völlig, vor allem, weil sie nur zu gut weiß, daß ihre Bemühungen, und seien sie noch so sorgfältig und genau, nichts ausrichten werden: Man kämpft nicht gegen die Natur, man hält das Leben nicht zurück, oder wenn, dann macht man es unfruchtbar.

Halten, festhalten, sich gut halten

Jungfrau – welchen Sinn soll man diesem Ausdruck geben? Was für eine Jungfrau, lautet die Frage. Der Zustand der Jungfräulichkeit ist ein Zustand der Leere, ein Gebiet, in dem nichts geschaffen wurde, auf allen Seiten durch einen dicken und abschreckenden Stacheldraht gesichert. Unberührt von Emotionen also. Ja, gewiß, denn Emotionen, Leidenschaftlichkeit, die Probleme der menschlichen Natur packen keinen Menschen, der beschlossen hat, sich nur von seinem Kopf beherrschen zu lassen. Sie passen nicht zu ihm.

Also ist die Jungfrau gezwungen, sich auf ihren Kopf zu beziehen, sich auf ihn zu verlassen, wenn nicht sogar ausschließlich auf ihn. Merkurisch und verstandesbetont findet sie dort alle ihre Qualitäten der Ernsthaftigkeit, der Klarheit, der Rechtschaffenheit und Genauigkeit, ihre sagenhafte Arbeitskraft, ihr sagenhaftes intellektuelles Entwicklungsvermögen, ihr ganzes Know-how und ihren praktischen Sinn im Umgang mit den konkreten Dingen des Alltags und deren Organisation. Auch ihre Fähigkeit zu analysieren, einer Sache auf den Grund zu gehen, zu rationalisieren und ihr Sinn für das richtige Wort im richtigen Augenblick, das Ordnung schafft und jedes Ding an den richtigen Platz stellt, stammen von dort. Jedoch auch ihre ganze Gefühlsleere, denn wenn der innere Raum auch sauber eingeteilt und sauber aufgeräumt ist, treiben sich dort doch eigenmächtige und verrückte Bilder umher, Vorstellungen von sinnlichen und triebhaften Strudeln und von einer romantischen Beziehung zwischen den Menschen, an die die Jungfrau glaubt, als sei sie ihre einzige Rettung.

Damit nähert man sich dem Kern des Rätsels um dieses seltsame Zeichen. Die Jungfrau wartet nur auf eines: daß ein Sturm der totalen Verrücktheit über sie hinwegfegt wie ein Tornado und sie von allen abgetragenen Kleidern befreit, mit denen sie sich zu schützen versucht. Die Haut, die sie so kunstvoll um ihr Leben und ihr Herz hüllt – und natürlich auch um ihren Körper –, diese ganze beinahe manische Hygienisierung, die man ihr ständig vorwirft, ärgern die anderen, doch sie selbst ist darüber noch viel mehr entsetzt. Sie sind eine persönliche Herausforderung, aber vor allem eine äußerliche Herausforderung, wie ein klarer Aufruf zur Vergewaltigung.

An dem Ort, wo sie steht, hat sie keine Rechte, nur Pflichten

– nämlich jene, sich würdig um die ihr übertragene Verantwortung zu kümmern. Allein wird sie niemals alles zum Teufel schicken können, niemals. Sie kann es sich nicht erlauben. Aber wenn jemand – im Namen der Liebe – einbräche, die ererbten Geschenke entwendete und sie in ihrer großen, alles verbrennenden Glut von ihren Ketten befreite, dann . . . »O mein Gott« , denkt die Jungfrau, »mach, daß es geschieht, auch mit mir!« Sie, die sich keinen Wunsch erlaubt, keine persönliche Befriedigung und deren Philosophie lautet: halten, festhalten, sich gut halten, könnte endlich (durch ein Wunder oder durch eine Katastrophe) anfangen zu leben, ganz einfach zu leben. Sie wartet auf ihren »Einbrecher« wie andere auf den Messias.

Und je mehr sie gegen sich ankämpft, je mehr sie gegen ihn ankämpft, desto mehr wird das Feuer in ihrem Innern entfacht, desto mehr tobt es. Ihre Gedärme, der neuralgische Punkt des Zeichens, können sich soviel verstopfen, wie sie wollen, sie reagieren trotzdem so, wie die alten Chinesen es beschreiben: ein Feuerball, der sich um sich selbst dreht . . . wie eine Bombe mit Zeitzünder.

Versorgen und wiederherstellen

Doch klarer als ihre Leidenschaft für das Feuer zeigt die Jungfrau ihre Leidenschaft für ihre täglichen Pflichten. Sie behauptet, daß sie mit allem zufrieden ist, auch mit dem wenigsten, daß sie sich damit begnügt zu ordnen, zu putzen, instand zu halten und aufzuräumen. Sie lernt, wie man das macht, und posaunt hartnäckig aus, daß sie da sei, um sich für die anderen aufzuopfern, wobei sie sich unaufhörlich gegen die Arbeitsüberlastung sträubt, die sie selbst verursacht. Sie gibt dem anderen die Schuld an allem, was sie beschlossen hat, für ihn zu tun, obwohl man sie um nichts gebeten hatte. Keine Zeit für Vergnügungen, keine Zeit, herumzutrödeln und zu faulenzen. Der Ehrgeiz frißt an ihr, mehr, als sie zugeben will.

Im Grund ist sie mit nichts zufrieden, und der Perfektionismus treibt sie an wie eine riesige Turbine. In ihrem Unbewußten dreht sich ein verrücktes kleines Rad ganz allein und beginnt den Countdown: Der Augenblick, in dem alles verloren, alles weggeräumt ist, von einer riesigen rettenden Welle davongeschwemmt, nähert sich. Sie spürt schon ihr Nahen. Und nun versucht sie – ein letztes Mal –, ihren Rücken zu decken und ihre Arbeit, die von vornherein vergeblich ist, vollkommen zu machen. Der kurz bevorstehende Verlust macht sie verrückt, aber gleichzeitig vergrößert er ihre Energie. Bis zur Neurose ist es nicht mehr weit, die bei den in diesem Zeichen Geborenen häufig zu finden ist. Wenn sich die Jungfrau nicht zusammennimmt, läßt sie Geld, Stellung, Beziehungen, Schutz, Anordnungen und Nahrung verkommen.

Die Jungfrau verabscheut die Nahrung und legt nur eine Leidenschaft für die Nahrungswissenschaft an den Tag. Sie würde sogar die Nahrungskette kontrollieren und sie im ersten Stadium anhalten: Sie möchte versorgen, und sie versorgt. Aber versorgen bedeutet nicht wiederherstellen. Wenn das Korn in die Erde gelangt (in den Magen), muß es seinen Weg gehen, und lebendig zu sein bedeutet, in seinem Körper diesen Schlüsselprozeß zu erleben. Der Kopf kann dabei nicht mitspielen, sonst würde es Fehlschläge und Blockaden geben und im schlimmsten Fall sogar Probleme der Unfruchtbarkeit.

Der Statistik nach ist die Jungfrau das Zeichen, das die größten Schwierigkeiten hat, Kinder zu bekommen. Die Geburt eines Kindes bedeutet die absolute Notwendigkeit, sich vom Leben durchdringen zu lassen, denn ein Kind wird nur geboren, wenn der Verstand vollkommen losläßt.

Bis an seine Grenzen gehen

Es ist unerläßlich, daß die Jungfrau an sich arbeitet, es ist eine Arbeit des Sichöffnens, des Anfeuchtens, damit der jungfräuliche, unbehandelte Boden, der ihre Identität ist, befreit vom umgebenden Stacheldraht, ein Ort wird, an dem sich alle Möglichkeiten, alle Verzauberungen verwirklichen können.

Es bleibt ihr nur übrig, den großen Sprung zu wagen (ohne Fallschirm) und bis an ihre Grenzen zu gehen – die Erfahrung zu leben. Die einzige und alleinige Methode auf diesem Weg besteht darin, alle ihre Keuschheitsgürtel, alle ihre kugelsicheren Westen abzulegen und sich mit ganzem Herzen der eigenen Angst zu stellen, denn die Möglichkeit, bis an die Grenzen von sich selbst zu gehen, schläft in jeder Jungfrau. Und wenn sie ihre Angst geortet hat, ist die halbe Arbeit schon getan. Sie braucht sich nur noch darauf zu stürzen, die Augen geschlossen, den Kopf im Schrank versteckt.

Reinheit, Aufrichtigkeit, Ernsthaftigkeit

Bei dem Zeichen Jungfrau ist die Reinheit sowohl ein Ideal als auch ein Syndrom. Was bedeutet das genauer? Man kann die Reinheit im Sinn von Hygiene auslegen (und viele in diesem Zeichen Geborene tun das), mit einer starken Betonung auf sauber oder schmutzig, gesund oder ungesund, gut konserviert und verdorben, gereinigt und verschmutzt.

Aber leben bedeutet beschmutzen und stören. Sauberkeit ist immer nur ein augenblicklicher Zustand, falls man nicht seine Zeit nur damit verbringt, unaufhörlich Ordnung zu machen und die Umgebung eimerweise mit Desinfektionsmitteln zu überschwemmen.

Selbstverständlich gehören Begriffe wie Moral, Ehre und Aufrichtigkeit zu den großen Qualitäten der Jungfrau. Auch der Humor, der beißend oder zwerchfellerschütternd sein kann, vor allem wenn die in diesem Zeichen Geborenen beschlossen haben, sich von der zynischen und spitzfindigen Seite zu zeigen und ihre unendlichen geistigen Reserven einzusetzen, um der Angst entgegenzuwirken und liebevoll zu kritisieren. Sie wissen genau, mit welchen Worten sie bis zu welchem Punkt gehen können, ohne Schaden zu nehmen. Abende mit Jungfraugeborenen sind fröhlich, sie haben ein scharfes Mundwerk, und sie lachen und bringen ihre Zuhörer ohne Schwierigkeiten zum Lachen. Aber man darf sie nicht in ihrer Empfindlichkeit treffen. Kritisieren ist immer leichter als kritisiert werden, und ihre Retourkutsche läßt nicht auf sich warten.

Was die in diesem Zeichen Geborenen im Grund beherrscht, ist der sichere Sinn für Echtheit und Ernsthaftigkeit. Eigenliebe und schuldiger Respekt sind für die Jungfrau keine Bagatellen, und sie benimmt sich immer wie eine respektable, in jeder Beziehung ehrenwerte Person.

Doch man muß darauf achten, daß es nicht zur Manie wird, so zu posieren und unnahbar und unzugänglich auf dem Thron seiner strengen Ehrbarkeit zu sitzen. Auch im Namen der schönen Eigenschaften wie Reinheit, Echtheit und Wahrheit kann sich die Jungfrau einschließen.

Das Licht der Seele

Der Irrtum liegt in der Tatsache, daß die Jungfrau die Reinheit im Äußeren sucht und sie objektiviert, indem sie sie nach außen projiziert. Als Erdzeichen will die Jungfrau dem Begriff der Reinheit eine irdische, praktische, wenn nicht sogar nützliche Bedeutung geben, und das ist ein fundamentaler Fehler. Denn die einzig mögliche Reinheit ist die Reinheit des Innern, die Reinheit der Seele.

Die Seele – ein Wort, das die Jungfrau nicht loslassen will. Sie verbringt im allgemeinen einen guten Teil der Zeit – oder ihr ganzes Leben – damit, sie unbedingt im Alltag finden zu wollen, der ihr Gefängnis ist. Und sie schuftet, sucht, redet, ergründet, analysiert, liest, diskutiert – und sucht die konkrete Lösung. Doch seit ewigen Zeiten liegt die Botschaft in dem Gefäß, das ihr Herz ist.

Solange sie sie nicht begreifen und sich öffnen kann, besteht die große Gefahr, daß sie sie im Keim erstickt, während sie das Herz fest in den Händen hält, die Beine gekreuzt, treu dem Erbe (symbolisch oder real), das man ihr vermacht hat. Sie möchte gern zuerst die Prospekte lesen und eine Vollkaskoversicherung eingehen, wenn nicht sogar die Sicherheit haben, daß ihr bei Nichtgefallen alle Unkosten erstattet werden, ehe sie zu dieser großen Reise aufbricht. Man kommt nicht auf die Idee, jemanden dazu aufzufordern, sich von allem zu entblößen, wenn der Winter vor der Tür steht!

Die Jungfrau ist ein ambivalentes Zeichen, das sich bei der Erfüllung ihrer großartigen Aufgabe nur selbst im Weg steht, blockiert von der Angst, die ihre Eingeweide lähmt und ihr den Verstand raubt. Und doch – wie viele Gaben und Qualitäten sind ihr gegeben! Tatsächlich befindet sie sich durchaus auf einem Niveau der irdischen Vollendung. Vielleicht ist es genau das, was sie terrorisiert, weil sie Angst hat, daß sie dieser Vollendung nicht würdig ist und sie nicht verdient hat. Sie spürt die Aufgaben, vor allem jene, zu beweisen, daß man gut daran getan hat, ihr zu vertrauen und ihr alle die Geschenke zu machen. Lästig – diese Geschenke, denn zu ihnen gehört auch das (zu schwere) der Schuldgefühle und der fehlenden Freiheit.

Aber eines hat man ihr nicht geschenkt, und es bleibt ihr nichts übrig, als es sich selbst zu schenken: Sie muß sich ihre Freiheit erobern, sich öffnen, ihre eigene Identität finden und die rettenden Vorstellungen von Liebe und Gnade einlassen. Alles in allem eine Erleuchtung, aber auch hier fehlt es der Jungfrau nicht an Trümpfen, auch nicht an Sensibilität, um dem inneren Licht zu folgen und es dann vor allem an andere weiterzugeben, denn nur der wahre Dienst am Nächsten motiviert sie wirklich.

Die Jungfrau verstehen

Die Grundstruktur

Weibliches Zeichen

Die weibliche Polarisierung erhöht, wie es in der Astrologie heißt, die rezeptive, passive, liebevolle und freundliche Komponente, alles wichtige Yin-Eigenschaften der Verinnerlichung, des nächtlichen, feuchten und kalten Prinzips. Dies fördert die Neigung zu empfangen, zu verstehen, zu beschützen, zu versöhnen und zu behalten und weniger die, nach außen zu gehen, voranzuschreiten, zu teilen und zu beanspruchen. Gleichzeitig bedeutet es auch, daß das Zeichen allgemein besser von Frauen gelebt wird, da dann zwischen der Polarisierung des Zeichens und dem sexuellen Pol der Person Harmonie besteht. Diese Feminisierung zeigt sich übrigens auch in der grazilen, feinen Gestalt und in den regelmäßigen und vollkommen ausgeführten Zügen der Jungfraufrauen und auch der Jungfraumänner.

Für die **Frauen** des Zeichens ist es jedoch nicht so einfach, ihre wirklich weibliche Seite und damit ihre Sinnlichkeit, ihre Sexualität und ihre Mütterlichkeit zu leben – wegen ihres Schamgefühls, ihrer Zurückhaltung und ihrer mangelnden Selbstsicherheit. Die in diesem Zeichen Geborenen brauchen Zeit, bis sie die sexuelle Reife erreichen und es wagen, ihren irdischen Appetit zu befriedigen, den sie immer zu zügeln oder zu bagatellisieren versuchen.

Die Vorstellung von einer dominierenden und beherrschenden Mutter steht lange im Zentrum ihrer unbewußten Dynamik und erklärt, warum die epikureischen Freuden erst einmal eine Quelle für Schuldgefühle sind, ehe sie von den in diesem Zeichen Geborenen entdeckt und angenommen werden. Die **Männer** schleppen daher ein Bild der romantischen Zerbrechlichkeit mit sich und scheinen die beliebte Zielscheibe von unverhohlen sinnlichen Frauen zu sein – falls sie sich das nicht nur zusammenphantasieren, weil die »Anrempelung« durch solche Frauen sie in ihrer Virilität bestätigt!

Erdzeichen

Wie Stier und Steinbock gehört die Jungfrau zum Element Erde, was für eine Fülle von Mitteln und den klugen Umgang mit ihnen sorgt. Ein Sinn für das Praktische, Ausdauer, Genauigkeit, Ordnung, Geld anhäufen und die Dinge immer realistisch einschätzen – das sind ihre Qualitäten, die sich im Negativen in Halsstarrigkeit, Langsamkeit, Materialismus verwandeln können und in eine Art Frostigkeit, die sie, falls im Übermaß vorhanden, zu einem unbeweglichen und traditionell sparsamen Menschen macht. Das Element Erde ist die Ergänzung zum

Feuer und symbolisiert das konkrete Vorhandensein der Dinge, aber auch ihre mögliche Verwandlung von der Verwirklichung in die Zerstörung. Es wird mit dem Knochengerüst assoziiert, dem körperlichen Aspekt und der physischen und sichtbaren Stütze. Im Zeichen Jungfrau handelt es sich um die abgeerntete Erde, die jetzt unbegrenzt lange brachliegen oder aber von neuem fruchtbar werden kann. Es symbolisiert den vollen Kreislauf von Leben, Sterben und Wiedergeburt, in Analogie zu den verschiedenen Umwandlungsphasen, die die Kornähre durchmacht, das Sinnbild der Jungfrau. Die Frage ist einzig und allein, ob diese Erde »Ort der Manifestation« sein wird oder Ort der Austrocknung.

Bewegliches Zeichen

Mit Zwillinge, Schütze und Fische bildet die Jungfrau das Kreuz der beweglichen Zeichen. Es bedeutet, daß sie die Aufgabe hat, die Energie des Elements umzuwandeln, zu dem sie gehört. Die beweglichen Zeichen stellen, wie schon ihr Name andeutet, in Veränderung befindliche Prinzipien dar, denn sie erscheinen am Ende einer Jahreszeit und ziehen deshalb schon die Energie der nächsten an. Sie haben an der einen Jahreszeit teil und auch an der anderen, an der einen Energie und auch an der anderen und sollen für einen sicheren Übergang sorgen. Ihre Eigenschaften der Anpassung, der Leichtigkeit, der Beweglichkeit, aber auch der Doppeldeutigkeit finden dadurch ihre Erklärung.

Sie sind auch die Zeichen – vor allem Zwillinge und Jungfrau, weil sie dem Merkur unterstehen –, die sich dem Dienst am Nächsten widmen. Im Negativen können die beweglichen Zeichen wegen ihrer Anpassungsfähigkeit und Nachgiebigkeit instabil und doppelzüngig werden und – im Fall der von Merkur beeinflußten Zeichen mit ihrem so beweglichen Geist – kritiksüchtig, kleinlich, übertrieben analytisch und gefühlskalt.

Im allgemeinen leben diese Zeichen jedoch von den menschlichen Beziehungen und können ihre Intelligenz den Gruppenbedürfnissen anpassen.

Nervöses Temperament
Obwohl der Schein dagegenspricht, kann sich die Jungfrau schnell für etwas erwärmen. Die Gefühle sind bei allen Aspekten ihres Lebens wichtig, auch bei ihrem geistigen und physischen Gleichgewicht. Die geistige Verfassung ist für ihr allgemeines Gleichgewicht sehr wichtig, vor allem wirkt sie sich auf die Ausscheidungs- und Geschlechtsorgane und den Verdauungstrakt aus, die den Einflüssen des Kopfes und des Intellekts so stark unterliegen. Ein nervöser Mensch muß unbedingt dafür sorgen, daß sein inneres Universum einfacher und leichter wird und er nicht irgendwelche unproduktiven Gefühle ständig wiederkäut, damit die Organe frei und unbehindert arbeiten können.

Die Sterne der Jungfrau
Drei Sternbilder heben sich am Firmament der Jungfrau besonders deutlich ab. Es sind, nach ihrer Bedeutung aufgeführt, die folgenden:

Das **Haar der Berenike,** die Mutter aller Formen und Herrscherin über die materielle und organische Versorgung der Welt.

Der **Zentaur** – ein Mensch, der auf einem Pferd sitzt, oder ein Pferd mit menschlichem Oberkörper. Der Zentaur erinnert daran, daß das menschliche Wesen nicht Mensch und Gott ist, sondern Tier und Gott in einem einzigen Wesen vereint, das jeden Augenblick in die eine oder andere Richtung kippen kann, je nachdem, ob es sich auf die Seite der Materie oder auf die Seite der Seele stellt.

Bootes oder »Der, der kommt« , der Retter der Welt, der von den Fischen symbolisiert wird, die der Jungfrau gegenüberliegen. Doch schon in der Jungfrau ist diese Perspektive zu erkennen. Hier ist es die Aufforderung, nicht zu warten, bis er kommt, sondern auf ihn zuzugehen und sich seiner würdig zu erweisen.

Mythologie

Das Korn und das Brot, der Weise und der Narr, das Leere und das Volle . . .
Die Ähre und vor allem das Korn sind die Hauptsymbole der Jungfrau, doch sie haben auch eine ewige Dimension durch das Brot. Das Brot symbolisiert das, »was notwendig und ausreichend« ist, was vollkommen rein ist, denn es wird nur aus Korn, Salz und Wasser gemacht und im Feuer gebacken. Es vereint also die vier Elemente, was übrigens auch auf das Bier zutrifft.

Als Gefäß des Lebens wie auch des tieferen Sinns des wahren menschlichen Seins muß das Zeichen Jungfrau die Verbindung zwischen Erde und Himmel herstellen, ohne zu versuchen, das, was ihm gegeben wurde, zurückzuhalten, noch die Mühen und Aufgaben zu zählen und zu messen, die mit dieser Rolle verbunden sind. Ob Lilith oder Isis, Eva oder Maria – es ist das Abbild der Weltenmutter, die die kosmische Synthese vollzieht, indem sie die Energie empfängt, nährt und dann wieder hergibt, das heilige Kind, das ihrer mütterlichen Sorge und höheren Weisheit anvertraut ist.

Das ist das hohe Ideal, aber in der Realität gelingt es den in diesem Zeichen Geborenen nicht, sich zu öffnen und hinzugeben, zu teilen und sich der heiligen Dimension bewußt zu werden, die ihnen zugefallen ist. Es sind eben nur einfache Sterbliche, wird man sagen – aber sie gehören zu den rechthaberischsten, komplexesten und verschlossensten Menschen, die es gibt.

Stärken und Schwächen der Jungfrau

Die Stärken

- Realismus, Objektivität, Klarheit, Pragmatismus
- Integrität, Ehrlichkeit, Pflichtbewußtsein, Verantwortungsgefühl

- Logik, Methodik, analytisches Denken, Unterscheidungsvermögen
- Tüchtigkeit, Perfektionismus, Entwicklungsfähigkeit, Genauigkeit
- Bescheidenheit, Verinnerlichung, Demut, Scharfblick, Prägnanz, Ordnung, Sinn fürs Detail
- Hingabe, Mildtätigkeit, Menschlichkeit
- Geistige Beweglichkeit, Ausdrucksvermögen
- Sinn für das Heilige und die Hingabe
- Treue, Ernsthaftigkeit, Familiensinn

Die Schwächen

- Materialismus, Engstirnigkeit, Geiz
- Kritiksucht, Haarspalterei, Kleinlichkeit
- Egoismus, Egozentrik, Abgrenzung
- Schüchternheit, Angst, Mißtrauen, Abschottung
- Mangelnde Weite und Perspektive, Verniedlichung
- Eigenbrötelei, Sauberkeitswahn, Hypochondrie, Frostigkeit
- Berechnung, Gefühlskälte, Selbstschutz
- Automatisches Verneinen, Verleumdung, Zynismus
- Moralismus, Strenge, Masochismus
- Eifersucht, Possessivismus, Starre, Rachsucht

Die Aszendenten der Jungfrau

1. Jungfrau – Aszendent Widder

Sie leiden unter großen Widersprüchlichkeiten, und deshalb haben sie es schwer mit sich selbst, und die anderen haben es auch nicht viel leichter mit ihnen. Sie sind einerseits Gefangene einer Antriebskraft, die sie zwingt, sich mit ihrer Umwelt auseinanderzusetzen, andererseits haben sie Angst vor Verlusten und Unsicherheit und überlegen deshalb tausendmal, ehe sie etwas unternehmen. Schließlich wird ihr Leben zu einem ewigen Hin und Her, und sie können höchstens so etwas Ähnliches wie ein Gleichgewicht finden. Sie träumen davon, große Helden zu sein, die tun und lassen können, was sie wollen, Abenteuer bestehen und Eroberungen machen, aber so etwas zu verwirklichen ist sehr viel problematischer. Doch ihre praktische Veranlagung hilft ihnen, etwas auf die Beine zu stellen und vertrauenswürdig zu erscheinen.

Die in diesen Zeichen Geborenen scheuen die Liebe wie die Pest, warten aber als unheilbare Romantiker ständig auf die einzig wahre und wunderbare Liebe, die sie verwandeln wird. Mit der Zeit werden sie beweglicher und gestehen sich mehr Dinge zu, ohne ein schlechtes Gewissen zu haben.

2. Jungfrau – Aszendent Stier

Hier geht es vor allem um Logik, Organisation und den materiellen und intellektuellen Aspekt der Welt. Alles hat seinen Preis, vom Gefühl bis zur Arbeit, und sie kennen alle Kniffe, um nicht übers Ohr gehauen zu werden. Man könnte meinen, dies sei ihr Leitmotiv, ihr Wegweiser, aber in Wahrheit ist es nur ein armseliger Versuch des Selbstschutzes. Sich selbst zu schützen und vor allem bewahren zu können, beschäftigt sie ständig.

Und dann entdeckt man plötzlich, daß es ganz einfache, vernünftige, echte Menschen sind, die eben nur beschlossen haben, nichts herzugeben, nichts loszulassen, bis zu dem Tag, an dem sie alles geben werden. Sie unterdrücken ihre Instinkte, bis sich diese schließlich von allein befreien. Was vorher Materie war, wird dann Seele, in einem wissenden und klugen Aufeinanderzugehen. Alles in allem nicht ganz einfach. Ein wenig masochistisch und hämisch sagen sie, daß man alles beherrschen, alles wissen muß, warten jedoch nur auf den einen, der sie auf Trab bringen kann – ein für allemal.

3. Jungfrau – Aszendent Zwillinge

Es sind geborene Schriftsteller oder zumindest Menschen, die sich mitteilen können, wobei sie sich nur auf ihren großen Verstand verlassen, der wirklich sehr gut ausgebildet ist. Sie haben das Bedürfnis nach Bewegung, Veränderung, aber auch nach gefühlsmäßiger Geborgenheit und wahrer Anteilnahme. Für sie ist das nicht selbstverständlich, denn sie schreiben und informieren zwar, sind aber überzeugt, daß sich das wirklich Wesentliche nicht übermitteln läßt.

Dadurch kommt es zu einer sehr großen psychischen Empfindlichkeit, und sie geraten in den Ruf, kompliziert zu sein, was sie zur Verzweiflung treibt. Jugendlichkeit und Tiefe teilen sich ihre innere Welt. Und leider haben sie die Manie, sich immer in der Rolle des Opfers zu sehen.

4. Jungfrau – Aszendent Krebs

Wenn Selbstschutz irgend etwas zu bedeuten hat, dann wissen die in diesen Zeichen Geborenen darüber bis in die kleinste Einzelheit Bescheid. Trotzdem haben sie viel echten Sinn für Hingabe und Uneigennützigkeit. Sie versteigen sich in Träumereien, kehren am Ende aber auf den Boden der Tatsachen zurück. Sie sind sorgfältig, genau und hypochondrisch bis zu dem Punkt, alles in Frage zu stellen.

Im Kampf mit dem Begriff der Reinheit – auch hier wollen sie genau wissen, was gemeint ist – haben sie oft libidinöse Probleme, die sie gewaltsam oder durch Ablehnung lösen, was sie unglücklich macht und veranlaßt, nach noch mehr Selbstschutz zu suchen. Dabei warten sie letzten Endes nur darauf, daß man sie aus ihrer Ecke holt, aber möglichst ohne Schmutz zu machen! Und man muß Rücksicht auf ihre intellektuelle Neugier und ihre Vorliebe für Geheimnisse nehmen.

5. Jungfrau – Aszendent Löwe

Sie sind stolz, leicht verletzbar, introvertiert und lieben die Genauigkeit und ihre Arbeit. Talent als Redner und Diplomat. Häufig leben sie ein Doppelleben, das eine ist repräsentativ, das andere mehr geheim und wird nicht mit anderen geteilt.

Es ist manchmal, als hätten sie eine Verpflichtung, die sie gern los wären und die sie daran hindert, sich so zu entfalten, wie sie es eigentlich wollen. Dann besteht ihr Leben aus einzelnen Phasen, die aufeinander folgen, sich aber nicht gleichen.

6. Jungfrau – Aszendent Jungfrau

Sie sind derartig versucht, sich zu unterdrücken und zu begrenzen, daß sie von Anfang an schon verzichten. Oberflächliche

Partygirls und leere Schwätzer findet man hier. Zumindest machen sie nach außen hin diesen Eindruck, denn im Grund werden sie von einer unbeugsamen Strenge wie mit eisernen Klammern festgehalten.

Mit unwiderstehlichem Humor begabt und einem angeborenen Talent, sich verbal oder schriftlich auszudrücken, sind sie klar und tugendhaft und gebrauchen – oder mißbrauchen – ihre unvergleichliche Intelligenz. Vor Krisen gestellt, fallen sie jedoch in ihre Verklemmtheit und Kritiksucht zurück. Sie sollten es gelegentlich leichternehmen für sich und die anderen. Aber was für ein humanitärer Sinn und was für eine unheilbare Romantik!

7. Jungfrau – Aszendent Waage

Auch ihrem hübschen Aussehen gelingt es nicht, sie selbstsicher zu machen und sie daran zu hindern zu zweifeln. Sie möchten immer ihre zahlreichen Komplexe überwinden und unbedingt über sich hinauswachsen – doch sie schaffen es nie ganz. Wenn sie sich doch lieben könnten, wie sie sind! Aber sie hören nie auf, nach ihrer »wahren Identität« zu forschen. Ständig muß man ihnen versichern, wie gut sie ihre Sache machen.

Ihre Liebenswürdigkeit, ihr Gefühl für Harmonie und die Gruppe, ihre Ernsthaftigkeit und Hingabe machen sie überall beliebt.

Aber wenn sie sich mit den Dingen wirklich auseinandersetzen müssen, wird es problematisch. Ihre Unbekümmertheit täuscht.

8. Jungfrau – Aszendent Skorpion

Der starke Sexualtrieb, die Unmöglichkeit, einfache Beziehungen einzugehen, und die Kompliziertheit ihres Innenlebens – all das ist die Grundlage für eine dominante und nicht zu ändernde Angst, durchsetzt von Mängeln, Begierden und einem fast manischen Willen, vorwärtszukommen.

Die Ambivalenz der sexuellen Identität krönt das Ganze. Aggressivität und Selbstzerstörung lauern im Hinterhalt. Die in diesen Zeichen Geborenen lieben nur Leidenschaft: Leidenschaft für den Verlust und Leidenschaft für die Erhaltung. Sie würden alles darum geben, daß man ihnen das Leben erleichterte und sie es lieben lehrte.

9. Jungfrau – Aszendent Schütze

Der Schütze ermöglicht es den in diesen Zeichen Geborenen, mehr nach außen zu gehen, doch mit was für Widersprüchen müssen sie dabei rechnen! Sie können nur soweit gehen, wie es ihre Angst zuläßt. Sie brauchen Sicherheit im Alltag, damit sie ihre Entwicklung in Frieden in Angriff nehmen können.

Sie lieben phantasievolle, fröhliche und leichtlebige Menschen und ihre Familie genauso wie ihre wahren Freunde.

10. Jungfrau – Aszendent Steinbock

Sie bewohnen ein strenges und tristes, ernstes und klares Universum. Sie sind unbeugsam in ihrer Genauigkeit und in ihren Vorstellungen. Ihr Denken ist philosophisch, man kann sie immer zu den Letzten der Gerechten zählen. Trotzdem würden sie viel darum geben, wenn sie explodieren und aus sich herausgehen, sich befreien und ausleben könnten.

Doch außer dem Wesentlichen erscheint ihnen nichts zugänglich zu sein. Jedes Körnchen Verrücktheit wäre ihnen willkommen, doch sie überwachen ihre Nahrung streng. Wenn es einem gelingt, sich den Weg zu ihrem Herzen freizuhacken, findet man einen wahren Schatz der reinen und unversehrten Liebe.

11. Jungfrau – Aszendent Wassermann

Von morgens bis abends im Dienst am Nächsten, vergessen sie schließlich die widersprüchlichen Tendenzen, die sie antreiben. Verwirrend und verwirrt, unberechenbar, seltsam, setzen sie auf Sicherheit und auf ihr Freiheitsbedürfnis.

Abgesehen von ihrer Nächstenliebe lieben sie die Freundschaft und lehnen es ab, sich mit sich selbst zu beschäftigen.

12. Jungfrau – Aszendent Fische

Als würden sie in einen Trickspiegel schauen, sehen sie gleichzeitig ihre Vorderseite (zuvorkommend, liebevoll, einsichtig, ernsthaft und streng) und ihre Kehrseite (mystisch, egozentrisch, sinnlich, voll Sehnsucht nach dem Anderswo und der Unendlichkeit).

Da sie sich nicht richtig erkennen können, verlieren sie leicht den Kopf. Sie verkehren gern mit Menschen, die sie zwingen, über sich hinauszuwachsen und besser und stabiler zu werden, oder die mit ihnen auf die Suche nach den wahren menschlichen Werten aufbrechen.

Energie und Gesundheit

Schlüsselworte der Jungfrauenergie

Selbstbegrenzung: Dieses Zeichen markiert das Ende der spontanen Energie, die frei nach außen abfließt. Damit sie erneut zirkulieren kann, muß sich die Jungfrau anstrengen, etwas wagen, selbst etwas erschaffen. Nichts geschieht automatisch und von Natur aus. Man tritt in die »Nacht« der Energie ein, die hinter einer Panzertür liegt. Kräfte und Wünsche sind da, aber blockiert, zurückgenommen, bis zu dem Augenblick behalten, da ihre Freisetzung unvermeidlich wird.

Bewahren: Wenn die Energie gelagert und nicht gebraucht

wird, nimmt sie ab und verkümmert. Es ist ähnlich wie bei gehortetem Geld, das auf einem unproduktiven Konto schläft. Bis zur Sterilität ist es nicht mehr weit. Der Versuch, den Verbrauch auf ein Minimum zu beschränken, und die Abscheu, die Energien zu verbrauchen oder herzugeben, führen schließlich zu gesundheitlichen Schäden. Der Lebensatem verringert sich entsprechend. Die Treue zu einem – nicht realisierbaren – Ideal der Reinheit und Vollkommenheit ist die schlimmste Gefahr für die Jungfrauen, denn was lebt, ist immer auch voller Unvollkommenheit – lebendiger Unvollkommenheit.

Selbstgenügsamkeit: Man will von niemandem abhängen, und keiner soll von einem abhängen – ein seltsames Spiel, bei dem es ganz sicherlich nicht um Freiheit geht, sondern eher um Reinhaltewahn. Da die in diesem Zeichen Geborenen die äußerliche »Verschmutzung« immer für schädlich halten und sehr fürchten, reduzieren sie ihr Universum auf das rein Funktionelle, auf die Gefahr hin, daß sie an der Keimfreiheit ersticken. Die nur für sich selbst produzierte Energie stellt das Hauptprinzip des Lebens in Frage, das Prinzip des freien Energieflusses und Energieaustauschs.

Gesundheit

Die Gesundheit ist eine Hauptsorge der Jungfrau. Die Gefühle und die zu große Empfindlichkeit hängen von ihr ab. Das kann im Magen-Darm-Bereich zu wahren Syndromen führen.

Von Geburt an kommt es immer wieder zu Verkrampfungen und Spannungen, Durchfall und Verstopfung, man kann sofort feststellen, ob es den in diesem Zeichen Geborenen gut- oder schlechtgeht, ob sie etwas bedrückt oder nicht, indem man nach dem Zustand von Magen und Darm fragt. Wegen ihrer latenten Hypochondrie haben die Jungfrauen jedoch Angst vor den Ärzten, obwohl sie gern selbst Medizin studieren möchten, um anderen zu helfen und sie zu heilen – und um sich selbst zu heilen.

Ernährung, Emotionen und äußere Lebensumstände sind

eng mit ihrem Nervensystem und ihrem geistigen, ebenfalls sehr empfindlichen Gleichgewicht verbunden. Nach außen hin gelassen, ruhig und unkompliziert, sind sie innerlich jedoch voll Feuer, das sich sehr viel mehr in unvorhersehbaren, unterdrückten Orkanen äußert als in sie tragenden Wellen. Jede Kleinigkeit beunruhigt sie, sie haben ständig Angst, etwas falsch zu machen – oder nicht genug zu tun –, regen sich bei jeder Gelegenheit auf, was sich auf das Funktionieren aller Organe schädlich auswirkt.

Diverse Wehwehchen, ewige Müdigkeit (eine Art großer, ausgedehnter Trägheit), ständige Anspannung, die Neigung, zuviel zu tun und sich zu überanstrengen, schwächen sie, und ihre Gesundheit ist deshalb mittelmäßig. Sie hängt völlig von ihren Beziehungen zur Außenwelt und dem Niveau ihres inneren Bewußtseins ab und die Heilung von ihrer Fähigkeit, sich die Nichtigkeiten im Alltag und in Beziehungen nicht zu nahegehen zu lassen.

Eigenbrötlerisch und um ihre Gesundheit besorgt, wie sie sind – die dadurch zu einer echten Sorge werden kann –, regen sie sich schon über die geringste körperliche Störung auf oder bilden sich gar unheilbare Krankheiten ein. Körperliche und geistige Hygiene, besondere Ernährung, Pflege, verschiedene gesundheitserhaltende Maßnahmen stehen auf ihrem täglichen Programm. Als Naturfreunde und Anhänger alles Natürlichen ziehen sie alternative Medizin vor und werden auf diesem Gebiet geradezu Fachleute. Alle Aktivitäten, die mit Bewußtseinsentwicklung und emotionaler Entspannung zu tun haben (wie etwa Yoga), sind für sie ausgesprochen gut.

Aggressivität, Eifersucht und Sexualkraft sind sehr ausgeprägt. Die Jungfrauen müssen lernen, mit ihnen umzugehen und sie auszudrücken.

Bei all dem hat die Jungfrau aber, wie die Fische, noch einen höchst überraschenden Trumpf – von dem sie selbst auch nichts ahnt –, nämlich eine unglaubliche Fähigkeit zur Regenerierung und Heilung, die fast an Wiederauferstehung grenzt. Krank sein, seinen Teil am Elend der Welt tragen und sich dann erneuern, hier wird es zu einem echten menschlichen Wert.

Sterben und wiedergeboren werden, in seinem Fleisch das Drama der menschlichen Natur leben, ist trotz allem der Kern der Jungfraupsychologie, und zwar in dem Sinn, daß die Krankheit die Hoffnung auf Reinigung und wahre spirituelle Heilung mit sich bringt.

Aber das Pech der Jungfrau ist, daß sie glaubt, alles käme von schlechten äußeren Energien, die sie »beschmutzen und angreifen« (sich als Opfer zu fühlen, ist sehr bequem). Sie nützt das aus, um nicht nachzusehen, was in ihren eigenen Tiefen nicht stimmt, die sie terrorisieren und die sie lieber verächtlich behandelt, als in sie hineinzutauchen.

Schwache Punkte der Jungfrau

Magen-Darm-Trakt: Hier liegt das Hauptproblem der Jungfrau, drückt sich all das aus, was bei ihr auf allen Ebenen nicht stimmt – in ihr und um sie herum. Von der üblichen Verstopfung bis zu plötzlich auftretendem Durchfall, von Krämpfen bis zu Geschwüren, von Vergiftungen bis Verdauungsstörungen, von Magen-Darm-Katarrh bis Erbrechen – die ambivalente und problematische Beziehung zur Nahrung und ihrer Verdauung macht sich hier bemerkbar, von der Wiege bis ins Seniorenalter. Häufig geht es um alltägliche Probleme, die Jungfrauen aber nicht ignorieren sollten.

Nervenschwäche: Sie ist die direkte oder indirekte Ursache vieler Jungfrauprobleme, denn sie fördert die ständige Nervenanspannung und manifestiert sich durch Blockaden in vielen Teilen des Körpers. Innere Unruhe, latente Depression, manisch-depressives Verhalten, Identitätskomplexe, Übererregbarkeit mit Angstzuständen, Phobien, von unerwarteten Euphorieschüben gefolgt.

Allergien: Da die inneren Reaktionen gehemmt und verdrängt werden, drücken sie sich auch hier aus, wo sie können – durch die Haut und verschiedene Allergien: Nesselfieber, Schuppenflechte, Akne, Spasmen, Migräne, Sonnen- und Kälteallergie, gesteigerte Hautempfindlichkeit.

Zähne, Haare, Nägel: Hier geht es um die schlechte Mineralstoffverwertung – vor allem des Kalziums –, die durch die ständige Nervosität noch verstärkt wird. Zahnprobleme sind häufig. Haare und Nägel sind oft fein, spröde und von mittelmäßiger Beschaffenheit.

Zarte Knochen: Hier besonders die Wirbelsäule, aber auch die Gelenke, die knacken, knirschen, austrocknen und mit den Jahren immer mehr schmerzen. Die mangelnde Geschmeidigkeit kann noch verschlimmert werden durch Arthritis, Rheumatismus und häufige Sehnenscheidenentzündungen.

Immunsystem: Nichts greift das gesamte Immunsystem so sehr an wie schlecht verdaute Emotionen, schwache Nerven und geistige Schwäche. Dann kann sich die Jungfrau in eine Art Mikrobenschwamm verwandeln mit einer ganzen Reihe von Entzündungskrankheiten und mit einer mehr oder weniger heftigen Immunschwäche.

Hypochondrie: Das ist eigentlich schon eine Krankheit in sich, die schließlich auch echte Krankheiten verursachen kann. Wenn man sich einbildet, krank zu sein, wird man krank. Wenn man sich im voraus ständig absichert und schützt, schwächt man seine Abwehr- und Regenerationskräfte. Uneingeschränkter Lebenswille ist besser als jedes Medikament.

Auch bei der Jungfrau, wie bei allen Tierkreiszeichen, gibt es Menschen mit zuviel oder zuwenig Energie. Die Jungfrau mit **zuviel** Energie neigt zur Übertreibung, ist lebhaft, überspannt, hat einen fanatischen Tätigkeitsdrang, ist autoritär, kritisch, boshaft und manipuliert die anderen. Dazu kommen eine ständige, quälende Müdigkeit, heftige Migräneanfälle und eine permanente Austrocknung. Rücken und Lenden sind sehr steif, Nerven und Muskeln neigen zu Krämpfen. Der Lebensrhythmus ist abgehackt, die Nahrungsaufnahme völlig ungeordnet. Einmal wird viel zuviel gegessen, dann wieder falsch gefastet. Sie ist ständig um ihre Gesundheit besorgt, weigert sich jedoch noch mehr als üblich, zum Arzt zu gehen.

Die Jungfrau mit **zuwenig** Energie ist dagegen ängstlich, zaghaft, introvertiert, fühlt sich als Opfer und beklagt sich ständig über gegen sie gerichtete Aggressionen, die sie auch als solche erlebt. Entschlußlosigkeit, Zögern, Wahnvorstellungen oder Gemeinplätze blockieren sie und den gelassenen Kontakt mit der Außenwelt. Ständig friert sie, Rücken und Lenden tun ihr weh, sie schwitzt übermäßig und hat Ohrensausen. Sie fühlt sich schwach und leer und zu keiner Reaktion fähig. Sie erwartet, daß die Welt zu ihr kommt, und weist sie gleichzeitig zurück.

Ratschläge für ein besseres Gleichgewicht

Das Schlüsselwort für die Jungfrau ist: **verdauen**, in jedem Sinn des Wortes, das heißt, akzeptieren und zirkulieren lassen, ohne alles beherrschen, entscheiden, behalten und von Anfang bis Ende kontrollieren zu wollen. Es heißt auch, den Kopf zum Schweigen zu bringen und das Herz sprechen zu lassen, die wahre Emotion, ohne sie nach falschen oder starren Wertvorstellungen zu beurteilen. Falsche oder negative Emotionen ausräumen, den Zersetzungsprozeß auf allen Gebieten zulassen – vor allem auch, was die groteske Ernährung betrifft –, dann kann das Leben wieder kreisen, die Jungfrau ihre Freude am Dasein, am Teilen und Genießen wiederfinden und das Leben zu genießen beginnen.

Harmonie durch Edelsteine

Zugeordnete Farben: Purpur und Blau.

Saphir: Fördert die Meditation, die spirituelle Entwicklung, stärkt den Glauben, entwickelt außersinnliches Wahrnehmungsvermögen, verjagt Illusionen und Vorurteile. Klärt und beruhigt.

Zirkon: Harmonisiert die Leber und fördert die Verdauung.

Lapislazuli: Begünstigt die Meditation, die Loslösung, die Kontemplation, reinigt den ganzen Körper und mildert Entzündungen (reguliert den Blutkreislauf).

Harmonisierender Stein: Rubin. Verleiht Energie, reguliert die Blutzirkulation und öffnet für sinnliche Freuden.

Romantik unter Felsgestein

Die irdischen Freuden zu genießen, ist die Jungfrau nie abgeneigt, aber ihre Genußfreudigkeit ist verhalten, beherrscht, von Verstand und Moral kontrolliert, ehe sie es wagt, sich ihr hinzugeben. Sie will immer zuerst genau sehen, wohin sie die Füße setzt. Die Konsequenzen müssen vorhersehbar sein, und gewisse Annäherungsriten drängen sich auf.

Vor allem zuerst die Dinge ausloten, dann beurteilen. Beobachten, sich Schwierigkeiten und Empfindungen nicht anmerken lassen, Sorgen und Leidenschaften, die sich einstellen könnten, voraussehen. Zuerst mal Arbeit, Pflicht und Ordnung. Danach wird man weitersehen.

Fremdes und Unbekanntes sind für die Jungfrau Gefahren. Noch mehr sind es Melancholie und das Bedürfnis nach Leuchtsignalen im undurchdringlichen Nebel der brodelnden Gefühle und tückischen Dämpfe einer unheilbaren Romantik, die ein Ausmaß von Vergötterung, Selbstaufopferung und Selbstverleugnung annehmen können, wie man es selten erlebt.

Aus Liebe sterben gehört zum Repertoire der Jungfrau, vielleicht mehr als zu irgendeinem anderen Tierkreiszeichen. Ewiger Kummer droht Jungfrauen beiderlei Geschlechts. Also nehmen sie sich davor in acht und kämpfen dagegen an mit ihren Waffen der Kühle, der Zurückhaltung, des Aufsparens und der deutlichen Neigung, schon im Keim die Verirrungen zu ersticken zu versuchen, die das Herz höherschlagen lassen. Aber im Grund nützt es nichts, denn wenn sie sich einmal binden, tun sie es total und zeigen plötzlich eine Leidenschaftlichkeit, die ausschließlich und endgültig ist. Dann riskieren sie auch alle Enttäuschungen – die sie oft erleben –, als würden sie sich selbst eine verdiente Strafe auferlegen. Der sadomasochistische Einschlag bei den Gefühlsbeziehungen ist enorm. Und man muß ihn in Betracht ziehen. Unterwerfung, Erlösung, Bewunderung, Anteilnahme ohnegleichen – das sind die Ideale, die sich dann entwickeln können.

Die Beziehungen zu den anderen Zeichen

Jungfrau – Widder

Die Jungfrauen ertragen die Wildheit und Zügellosigkeit der Widder schlecht und verbringen viel – zuviel – Zeit damit, sie zu kritisieren und zur Ordnung zu rufen. Die Widder können sich nicht einmal vorstellen, daß so etwas wie eine Jungfrau überhaupt existiert! Sie haben keine Zeit, deren Umständlichkeit und Zaudern zu verstehen. Und was die Schutzmechanismen und die Reserviertheit der Jungfrau angeht, die regen den Widder ganz entschieden auf. Kurz gesagt, die beiden verstehen sich wenig oder schlecht.

Man kann nicht einmal sagen, daß sie voneinander etwas lernen, denn sie haben für den anderen nicht die geringste Toleranz. Es sei denn, es gelingt ihnen mit viel Philosophie und Liebe, die Kluft zu überwinden und sich anzupassen. Der Widder bringt Wünsche und Ideen ein, die Jungfrau Beherrschung und Umsetzung in die Tat. Doch schließlich muß man sich dem Offensichtlichen beugen: Die Beziehung muß Stück für Stück aufgebaut werden, nichts geschieht von allein und natürlich, denn sie leben nicht in derselben Welt.

Jungfrau – Stier

Viele glauben, das sei die beste Beziehung, die möglich ist. Ganz und gar nicht! Um was für eine Verbindung handelt es sich eigentlich? Sie ist nicht gerade sinnlich, denn die Zurückhaltung der Jungfrau bringt den armen Stier zur Verzweiflung. Sie ist auch nicht Verliebtheit, denn die Jungfrau möchte die Leidenschaftlichkeit bremsen, die den genußfreudigen Stier beflügelt. Aber sicherlich ist sie nützlich, produktiv und bereichernd, vor allem an klingender Münze.

Falls sich die beiden eine ehrliche, geregelte und gut organisierte Welt aufbauen, gehen sie kein wirkliches Risiko ein, außer dem, sich zu langweilen, zu ersticken und sich ständig zu kritisieren, ohne eine Lösung für ihre Streitereien zu finden. Ihre Gefühlserwartungen sind verschieden, falls der Stier nicht der Mann ist und die Jungfrau ein wenig auftaut. Das Gegenteil ist eindeutig viel schwieriger, denn die anspruchsvollen Stierdamen haben den schüchternen, unentschlossenen Herrn, der nur daran denkt, sich zu schützen, schon bald zum Teufel geschickt. Es bleibt ihnen nur die Devise: Gute Bankkonten machen gute Freunde . . .

Jungfrau – Zwillinge

Der Zwilling hat die Ideen, und die Jungfrau folgt ihm. Ihr Geist ist von derselben Art, und die Arbeit – alltäglich und dem Merkur unterstehend – bringt sie einander zweifellos näher. Die Jungfrau sorgt im Verstandesreich des Zwillings für das Konkrete, räumt ein wenig das Chaos auf und gibt Sicherheit. Der Zwilling heitert die Schwerblütigkeit der Jungfrau auf und erspart es ihr, jedes Glas bis zur Neige auszutrinken.

Die sinnliche Seite der Beziehung läßt dagegen viel zu wünschen übrig. Es ist mehr eine freundschaftliche und geistige Verbundenheit.

Jungfrau – Krebs

Das Paar hat eine Goldmedaille verdient: Es versteht sich glänzend, paßt hervorragend zusammen und ist vernünftig. Das ergibt lange und sichere Beziehungen. Andere würden es für eine Fessel halten. Aber um glücklich zu sein, muß man nicht unbedingt originell und risikofreudig sein. Die beiden lieben die einfachen und klaren Dinge, suchen das liebevolle Herz, die Geborgenheit der Familie. Insgeheim hofft allerdings jeder, daß endlich jemand kommt und sie aufrüttelt. Der Krebs steuert die Gefühle zur Beziehung bei, die Jungfrau kümmert sich um den Alltag und entscheidet die meisten Dinge schon im vorhinein.

Der Krebs ist darüber nicht sehr zufrieden, aber an einer Beziehung, bei der einer herrscht und der andere beherrscht wird, findet er im Grunde Gefallen. Die Jungfrau ebenfalls. Letzten Endes gefällt es beiden, wenn alles glattläuft, auch auf die Gefahr hin, daß es ewig das gleiche ist.

Jungfrau – Löwe

Eine im wesentlichen intellektuelle und vernünftige Beziehung. Der Löwe hätte es lieber, wenn die Jungfrau mehr Schwung und Begeisterung zeigte und das Leben weitherziger betrachtete. Die Jungfrau bewundert den Löwen und unterstützt ihn, und dadurch eröffnet sich ihr eine neue Dimension.

Solange die Jungfrau die Überlegenheit des Löwen akzeptiert, sein Image stärkt und solange sie ihm materielle Sorgen fernhält und er sich nicht um Alltäglichkeiten kümmern muß, geht alles gut.

Jungfrau – Jungfrau

Eine rein intellektuelle Beziehung, die auf der Arbeit und dem Verstand basiert. Dadurch kann sie aber sehr lähmend werden, es besteht die Gefahr zu ersticken. Sie leben einer durch den anderen, einer mit dem anderen, und doch jeder für sich.

Wenn man sie in eine Ehe einsperrt, geht diese nicht sehr gut, und sie träumen davon, daß ein Dritter kommt, um sie aus dieser Konfusion zu befreien. Obwohl sie ihn gleichzeitig abwehren. Schließlich finden sie sich mit ihrer Lage dann aber doch besser ab, als die Kritik aus ihrer Umgebung vermuten läßt.

Jungfrau – Waage

Die Waage haßt Ernst und Strenge der Jungfrau. Der Jungfrau hingegen gefällt das feine Empfinden der Waage sehr, und sie kann ihr zu dem Gleichgewicht verhelfen, das sie braucht. Da sie sich wenig zu sagen haben, sehen sie sich meistens stumm und starr an.

Liebe und Verständnis scheinen in diesem Panorama zu fehlen. Das ist eine Beziehung, die sich nicht bewährt.

Jungfrau – Skorpion

Die Jungfrau beherrscht sich. Der Skorpion hat trotzdem eine aufreizende Wirkung auf sie, und sie möchte gern wissen, wie dieser Reiz zustande kommt und ihn bändigen, aber sie wird Geheimnisse nie so gut verstehen wie der Skorpion. Geheimnisse entgehen ihr, der Skorpion profitiert davon.

Eine quälende und entschieden sadomasochistisch gefärbte Verbindung, aber bedeutungsvoll, konstruktiv und aufschlußreich wie der Urmythos, für den sie ein Beispiel ist. Dank des Skorpions könnte die Jungfrau anfangen zu leben: ein sexuelles Wunder!

Jungfrau – Schütze

Es besteht eine echte Anziehungskraft, auch wenn sie sich die nicht erklären können. Der Schütze ist für die Jungfrau zu großzügig, die sich verloren fühlt oder sich ärgert. Am Ende ist sie noch frustrierter.

Der Schütze könnte möglicherweise damit einverstanden sein, die Jungfrau zu beschützen. Diese könnte möglicherweise dazu bewegt werden, die Lust des Schützen, immer wieder auszubrechen, besser zu verstehen. Alles in allem viele Möglichkeiten und wenige Wahrscheinlichkeiten.

Jungfrau – Steinbock

Wenn sie sich darauf beschränken, ihr Geld zusammenzuwerfen, funktioniert es – eine gewisse Zeit. Wenn sie ihre Frustrationen, ihren Moralismus und ihre Prüderie miteinander teilen, ist das die Eiszeit, weil irdische Vergnügen und Liebesfreuden, die sie gemeinsam erleben sollten, durch die beiderseitige Zurückhaltung unmöglich werden.

Am besten verstehen sie sich in Alltagsproblemen und ohne Worte. Die Emotionen überrollen sie und bringen sie so einander näher. Zwischen den beiden Berghängen gibt es also doch ein zartes, empfindsames Tal für eine liebevolle, ruhige, friedliche und beständige Freundschaft.

Jungfrau – Wassermann

Der Verstand – beim Wassermann eindeutig, bei der Jungfrau weniger eindeutig – und die Vorstellung, anderen helfen zu wollen, bringen sie einander zweifellos näher. Sie verstehen sich oft gut, geben sich gegenseitig Sicherheit und können voll Vertrauen zusammen etwas aufbauen.

Sie verstehen sich zwar verstandesmäßig und auch in der freundschaftlichen Liebe, aber alle anderen Gefühle müssen sie noch zusammen entdecken. Die positiven Seiten entwickeln sich besser, wenn die Frau Jungfrau ist.

Jungfrau – Fische

Am Anfang ist die Entwicklung sehr erfreulich. Die Jungfrau verankert den Fisch in der Wirklichkeit und gibt ihm irdischen Halt. Der Fisch öffnet die Jungfrau der Sinnlichkeit und bedingungslosen Hingabe, und sei es auch nur, weil er ihr immer wieder entschlüpft.

Sie sollten diese guten Aspekte genießen, ehe sich jeder wieder in sein eigenes Universum zurückzieht, doch sind Kontakte auch dann nicht ausgeschlossen, im Gegenteil! Man kann sich finden, sich verlieren und erneut wiederfinden – und das endlos.

Berufliches und gesellschaftsorientiertes Leben

Arbeit, Ernsthaftigkeit und Hingabe

Sie sind wachsam bei sich selbst und anspruchsvoll bei anderen. Sie lassen niemals von ihrer Kritik ab, ihrer scharfen Beobachtungsgabe und ihrem Verstand, der im Beruf und auf sozialem Gebiet Wunder vollbringt. Es gibt viele Jungfrauen, die einen großen Teil ihres Lebens der Arbeit widmen und ihrem Ehrgeiz, es zu etwas zu bringen und Erfolg zu haben.

Auf keinem anderen Gebiet können sie von ihrer Vernünftigkeit, ihrem Sinn für das Praktische und Konkrete und gleichzeitig auch von ihrem bewundernswerten logischen Verstand und ihrer angeborenen Fähigkeit, sich ausdrücken und etwas übermitteln zu können, soviel profitieren. Wenn sie einmal ihr Gebiet und ihre Partner gewählt haben, versuchen sie, ihr Territorium so erfolgreich wie möglich zu verwalten. Sie stecken es genau ab, damit es keine Übergriffe gibt. Die in diesem Zeichen Geborenen lieben das Unvorhergesehene nicht und brauchen Vertrauen, um sich zu entwickeln und ihre Einsatzbereitschaft und ihren Sinn für wirksame Zusammenarbeit zu beweisen.

In dieser Beziehung leisten sie Hervorragendes. Einen Mangel an Gemeinschaftsgeist kann man ihnen nicht vorwerfen. Sie organisieren ihr eigenes Umfeld gut – jedes Ding ist an seinem Platz, alles so rationell und funktionell wie möglich –, aber sie sind nicht dazu geschaffen, sich zu bewegen, allein zu entscheiden und unabhängig zu sein. Sie sehen sich gern als nützliches Glied einer Kette und tun alles, um sich ihrer Stellung würdig zu erweisen. Ihre Bereitschaft, sich für die Gruppe einzusetzen und sich um deren Wohl zu kümmern, ist sehr groß und wird von allen anerkannt. Man kann sich auf sie verlassen, Unmögliches von ihnen wollen und jede Menge Überstunden verlangen – sie machen ihrem Ruf, ein Arbeitstier zu sein, alle Ehre, und selbst wenn sie übertreiben, ist es für die Allgemeinheit immer noch nützlich.

Sie brauchen die Anerkennung der anderen mehr, als sie zugeben, doch vor allem ist ihnen wichtig, mit sich selbst zufrieden zu sein und das Gefühl zu haben, ihre Aufgabe gut gemacht zu haben. Lorbeeren, wenn sie welche bekommen, hindern sie aber nicht daran, an sich zu zweifeln oder alles noch besser machen zu wollen, noch genauer, noch sorgfältiger, noch richtiger. Für Schmeicheleien, Ehrungen und Repräsentation sind sie zwar sehr zugänglich (jedenfalls mehr, als sie sagen), doch halten sie sich nicht weiter damit auf und bleiben trotz allen Ruhms demütig.

Und doch – sie machen zuviel. Sie verwalten, organisieren, teilen ein, denken an alles und enden schließlich bei einer lästigen Detailbesessenheit und stellen zu viele Ansprüche, alles Zeichen für einen Persönlichkeitskomplex und eine tief verwurzelte Unsicherheit, die sich in Eigenbrötelei, Vogel- Strauß-Politik und unerwartetem, deplaziertem Herrschaftsanspruch ausdrücken. Die meiste Zeit unterstehen sie einem Vorgesetzten, und dann sind sie hervorragend und geben sich Mühe, perfekt zu sein. Aber wenn sie selbst das Steuer in die Hand nehmen müssen, fühlen sie sich äußerst unbehaglich und kompensieren dies durch Übertreibung und ein falsches und angepaßtes Verhalten. Das Gefühl für menschliche Beziehungen gehört jedenfalls nicht zu den Qualitäten der Jungfrau, die von Emotionen, die sie nicht analysiert, überschwemmt und von einer objektiven äußeren Welt überrollt wird, die sie zuallererst einmal beherrschen und zähmen will. Aber die Menschen haben weder etwas von einem Plan noch von einem Rechenschieber an sich. Psychologischer Scharfsinn fehlt den in diesem Zeichen Geborenen völlig.

Im Team, in dem sie arbeiten, werden sie daher mehr oder weniger gut akzeptiert. Entweder man schätzt sie wegen ihres Humors, ihres Witzes, ihrer Hilfsbereitschaft, oder man ist über ihre besorgte und pingelige Art verärgert. Entweder voll und ganz das eine oder das andere, das hängt von den Leuten um sie herum und ihrem eigenen inneren Entwicklungsstadium ab. Auch wenn man heute dauernd von »selbständig denkenden Menschen« spricht, hat man meistens Leute lieber, die sich anpassen und einer Sache verschreiben können, auch wenn die ihrer persönlichen Art nicht entspricht.

Die Jungfrauen haben Erfolg durch ihre Fähigkeit, sich zu spezialisieren, wegen ihrer Geduld, ihrer Konzentrationskraft und ihres analytischen Verstandes. Auch wegen ihrer Logik, ihrer Sparsamkeit, Tüchtigkeit, der Begabung, auf lange Sicht das geringste Risiko einzugehen, ihrem Gefühl für die richtigen Partner und Mitarbeiter. Ihre Mißerfolge verdanken sie ihrer Unbeugsamkeit, einer tiefen Unfähigkeit zur Kommunikation und einem unangepaßten Gefühl für menschliche Beziehungen, einer Neigung zur Mißachtung der eigenen Person (und folglich auch der anderen), einer scharfen Kritiksucht, ihrer Reserviertheit und einer Tendenz, alles kleinzumachen und zu begrenzen.

Berufe der Jungfrau

Verwaltung und Finanzen: Gebiete, für die die Jungfrau besonders geschaffen ist. In Wirtschaft und Buchhaltung – gleichgültig, auf welchem Niveau und auf welchem Posten – kann sie ihre angeborenen Qualitäten einsetzen: Bankfachmann, Vermögensberater, Buchhalter, Versicherungsagent, Finanzberater, Experte für komplizierte Finanztransaktionen, Budgetverwalter.

Sekretariat, Assistenz: Behauptet man nicht immer, die Jungfrau sei die beste Sekretärin? Mit vollem Recht und unbestritten. Tüchtigkeit, Pflichtbewußtsein, Findigkeit, Logik, Sorgfalt, Diskretion, Anpassungsfähigkeit – all diese Eigenschaften sind bei ihr vereint.

Marketing und Werbung: Auch ein Gebiet, das für die Jungfrauen reserviert ist, wie für alle, die Merkur unterstehen. Ein Konzept erarbeiten, einer Sache auf den Grund gehen, den Publikumsgeschmack analysieren (für Kauf und Verkauf) und die Absatzanalyse sind ihre persönlichen Jagdgründe, und sie geben großartige, detaillierte und genaue Ratschläge auf diesen Schlüsselgebieten der heutigen Weltwirtschaft. Psychologen sind sie keine, und das Bewußtsein dafür erwacht nur langsam, wenn überhaupt. Deshalb umgeben sie sich mit den entsprechenden Fachleuten, sind aber ein wenig eifersüchtig auf sie. Überall, wo es um Handel und Gewerbe geht, kann man Jungfrauen bedenkenlos einstellen.

Schreiben und Geschriebenes: Wenn sie nicht in der Finanzwelt oder Kommunikation arbeiten, findet man Jungfrauen in Berufen, die mit Schreiben zu tun haben, wie Verlage, Redaktionen. Nicht nur, weil sie eine Begabung haben, sich mitzuteilen, sondern auch, weil Verlage der Ort sind, wo man sich, auf dem Umweg über das Geschriebene, mit bestimmten Gebieten beschäftigen kann, ohne das Risiko, das alles leben zu müssen. Schreiben heißt, es nicht leben zu müssen, ist praktisch das Gegenteil davon. Hinzu kommt die verrückte Vorstellung, daß das Geschriebene (man schreibt mit Herzblut) menschliche Materie ist, die man in eine Ware verwandelt.

Jungfrauen findet man als Lektoren, Korrektoren, Schlußredakteure, Herstellungsleiter, Bildbeschaffer und so weiter, auch als Bücher- und Zeitschriftenvertreter und in der Verkaufsleitung.

Medizin und Krankenpflege: Pflegen, heilen, vorbeugen und helfen – diese Begriffe sind für die in diesem Zeichen Geborenen sehr wichtig. Man findet sie in Mengen in der Welt der Medizin, als Ärzte, aber auch als Krankenpfleger, Hilfsschwestern, Hebammen, Apotheker, Apothekergehilfen und immer mehr auch in der Alternativmedizin als Gesundheitsberater, Masseure, Ernährungsspezialisten, Physiotherapeuten, Homöopathen, Heilpraktiker, Aromatherapeuten und so weiter. Unverhältnismäßig vieles, was sich heutzutage in den verschiedenen Gruppen der mehr oder weniger mystischen und metaphysischen »Heiler« entwickelt, gehört dem Zeichen der Jungfrau an, vor allem in der Generation der zwischen Vierzig- und Fünfzigjährigen.

Humanitäre und soziale Berufe: Selbstaufopferung, Mitgefühl und Hilfsbereitschaft, Selbstbeherrschung und der Wunsch, in einem sozialen Umfeld und für die sozial Benachteiligten zu arbeiten – dies alles veranlaßt die in diesem Zeichen Geborenen, bei humanitären Aktionen mitzuarbeiten, bei karitativen Organisationen, in Adoptionszentren und bei religiösen Missionen, immer tüchtig und meist an der Basis stehend.

Gesundes Leben: Die Ernährung ist ein neuralgischer Punkt des Zeichens. Jungfrauen findet man in alkoholfreien Cafés, Diätrestaurants, in Reformhäusern, als Ernährungsberater, vor allem für Kinder, und oft leiten sie Kur- und Rehabilitationszentren.

Begegnung mit dem Göttlichen in uns

Der Sinn für das Göttliche bei der Jungfrau

Als Zeichen des Ewigmenschlichen steht die Jungfrau vor den spitzfindigsten und verwirrendsten Fragen über den göttlichen Teil des Menschen und seine Beziehung zum Glauben. Etwas, das viel größer und stärker ist als sie selbst, reizt und beschäftigt sie, ganz gleich, auf welcher Ebene und entsprechend dem Bewußtseinsstand und der spirituellen Dimension, zu der sie Zugang haben kann. Fest steht jedenfalls, daß diese spirituelle, ja sogar mystische Komponente für das Zeichen eine Suche darstellt, einen Gral.

Die Tatsache, daß sie diese Komponente auch im Alltag lebt, bringt eine ganz andere Problematik mit sich. Als bewegliches Zeichen, an das Kreuz des gewöhnlichen Menschen gekettet, der seine Arbeit erledigen und seine täglichen und materiellen Pflichten wie die anderen beweglichen Zeichen (Zwillinge, Schütze, Fische) bewältigen muß, lebt die große Mehrzahl der im Zeichen Jungfrau Geborenen offensichtlich ein Leben der »Prüfungen«.

Auf vielen Ebenen – vor allem bei der Familie und der physischen Gesundheit – sind Schmerz, Mut und damit die Notwendigkeit zu kämpfen im Alltag stets gegenwärtig. Wenn die Jungfrau den Sinn aller dieser Prüfungen nicht begreift, dieses Kampfes gegen die Materie, in dem sie besser ist als alle anderen, der Verluste, die sie befürchtet, weil sie den Eindruck hat, daß sie immer arbeitet, ohne selbst etwas davon zu haben (was stimmt), und das Entsetzen darüber, was in ihrem Leben und in ihrem Körper geschieht, ohne daß sie es vorhersehen, organisieren oder wenn möglich aufhalten kann – wenn sie den Sinn von all dem nicht begreift, bleibt das großartige Zeichen der Jungfrau für immer in seinen Schmerzen und seiner Mühsal, in seinem Unglück und seinem etwas masochistisch gefärbten Klagen stecken, kritisch, unzufrieden und vor allem ohne Aussichten, noch Weitblick.

Die Reinheit kann man nur in sich selbst finden. Die Liebe ist die Aufgabe zu empfangen, zu nähren und wieder abzugeben, und unter diesem Blickwinkel betrachtet, ist das Geschenk des Lebens nicht Eigentum des Menschen, schon gar nicht das der Jungfrau. Das Wunder des Lebens ist ein Augenblick, der nicht andauert. Wie ein Kelch (der Gral) eine vorübergehende Berührung mit dem Ewigen symbolisiert, hat die Jungfrau die Aufgabe, ein Hort (ein Altar) für das Göttliche zu sein.

Dienen, helfen und Mitgefühl haben sind die besten Möglichkeiten für dieses Zeichen, wie es das Göttliche ausdrücken kann, und darin leistet es Hervorragendes.

WAAGE

23. September–22. Oktober

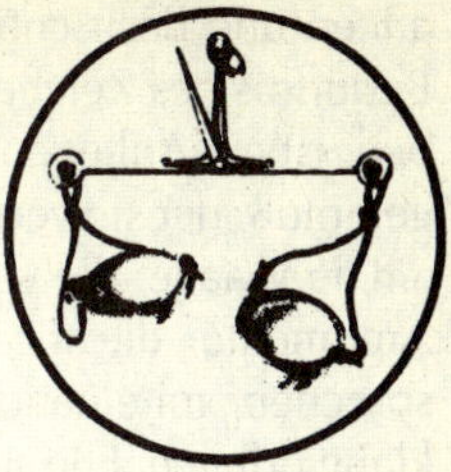

Ich gleiche aus, sagt der Hund.
Der Himmel befiehlt mir,
eure Sorgen anzuhören,
eure Schmerzen zu lindern.
Ich bin der Hüter der Gerechtigkeit,
Angst kenne ich nicht,
und meine Seele kennt keine Ketten.
Rechtschaffenheit und Ehre zu schützen
gibt meinem Leben Sinn.

Gerechtigkeit, Vollkommenheit und Weisheit – das sind die drei Schlüsselworte für das Zeichen Waage, dem in der chinesischen Astrologie der Hund entspricht. Diese Gebote sind eine Notwendigkeit und gleichzeitig auch eine große Herausforderung, denn für das Gleichgewicht sorgen zu müssen, macht die Waage auch nachdenklich, anspruchsvoll und viel unnachgiebiger und entschlossener, als man glaubt, zumindest von dem Augenblick an, da sie klar danach zu forschen beginnt.

Die Notwendigkeit dazu ergibt sich aus der Tatsache, daß das Zeichen auf die Jungfrau folgt, die als letzte sich zurückhält und den Lauf der Zeit anhalten will.

In der Waage ist Zurückhaltung nicht mehr geboten. Jetzt ist die Stunde des Sichtens und Sortierens gekommen, die dem endgültigen Leermachen im Skorpion vorangeht und durch die die Auferstehung eingeläutet werden kann. Man muß also abschließend ans Werk gehen, und es bleibt nichts anderes übrig, als die passendste und eleganteste Methode dafür zu finden. Die Waage holt ihre Spitzenhandschuhe hervor, um dieses Sichten mit einem Maximum an Grazie zu tun und, wenn möglich, ohne sich die Hände schmutzig zu machen. Es gibt keinen Grund, einer Sache keine Form zu geben, nur weil einem die schmutzige Arbeit nicht liegt – schmutzig im Sinn des Einmischens. Die Suche nach Ausdruck und Formgebung, Nuancen und das richtige Maß zu finden, ist ein fundamentales Bedürfnis des Zeichens. Dem Inhalt die passende Form zu geben, ist ein Anliegen der Waage, mit dem sich jeder beschäftigen muß, der sie verstehen will.

Die Waage, die von der Venus beherrscht wird, möchte die Argumente, die für oder gegen den Aspekt eines Problems sprechen, miteinander vergleichen, untersuchen und in Einklang bringen. Ehe sie urteilt, muß sie notwendigerweise jeden für unschuldig halten und die Details des Falles lange und genau prüfen.

Für dieses Luftzeichen ist es nicht einfach, die Vorstellung, sich einmischen zu müssen, zu akzeptieren, ohne die ein Urteil und eine Wahl nicht möglich sind. Angeblich sind die Waagen haltlos, instabil und wenig selbstsicher, als wäre ihre Identität nur in Umrissen skizziert. Das ist sehr ungerecht, denn keiner ist wie sie besorgt um Toleranz, Mäßigung und Vereinigung, die nun zwischen Inhalt und Form, Vorderseite und Kehrseite, Menschlichem und Göttlichem, dem Individuellen und Kollektiven, dem Zufälligen und Ewigen endlich möglich wird.

Zu seinem Unglück hat dieses subtile, feine und schwierig zu lebende Zeichen eine Abscheu vor dem Ausschließlichen und dem Zwang, sich trotzdem danach verhalten zu müssen, nicht um seinetwillen, sondern weil es zum Wohl der Mehrheit besser ist.

Trauer über die Vergänglichkeit

Woher kommt diese unmerkliche abgrundtiefe Traurigkeit, die sich in der Waage festgebissen hat wie der Wurm in einer reifen Frucht? Woher kommt ihre Melancholie? Von der Jahreszeit, zweifellos. Wie schwierig diese Zwischenzeit doch ist! Es ist der Moment, in dem man körperlich am schwächsten ist. Die Herbst-Tagundnachtgleiche bringt Niederschläge, plötzliche Kälte und die letzten Sonnenstrahlen.

In diesem Klima der allgemeinen Entkräftung beginnt sich alles unvermeidlich auf den Winter hin zu verschieben, auf Kälte und Tod. Analog und unabwendbar wird auch das Bewußtsein davon durchtränkt. Und so taucht zur Herbst-Tagundnachtgleiche die Todessehnsucht der Waage auf und kündet damit den Herbst der Lebensenergie an, aber auch des Bewußtseins und der Seele des Menschen. Sie symbolisiert den Übergang von Anfang zu Verzicht, von der Geburt des Ichs zur Geburt des Wir, von Impuls zu Zögern, von Exhibitionismus zu Hemmung, von der Vorstellung vom Ich zur Vorstellung vom Wir. Die unendliche Traurigkeit der Waage, die im Kampf mit ihren Gedanken und Zweifeln liegt, kommt von der immer stärker werdenden Erkenntnis, daß dieser Übergang unvermeidlich ist. An den Toren des Winters bleibt der Waage nichts anderes übrig, als vor dem baldigen Ende des Lebensausdrucks in seinem dynamischsten und kreativsten Aspekt zu kapitulieren. Wenn sie im Innersten zögert, so weil sie gern eine elegante und freundliche Art finden würde, wie sie in diese für ihren Geschmack zu eng abgesteckte Einbahnstraße einbiegen könnte.

Auf Erden oder im Himmel: eine unmögliche Wahl

Es kommt ein Augenblick, in dem die Dinge abgewogen und die Gewichte auf den jeweiligen Schalen des Dafür und Dagegen verteilt sind, sich ausgleichen und gleichwertig werden. Und nun ist es die Aufgabe des Menschen zu entscheiden. Tut er das tatsächlich allein, und von was hängt es ab – das ist die Grundfrage, mit der sich die Psychologie des Zeichens beschäftigt und die zu der weiteren Frage führt, wie gültig das Gesetz des Menschen gegenüber dem Urgesetz des Kosmos ist.

Die unbewußte Urdynamik des Zeichens beruht auf der Tatsache, daß es die Pflicht verkörpert, die »Seelen zu wiegen«, und das bohrt in seinem Innern. Dies ist die Ebene, auf der es die grundlegende Frage stellt. Hier sind die Zweifel, das Zögern und Hinausschieben gerechtfertigt, die man den in diesem Zeichen Geborenen so sehr vorwirft.

Denn überlegen wir einmal: Ist der Mensch – seiner Natur und seiner Vergänglichkeit nach – berechtigt, zu entscheiden und zu urteilen? Steht ihm die Wahl, die er zu treffen hat, wirklich zu, und kann er sich zu Recht zum Herrn über sein Schicksal und über das anderer Menschen aufwerfen? Die Waage möchte da nicht allein vorangehen, und doch ist sie durch den Platz, an dem sie steht, dazu gezwungen. Der Zwiespalt bleibt und ist unvermeidlich.

Das Ziel der Gerechtigkeit ist es jedoch, für das Wohl der größten Anzahl zu sorgen, zum Nachteil der Bedürfnisse des einzelnen. Dafür ist die Waage in etymologischer, mythologischer und symbolischer Hinsicht der Garant. Ihr persönliches Leben und ihr Innenleben werden geprägt und geleitet von dem Respekt für die Werte der Gesellschaft, der sie sich zu gegebener Zeit und in einem bestimmten Zusammenhang verschreibt. Dieser Vorstellung von Respekt, zusammen mit der von Ausgewogenheit, entspringt die Vorstellung des Maßes (des richtigen Maßes), gegen die die Waage um keinen Preis der Welt verstoßen würde. Die Waage ist sich dieses Schlüsselbegriffs der zivilisierten Menschheit sehr bewußt, und darauf beruhen ihre Rechte und auch ihre Pflichten.

Auf alltäglicherer und begrenzterer Ebene wird man in diesen Erklärungen die Züge wiedererkennen, die man bei den in diesem Zeichen Geborenen für typisch hält: ihr Zögern, ihr ständiges »Ausbalancieren«, ihren Hang, einen Schritt vor und zwei zurück zu machen (was nicht ohne Zusammenhang mit ihrer Tanzbegabung ist), ihre Schwierigkeit, sich in eine Situation völlig einzulassen, mit Körper und Seele, Herz und Geist.

Seite an Seite oder die wiedergefundene Einheit

Ehe und Vereinigung sind für das Zeichen Waage symptomatisch und wichtig, denn seine Weltansicht ist ganz offensichtlich um die Vorstellung von der Verbundenheit strukturiert. Die persönliche Existenz wird in der Zurückgezogenheit aufgebaut, sich ein soziales Umfeld zu schaffen, bedeutet dagegen die Vereinigung – in sich oder neben sich – mit einem ergänzenden männlichen oder weiblichen Pol, oder eine entsprechende Umpolung.

Die Ambivalenz der Waage (die von der Venus beherrscht wird, also eine feminine energetische Dimension hat) drückt sich einerseits durch die Substanz und die Seele aus und andererseits als Luftzeichen (also maskulin) durch die Essenz und den Geist. Liegt darin nicht letzten Endes die Chance, wieder wie das Urbild Hermaphrodit zu werden (gleichzeitig Sohn und Tochter von Aphrodite)? Dieses Wort bedeutet **bi** (doppelt, zweifach), aber vor allem auch **ganz.** Wer, wenn nicht der Hermaphrodit, vereinigt die beiden Pole in sich und kann auf die vollzogene Einheit Anspruch erheben?

Von der Venus beherrscht und als Luftzeichen integriert die Waage diese doppelte Polarisierung mehr als alle anderen Zeichen. Man muß also zwei sein, um wieder eins zu werden, und sich um den anderen bemühen, um wieder sich selbst zu werden.

Unparteilichkeit und die goldene Mitte

Die in diesem Zeichen Geborenen haben das Verlangen, gerecht und unparteiisch zu sein und nicht nach äußeren Kriterien zu urteilen, die allein von den Sinnen diktiert werden. Gemäß ihren Moralvorstellungen sind sie der Meinung, daß der Mensch es sich schuldet, seinen Verstand zu überwachen und seine Leidenschaften durch den Verstand zu lenken. Sie tun alles nur Mögliche, um nicht die goldene Mitte verlassen zu müssen, die sie immer sofort wählen. Gewalt, auf Unterdrükkung beruhende Beziehungen (bei denen Respekt, Gleichgewicht, Freiheit und die Möglichkeit, als zwei verschiedene, aber gleiche Partner zusammenzuleben, fehlen), Manipulation und Extremismus, der Bewußtsein und Intelligenz des einzelnen mißachtet – kurz, jede Erinnerung an ein Steinzeitalter der menschlichen Zivilisation, jede Perspektive einer Welt, die mit eben vom Baum gefallenen Wilden bevölkert ist, ist für sie ein absoluter Horror. Gleichzeitig kann sie das auch erregen wie ein kurzer Kitzel, eine Ausnahme, die die Regel der Unparteilichkeit bestätigt.

Dieser innere Kampf zwischen den Aufwallungen der Sinne und der Gewißheit, daß sie vergänglich sind und einen in die Irre leiten können, wird täglich erlebt. Deshalb ziehen es die Waagemenschen letztlich vor, gar nichts mehr anzufassen, oder alles nur noch mit der Pinzette, ohne wirklich bis zum Kern einer Sache vorzudringen. Oft hat ein Partner den Eindruck, letzten Endes wenig respektiert und nicht als einzigartig betrachtet zu werden, weil dieselbe Regel für Höflichkeit und Anstand auf alle angewandt wird. Mit allen freundlich zu sein bedeutet, es am Ende mit keinem mehr zu sein.

Am schlimmsten ist, daß die Waagen sich selbst nicht treu sind. Um kein Urteil abgeben und sich nicht in eine einzelne Beziehung einlassen zu müssen, wenden sie die scharfen, überstrengen Gesetze der Gesellschaft an, der sie angehören. Die Auswahl wird mit der Motorsäge getroffen, ohne Rücksicht, ohne jedes Zögern. Achtbarkeit und Repräsentation finden bei der Waage ein starkes Echo.

Wozu sind sie nicht bereit, um die schwarzen Schafe auszusondern, die sich nicht in die Gruppe einordnen lassen wollen, oder, noch schlimmer, sie verunsichern könnten! Die in diesem Zeichen Geborenen wissen, daß sie, um in dieser Welt zu leben, schließlich ein Lager wählen und das andere ausschalten müssen, sei es, daß sie es übersehen oder es ihnen gleichgültig ist (oder schlimmer, daß sie es vernachlässigen) – ohne Zusammenstöße, ohne Brüskierung, aber nach unerbittlichen Regeln, mit eherner Hand geschrieben.

Der unvermeidliche Zwang zu wählen ist für das Leben der Waagemenschen, die das Vergnügen so sehr lieben, eine Katastrophe. Die Waage hat die Eigenschaft, eine direkte Auseinandersetzung zu vermeiden und nicht mehr Kraft als nötig aufzuwenden. Die Wahl muß also mit aller Freundlichkeit geschehen, nicht mit Druck. Wie schwer lastet das Unbewußte letzten Endes auf diesem schönen Zeichen! Es manifestiert sich durch eine Art tiefer Melancholie, einer vagen, aber hartnäckigen Traurigkeit, die den strahlenden Blick dämpft und die Gesten schwächt.

Die Vereinigung, die Aussöhnung (des Menschen mit seinem Gegenpol, der Seele mit dem Geist, des Inhalts mit der Form, des einzelnen mit der Gemeinschaft, des Irdischen mit dem Kosmischen) und das endgültige Einssein eröffnen ihm die lobenswertesten Perspektiven. Auf diesem Gebiet brilliert die Waage und erhebt sich in den Rang eines einzigartigen Kunstwerks.

Die Waage verstehen

Die Grundstruktur

Männliches Zeichen
Die männliche Polarisierung erhöht, wie es astrologisch heißt, die aktive, wegweisende, kreative, strukturierende und schützende Komponente. Es sind bedeutende Yang-Eigenschaften, Ausdruck des trockenen, heißen Tagesprinzips. Daraus erwächst die Disposition zu leiten, zu entscheiden, voranzugehen, zu beanspruchen und schließlich auch zu teilen, um zu herrschen, und weniger die Qualitäten zu empfangen, zu verstehen, zu versöhnen, sich zu mäßigen und zu behalten oder sogar sich zurückzuhalten. Es bedeutet weiter, daß das Zeichen von den Männern meistens besser gelebt wird als von den Frauen, denn deren Eigenschaften ermöglichen ein besseres Gleichgewicht zwischen der Polarisierung des Zeichens und dem sexuellen Pol der Persönlichkeit, obwohl dies bei der Waage wegen ihrer venusischen Komponente nicht so eindeutig ist.

Denn wegen der latenten und auch gewollten Zwitterhaftigkeit des Zeichens, die sich durch die geschlechtslose Dimension des Geistes ergibt, erleben Waagemänner und -frauen es oft auf die gleiche Weise. Ihr Unbewußtes ist von der Suche nach der wiedergefundenen hermaphroditischen Einheit geprägt und davon, daß sie dank der Reintegration von Animus und Anima gleichzeitig Mann und Frau sein können. In diesem Rahmen erweisen sich die **Frauen** des Zeichens oft reifer, selbständiger, strukturierter und dynamischer, auch wenn sie angeblich komplizierter sind. Die **Männer** haben den mehr oder weniger begründeten Ruf, instabil und unverbindlich zu sein und einen Fluchtkomplex zu haben, der ihnen aber wegen ihrer einzigartigen Waffe verziehen wird: Sie beherrschen die Kunst, auf unnachahmliche Weise alles zu verführen, was sich bewegt.

Luftzeichen

Wie Zwillinge und Wassermann gehört die Waage zum Element Luft, was ihre intellektuellen Fähigkeiten und ihr logisches Denken erhöht und auch ihr Bedürfnis, sich zu bewegen, sich zu verändern und schnell und geschickt von einer Sache zur anderen überzugehen. Die Luft ist ein Vehikel, ein Übertragungskanal, der vor allem für die Verbreitung des Feuerelements sorgt. Wenn Leben dank der Befruchtung der Erde durch Wasser entsteht, dann ist das geschaffene Leben vom Feuer in seiner ganzen Ausdehnung gezeichnet. Doch damit das Leben überall gedeiht, muß die Luft eingreifen und es auf der ganzen Erde und unter den Menschen verteilen und verbreiten.

Kardinalzeichen

Wie Widder, Krebs und Steinbock ist die Waage ein Kardinalzeichen und hat damit die Aufgabe, einen neuen Zyklus einzuleiten. Diese Zeichen werden noch von dem vorangegangenen beeinflußt, weil sie die Jahreszeit eröffnen, zu der sie gehören. Deshalb ist für sie typisch das Bedürfnis nach Entwicklung und Umwandlung, ein unruhiges inneres – oder äußeres – Leben und der Charakter des Pioniers, Kundschafters und Wegbereiters. Man könnte auch sagen, daß sie noch auf der Suche nach sich sind, weil sie sozusagen erst im Entwurf vorhanden sind, im Gegensatz zu den festen Zeichen, die die Fülle des Elements symbolisieren, zu dem sie gehören. Interessant zu wissen ist, daß das Wort *cardinal* aus dem Lateinischen stammt und soviel bedeutet wie Türangel. Deshalb sind die Kardinalzeichen das Zeichen des Einzuweihenden, des Schülers, der im ersten Stadium seines Werdens ist.

Sanguinisches Temperament

Daß die Nervenbelastung bei diesem Zeichen eine bedeutende Rolle spielt, ist nicht erstaunlich. Sie macht die Waage vor allem schizothym, das heißt, sie liegt im Kampf mit ihrer inneren Zerrissenheit und dem Spiel mit dem Spiegel, die sie destabilisieren und in die Hölle des Zweifels und der latenten und permanenten Selbstkritik stürzen. Die innere Gespaltenheit läßt sie zwischen chronischer Unentschlossenheit (weil keine Lösung wirklich ideal ist) und einer trotzdem starken und spontanen Äußerung ihres Willens und ihrer Intelligenz schwanken. Dadurch kann ein Klima der Spannung, wenn nicht sogar der Unaufrichtigkeit entstehen, ein Beweis für die ständige Anspannung, unter der die in diesem Zeichen Geborenen im allgemeinen stehen. Sie kann große Konsequenzen für die Harmonie ihrer Gefühlswelt und für die Dauerhaftigkeit ihrer Beziehungen haben. Wie für alle nervösen Menschen empfiehlt sich eine gewisse innere Toleranz und eine rigorose Suche nach dem, was echt ist, Disziplin und eine Ausrichtung auf das, was ihnen wesentlich zu sein scheint. Für die Waage sind dies alles schwierige Dinge, vor allem, wenn der Planet Venus, die Herrscherin des Zeichens, im Horoskop schlecht aspektiert ist.

Die Sterne der Waage

Das **Kreuz des Südens:** Ein seltsames Sternbild, das seit der Zeit der Kreuzigung (damals war es ganz deutlich über Jerusalem zu erkennen) im Westen nie mehr gesehen worden ist. Man könnte sagen, das Kreuz zieht sich zurück, nachdem es seine Botschaft an die Menschen überbracht hat . . .

Der **Wolf:** Jahrhunderte hindurch hat der Kopf des Wolfs den Eingeweihten symbolisiert, aber es ist der Kopf eines sterbenden Wolfs. Die Natur des Wolfs hat bisher die Natur der Seele verschlungen und liegt jetzt, symbolisch gesehen, im Sterben, denn wenn der Mensch sein Gleichgewicht erlangt, sterben Aktivität und Macht des Wolfs.

Die **Krone:** Es ist die Krone, die dem Menschen gereicht wird, der im Zeichen der Waage arbeitet. Das Symbol beruht auf der Geschichte der Ariadne und ihrem mütterlichen Aspekt. Ihr wurde von Bacchus eine Krone mit sieben Sternen gegeben, Symbol des zweiten Aspekts der Göttlichkeit, das die Materie als Ausdruck des göttlichen Gedankens verherrlicht.

Wie alles andere sind auch die Sternbilder im Zeichen der Waage schwer zu verstehen und erfordern eine große Einfühlsamkeit, wenn man sich ihrem Geheimnis nähern will. Trotzdem ist es wichtig, die Botschaft, die hier geschrieben steht, zu erkennen, denn wenn man die Waage versteht, führt das dazu, wichtige Geheimnisse zu entdecken, bei denen es immer um die Notwendigkeit geht, Geist und Materie ins Gleichgewicht zu bringen.

Die Wölfin ist ein Symbol der Einweihenden, und in dieser Funktion säugt sie Romulus und Remus. Der heilige Franziskus von Assisi suchte sich den Wolf aus, um ihn durch seine Liebe und sein Gefühl der Verbundenheit mit ihm zu zähmen – oder genauer gesagt, zu lernen, sich vom Kreuz der Materie zu befreien. Nun wird man die »Sterne« besser begreifen, die die Waage leiten.

Mythologie

Die Symbolik der Sieben

Das Zeichen Waage steht an siebter Stelle des Tierkreises, und das ist natürlich kein reiner Zufall. Bei einer Zeitperiode, in deren Verlauf Gerechtigkeit und die Harmonie einer verwirklichten Perfektion angestrebt werden, kann die Waage an keinem anderen Ort stehen.

Die Sieben symbolisiert hauptsächlich die Vollendung eines Zyklus und daher auch den Anfang eines neuen. Für den Rhythmus des Tierkreises ergibt das einen Sinn, denn der Widder (der der Waage gegenüberliegt) beginnt den Zyklus und signifiziert den Beginn des Aufbaus der menschlichen Individualität, durch das, was er auf Erden leistet. Der Übergang von der Eins zur Sieben stellt also die Vollendung einer ersten Umdrehung dar, die im Löwen kulminierte und in der Waage zur Reife kommt, denn die Verklärung wird erst im Skorpion stattfinden.

Man gelangt also vom Ich zum Uns, von der Indifferenziertheit zur Dualität, vom einzelnen zur Gesamtheit. Außerdem geht es darum, sich über die Vollkommenheit seiner Seele Rechenschaft zu geben, im Hinblick auf alle Handlungen, die im Verlauf des jetzt zu Ende gehenden Zeitabschnitts unternommen wurden, um das Selbst aufzubauen.

Diese Vorstellung von Vollendung, Perfektion und Harmonie wird durch den Umstand bestätigt, daß die Sieben die Basis aller bedeutenden Zyklen der Menschheit ist. Sie ist ein in sich abgeschlossener Einweihungszyklus, der sich auch in den sieben Tönen der Tonleiter findet, den sieben Farben des Regenbogens, den sieben kosmischen Ebenen, den sieben universalen Vibrationen, den sieben Chakren und den sieben Wochentagen.

Auch der Rhythmus der Pulsation des menschlichen Lebens beträgt sieben Jahre: Sieben Jahre bis zum Alter der Vernunft, zum Beispiel, sieben Jahre ist das Alter, in dem man sich in die Gemeinschaft und auf dem Umweg über die Einschulung in die Gesellschaft integriert (in vielen Ländern kommen die Kinder erst mit dem vollendeten siebten Lebensjahr in die Schule) – alle diese Begriffe (Vernunft, Sozialisierung, Gleichgewicht und Erkenntnis) verweisen direkt auf die bedeutenden Beiträge der Waage.

Wenn man berücksichtigt, daß sieben aus vier und drei entsteht, und weiß, daß die Vier die Ziffer der Erde mit ihren vier Himmelsrichtungen ist und die Drei die Ziffer des Himmels, des ganzen Universums, stellt die Sieben die Zahl der Öffnung auf das große Ganze, der möglichen und harmonischen Entsprechung von Himmel und Erde, mit einem ausgeglichenen Austausch der spirituellen und materiellen Werte, dar.

Die Sieben ist das Symbol der kosmischen Perfektion, weist aber gleichzeitig auch auf den kosmischen Rhythmus selbst hin, das heißt, auf das Gleichgewicht des Sonne-Mond-Systems, von dem das irdische Leben vollkommen abhängt. Es ist nie gelungen, den Wochenrhythmus im Kalender abzuschaffen, trotz aller Versuche, die Zeiteinteilung sozusagen praktischer zu machen, denn auch unser eigener Zellrhythmus beruht darauf, wie der aller lebenden Geschöpfe, der Tiere, der Pflanzen und der flüssigen und atmosphärischen Strömungen. Das Leben folgt dem Rhythmus des Mondes in allen seinen Phasen und in bezug auf seine Begegnungen mit der Sonne. Völlig normal also, daß die Sieben als das Zeichen der kosmischen Zeit betrachtet wird, der Zeit, die die ganze Entwicklung des Seins bestimmt.

Stärken und Schwächen der Waage

Die Stärken

- Biegsamkeit, Anpassungsfähigkeit, Leichtigkeit, Feinheit
- Geselligkeit, Gemeinschaftsgeist, Extrovertiertheit
- Gefühl für Gleichgewicht, Gerechtigkeitssinn
- Harmonie, Schönheitssinn, Raffinesse, Eleganz
- Angeborener Kunstsinn und Kreativität
- Unterscheidungsvermögen, Moral, Toleranz, Mäßigung
- Gabe zu vermitteln, Kompromisse zu schließen und Zugeständnisse zu machen
- Intelligenz, Subtilität, geistige und verbale Wendigkeit
- Wille, den richtigen und positiven Aspekt einer Situation zu finden
- Liebevolles Temperament, Achtung vor dem anderen
- Sinn für Nuancen und Menschlichkeit

Die Schwächen

- Indolenz, Trägheit, Laxheit, Verantwortungslosigkeit
- Hält sich gern aus allem heraus und läßt andere im letzten Augenblick im Stich
- Manierismus, Affektiertheit, Geziertheit
- Opportunismus, Falschheit, Heuchelei
- Charakterschwäche, Unzugänglichkeit, Flachheit
- Ausschweifung, Vergnügungssucht
- Unmoral, Unbeständigkeit, Untreue
- Chronische Unschlüssigkeit, Bindungsangst
- Konformismus, Abhängigkeit von der Meinung anderer, Sektierergeist
- Egoismus, Menschenverachtung, Kritiklust
- Prätention, Leichtsinn, Oberflächlichkeit

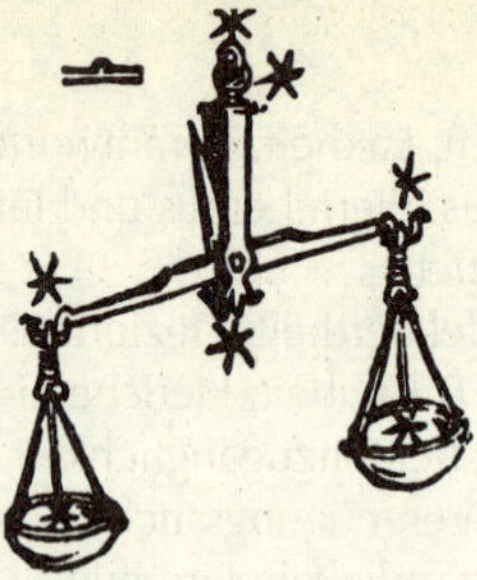

Die Aszendenten der Waage

1. Waage – Aszendent Widder

Mehr als alle anderen Zeichen sehnen sie sich nach Vereinigung, nach geteilten und aufbauenden Gefühlen, nach Harmonie und Herzensfrieden. Doch ihr sehr bewegtes und widersprüchliches Innenleben begünstigt eine dauerhafte Partnerschaft nicht. Sie wollen den anderen vollkommen erobern und dann schnell heiraten. Vor allem die Männer, die eine gewisse Art zu drängen haben, die manchen gefällt, andere aber in die Flucht schlägt. Die Frauen setzen lieber auf die Karte der beharrlichen und wirksamen Verführung.

Die in diesen Zeichen Geborenen schleppen sich mit einer tiefen Traurigkeit herum, die sie mit ihren Grenzen konfrontiert und ihnen keine Ruhe läßt. Sie glauben, ständig eine Seite ihres Wesens auf Kosten einer anderen wählen zu müssen, und haben Angst, auf ihre Freiheit verzichten zu müssen, obwohl sie doch gerade das pausenlos anstreben. Sie sind sehr liebenswürdig und haben eine gewisse Naivität, die sie lange – und trotz allem – glauben läßt, alle Menschen seien nett und gut. Doch Vorsicht, die Schwermut überkommt sie wie eine tödliche Epidemie bei jeder Trennung und jeder durch die Liebe geschlagenen Wunde, und das passiert bei ihnen sehr schnell.

2. Waage – Aszendent Stier

Das sind Venusianer, aber eine irdische Ausgabe! Die Frauen sind schön wie die Barbiepuppen, reizend, elegant, künstlerisch, harmonisch – körperliche Schönheit, die von edlen Gefühlen begleitet wird. Die Männer sind gutaussehend, groß und leidenschaftlich. Zumindest wenn man die Dinge nur freundlich und oberflächlich betrachtet, denn alles in allem haben sie wegen ihres zwiespältigen Charakters nicht immer ein harmonisches Leben. Sie sind sehr gefühlvoll, aber auch sehr freiheitsliebend, sehr leicht verliebt, aber auch sehr verstandesbetont, sehr selbstsicher und doch immer voll Zweifel.

Idealistisch und ruhig, können sie jedoch sehr aufbrausend sein und haben fast eine Manie, sich rechtzeitig aus der Affäre zu ziehen, wenn eine Partnerschaft schwierig wird. Sie bauen auf eine Sicherheit, die sie nicht haben, und segeln mit ihren Nervenanfällen und Gefühlsausbrüchen von einer Welle zur anderen.

3. Waage – Aszendent Zwillinge

Leichtigkeit und Feinheit mischen sich hier mit Intelligenz und echtem praktischem Verstand. Egoismus ist auch dabei. Es sind Romantiker, die immer auf der Suche nach ihrem Gleichgewicht sind, das täglich durch ihren Geist ins Wanken gebracht und täglich durch ihre Gewandtheit neu erobert wird. Sie stellen die Bedürfnisse der Gruppe immer über ihre eigenen Interessen, die Wertvorstellungen der Erwachsenen sind immer Gesetz.

Sie sind harmonisch, charmant und fröhlich und wickeln alle und alles mit schönen Worten und Gesten ein. Sie haben den Kunstsinn und das Auftreten der Waage, aber auch Ungeduld und Unverfrorenheit der Luftzeichen. Sie schließen sich gern der richtigen Fahne an.

4. Waage – Aszendent Krebs

Man hält sie häufig für Künstler. Sie haben Sinn für Schönheit und Harmonie, für Höflichkeit, Lebensart und Ästhetik. Intuitiv und begabt, zweifeln sie trotzdem überall und an allem und kommen erst auf Trab, wenn man sie anfeuert – oder besser noch heiratet! Dann erwacht ein ungeahnter zentraler Zug ihrer Persönlichkeit: ihre Egozentrik.

Komödiantisch und oberflächlich, scheinen sie zu glauben, daß ihnen alles gehört. Sie lassen sich gut formen, geraten leicht in Abhängigkeit, erlangen aber rasch ihre Unabhängigkeit wieder – und sei es nur innerlich.

5. Waage – Aszendent Löwe

Ästhetik, Kunst und etwas erschaffen, das ist sehr wichtig für Waagen mit dem Aszendent Löwe. Sie sind sehr magnetisch und verführerisch, die geborenen Schauspieler, mit unerhörtem Charme. Die Frauen sind sehr umschwärmt, doch ihre Entschlußlosigkeit vergiftet ihnen und den anderen das Leben. Trotzdem leben sie ihre Veranlagung mit mehr Schwung als die Männer dieser Konstellation.

Alle brauchen Harmonie und Verständnis, glauben an die Ehe, die Freundschaft und die großen ritterlichen Ideale, auch wenn sie häufig mehr mit dem Kopf reagieren – kalt und klar – als mit dem Herzen.

6. Waage – Aszendent Jungfrau

Auch ihrem hübschen Aussehen gelingt es nicht, sie selbstsicher zu machen und zu verhindern, daß sie zweifeln. Sie möchten immer ihre vielen Komplexe überwinden und unbedingt über sich hinauswachsen – doch sie schaffen es nie ganz. Wenn sie sich doch akzeptieren könnten, wie sie sind! Aber sie hören nie auf, nach ihrer »wahren Identität« zu suchen. Ständig muß man ihnen versichern, wie gut sie ihre Sache machen.

Wegen ihrer Freundlichkeit, ihrem Sinn für Harmonie und ihrem Gruppengefühl, wegen ihrer Ernsthaftigkeit und ihrer Einsatzfreudigkeit werden sie überall geschätzt, aber wenn sie sich mit den Dingen wirklich auseinandersetzen sollen, wird es problematisch. Ihre Unbekümmertheit täuscht.

7. Waage – Aszendent Waage

Sie haben einen ausgesprochen guten Geschmack, viel Schönheitssinn und große Ungezwungenheit und Eleganz in allen Dingen und in jeder Situation. Trotzdem sind sie ständig verunsichert, alles bringt sie durcheinander, und es genügt ein Hauch, und Zweifel hängen über ihnen wie ein Damoklesschwert.

Dann, plötzlich, ohne Vorwarnung, stürmen sie voll Mut und Dynamik los und zeigen eine Charakterstärke, die man nicht bei ihnen vermutet hätte. Dann sind die Frauen entschlossen, haben Erfolg und hoffen auf die große wilde Leidenschaft. Die Männer hingegen sind dann unsicher, was sie sich aber nicht eingestehen wollen und den Umgang mit ihnen nicht gerade leicht macht.

8. Waage – Aszendent Skorpion

Ihr Charme ist undurchsichtig, ihre Sexualität groß, ihr Flirten mit Gewalt und Selbstzerstörung unleugbar. Hin und her gerissen zwischen dem Wunsch zu gefallen oder sich zerfleischen zu lassen, ängstlich, zu Depressionen neigend, haben sie nicht die Kraft, ihre Forderungen durchzusetzen. Sie scheitern, und das nehmen sie sich übel.

Auf der Gefühlsebene wollen sie zu gern leiden und suchen sich Peiniger mit einem Hang zum Perversen aus, vor allem die Frauen. Und dann passiert es plötzlich, daß sie um die Vierzig herum alle Grenzen überschreiten und dabei ihre künstlerischen und kreativen Begabungen entdecken.

9. Waage – Aszendent Schütze

Sie sind ausgeglichen, gesund und lieben die verfeinerten, aber wahren Genüsse im Leben und bei den zwischenmenschlichen Beziehungen. Im allgemeinen fühlen sie sich wohl in ihrer Haut und gewinnen durch ihren Charme, ihren Mut, ihre Tapferkeit und ihre Offenheit Sympathie. Warmherzig und verständnisvoll, wollen sie allen bei der Lösung ihrer Probleme helfen und bemühen sich dabei, gerecht und großzügig zu sein. Man erkennt sie deshalb an den vielen lahmen Enten, die sie unter ihren Fittichen haben.

Ihr Leben basiert völlig auf der sozialen, freundschaftlichen, manchmal auch der spirituellen Ebene. Sie verletzen niemals die Regeln des guten Benehmens und des Zusammenlebens. Die Frauen möchten einen Freund haben, der ihnen alle Freiheit läßt, aber ein stürmischer Liebhaber ist. Die Männer suchen eine verständnisvolle Lebenspartnerin, die mit ihnen ein gutbürgerliches Dasein führt.

10. Waage – Aszendent Steinbock

Sie sind die Herrscher über das Reich der Melancholie. Ein Nichts, das die quälenden Tiefen ihres Innern weckt, vergiftet schon ihre Lebensfreude. Sie sind ehrlich, echt und gefühlvoller, als sie zugeben. Für sie ist Gerechtigkeit, Verständigkeit und Disziplin sehr wichtig. Ihre Seele ist immer bereit, auf jeden Ruf des Spirituellen zu reagieren. Als geborene Diplomaten wägen sie gern ab und gleichen aus, greifen aber viel schneller energisch durch als gewöhnliche Waagemenschen.

Ihr Konformismus und ihre Sachlichkeit warten nur darauf, geweckt zu werden. Die Frauen sind stark, haben die Veranlagung, viel Verantwortung übernehmen zu können, und geben ihre große Zerbrechlichkeit nie zu. Die Männer wollen ihre Schwächen und Frustrationen nicht wahrhaben. Sie schließen harmonische Ehen, in denen sie dann aber gern den Patriarchen spielen.

11. Waage – Aszendent Wassermann

Von der Vernunft bestimmt, kunstsinnig und reisefreudig – aber nur, wenn es sicher und bequem ist –, hält man diese Menschen für etwas oberflächlich, dabei steckt wesentlich mehr dahinter. Sie haben ständig Angst, daß man sie festhält und einsperrt. Sie zerstören lieber alles, als daß sie sich einsperren lassen. Unabhängig, verständnisvoll, offen, empfänglich für alle neuen Strömungen, sind sie die Säulen jeder Party oder Einladung.

Eigentlich mögen sie nur Fremde, im Sinn von Anderssein und unbekannt. Es interessiert sie herauszufinden, inwiefern der andere verschieden ist, allerdings unter der Bedingung, daß man ihre eigene zur Schau getragene Indifferenz respektiert.

12. Waage – Aszendent Fische

Wie ein Schwamm oder ein Delphin fangen sie die Schwingungen von ihresgleichen auf und überleben nur durch ihr – enormes – Bedürfnis nach Liebe, Schönheit und Eleganz, was sich genauso auf den Inhalt wie auf die Form bezieht. Sie haben eine notorische Schwäche für alles Geheimnisvolle, Mystische, Phantastische und den Zauber der inneren Welten. Das kann die besten oder die schlimmsten Folgen für sie haben. Ein gewisser Hang, sich von allem faszinieren zu lassen, führt sie leicht auf Abwege, die gefährlich sein können.

Sie scheinen sich immer alles gefallen zu lassen, geben jedem Wunsch nach, heiraten schnell, weil sie sich allein schwach fühlen. Dann entdeckt man sie plötzlich, unfaßbar und wenig moralisch, wie sie sind, am anderen Ende der Welt, während man annahm, sie hätten sich in einer ewig dauernden Leidenschaft häuslich eingerichtet. Sie haben tausend Facetten und sind nicht festzunageln.

Energie und Gesundheit

Schlüsselworte der Waageenergie

Mäßigung: Kultiviert, vergeistigt, beherrscht, um die Umgebung nicht zu belästigen und das vorhandene Gleichgewicht nicht zu stören, existiert die Energie der Waage auf einem von der Außenwelt kaum vermuteten Niveau, manchmal unbewußt für die in diesem Zeichen Geborenen selbst. Und weil diese Energie zurückgehalten wird, versiegt sie manchmal. Aber wegen einer Zwangsvorstellung, die die Waage glauben macht, nicht genug sei besser als zuviel, und weil sie liebenswürdig, elegant, höflich und weltgewandt sein will, passiert es, daß diese nicht ausgedrückte Energie das persönliche Gleichgewicht unheilvoll blockiert. Die gute Erziehung und die gesellschaftlichen Belange sind immer wichtiger als die existentiellen Bedürfnisse des einzelnen.

Gemeinschaftsgefühl: Die Waage verwendet den größeren Teil ihrer Energie darauf, das Unversöhnliche zu versöhnen und Dinge und Menschen zusammenzubringen und miteinander leben zu lassen, die der gesunde Menschenverstand trennen möchte. Vor allem werden die in diesem Zeichen Geborenen von ihrer Gesprächsbereitschaft und ihrem Gerechtigkeitssinn motiviert und von der Überzeugung, daß jeder Mensch mindestens eine gute Seite hat. Aber zeigen zu wollen, daß die ganze Welt schön und freundlich ist, weil jeder soviel wert ist wie sein Gegenteil, zwingt dazu, sich viel zuviel auf die Schultern zu laden und schließlich alles in einem Anfall von Wut und Zerstörung zum Teufel zu schicken.

Zweckmäßigkeit, nicht Zweckpolitik bestimmt die Waage, obwohl die Neigung zu letzterer in Momenten der Sorglosigkeit sehr stark vorhanden ist. Aus ihrem Haß auf Streit, Maßlosigkeit und Eigenbrötelei leitet die Waage die Verpflichtung ab, sich den Umständen und Einflüssen, der Umwelt und dem Augenblick anpassen zu müssen. Sie dirigiert und kanalisiert ihre Energie so, daß sie in jedem Augenblick an jedem Ort genau richtig eingesetzt ist, und erreicht so ein Maximum an Wirkung, ohne negative Verluste. Das ist zweifellos ihre größte Waffe.

Gesundheit

Als würdige Vertreterin der Luftzeichen verträgt die Waage die Vorstellung, krank zu sein, schlecht, und der Gedanke, in ihrer physischen wie geistigen Beweglichkeit eingeschränkt zu sein, gefällt ihr gar nicht. Sie möchte vielmehr alles wissen, alles verstehen und alle Phänomene als mögliche Quelle einer Bereicherung erforschen. Wenn sie mit irgendeinem Ungleichgewicht konfrontiert wird, beanstandet sie alles – Medikamente, Vorschriften und Ratschläge – und widerlegt den Arzt Punkt für Punkt. Im Grund denkt sie, daß alles genauso vergehen wird, wie es gekommen ist, und man die Sache nicht hochspielen sollte. Wie alle Luftzeichen hat sie plötzlich tausend Wehwehchen, die schnell auftauchen und schnell vergehen – und schnell wiederauftauchen. Es kommt oft zu Rückfällen, und das Risiko besteht, daß die Krankheit chronisch wird.

Was die Waage selbst auch darüber denkt – sie ist zart und hat keine eiserne Gesundheit. Sie ist vor allem nervlich und physisch ermüdbar. Die Unausgeglichenheit der Gefühle hat daran viel Schuld. Ihre notorische Überempfindlichkeit ist der schlimmste Feind ihrer allgemeinen Ausgeglichenheit. Wutanfällen folgen depressive Phasen, Empörungen enden in Tränenausbrüchen, vor allem in der Kindheit. Unerklärliche Fieberanfälle komplizieren das Ganze. Sie muß versuchen, sich »leerzumachen« und zu lernen, mit ihren Gefühlsverwirrungen vernünftig umzugehen.

Da sie Angst hat, daß man sie angreift oder ihr widerspricht, greift sie selbst schon an, ehe sie dazu gezwungen ist, und das ist nicht die geringste Widersprüchlichkeit bei ihr. Aber ihre Art, ständig auf dem Kriegspfad zu sein, ist, abgesehen davon, daß es andere erstaunt, ein zusätzlicher Energieverschleiß, eine physische und nervliche Abnutzung und auch ein unbestreitbarer Beweis ihrer Empfindsamkeit. Es wäre für sie eine große Wohltat, wenn sie Entspannungstechniken lernte, die sie stabilisieren, ehe es zu Herz- und Nierenproblemen und mangelnder Gehirndurchblutung kommt, die für die erwachsene Waage typisch sind. Der Rat der alten Chinesen, bewußt auszuwählen, auf welche Gefühle man sich einlassen will, ist hier besonders aktuell.

Mit der Zeit muß die Waage lernen, jede Art von Überschuß abzubauen und sich nicht von Rückständen (der Nahrung oder von Giftstoffen) blockieren zu lassen. Sie sollte Blutzirkulation und Blutdruck überwachen und regelmäßig und energisch Sport treiben, auch wenn sie davon nicht begeistert ist. Das würde ihre Nervosität kanalisieren und abbauen. Und atmen! Einatmen und tief ausatmen, denn die Luft ist ihr Element und das beste Mittel für sie auszugleichen. Auf diese Weise wird es die Waage vermeiden, von einer Krise in die andere, von einem Zuviel ins andere zu geraten, denn dem Körper fällt es mit der Zeit immer schwerer, diesen Extremen zu folgen und sich darauf einzustellen.

Zum Abschluß kann man ihr raten, auf alle Arten von Erkältungen zu achten und ihren Körper nicht zugunsten des Verstandes zu mißachten. Sie darf nie vergessen, daß der Körper vor allem der Tempel der Seele ist und wir deshalb ihm gegenüber gewisse Pflichten haben.

Schwache Punkte der Waage

Nervensystem: Die innere Spannung, die auf gegensätzlichen Neigungen der Persönlichkeit beruht, verursacht eine ständige Müdigkeit, das permanente Gefühl, erschöpft zu sein. Die zyklothyme Depression droht (mit möglicherweise schweren Krisen) und kann sich in einem Zustand des Widerstands ausdrükken, der an Versteinerung grenzt, oder in Überempfindlichkeit, charakterisiert durch Tränenausbrüche, ständiges Klagen, Aggressivität in Wort und Tat und physische Ticks.

Lungen und Atmung: Die Luftzeichen sind anfällig für verstopfte Atemwege. Das geht auf die Labilität ihrer Nerven und Beziehungen zurück und hat unmittelbare Auswirkungen auf ihre traditionell schwachen Lungen. Doch für die Probleme mit der Atmung (vor allem der Lunge) sind auf direktem Weg die Emotionen verantwortlich, die nicht immer richtig gelenkt werden. Da die Waage den Gefühlen zuviel Bedeutung beimißt – sie möchte immer alles auf sich nehmen –, erschöpft sie sich schließlich. Nasen-Rachen-Katarrh, Nebenhöhlenentzündung, Lungenentzündung, Rippenfellentzündung, Asthma nutzen durch ihr häufiges Auftreten und weil die in diesem Zeichen Geborenen so wenig Disziplin haben, das Immunsystem ab. Sie versuchen ständig, die Botschaften ihres Körpers zu bagatellisieren.

Knochen und Muskeln: Abnützung und Austrocknung der Bänder, Knochen- und Gewebesteifheit sind symptomatisch und für ein Zeichen wirklich paradox, das Bewegung und Beweglichkeit besonders liebt. Krämpfe, Sehnenscheidenentzündung, Verstauchungen, Hexenschuß, steifer Hals, Rheuma, Arteriosklerose, Rücken-, Nacken- und Schulterschmerzen, auch Brüche und Zerrungen, sind an der Tagesordnung.

Herz-Kreislauf-System: Die Luftzeichen haben laut Statistik die meisten Kreislaufstörungen. Schuld sind ihr Unvermögen, sich richtig zu ernähren, ihre geringen Anstrengungen, sich um ein allgemeines Gleichgewicht zu kümmern, und ihr schwaches Nervensystem. Cholesterin, Diabetes, Zirkulationsstörungen, erhöhter Blutdruck, Herzklopfen, Herzrhythmusstörungen sind im Lebensprogramm der Erwachsenen eingezeichnet, dazu eine deutliche Neigung zum Bauchansatz und zur Verfettung des Oberkörpers (bei häufig feinen und zarten Beinen, die für die Waage typisch sind). Letzteres bringt besonders die Frauen zur Verzweiflung, vor allem, da in der Kindheit und Jugend die Silhouette sehr grazil ist.

Magen und Darm: Von der üblichen Verstopfung bis zu plötzlich auftretendem Durchfall, von Krämpfen bis zu Geschwüren, von Vergiftungen bis Verdauungsstörungen, von Magen-Darm-Katarrh bis Erbrechen – die zwiespältige und problematische Beziehung zur Nahrung und ihrer Verdauung macht sich hier bemerkbar, von der Wiege bis ins Seniorenalter. Häufig handelt es sich um alltägliche Probleme, die eine Waage aber nie übergehen sollte. Bei Nahrung und Gefühlen eine Auswahl zu treffen, ist für dieses Zeichen unbedingt notwendig. Jeder Versuch, etwas zurückzuhalten, hat mehr oder weniger schädliche Folgen.

Nieren: Hier zeigen sich alle nur möglichen Probleme: Statt auszusondern und auszuscheiden, kommt es zu Stauungen und Überlastungen, die chronisch werden können. Vorsicht vor akuter oder chronischer Nierenentzündung, Gicht, Arteriosklerose, Diabetes.

Für die Waage mit **zuviel** Energie ist ihre Nervosität und Unruhe typisch – sie ist wie eine zu stark aufgeladene Batterie. Ohne offensichtlichen Grund geht sie von heftigem Zorn zu unangenehmer Weinerlichkeit über. Das Gefühl, ausgetrocknet zu sein, ist ständig vorhanden, es kommt zu häufigen Entzündungen, die von Juckreiz und Hautausschlag begleitet sind. Die Überreizung verrät sich auch durch Anfälligkeit der Atemwege und Schleimabsonderungen in Hals, Nase und Rachen.

Die Waagen mit **zuwenig** Energie sind dagegen extrem ängstlich, sehen immer schwarz und sind schon im vorhinein davon überzeugt, daß sie versagen werden. Sorgen und Traurigkeit zehren an ihrer Energie, sie werden träge, lethargisch, gleichgültig. Zeiten hartnäckiger Verstopfung wechseln sich mit erschöpfenden Attacken von Durchfall ab, es kommt wegen der Neigung zur Austrocknung zu Hautausschlägen. Muskelkrämpfe erschöpfen, die Zähne machen Beschwerden. Diese Waagen machen sich ständig Sorgen und leiden dann entsprechend.

Ratschläge für ein besseres Gleichgewicht

Das Schlüsselwort für die Gesundheit der Waage ist: **auswählen.** Für die in diesem Zeichen Geborenen ist es wichtig zu lernen, wie sie ihre Empfindsamkeit steuern können, damit sie nicht immer wieder ihr hilfloses Opfer werden. Ihre zu große Sensibilität und Empfangsbereitschaft für die Projektionen ihrer Umgebung zerfressen sie, ohne daß sie sich schnell und wirkungsvoll erholen könnten. Da sie im Namen einer sakrosankten Harmonie alles auf sich nehmen wollen, bleibt für sie selbst sehr schnell nichts mehr übrig.

Die Waage regeneriert sich nicht – das ist ihr großes Problem. Sie muß darum lernen, sparsam mit ihren Kräften umzugehen, das heißt, sie darf keine falschen und negativen Emotionen speichern oder sich völlig abschotten, noch sich automatisch leermachen, weil das zu Kälte, Einsamkeit und Frustration führt. Zu voll oder zu erfüllt, das ist die Problematik des Zeichens. Und da sein physisches Gleichgewicht von seinem gedanklichen und spirituellen Gleichgewicht abhängt, muß es sich darüber klarwerden, was sein tiefstes inneres Bestreben ist. Die Waage muß mehr auf ihre Überzeugungen hören, nicht nur allein auf ihr Verlangen, sich den gesellschaftlichen Normen anzupassen. Sie muß ihre eigenen Emotionen zulassen und nicht die der anderen schlucken. Sie darf nicht schweigen, um Streit zu vermeiden. Sonst zahlt sie teuer für Harmonie und Zuvorkommenheit, von der nur die anderen profitieren – bis zu dem Tag, da sie es satt hat, immer auszugleichen, und in ihrer größten Verzweiflung alle zum Teufel schickt.

Harmonie durch Edelsteine

Zugeordnete Farbe: Gelb.

Diamant: Der Stein aller Steine. Nur sein Licht und seine Festigkeit reichen noch an seine Reinheit heran. Er verfeinert die Energie und begünstigt den Kontakt mit der höheren Astralebene.

Opal: Verhilft zu Harmonie und Gleichgewicht, vor allem der Feueropal. Er stimuliert das Verdauungssystem, Vitalität und Ausdauer und unterstützt die Entfaltung der Intuition.

Glücksstein: Türkis. Stärkt die Gesundheit, zieht das Glück an und begünstigt reine und positive Gedanken.

Harmonisierender Stein: Saphir. Er fördert die Meditation und die spirituelle Entwicklung, stärkt den Glauben, entwickelt die außersinnliche Wahrnehmung und verjagt Illusionen.

Liebe und Freundschaft

Romantik, Höflichkeit – und Freiheit

Die Waagemenschen bauen ihr ganzes Leben auf der Wichtigkeit der menschlichen Beziehungen auf, auf ihre Art, ihre Tragweite, ihre Manifestationen, und denken darüber auf einem völlig philosophischen, wenn nicht gar spirituellen Niveau nach. Das Leben wäre nicht lebenswert, wenn man es nicht im innigen und harmonischen Kontakt mit den Menschen verbrächte, die einem teuer sind, wenn man sich nicht gegenseitig glücklich machte und zur Entfaltung des anderen beitrüge. Idealismus oder Weisheit?

Nichts ist wichtiger, als zu zweit zu sein, mit gleichgestimmten Herzen und Seelen, ob in der Freundschaft oder in einer Liebesbeziehung. Liebende Freundschaft, romantisch gefärbt und mit der Suche nach Reinheit verbunden, gefällt der Waage am besten. Im Namen dieses Ideals, dieser Weisheit und dieses moralischen Prinzips – denn das ist auch dabei –, ist es legitim, alle nur möglichen Anstrengungen zu machen. Keine Waage würde das je bestreiten. Deshalb ist sie Liebenswürdigkeit, Takt und Höflichkeit in Person, offen, aufmerksam und fast geziert, wenn es darum geht, den anderen spüren zu lassen, daß er das Zentrum ihres Universums ist. Da sie auf den Inhalt den gleichen Wert legt wie auf die Form, achtet sie auf das Wie ihrer Worte genauso wie auf das Was und hält mit Takt, Poesie und Gewandtheit hof nach den Regeln der Minnesänger des Mittelalters. All das ist ein wenig von Affektiertheit geprägt – aber welche Artigkeit!

Der Wunsch nach Vereinigung ist ein Herzensanliegen der Persönlichkeit, und das nicht nur auf der rein physischen Ebene. Die Vorstellung einer Bindung steht im Mittelpunkt ihrer Weltsicht. Deshalb fühlt sie sich viel freier und geht mit ihren eigenen Kräften freier um, wenn sie eine Verbindung eingegangen ist und ihre Möglichkeiten mit denen des Partners ergänzen kann. Sich zu streiten, sich zu trennen und eine sterile Zweierbeziehung aufrechtzuerhalten, paßt der Waage ganz und gar nicht. Sie tut alles, um sich mit dem größtmöglichen Nutzen zu verbinden und die Dinge mit einem Maximum an Auswirkungen zu erleben, die sie mit anderen teilt, zu deren und ihrem eigenen Nutzen. Die Waagen scheinen deshalb sehr formbar und disponibel zu sein, mehr, als sie es in Wahrheit sind. Ihre Aufmerksamkeit und Offenheit – aufgrund ihrer wirklich vorhandenen Übersensibilität – bedeutet nicht, daß man ihnen einfach auf die Füße treten oder ihnen ungestraft ins Gehege kommen darf.

Wenn es doch einmal der Fall sein sollte, können sich die Waagen zum großen Erstaunen ihrer Umgebung in wilde Zerberusse verwandeln, die nicht zögern, alle Übeltäter und lästigen Parasiten hinauszuwerfen. Ihr Sinn für Harmonie verstärkt ihre gefürchtete Fähigkeit auszuwählen, wenn nicht gar auszuschließen. Und so einfach es ist, zur äußeren Welt der Waage Zugang zu haben, ist es völlig unmöglich, dorthin zurückzukehren, wenn man einmal ausgeschlossen wurde.

Die Kriterien für eine Verbindung sind die gleichen wie für einen Ausschluß: Anständigkeit, Achtung für den anderen und – vor allem – beiden gemeinsame gesellschaftliche Übereinstimmung. Zu repräsentieren gefällt den Waagen, sich mit einem schwarzen Schaf ins Gerede zu bringen, käme ihnen nie in den Sinn. Aus diesen Gründen können manche Leute unter einem Mangel an Herzlichkeit dieses Zeichens leiden. Das Äußere (seine Werte, seine Normen, seine Regeln) ist für die Waage zu wichtig. Da man aber nicht nur von gutem Benehmen und Anstandsregeln lebt, kann es sein, daß trotz aller Liebenswürdigkeit, Kultiviertheit und Aufmerksamkeit das Herz nicht genug Nahrung bekommt. Eine Krise, ein Streit, ein ungewöhnliches Ereignis ist notwendig, damit die in diesem Zeichen Geborenen aus ihrem Schneckenhaus kommen, ihre innere Welt offenbaren und sich völlig nackt zeigen, verwundbar, ohne Schmuck oder Ausflüchte, vollkommen ehrlich. Dann versteht man plötzlich, warum die so anziehende, kultivierte und gebildete Waage einen gewissen Ruf der Oberflächlichkeit hat, der am Ende enttäuscht und traurig macht.

Schuld daran ist ihr ungeheures Freiheitsbedürfnis, das man leicht unterschätzen könnte, weil sie so angenehm und umgänglich ist. Eine Waage verleiht sich nur, sie schenkt sich nicht. Auch wenn sie verheiratet, mit jemand verbunden ist, behält sie ihr abgeschirmtes und verriegeltes persönliches Universum, zum großen Schaden des Partners (oder der Partnerin), der glaubte, sie ganz und für immer erobert zu haben. Man kann sich da sehr irren, denn wenn der Wind sich dreht, dreht sich die Waage mit ihm . . . Das muß nicht unbedingt Falschheit oder Inkonsequenz bedeuten: Es ist vor allem Anpassungsfähigkeit, eine Geschmeidigkeit, an die schon die Vollkommenheit ihres Körpers erinnert.

Die Beziehungen zu den anderen Zeichen

Waage – Widder

»Erzähl mir, wie dein Schatten ist, und ich sag dir, wer du bist« – dieser Satz beschreibt am besten die phantastische Beziehung, die diese beiden unterhalten. Der Widder opponiert, agiert und findet seine Selbstbestätigung in der direkten Auseinandersetzung mit dem Gegenüber. Die Waage schwört nur auf Übereinstimmung, auf das Miteinander und den Kontakt von Herz zu Herz. Der Widder möchte sich unbedingt mit jemandem vereinen, während die Waage ihre Autonomie wie wild verteidigt.

Im Grund sind sie sich ähnlich und bewohnen dasselbe Universum, aber wie bei allen Menschen, die sich zu ähnlich sind, ist die Beziehung manchmal eine Idylle und manchmal eine völlige Disharmonie. Einfacher ist alles immer, wenn der Mann Waage und die Frau Widder ist, weil sich dann jeder sehr bemüht, nur sein Bestes zu geben, um eine vollkommen ausgeglichene Beziehung zu schaffen. Und dann – beide sind ja so bezaubernd . . .

Waage – Stier

Selbstverständlich sind sie Feinschmecker, nur schmecken ihnen unglücklicherweise nicht die gleichen Dinge. Sie verstehen sich glänzend, wenn es sich um Kunst handelt, künstlerische oder literarische Werke, Tanzvorstellungen und Einladungen für Freunde. Doch Geselligkeiten sind mehr die Domäne der Waage, die nach dem Rhythmus der gesellschaftlichen Erfordernisse lebt, während der Stier nur nach dem Rhythmus seiner Sinne lebt, und das fast zu ausschließlich. Sie genießen Harmonie und Frieden, Liebenswürdigkeit und Anmut – ja, und was noch? Das macht schließlich nicht das Leben aus.

Der Stier verabscheut die dekorative Seite der Waage, die den Stier grob und ungehobelt und wenig repräsentabel findet. Und dann hat der Stier keine Geduld: Wenn er beschließt, etwas zu tun, tut er es auch, und das gründlich, und die Waage ist das genaue Gegenteil davon. Es klappt besser, wenn die Frau Stier ist, weil sie vom Waagemann ins rechte Licht gesetzt und selten in Frage gestellt wird. Ansonsten mögen sie sich und sind gute Berufskollegen. Aber im Grund ist zwischen der Traurigkeit der Waage und der Übertreibung des Stiers kein Platz für ein echtes Gespräch der Herzen und Seelen.

Waage – Zwillinge

Sie mögen sich, sie verstehen sich gut, haben sich viel zu erzählen und gehen gern zusammen aus. Sie lieben gesellschaftliche Ereignisse, bei denen sie bewundert werden. Wenn sie gemeinsam eine Public-Relations-Firma aufmachten, wäre die ein großer Erfolg.

Aber auf der sinnlichen und der Gefühlsebene wäre ihre Beziehung ein Irrtum, eine beiderseitige Verirrung. Anfangs gefallen sie sich zwar und sind ein Herz und eine Seele, dann aber werden sie wütend und werfen sich gegenseitig Unzuverlässigkeit vor.

Waage – Krebs

Ihre Grundbedürfnisse sind zu verschieden. Der Krebs kann der Waage kein Halt sein, die Waage wird den Krebs nie zum Träumen bringen.

Der Krebs bleibt der Waage ein Rätsel, und die Waage holt den Krebs in die soziale Wirklichkeit zurück. Trotz aller Schwierigkeiten haben sie etwas gemeinsam: Kunst und Freunde.

Waage – Löwe

Der Löwe betet die Waage an, und sie lohnt es ihm. Sie spielen begeistert vor allen das schöne Paar, und das festigt ihre Beziehung. Die Waage fühlt sich geborgen und anerkannt. Der Löwe ist friedlich und fühlt sich geachtet. Vor allem haben sie dieselbe Definition des Schönen gemeinsam.

Aber die Waage tut nur, was ihr paßt, und davor hat der Löwe einen Horror. Aber sie macht es mit so viel Takt, daß er nicht einmal etwas dagegen sagen kann. Der Löwe fühlt sich gefangen wie eine Ratte und findet, man mache sich über ihn lustig. Der gesellschaftliche und gefühlsmäßige Aspekt der Beziehung ist viel schwieriger, als man denkt.

Waage – Jungfrau

Die Waage verabscheut Ernst und Strenge der Jungfrau, die sie nicht angebracht findet. Die Jungfrau mag das feine Empfinden der Waage sehr. Sie kann ihr die Ausgeglichenheit geben, die die Waage braucht. Da sie sich sonst aber wenig zu sagen haben, sehen sie sich meist nur stumm und starr an. Liebe und Wohlwollen scheinen in diesem Bild zu fehlen. Eine Beziehung, die sich nicht sonderlich bewährt.

Waage – Waage

Eine Beziehung voll Nuancen, Zärtlichkeit und Ausgeglichenheit. Die Wellen schlagen nicht hoch, es gibt keinen Krach. Sie haben viel Respekt vor dem anderen und einen unschlagbaren Sinn für gesellschaftliche Notwendigkeiten und gute Manieren.

Aber es schleicht sich eine gewisse Routine ein, denn keiner wagt es wirklich, zum Kern der Sache zu kommen oder den anderen – im konstruktiven Sinn – aus der Ruhe zu bringen. Sie baden in einer schmachtenden Friedlichkeit, aber ist das nicht lähmend?

Waage – Skorpion

Die Waage verbringt ihr Leben damit, sich zurückzuhalten und nicht zu zerstören. Der Skorpion besitzt alles, um sie in ihren Grundfesten zu erschüttern. Es ist jedoch selten, daß sie ihm bis zum Äußersten folgen möchte. Lieber flieht sie unterwegs.

Eine trotzdem notwendige Beziehung, vor allem für die Waage, die in dieser Beziehung jedoch besser die Frau ist.

Waage – Schütze

Verständnis, Wärme, gemeinsame Erfolge, auch gemeinsame Verbürgerlichung, trotz der Manie des Schützen, die Waage immer loswerden zu wollen. Aber sie bewundert ihn vorbehaltslos und rückhaltlos – ein für allemal.

Viel Anziehung, alles in allem. Eine klare und beinahe positivistische Beziehung.

Waage – Steinbock

Der Zufall macht seltsame Dinge möglich! Die angeborene Geziertheit und Artigkeit der Waage tun dem strengen und frustrierten Steinbock gut. Unglücklicherweise steigert die Reserviertheit des Steinbocks die Zweifel der Waage ins Unerträgliche.

Daher: Beziehung durch Zufall, aber besser nicht zu lange, denn sie haben vor allem die Melancholie gemeinsam.

Waage – Wassermann

Eine hübsche Beziehung, voll gegenseitiger Aufmerksamkeit und Ähnlichkeit, zwei, die unter derselben Decke stecken. Aber die Waage ist entschieden zu bürgerlich, und dem Wassermann gefällt so etwas nur kurze Zeit.

Er verschwindet auf der Suche nach Neuem, wenn sie ihm nicht folgt. Und was Sinnlichkeit und Gefühle betrifft, ist es wirklich nicht das Wahre.

Waage – Fische

Wenn ein Lufthauch einer Seife im Wasser begegnet – was passiert? Es gibt Seifenblasen, die nicht zu fassen sind – und davonfliegen. Wie sie zurückhalten? Und wozu? Die eine gleitet in die Tiefen, der andere wird durch den Wind geblasen . . .

Die Waage moralisiert, der Fisch holt seine Empfindlichkeit hervor, und wenn er von der Welt spricht, geht sie die Zeitung holen. Mißverständnisse und Unsicherheiten, die auch von der Sinnlichkeit nicht überspielt werden können.

Berufliches und gesellschaftsorientiertes Leben

Geselligkeit, Gemeinschaftsgefühl, Unterscheidungsvermögen

Schon in der Kindheit sind für die Waage Anpassung und Lebensart bezeichnend, die sich auf alle Beziehungen auswirken und ein Netzwerk aus gewählten Vorlieben bilden. Sie beherrscht die Kunst zu gefallen, weiß sich zu benehmen, brüskiert und beleidigt niemanden, und das ist ihr größter Trumpf in einer Welt, die von Kampf, Gewalttätigkeit und Herausforderung regiert wird. Sie erkämpft sich ihre Erfolge nicht, sondern heimst sie dank ihrer entwaffnenden Liebenswürdigkeit ein.

Einsamkeit und sich allein durchsetzen ist nichts für die in diesem Zeichen Geborenen. Sie fragen sich immer, wie man vergeben kann, etwas zu tun oder zu wissen, ohne seine Überzeugungen mit denen anderer in einen Topf zu werfen und ohne Gemeinsamkeiten zu finden, die nur zufällig und einschränkend sind. Deshalb hören sie zu, wägen ab, bedenken die unterschiedlichen und besonderen Aspekte jedes einzelnen, prüfen die verschiedenen – wenn nicht sogar unvereinbaren – Meinungen, um das Für und Wider abzuwägen. Ihr Ziel ist, eine Antwort zu finden, die von jeder Meinung den Teil nimmt, der ihnen wichtig, wesentlich und einmalig zu sein scheint, um soviel wie möglich zu erreichen.

Auf beruflicher und sozialer Ebene setzen sie sich zweifellos durch ihren Gemeinschaftssinn und ihre unglaubliche Begabung auszugleichen durch, selbst wenn sie deshalb Meinungsverschiedenheiten und Streit auf sich nehmen müssen, bis sie durch Worte, Einfühlsamkeit und Intelligenz die anderen dazu bringen, sich einer neuen Sichtweise der Dinge zu öffnen und sie zu ihrer eigenen Ansicht zu bekehren.

Schließlich können sie dank ihrer unparteiischen und richtigen Argumente auch beweisen, daß sie recht haben. Dieses Verhalten verwirrt Leute, die nur mit der Faust auf den Tisch hauen können, doch ihre Kunst des Verhandelns und Behandelns macht die Waagen zu nützlichen, geschickten und einfühlsamen Unterhändlern.

Die Waage ist deshalb als Bindeglied für das gute Funktionieren jeder mehr oder weniger großen Gruppe – und daher auch Interessen – unbedingt notwendig. Ihren gesellschaftlichen und beruflichen Erfolg verdankt sie ihrer Diplomatie und Unparteilichkeit, ihrer Toleranz, ihrer Anpassungsfähigkeit an die bestehenden Normen, Regeln und Übereinkünfte, ihrer Begabung, zu vereinen und zu versöhnen, und ihrem großen Mißtrauen gegen alle Extreme.

An ihren Mißerfolgen sind unbestreitbar ihr zu großer Opportunismus, ihre Ambivalenz und ihr Hang, sich einzugrenzen, schuld, und auch ihre Lust zu repräsentieren, ihre starren moralischen Ansichten, Unbeständigkeit und Wankelmut, Anachronismus und, am schlimmsten, ihre herablassende Art, auszuwählen und zu sichten.

Berufe der Waage

Damit die in diesem Zeichen Geborenen ihre große Begabung, zu vereinen und zu verbinden, und ihr Menschenverständnis am besten einsetzen können, sollten sie immer Kontakt mit anderen Menschen haben, sei es persönlich und direkt oder im Rahmen einer Gruppe, die ihre Kontaktfreudigkeit und ihre kaufmännischen und künstlerischen Fähigkeiten ins rechte Licht rücken.

Die Welt der Kunst: Die Waagen sind ihrer Natur nach künstlerisch, sei es durch ihre große Sensibilität oder weil sie ein echtes Talent besitzen. Deshalb fühlen sie sich in Bilder- und Kunstgalerien wohl, in Auktionshäusern, Antiquitätengeschäften, Museen, Sammlungen, Modeateliers und Architekturbüros (wobei häufig auch ihre kaufmännische Begabung gefragt ist). Graphische Kunst und Tanz liegen ihnen mehr als Musik.

Dekoration und Design: Dafür hat die Waage eine große Vorliebe. Für die harmonische und elegante Raumgestaltung ist sie ebenso begabt wie für die Harmonie der äußeren Umgebung. Alles, was mit Dekoration zu tun hat, liegt ihr, schon wegen ihres Geschmacks und ihres gesellschaftlichen Auftretens.

Werbung und Verkauf: Kontaktfreudigkeit, Verkaufstalent und große Intelligenz des Zeichens passen zu Berufen der Kommunikation und des Verkaufs, auf allen Ebenen. In der Werbung, wo Geschäft und Kreativität vereint sind, findet man viele Waagen.

Luxusindustrie: Stil und Unterscheidungsvermögen der Waage spielen hier eine Rolle: Schmuck, Parfüm, Kosmetik, Blumenkunst, Mode, Haute Couture, Gastronomie, Weine und Spirituosen.

Rechtsprechung: Für die in diesem Zeichen Geborenen besonders geeignet. Man findet sie in diesem Bereich als Rechtsanwälte, Richter, hohe Beamte, Notare, Amtsdiener, Kanzleiangestellte, aber auch als Buchprüfer, juristische Berater, Sachverständige, Pfändungsbeamte.

Public Relations: Ihre Kontaktfreudigkeit ist hier gefragt, ihr Selektionsvermögen, die Begabung zu erkennen, was im jeweiligen Fall für Spielregeln gelten, und ihr Gemeinschaftssinn. Werbeagenturen, Pressestellen, Kommunikationsbüros, Vertretungen, Organisationsbüros für Medienereignisse.

Körperkultur: Leiter von Fitneßcentern, von Orten, wo das physische und psychische Wohlbefinden gepflegt wird, Tanz- und Gymnastiklehrer. Für die Waage hängt das Gleichgewicht im Kopf vom Gleichgewicht des Körpers ab.

Politik: Viele in diesem Zeichen Geborene bewegen sich in der politischen Sphäre. Man trifft sie als Diplomaten und bei großen kulturellen oder humanitären Organisationen.

Unterhaltung: Sänger, Tänzer, Schauspieler, Bühnentechniker, Fotografen, Kameramänner, auch Drehbuchautoren, Regisseure, Texter, Dialogschreiber.

Begegnung mit dem Göttlichen in uns

Der Sinn für das Göttliche bei der Waage

Die Suche nach Gleichgewicht und göttlicher Gerechtigkeit, von denen bei diesem Zeichen soviel die Rede ist, paßt gut zu dem verzweifelten Versuch, die drei Welten auf der Erde zu vereinen, und auch die tiefe Verzweiflung des Zeichens läßt sich so erklären. Alle Waagen bemühen sich, die Welt der Erde mit der Welt der Hölle und des Himmels in Einklang zu bringen, alle in diesem Zeichen Geborenen hören in sich den Ruf erschallen, über sich hinauszugehen, vom einen Ufer ihrer Identität und ihres Lebens zum anderen zu gelangen. Liebe und Nachsichtigkeit gegenüber anderen, die Suche nach der inneren Wahrheit ohne sinnliche Verirrungen und hemmende Vorschriften, Gerechtigkeit und Ausgewogenheit als Geschenk für die ganze Menschheit, Bewußtheit, was das ewig Gute bedeutet . . . wie Gandhi, der lieber sterben wollte, als auf seine humanistischen Ideale zu verzichten. Wie die Mystiker, die auf der Suche sind nach dem inneren Licht, damit die göttliche Gerechtigkeit auf Erden wie im Himmel herrsche und alle Menschen frei und gleich vor Gott seien: vor dem Gott ihres Herzens, in Frieden und Einklang mit ihren Taten und Worten im Augenblick der Rückkehr in die Urenergie.

SKORPION

23. Oktober – 22. November

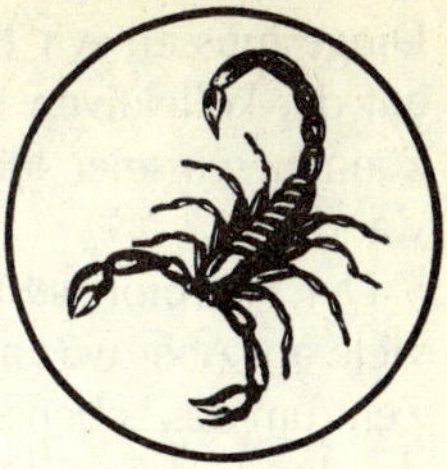

Ich begehre, sagt das Wildschwein.
Von allen Wesen der Schöpfung
habe ich das reinste Herz:
Ich lebe im Glauben und in der Unschuld,
wandle unter dem Schutz des Himmels,
meine Kräfte vergeudend.
Ich bin reich an allen Segnungen,
immer im Dienst meiner Brüder.
Mein guter Wille ist umfassend
und kennt keine Grenzen.

Eigensinnigkeit, Glut und Glaube – das sind die drei Schlüsselworte des Skorpions, der in der chinesischen Astrologie dem Wildschwein entspricht. Da die Skorpione sich über sich selbst wenig klar sind, ist ihnen nicht bewußt, daß sie von der Begierde getragen werden, einem Trieb, der von dem kommt, was das Unbewußte schon weiß: Der Mensch ist Engel und Teufel zugleich, Prediger und Sünder, göttlich und teuflisch, schändlich und großartig – aber auch strahlend, leuchtend und edel, wenn er von dem Teil, den er sich nicht eingestehen will, gereinigt ist.

Bis zur universellen und ewigen Quelle vorzustoßen, ist die einzige Motivation des Skorpions. Er ist mit der Erde geboren, und in seinem tiefsten metaphysischen Inneren hat er noch die Erinnerung an den großen Urknall bewahrt – eine Explosion, die er zu den anderen hinzufügen kann, die sich seitdem unaufhörlich in ihm ereignen und durch die die Alchimie des Lebens fortbesteht.

Der Skorpion weiß am besten, daß das Leben nicht dauert: **Es wird,** denn Leben bedeutet Umwandlung. Schock, Explosion, Glut, Windstille und Metamorphose – daher kommt das Leben, auf diese Weise besteht es ewig fort. Und durch diese

Dinge müssen wir hindurchgehen, auf der persönlichen wie auf der kollektiven Ebene, damit wir die Behauptung wagen können, wir seien lebendig, das heißt in immerwährender Verwandlung.

Der Skorpion lebt dieses Prinzip im Alltag, und das stößt viele ab. Aber was macht das schon, denn er befindet sich im Zentrum des Lebenssprudels, und er weiß, daß eines Tages jeder dort hinkommen wird, auch die, die nicht daran glauben, Angst haben oder sich weigern. Inzwischen lacht er höhnisch und amüsiert sich beinahe damit, zu mißfallen und zu stören. Wenn man ihm Vorwürfe macht, überbietet er sie noch. Man glaube nur nicht, daß er ein einziges Mal darauf verzichtete, das letzte Wort zu haben.

Flügeljucken – eine himmlische Krankheit

Gleichgültigkeit ist das einzige, was der Skorpion nicht verträgt, denn was soll man mit jemandem anfangen, der sich vom Wesentlichen nicht betroffen fühlt? Um so schlimmer für die Lauen, sagt sich der Skorpion. Sie haben hier unten keine Rolle zu spielen und noch weniger da oben.

Er wird direkt vom Licht getroffen, so, als wolle man ihm seinen wahren Platz noch deutlicher verständlich machen. Das Licht als Verdammnis oder als Berufung? Das ist beim Skorpion immer die Kernfrage. Bei diesem Zeichen handelt es sich immer gleichzeitig um Umwandlung und Verklärung, weil es die Grundgesetze des Lebens akzeptiert und die Kräfte des Verzichts und der Herausforderung nebeneinander bestehen läßt.

Der Skorpion leidet an einer seltsamen himmlischen Krankheit: Ihm jucken die Flügel. Aber fliegt er davon, oder begnügt er sich damit, sein ganzes Leben »krank« zu sein, seine Unfähigkeit verfluchend, nicht abheben zu können, und sich und den anderen das Leben unerträglich machend? Es besteht durchaus die Gefahr, daß er nur für den Start der anderen ein großartiges Sprungbrett ist.

Zur Verklärung der Menschheit beitragen

Wenn sich der Skorpion weigert, wirklich seine Rolle als Läuterer der Seelen zu spielen, wird er zum Antihelden: eifersüchtig, gewalttätig, verleumderisch und auf Zerstörung aus – vor allem auf seine Selbstzerstörung.

Begreift er dagegen, daß er der Humus für die kollektive Umwandlung ist, das heißt, begreift er, daß der Einsatz im achten Haus, zu dem er gehört, die ganze Menschheit betrifft und nicht nur sein persönliches Leben, wird er zu dem, was er von seiner Essenz her ist: zum Zauberfürsten, der das glühende Feuer des Göttlichen und der Erkenntnis einpflanzen kann.

Der Skorpion zeichnet den Weg für eine andere Menschheit vor. Durch ihn öffnet sich ab dem Schützen die dritte Ebene der Reise der Seele durch den Tierkreis: die Ebene der Spiritualität. Die Arbeit muß sich hier vollenden, sonst hat das Leben keinen Sinn, sonst betrachtet man weiterhin den Himmel, ohne zu wissen, daß die Erde mit ihm verbunden ist. Es ist Zeit für die Erkenntnis, daß es noch andere Dimensionen gibt.

Auf der Suche nach der inneren Sonne

Diese andere Dimension, die der Skorpion kennt und für sich in Anspruch nimmt, ist vor allem das Unsichtbare, das – unvorhersehbare und unbewußte – verborgene Gesicht der Wesen und der Dinge. Die im Zeichen Skorpion Geborenen verabscheuen oberflächlichen Glanz, Ehren, Äußerlichkeiten und alle Verlockungen der Repräsentation. Als entschlossene und scharfe Gegner von Normen, Gesetzen und allgemeinen Vorschriften setzen sie alles herab, was die Mehrheit beweihräuchert und respektiert. Sie werden dann zu Gesetzlosen und riskieren ihr Leben, gefährden ihren Komfort, ihr Ansehen und Wohlbefinden – wie auch das ihrer nächsten Angehörigen – und stellen sich bewußt gegen alle.

Ihrer Meinung nach gibt es nur eine innere Wahrheit und Integrität. Über die starren Normen des Löwen von Respekt und

Gesetz der Väter können sie nur leicht lächeln, falls sie sie nicht zu erbarmungsloser Gewalttätigkeit oder fast selbstmörderischem Ungehorsam verleiten. Dies soll aber nicht heißen, daß der Skorpion keine Gesetze und keinen Verhaltenskodex kennt. Aber er wendet nur das Wesentliche an, folgt nur seiner innersten Überzeugung und ist absoluter Alleinherrscher im Reich seiner persönlichen Normen. Die Rolle des Steins im Getriebe spielt er hervorragend und läßt keine Gelegenheit aus, um daran zu erinnern, daß das, was war, nicht mehr sein wird.

Natürlich beruht ein solches Verhalten auf der genauen Kenntnis der Psychologie der Tiefen, des Schattens eines Menschen. Ohne Untaten und Unvollkommenheiten würde der Mensch sicherlich nicht vorwärtskommen. Der Skorpion nimmt für sich immer die Möglichkeit in Anspruch, es anders zu machen, anders zu leben, andere Gesetze zu finden. Gleichgültig, welche Schläge er einstecken muß – der Skorpion sorgt für Vorwärtskommen. Aber auch hier geschieht es häufig, daß die andern durch ihn weiterkommen, er selbst aber nicht. Er, der schon alles weiß und sich beeilt zu versichern, es schon gewußt zu haben, wenn man ihm etwas Neues erzählt. Anmaßend hält er daran fest, daß immer er es ist, der den anderen alles bringt, und nie die anderen ihm etwas bringen. Alles auf sich selbst beziehend, erklärt er das Gesetz des lebenswichtigen Austauschs für nichtig und versteht nicht einmal – oder tut wenigstens so –, daß man darüber verärgert sein könnte.

Der Skorpion weiß viele Dinge, aber er ignoriert total, daß Lachen unbezwingbarste Lebenskraft und keine Schwäche ist. Vom notwendigen Zweifeln und schöpferischen Infragestellen bis zur erbitterten sterilen Negativität ist es für den Skorpion nur ein Schritt, den er selten unterläßt.

Das Innere nach außen strömen lassen

Die im Zeichen Skorpion Geborenen beschäftigt das Thema Erfolg nicht. Sie stürzen sich nicht in das Rennen nach Ruhm, um »jemand« zu werden – sie wissen seit der Geburt, wer sie sind. Und trotzdem leiden sie besonders darunter, daß sie immer im Schatten stehen, in den Kulissen, in geschlossenen und intimen Kreisen verkehren, wo sie zu ersticken glauben. Der Skorpion ist ständig dabei, die Dinge zu komplizieren – übrigens ohne genau zu wissen, wie –, obwohl er alles ganz einfach machen könnte. Ein einfaches Leben leben – das ergibt für ihn keinen Sinn. Verwegen, wie er ist, überläßt er das den Lauen im Lande.

Eigensinnig, hartnäckig, klar, anspruchsvoll, kreativ, dazu die Fähigkeit, Tonnen von Arbeit zu bewältigen, immer wieder den Kampf aufnehmen und Berge versetzen zu können – das sind Qualitäten, die nur wenige Menschen in dem Maß und auf dem Niveau wie der Skorpion als Aktivposten verbuchen können.

Er hat eine riesige Aufgabe zu bewältigen. Die Mühe ist groß, Phasen der schwärzesten Verzweiflung und Selbstmordgedanken sind häufig. Es heißt, der Skorpion liege immer auf der Lauer, sei ständig auf der Hut. Eine Sekunde der Unaufmerksamkeit, und er fällt wieder in das schweflige Magma seiner inneren Lava. Von Revolte zu Sturz, Mißerfolg zu neue Kräfte sammeln, gewinnt er nach und nach an Terrain in sich selbst, gegen seine inneren Ungeheuer und hin zur Befreiung.

Die ganze Menschheit zu heilen, um sich selbst zu heilen – das ist die großartige Aufgabe, zu der der Skorpion »verdammt« ist. Ob Arzt, Magier, Astrologe, Psychoanalytiker oder Priester – sind das nicht alles Berufe, in denen umgewandelt wird?

Es stimmt, daß dieses Zeichen schwierig ist, nur eben – es ist wesentlich. Man denke an die zentrale Vorstellung des Übergangs, der sich in diesem Stadium vollzieht!

Metaphysisch, schöpferisch, höchst intelligent, zutiefst verlangend und lebendig, praktisch jedem und jedem fürchterlichen Gegner widerstehend – wobei er weiß, daß er keinen würdigeren Gegner hat als sich selbst –, ist der Skorpion ein leidenschaftliches Zeichen. Er trägt die Geheimnisse des Ewigmenschlichen in sich und ist zu allem fähig, um zu beweisen, daß seine Weltsicht richtig ist. Er leistet der Menschheit die wesentlichsten und nützlichsten Dienste.

Den Skorpion verstehen

Die Grundstruktur

Weibliches Zeichen
Die weibliche Polarisierung erhöht, wie es in der Astrologie heißt, die rezeptive, passive, liebevolle und freundliche Komponente, alles große Yin-Eigenschaften der Verinnerlichung, des nächtlichen, feuchten und kalten Prinzips. Dies fördert die Neigung zu empfangen, zu verstehen, zu beschützen, zu versöhnen und zu behalten, und weniger die, nach außen zu gehen, voranzuschreiten, zu teilen und zu beanspruchen. Gleichzeitig bedeutet es auch, daß das Zeichen im allgemeinen besser von Frauen gelebt wird, da dann zwischen der Polarisierung des Zeichens und dem sexuellen Pol der Persönlichkeit Harmonie besteht. Das Bild einer beherrschenden, übermächtigen Mutter steht im Zentrum ihrer unbewußten Dynamik, ein Bild, das für die Lebensfreude der in diesem Zeichen Geborenen oft sehr störend, wenn nicht sogar tödlich ist. Die Hydra, mit der die Skorpione auf Leben und Tod kämpfen, ist meist eine Mutter, die das Leben zurückhält, statt es zu geben. Um daraus lebend hervorzugehen und ins helle Tageslicht zu treten, ist natürlich viel Zeit und Widerstandskraft notwendig. Das erklärt auch den heftigen Starrsinn des Zeichens.

Trotzdem ist der Skorpion vor allem mit der integrierten Bisexualität beschäftigt. Die **Frauen wissen nicht, warum sie keine Männer** sind, und umgekehrt. Die libidinöse – mehr als die sexuelle – Aufladung des Zeichens impliziert, daß die Zugehörigkeit zu einem bestimmten Pol sehr unscharf erscheint, wenn nicht sogar absurd.

Wasserzeichen
Der Skorpion gehört wie Fische und Krebs zum Element Was-

ser, was seine psychischen Eigenschaften betont. Das Wasser ist das grenzenlose Unbewußte, aus dem alles aufsteigen kann. Es ist Traum, das Imaginäre und das Reich der Empfindungen, die wenig zu fassen zu sein scheinen und trotzdem das Wesentliche und die Wahrheit des Lebens vereinen. Die Beeindruckbarkeit ist ein Hauptcharakteristikum der Wassermenschen und wird mit dem Begriff des passiven Behältnisses verbunden, in Analogie zum Yin der chinesischen Überlieferung. Das Innenleben ist bis ins Extrem entwickelt, denn diese Menschen leben zwischen zwei Welten, an der Grenze zur unsichtbaren.

Das Wasser des Skorpions hat nichts mit dem des Krebses und noch weniger mit dem der Fische zu tun. Es ist das faulige Brunnenwasser, Nährflüssigkeit für alle Keime, die Träger von Leben oder von tödlichen Infektionen sein können. Vor allem aber ist es auch ein Wasser wie aus den Thermen, voll Schwefel und wichtigen Spurenelementen. Es ist Wasser in dem Sinn, wie Lava Wasser wäre, wenn sie schnell fließen und durch ihre Feuchtigkeit den Boden fruchtbar machen könnte. Voll Feuer und lebenspendendem Humus, garantiert dieses Wasser jedenfalls die Zukunft der Menschheit.

Festes Zeichen

Wie Stier, Wassermann und Löwe gehört auch der Skorpion zu den festen Zeichen. Es bedeutet, daß sie das Prinzip selbst des Elements darstellen, es in seinem vollkommensten Aspekt repräsentieren. Diese Festigkeit ist auch eine Starrheit, ein Kristallisationsvermögen, das fast bis zur Versteinerung geht in einer Welt, in der alles genau funktioniert. Sie weist auch auf Stabilität, Zuverlässigkeit und Echtheit hin, aber manchmal auch darauf, daß Starrsinn und Gewohnheit zur Routine werden können. Die festen Zeichen sind oft Schwarzweißmaler, es fehlt ihnen an Nachgiebigkeit und Anpassungsfähigkeit.

Als Inkarnation der Festigkeit des Wassers repräsentiert der Skorpion durch diesen Aspekt auch die initiatischen, nährenden und umwandelnden Eigenschaften des flüssigen Elements, seine Werte und die Aufforderung, sich zu reinigen.

Die Botschaft der Seele ist die Erlösung, die Befreiung von der niederen Welt, damit eine Rückkehr ins Urlicht möglich wird.

Lymphatisches Temperament

Die Vorstellung von Lymphe verbindet man im allgemeinen mit dem Begriff der Weichheit und Flüssigkeit. Dazu gehört außerdem noch die Eigenschaft der Empfänglichkeit, die Basis für eine echte Aufnahmebereitschaft auf der Ebene der Sensibilität, der Gefühle, der Sensitivität und auch der Organe.

Ein Aktivposten der lymphatischen Natur ist die unglaubliche, völlig unerwartete und rätselhafte Regenerationsfähigkeit. Es ist eine Kraft zur Erneuerung, durch die man wieder auflebt, eine »neue Haut« bekommt, seine Kräfte wiederfindet, wieder auftaucht, nachdem man von den verschiedensten Strömungen überschwemmt und beinahe ertränkt worden war. Es liegt an der ständigen Verbundenheit mit dem Kosmos und dem kollektiven Unbewußten und auch an der Fähigkeit, sich in andere hineinzuversetzen, die für die lymphatischen Krebse, Skorpione und Fische typisch ist. Sie können in jedes mehr oder weniger saubere Wasser – offenbar ohne durchtränkt zu werden – eintauchen, und es genügt ihnen ein Nichts, eine winzige Bewegung, um unbeschadet und intakt wieder aufzutauchen, als habe sie nie irgend etwas berührt.

In dieser Hinsicht schneidet der Skorpion zweifellos am besten ab. Er hat alle Möglichkeiten, seine Energien umzuwandeln, und findet sogar bei einer Krankheit oder einer Schwäche (die nie lange dauern) Gelegenheit, sich auf lange Sicht zu stärken.

Die Sterne des Skorpions

Vor allem **Antares,** einer der vier königlichen Sterne, von schönstem Rot: leidenschaftlich rot, zornrot, glühendrot . . . Es ist das Rot des Verlangens, das in allen Manifestationen des göttlichen Lebens im geheimen schlummert.

Die **Schlange,** Symbol der Erkenntnis und der Geheimnisse der Erde, aber auch Symbol der Versuchung, sogar der Irreführrung. Auch Symbol des Zyklus von Leben, Tod, Wiedergeburt, der für die Achse Stier – Skorpion typisch ist.

Ophiuchus, der Schlangenträger, »der Mann, der gegen die Schlange kämpft«. Kampf zwischen Himmel und Erde, Natur und Kultur, Körper und Geist. Kampf zwischen dem menschlichen und göttlichen Teil des Menschen. Der Mensch durchwandert seinen dunklen Teil, um seinen lichtvollen Teil zu erreichen.

Herkules, der Eingeweihte schlechthin, der die Prüfungen der Einweihung besteht, die die zwölf Zeichen sind. Er begehrt die Krone der Auserwählten und hält seinen Blick fest auf den Adler gerichtet. Er entdeckt dieses herrliche Symbol des Lichts, das hervortritt und jeden Sieg ermöglicht.

Mythologie

Der Skorpion steht im Tierkreis auf dem achten Platz und beherrscht auch das achte Haus, das sogenannte Haus des Todes, aber auch das Haus der Metamorphose, die dem neunten Haus vorangeht, dem der Geburt der Welt und der Überschreitung bekannter Horizonte. Auch hier handelt es sich um eine Phase der Umwandlung, die schwierig ist.

Die Acht, die in ihrer Form an eine Schlange erinnert und, wie schon ihr Aussehen verrät, ein Symbol der Energie ist, ist die Zahl der Verbindung zwischen Erde und Himmel des kosmischen Gleichgewichts, des Kreuzungspunkts, Symbol des Antennenmenschen, der direkt mit den kosmischen und irdischen Energien in Verbindung steht, die er empfängt, die ihn durchströmen und die er weitergibt.

Die Magie der Acht anzurufen, sich ihr zu unterwerfen, bedeutet, in den Zyklus der geistigen Umwandlung einzutreten, die erst nach einer reinigenden Phase der Loslösung vom Unwesentlichen eintreten kann. Wie bei der Symbolik der Schlange handelt es sich um den Versuch, die Verzückung der Unsterblichkeit zu erlangen.

Der Skorpion sammelt alle Sorgen und Fragen der vorangegangenen Zeichen und überschreitet sie; gleichzeitig scheint er für alle ihre Irrtümer und Unvollkommenheiten zu bezahlen. Aber zweifellos ist er der einzige, der all das hinter sich lassen kann.

Stärken und Schwächen des Skorpions

Die Stärken

- Ausdauer, Hartnäckigkeit, Widerstandskraft, Mut
- Unbeugsamkeit, Integrität, Treue, Echtheit
- Klarheit, Unterscheidungsvermögen, Geistesschärfe, Scharfblick
- Hellsichtigkeit, mediale Veranlagung, Intuition, angeborenes Vorherwissen der Dinge
- Gemeinschaftsbewußtsein, metaphysisches Bewußtsein, Solidarität
- Unparteilichkeit, Gerechtigkeitssinn, Noblesse
- Intensität, Energie, Leidenschaft, Begeisterung
- Große Fruchtbarkeit und ungeheure kreative Begabungen
- Empfindsamkeit, Sinn für das Geheime, Schamgefühl
- Anziehungskraft, Sinn für öffentliches Auftreten, Sinn für die Menge

Die Schwächen

- Betrug, Manipulation, Durchtriebenheit, Unaufrichtigkeit
- Heftigkeit, Brutalität, grundlose Bösartigkeit, Sadismus
- Extreme Kritiksucht, Zerstörungswut, Wiederholung von Mißerfolgen
- Neid, Eifersucht, Besitzergreifung, voller Ansprüche
- Strenge, Unnachgiebigkeit, Machtsucht, Tyrannei
- Perversität, Unmoral, Freude an Komplikationen
- Extreme, Nihilismus, blinde Ausschließlichkeit
- Asozialität, Freude an Opposition und Widerspruch

- Arroganz, Verleumdung, Verachtung, Egoismus
- Strebertum, Habsucht, Gier, Wollust
- Moralismus, Gefallen an Buße und Leid

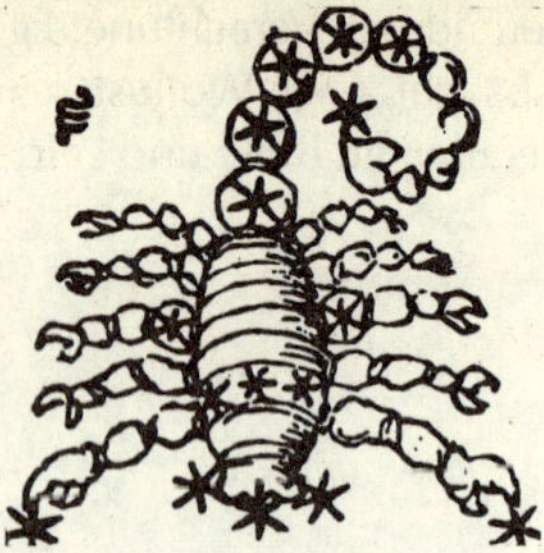

Die Aszendenten des Skorpions

1. Skorpion – Aszendent Widder

Ein außergewöhnliches Auftreten, eine Persönlichkeit wie ein Fels, eine unglaubliche Streitlust. Auch eine zerstörerische Leidenschaftlichkeit, weil sie unkontrolliert und impulsiv ist. Sie bricht los, ohne daß sich derjenige dessen bewußt ist oder die Auswirkungen auf sich oder andere abschätzt. Das Unbewußte liegt im Kampf mit der größten Todessehnsucht und dem stärksten Lebenswillen und mit einer Aggressivität, die nicht immer einfach zu ertragen ist.

Dies verleiht aber auch die Fähigkeit, die höchsten Gipfel zu erstürmen und unterwegs alle Hindernisse zu bewältigen. Aber die Begierden beherrschen die in diesem Zeichen Geborenen zu sehr. Sie werden von ihrer schlecht kanalisierten Sexualität mitgerissen, vor allem in ihrer feurigen und leidenschaftlichen Jugend. Man muß sich wirklich bemühen, sie zu verstehen, sie zu lieben, sie zu ertragen und ihre Leidenschaftlichkeit zu entschärfen.

2. Skorpion – Aszendent Stier

Sie kennen alle menschlichen Geheimnisse und benützen sie – ohne sich dessen bewußt zu sein –, um den anderen am »sexuellen Ende« zu packen. Sie sind Extremisten, Idealisten, cholerisch, anspruchsvoll, unnachgiebig – aber auch leidenschaftlich und anziehend. Angst und Begierde kämpfen in ihrer glühenden Seele, und sie ziehen den anderen in ihre Welt, auf Leben und Tod.

Sie kennen keine Kompromisse, keine Halbheiten. Sie haben eine Kraft, mit der sie Berge versetzen könnten, und erweisen sich als wahre Arbeitstiere – bis zu dem Augenblick, da sie die Gewißheit, daß alles zu Ende ist, erfaßt und sie alles zerstören läßt, bis hin zu ihren schönsten Träumen. Wunsch und Undurchführbarkeit gehen in ihnen Seite an Seite. Häufig sind sie für andere konstruktiver als für sich selbst.

3. Skorpion – Aszendent Zwillinge

Hinter ihren scharfen und schneidenden Worten stecken Tiefe und eine nackte Wahrheit, die oft verwirrt, weil sie aus dem Inneren des Universums zu kommen scheint. Sie wissen tatsächlich alles, spüren alles, sind gefürchtete Medien. Etwas Geheimnisvolles umgibt sie, mit dem sie gerne spielen wollen. Sie brauchen oft Zeit (ungefähr vierzig Jahre), um ihr schweres und dunkles Inneres leichter zu machen.

Sie übersehen keine Schwäche, geizen nicht mit Kritik und Zynismus und wissen, wie sie ihre Ziele erreichen, wobei sie widersprüchliche und doppeldeutige Aussagen machen. Man mißtraut ihnen, weil sie zu dick auftragen. Nur sie allein wissen, ob sie etwas ernst meinen, aber es gefällt ihnen, die Zweifel zu schüren. Sie verabscheuen die Ängstlichen, die »Kleinen« und die Schwächlinge und beugen sich nur vor denen, die viel stärker – und viel sinnlicher – sind als sie selbst.

4. Skorpion – Aszendent Krebs

Sie sind viel komplizierter, als sie aussehen. Und auch viel zäher. Verschlossen, leidenschaftlich, völlig instinktiv und intuitiv, mit einer Komponente, die an die Gottesanbeterin erinnert und ihnen eine Aura von unglaublicher Anziehungskraft verleiht. Da sie ständig mit dem Unsichtbaren in Verbindung stehen, neigen sie mehr dazu, auf das Konto esoterischer Praktiken und des Aberglaubens einzuzahlen als auf das der wahren spirituellen Erleuchtung (obwohl sie das Gegenteil behaupten).

Faszination und komplizierte Beziehungen sind mit im Spiel. Die Kindheit – in neun von zehn Fällen schwierig, mit dem Bild einer alles verschlingenden Mutter – hat ihnen eine tiefe Angst hinterlassen, die sie sich bewußt machen müssen. Idealismus quält sie, Reisen gefällt ihnen, Theater interessiert sie. Man muß ihnen helfen, sich zu vereinfachen, und ihnen Widerstand leisten, um ihre Neugier hervorzurufen.

5. Skorpion – Aszendent Löwe

Bestimmtheit, Autorität, Energie und faszinierende Anziehungskraft. Trotz ihrer Beredsamkeit und ihrer außergewöhnlichen beruflichen Erfolge weiß man nie wirklich, was sie denken. Sie sind die geborenen Beherrscher, zweifeln jedoch an sich, weil sie sich ständig in Frage stellen, wobei sie die Antwort dann aber selbst finden. Sie kennen alle Geheimnisse, würden sie aber lieber nicht wissen.

Sie sind philosophisch, intellektuell, auch intuitiv, großzügig und tiefsinnig und erlauben keine Mittelmäßigkeit oder Langsamkeit. Sie lieben Geheimnisse und sexuelle Freuden. Sie helfen denen, die an ihrer Seite sind, können Berge versetzen und jedes heikle Thema anschneiden. Vorsicht – ihre sehr unnachgiebige Art kann diktatorisch werden.

6. Skorpion – Aszendent Jungfrau

Der Sexualtrieb (wenn er einen innerlich quält und verrückt macht, weil man ihn nicht loswerden kann), die Unmöglichkeit, einfache Beziehungen einzugehen, und ein kompliziertes Innenleben – das ist der Boden für eine tiefe und nicht zu ändernde Angst, überdeckt von Mängeln, Begierden und dem fast manischen Willen, vorwärtszukommen.

Die Ambivalenz der sexuellen Identität krönt das Ganze. Aggressivität und Selbstzerstörung lauern im Hinterhalt. Die in diesen Zeichen Geborenen lieben nur Leidenschaft: Leidenschaft für den Verlust und Leidenschaft für die Erhaltung. Sie würden alles darum geben, wenn man ihnen das Leben erleichterte und sie es lieben lehrte.

7. Skorpion – Aszendent Waage

Ihr Charme ist undurchsichtig, ihre Sexualität groß, ihr Flirten mit Gewalt und Selbstzerstörung unleugbar. Hin und her gerissen zwischen dem Wunsch zu gefallen und dem Verlangen, sich zerfleischen zu lassen, ängstlich, schnell depressiv, haben sie nicht die Kraft, sich mit ihren Forderungen durchzusetzen. Sie scheitern, und das nehmen sie sich übel.

Auf der Gefühlsebene wollen sie gern leiden und suchen sich Peiniger mit einem Hang zur Perversion aus, vor allem die Frauen. Wenn sie auf die Vierzig zugehen, passiert es dann, daß sie plötzlich alle Grenzen überschreiten und dabei ihre künstlerischen und kreativen Begabungen entdecken.

8. Skorpion – Aszendent Skorpion

Von einer Welt verschlungen, die sich um Sichtbarkeit und Realität wenig kümmert, suchen sie noch nach ihrer wahren Identität. Sie sind Opfer oder Sadisten, vor allem in bezug auf sich selbst. Von einer schutzlosen Sensibilität, Heilige oder Dämonen, sind sie depressiv und neigen phasenweise sogar zu Selbstmord.

Die Frauen können ihren Fatalismus, der sich gegen sie selbst wendet, schlecht akzeptieren. Trotzdem sind sie faszinierend. Die Männer werden von Begierden gequält, zu denen sie nicht stehen können. Daß sie so anders sind, macht ihnen zu schaffen. Sie überspielen es durch kreative Arbeit und großes soziales Engagement, denn sie sind richtige Arbeitspferde. Es ist für sie wichtig, daß man ihnen das Leben vereinfacht.

9. Skorpion – Aszendent Schütze

Sie haben eine sehr anspruchsvolle Vorstellung von dem, was sie als ihre »Mission« bezeichnen, und verfügen über die Mittel, sie zu realisieren. Manchmal verausgaben sie sich zu sehr. Energisch und kultiviert, streben sie einem Ideal nach, das ihnen wenig irdisch erscheint. Sie haben einen genauen Begriff vom Guten. Im Leben erfolgreich sein, sich vom Unbewußten lösen, mit dem Schatten fertig werden – das sind hartnäckige Beweggründe für sie, mit denen sie sich gründlich beschäftigen müssen, um weiterzukommen.

Aber das Negativ gehört eben auch zum Foto: Sie wissen es, aber es fällt ihnen schwer, das zu akzeptieren. Ihrer Rechtschaffenheit kommt nur ihr sexuelles Verlangen gleich.

10. Skorpion – Aszendent Steinbock

Das, was sie verbergen, ist viel wichtiger als das, was sie von sich zu erkennen geben, denn sie sind nicht fähig, was sie bedrängt und belastet auszudrücken. Energie, Wille, Intelligenz und Sexualtrieb sind beeinflußt von Erlösungsgedanken.

Hinter ihrer prüden Kälte und ihrer Geheimniskrämerei und ihrem Hang, sich zu isolieren, verbirgt sich jedoch große Zärtlichkeit. Ihr kollektives Bewußtsein ist sehr entwickelt, und sie sind bereit, jede metaphysische Schlacht zu schlagen.

11. Skorpion – Aszendent Wassermann

Typisch für sie ist ihre Unabhängigkeit. Sie sind Außenseiter und revoltieren grundsätzlich, woran ihr ungewöhnlich klarer

Verstand schuld ist. In ihrem Kopf bewegt sich viel, aber auch in ihrer Umgebung bringen sie viel in Gang. Für eine neue Welt setzen sie sich mit allen Kräften ein. Sie bringen echte und unlösbare Probleme zur Sprache, für die sie dann als einzige eine Lösung finden.

Zwar sind sie Idealisten, haben aber doch zuviel Realitätssinn, um sich idiotisch in Gefahr zu begeben oder Defätisten zu sein. Ihren Instinkt würden sie gern sublimieren und ihre Wildheit gern zügeln, aber das gelingt ihnen nur für Augenblicke. Ihr ganzes Leben dreht sich nur um ihre Freunde, die alle außergewöhnliche Menschen sind wie sie selbst!

12. Skorpion – Aszendent Fische

Inspiriert, medial, engelhaft oder mephistophelisch, sehen und hören sie ungeahnte Dinge. Sie haben die Intuition der Nacht und der Kehrseite der Dinge und folgen den ewigen Wellen, die ihre schlängelnde und hinreißende Fortbewegungsart bestimmen! Schließlich jedoch durchschauen sie die Illusion, brauchen aber viel Zeit, um den Ausgang aus ihrem phantastischen und oft dunklen Universum zu finden. Sie drohen immer wieder zu ertrinken, überstehen aber jedesmal den Schiffbruch.

Sie sind das Gedächtnis des Universums. Große Magier, die zwischen weißer Magie und schwarzen Messen schwanken. Ihre Sinnlichkeit ist beängstigend, vor allem für sie selbst, aber auch für jeden, der in ihren Treibsand gerät. In Kreativität umgeleitet, wird sie wunderbar.

Energie und Gesundheit

Schlüsselworte der Skorpionenergie

Unergründlichkeit: in allen vielschichtigen und buntschillernden Fällen, das heißt, die sich aus verschiedenen Elementen zusammensetzen, unterschiedliche Tragweite haben und sich unterschiedlich ausdrücken. Diese Eigenschaft ist gleichzeitig Trumpf und großer Nachteil der Skorpionenergie, je nachdem, ob der in diesem Zeichen Geborene lernt, sich von seiner Energieüberfülle nicht unterkriegen und überwältigen zu lassen oder ob er darüber verzweifelt ist.

Widerstand: Widerstands- und Überlebensfähigkeit auf allen Ebenen ist ebenso charakteristisch. Wille, Hartnäckigkeit und die Begabung, tausendmal eine notwendige Arbeit wiederanzufangen – bei sich selbst oder in seiner Umgebung –, gehören ebenso zu den Vorzügen des Zeichens. Ob in Zeiten der Entmutigung und Erschöpfung oder in Zeiten des Widerstands – sogar der Revolte –, der Skorpion hält immer bis zum Ende durch.

Umwandlung: Notwendige und willkommene Umwandlung der inneren und äußeren Energien. Das Talent der Skorpione, sich immer wieder aus ihrer eigenen Asche zu erheben und von ihrer Schattenseite zu ihrer lichten Seite zu gelangen, grenzt ans Wunderbare, und zwar so sehr, daß man den Verdacht haben könnte, sie würden mit diesem Trumpf spielen – den sie übrigens häufig nur selbst als solchen erkennen und nach Wunsch auszuspielen vermögen.

Gesundheit

Das Verhältnis zum Körper ist beim Skorpion sprichwörtlich zwiespältig. Es ist ein richtiges Spiel mit den eigenen Grenzen, das instinktiv schon in der frühesten Kindheit beginnt. Er ist vom Fleisch fasziniert, und das in jeder Bedeutung des Wortes: weil die Sexualität – oder genauer die Libido – einen zentralen Platz in seinem Leben einnimmt, aber auch, weil alle organischen und psychologischen Geheimnisse seine ganze Aufmerksamkeit in Anspruch nehmen. Als Experimentierfeld hat der Skorpion seinen eigenen Körper, das beste Labor, das es gibt.

Er möchte sich beweisen – und seine Kraft und Unbesiegbarkeit beweisen. Deshalb ist seine Beziehung zu Ärzten und der medizinischen Welt ganz allgemein schwierig und gespannt. Da der Skorpion durch seine fleischliche Hülle eine Art initiatischer Beziehung zu sich selbst unterhält, gibt er der Krankheit nicht den Stellenwert, den die übliche Medizin ihr verleiht. Deshalb kommen bei ihm Ungehorsam und Selbstbehandlung häufig vor der genauen Befolgung der Ratschläge und Rezepte eines Arztes.

Obwohl der Skorpion robust und widerstandsfähig und mit einer beinahe magischen Regenerationsfähigkeit ausgestattet ist, die manchmal fast an eine Wiederauferstehung grenzt, können ihn seine zu heftigen Gefühle zermalmen wie eine unterirdische Bombe, die einen Berg in die Luft sprengt. Die negativen und geheimen Emotionen seiner Kindheit, die sich tief in seinen Zellen versteckt haben und aus den verborgenen Winkeln seiner Psyche hervorquellen, die wenig sauberen Begierden, Neid, Ressentiments, Eifersucht und zerstörerische Neigungen, alles, was nicht offen ausgelebt werden konnte und in Form von latenten Gefahren im geheimen vorhanden ist, bilden einen übelriechenden Teich, in dem alle Arten von Mikroben in Ruhe gedeihen können. Die Schwankungen in seinem Immunsystem sind also die direkte Folge der unterschiedlichen Beziehungen, die der Skorpion zu seiner Lebenslust unterhält, und lassen sich dadurch erklären.

Schwache Punkte des Skorpions

Knochen, Haar, Zähne, Nägel: Durch die schlechte Aufnahme von Kalk, Phosphor und Mangan, die für den Skorpion kennzeichnend ist, hat er häufig zu feines und brüchiges Haar, Nägel mit weißen Flecken und viele Zahnprobleme. Es muß auf den Zustand der Knochen und eine gute Skelettbildung geachtet werden. Die heftigen Aktivitäten, die der Skorpion liebt, fördern außerdem das Risiko von Brüchen.

Verdauungsprobleme: Im allgemeinen ist es für den Skorpion nicht wichtig, wie er sich ernährt und was auf seinem Teller liegt. Einmal ißt er viel, dann wieder zuwenig. Er hat den Hang, fast instinktiv die Nahrungsmittel hinunterzuschlingen, die eine »aufputschende« Wirkung haben, um seine chronische Ermüdbarkeit zu überspielen. Da er außerdem die Neigung hat, zu schnell zu schlucken und wenig zu kauen, kommt es zu den verschiedensten Verdauungsproblemen (vom verdorbenen Magen bis zum Durchfall) und zu einer Übererregbarkeit des Nervensystems, die wegen der schwachen Nerven chronisch werden kann, vor allem bei den Frauen des Zeichens.

Blutkreislauf: Darauf muß besonders geachtet werden. Die Gewohnheit, unregelmäßig zu essen, Nervosität, die Neigung, alle Reserven aufzubrauchen und das schwache Herz verursachen irgendwann Kreislaufprobleme. Es können auch Anämie und Gefäßerkrankungen auftreten. Auf den arteriellen Druck muß schon früh geachtet werden, auch der Cholesterinspiegel sollte kontrolliert werden.

Drüsen: Die Schilddrüse ist empfindlich, das Drüsensystem allgemein, vor allem bei den Frauen, die auf ihren Hormonspiegel achten sollten. Es kann immer wieder zu mehr oder weniger schweren Infektionen kommen, und dadurch schließlich auch zu Unfruchtbarkeit.

Psyche: Emotional, gefühlsbetont, voll Ressentiments aus seiner Kindheit und wegen des zu starken Mutterbilds, ist der Skorpion auch für die mehr oder weniger deutlichen Einflüsse seines Unbewußten und seiner direkten oder kosmischen Umgebung sehr empfänglich. Was in seiner Psyche passiert, ist nicht nur negativ, aber er muß sich vor Illusionen, Verzerrungen und Trugbildern hüten, die den Geist schwächen und das Bewußtsein verdunkeln können.

Die psychische Zartheit ist Tatsache und kann durch eine echte oder als real erlebte Verletzung zu Apathie führen, bis hin zu chronischer Depression.

Immunsystem: Nichts greift das Immunsystem in seiner Gesamtheit so sehr an wie schlecht verdaute Emotionen und der Zustand von nervlicher und geistiger Schwäche. Der Skorpion kann sich dann zu einem wahren Mikrobenschwamm entwikkeln, mit einer ganzen Reihe von Infektionskrankheiten und mehr oder weniger ernsten Störungen des Immunsystems.

Der Skorpion mit **Energieüberschuß** ist zu leicht reizbar, regt sich zu schnell auf und leidet an Halluzinationen und einer krankhaften Aufgeblasenheit seines Ichs, das sich überall und immer für unbesiegbar hält. Auch für eine allgemeine Austrocknung ist er häufig anfällig.

Der Skorpion mit **zuwenig** Energie ist ängstlich, leidet an einem Minderwertigkeitskomplex, hat Gewissensbisse, Verstimmungen, Kummer und ständig Depressionen. Seine Traurigkeit, Schüchternheit und Übersensibilität machen ihn für alle Formen äußerer Angriffe anfällig. Die Vorstellung, etwas versäumt zu haben, Leere und ein Gefühl der Nutzlosigkeit bohren in ihm, alles wird dramatisiert, alles ist zum Verzweifeln. Lebensüberdruß und Neigung zum Selbstmord sind nicht weit.

Ratschläge für ein besseres Gleichgewicht

Die Schlüsselworte für die Gesundheit des Skorpions sind: **Metamorphose** und **Transformation.** Er allein ist die ganze Welt. Er hütet die Schätze der ganzen Menschheit, von jeher und für immer. Er muß lernen, sich ihrer zu bedienen und nicht ihr Opfer zu sein. Seine enorme Sensibilität und Gefühlserregbarkeit, die er heftig bestreitet, sein Festhalten an durchlebte schwere Erlebnisse und Prüfungen, seine Schwierigkeit, das Wesentliche seiner Wahngespinste und Begierden, die ihn quälen, auszudrücken – all das trägt zu einer Blockade bei, die verhindert, daß das Leben kreist, und kann schlimme Folgen haben.

Angesichts des riesigen Energiereservoirs, mit dem der Skorpion nicht umgehen kann, muß er lernen, auszusortieren und das Beste aus dem zu machen, was er zurückbehält. Metamorphose und Transformation – das sind die Schlüsselworte des Skorpions. Zwangsvorstellungen ziehen ihn nach unten, zum Urmagma, das er so gern verlassen würde, um im klaren und belebenden Blau des Himmels zu schweben. Aber er muß viele Male versuchen hochzukommen, ehe er davonfliegen kann.

Zugeordnete Farbe: tiefes durchsichtiges Rot.

Granat: Er fördert eine gute Blutzirkulation, entwickelt und reguliert die Sexualkraft, regt die Fruchtbarkeit an und lindert Rheumatismus.

Achat: Er fördert die Beredsamkeit, die Kontaktfreudigkeit, macht liebenswürdig und angenehm. Schützt vor Unglück.

Topas (Sonnenstein): Aktiviert die Ausstrahlung, die Überzeugungskraft, die Entschiedenheit, eine Meinung zu vertreten, lindert durch Kälte entstandene Krankheiten, fördert die Verwertung der Nahrung und reguliert die Zirkulation.

Rubin: Gibt Energie, beruhigt, begünstigt die Konzentration, reguliert den Blutkreislauf.

Durchsichtiger Chrysokoll: Dämpft die Emotionen, hebt das Bewußtsein, befreit von Unruhe. Wurde im alten Ägypten bei Einweihungsriten benutzt.

Glücksstein: Topas.

Harmonisierender Stein: Amethyst. Er hilft, sich von der Materie und den Trieben zu lösen und mäßigt zu starke Willenskraft und Eifersucht.

Liebe und Freundschaft

Leidenschaft, Extreme, Solidarität

Bei den zwischenmenschlichen Beziehungen erkennt man sofort, daß man es mit einem Skorpion zu tun hat. Alles, was sich in diesem Zeichen an Glut, Extremismus, Feuer, Begierden verbirgt, Wunderbares und Übles ineinander verwoben, findet sich in diesem zentralen Aspekt des Lebens der Skorpione konzentriert. Sowohl mit außerordentlichen Manifestationen sublimer Reinheit wie von zerstörender Grausamkeit.

Der Skorpion und kalt? Niemals! Seine Glut schützt ihn bei einer Beziehung vor jeder Abkühlung und, was die Sinnlichkeit betrifft, vor halben Maßnahmen.

Skorpion sein bedeutet, wirklich auf der Seite der Leidenschaftlichkeit stehen, das heißt, alle Halbheiten und jede Falschheit bewußt zu verachten. Kompliziert, wie der Skorpion ist, kennt er doch eine Schwierigkeit nicht, nämlich Probleme, die sich durch Gleichgültigkeit ergeben. Lieber hassen, verabscheuen, verfluchen als gar nichts zu fühlen. In der Liebe wie in der Freundschaft treibt den Skorpion nur die Leidenschaft: die Leidenschaft, die immer recht hat, weil sie die unglaubliche Fähigkeit verleiht, etwas zu erschaffen und zu erreichen, die ungewöhnlichsten Hindernisse zu nehmen und Berge zu versetzen. Und die Leidenschaft auf dem Gebiet der Beziehungen (vor allem, wenn es um Liebe geht), durch die man auf die andere Seite des Spiegels gelangt, auch auf die Gefahr hin, auf dem Grund des Brunnens aufzuwachen.

Aber auch Echtheit, Aufrichtigkeit und unbeirrbare Solidarität stehen im Programm des Zeichens. Auf einen Skorpion kann man immer zählen, gleichgültig, was passiert, und vor allem, wenn man die Mehrheit gegen sich hat: Selbst wenn er sein Leben riskiert, wenn die ganze Welt und das Gesetz gegen ihn sind, er hilft denen, die er liebt, wenn er sich einmal dazu entschlossen hat, sie zu lieben: liebevoll, überzeugt, mit dem Gefühl, eine Mission zu erfüllen und im Namen einer Weltsicht, die seine Philosophie ist. Freundschaften geht er oft nach der Devise »auf Tod und Leben« ein. Seine Treue ist unerschütterlich. Als Konsequenz dauern auch seine Verzweiflung, seine Enttäuschung, seine Traurigkeit ewig, wenn er hintergangen wird oder sich das einbildet.

Die Beziehungen zu den anderen Zeichen

Skorpion – Widder

Der Widder lebt seine Leidenschaft aktiv und sofort aus, der Skorpion im verborgenen und auf lange Sicht. Beide gehen das ungeheure Risiko ein, sich sehr weh zu tun, aber auch, eine gegenseitige Offenbarung zu sein. Vor allem der Widder tut sich schwer, weil seine Verstandeskraft nicht ausreicht, sich mit so vielen Winkelzügen auseinanderzusetzen. Seine spontane Reaktion ist immer, frontal anzugreifen, obwohl die entgegengesetzte Taktik richtig wäre.

Auf sexueller Ebene ist die Begegnung meistens sehr heftig, obwohl der Widder auch hier reagiert, als stünde er im Boxring, während der Skorpion das Thema mehr wie eine Einweihungszeremonie behandelt. Auf gesellschaftlichem Gebiet sind sie gefürchtete Partner oder heftige Gegner, doch es besteht immer die Gefahr, daß sie irgendwann ihre zerstörerische oder selbstzerstörerische Seite zeigen. Man wünschte sich für ihr Zusammenleben ein wenig mehr Leichtigkeit und Spiritualität.

Skorpion – Stier

Sie sind maßlos, sexbezogen – maßlose Sexbezogenheit vor allem, wenn sie nicht miteinander schlafen. Ihre Intimsphäre ist voll libidinösem Dunst, was sie nicht voreinander verbergen, außer sie haben eine vollkommen entgegengesetzte Art, diese Dinge zu erleben. Der Stier benimmt sich eher normal und sieht »nichts Schlechtes dabei«, während der Skorpion in irgendeiner Form immer Schuldgefühle hat und zwischen Verlangen und Verweigerung hin und her schwankt.

Sie ergänzen sich, und ihre Beziehung ist konstruktiv bis zu dem Augenblick, wo sie sich zu zweit daran machen, alles kaputtzumachen. Der Skorpion amüsiert sich damit, den Stier fertigzumachen, was ihm schließlich selbst zum Verhängnis wird. Der Stier würde den Skorpion gern zur Vernunft bringen und beruhigen, wirft ihn jedoch manchmal völlig aus dem Geleise. Zusammen erlauben sie sich alles, denn sie kennen sich, als hätte man sie füreinander gemacht. Wenn sie spirituelle Wege gehen, sind sie großartig und können Horizonten entgegenschreiten, die anderen unerreichbar bleiben.

Skorpion – Zwillinge

Die Anziehungskraft ist heftig, die gegenseitige Faszination groß. Jeder kämpft mit den Mitteln, die er hat, um den anderen zu verführen und einzuwickeln. Der Beziehung fehlt es also nicht an Glanz, wenn man davon absieht, daß der Zwilling mit dem Kopf marschiert und der Skorpion mit dem Bauch.

Im gesellschaftlichen und beruflichen Leben sind sie ein Erfolg. Nichts und niemand widersteht ihnen. Aber im Intimbereich liefern sie sich Duelle, wenn es nicht sogar zu Sadomasochismus kommt, vor allem, weil sie ganz und gar nicht die gleiche Sinnlichkeit haben.

Skorpion – Krebs

Eine Beziehung, die direkt aus den Tiefen des Unbewußten kommt und auf der Unveränderlichkeit der menschlichen Natur beruht. Sie haben die gleiche Vorliebe für Magie, das Wunderbare und Erhabene, und vor allem für das romantische und leidenschaftliche Liebesleid. Der Skorpion umkreist den Krebs, um den Riß im Panzer zu finden, und der Krebs liebt so etwas leidenschaftlich: Endlich jemand, bei dem er das Gefühl hat zu leben. Das alles strömt den dumpfen Geruch satanischer, barocker Feste aus und setzt ein ganzes schweflig riechendes Universum in Schwung.

Kreative, warmherzige und wirklich gleichgestimmte Strömungen sind aber nicht zu leugnen, denn sie stammen tatsächlich aus derselben Welt. Vorsicht vor psychologischem Sadomasochismus, der auch zur Ausstattung gehört.

Skorpion – Löwe

Es ist die Anziehung zwischen Oberfläche und Tiefe. Jeder der beiden regiert ein gegensätzliches Reich, der Löwe das äußere, der Skorpion das innere. Und die Szepter sind absolut nicht teilbar – wenn sie sich nicht sogar in tödliche Waffen verwandeln. Ein eiserner Wille prallt auf den anderen, die Persönlichkeiten reiben sich gegenseitig auf. Ihre Körper ziehen sich leidenschaftlich an, wodurch sie sich in ziemlich gräßliche Affären verstricken. Sie sterben lieber, als von ihren Prinzipien abzuweichen.

Wie die Gladiatoren nach einem Kampf erweisen sie der Tapferkeit und Stärke des anderen die Ehre, denn sie schätzen sich sehr (und das zu Recht), ohne es je zuzugeben. Eine zu heftige Beziehung und deshalb im Alltag nicht leicht zu leben, immer kompromittierend und ohne Kompromiß.

Skorpion – Jungfrau

Die Jungfrau hält sich zurück. Trotzdem reizt der Skorpion sie sehr. Die Jungfrau würde diesen Reiz gern analysieren und beherrschen, doch sie wird Geheimnisse nie so gut verstehen wie der Skorpion. Sie begreift sie nicht, und der Skorpion profitiert davon.

Eine quälende und entschieden sadomasochistisch gefärbte Verbindung, aber bedeutungsvoll, konstruktiv und aufschlußreich wie der Urmythos, für den sie ein Beispiel ist. Durch den Skorpion kann die Jungfrau anfangen zu leben: Es ist ein sexuelles Wunder!

Skorpion – Waage

Die Waage verbringt das Leben damit, sich zurückzuhalten und nicht zu zerstören. Der Skorpion hat alles, was man braucht, um sie in ihren Grundfesten zu erschüttern. Jedoch kommt es selten vor, daß sie ihm bis zum äußersten folgen möchte. Sie flieht lieber unterwegs.

Trotzdem eine notwendige Beziehung, vor allem für die Waage, die jedoch besser in dieser Beziehung die Frau ist.

Skorpion – Skorpion

Jetzt sitzen wir mittendrin, mitten im Inzest, im Spiegel, in der echtesten Leidenschaft – Antriebskraft oder Zerstörung, das hängt von der jeweiligen Phase ab. Kind, Schwester, spiritueller Weggenosse, Engel und Dämon – sie sind all das gleichzeitig füreinander und erschaffen eine Welt, die die anderen wenig verstehen können, aber sie selbst sind sich hundertprozentig einig, ohne daß sie ein Wort sagen müssen.

Außerdem haben zwei Skorpione, wenn sie sich begegnen, Besseres zu tun, als zu reden. Sie bewundern einander, sie helfen sich, sie tauschen sich aus, sie opfern sich oder machen den anderen zum Heiligen – aber gelingt es ihnen dabei auch zu leben?

Skorpion – Schütze

Der Schütze ist genau das, was der Skorpion eines Tages gerne werden würde – wenn er aufgehört hat, sich in seinen Problemen zu sielen! Der Skorpion hingegen ist für den Schützen das Geheimnis, das er nie durchdringen wird. Sie mißverstehen sich von Grund auf, doch das hindert sie nicht daran, sich auf gesellschaftlicher, kultureller und spiritueller Ebene zu verstehen, zu respektieren und gegenseitig zu helfen.

Sehr konstruktiv, vor allem, wenn der Mann Schütze ist. Bei der Schützefrau besteht die Gefahr, daß sie der Sache ziemlich schnell überdrüssig wird und verschwindet, um andere, irdischere Horizonte zu erkunden.

Skorpion – Steinbock

Schwierig, schwierig, oder doch nicht? Alle beide sind in ihre Zweifel verloren, eingeschlossen in ihre verborgene Emotivität, die sie nicht in Worte fassen können, aufgesogen von ihren unsichtbaren Tiefen und ihrer mystischen Suche, versteinert durch ihre Ansprüche und ihre Strenge – wie sollen sie sich da jemals treffen? Sie treffen sich in ihrer Echtheit, in ihrer riesigen und sturen Arbeitslust, ihrer Ernsthaftigkeit und tiefen Sensibilität.

Und wenn sie sich unerwartet in der Horizontalen wiederfinden, entdecken sie plötzlich die Freuden ihrer Sinnenlust. Eine philosophische und sinnliche Beziehung – oder gar keine.

Skorpion – Wassermann

Um alle Konventionen, alle Gesetze und Gewohnheiten zu bombardieren, um Feste und Orgien zu feiern, um ihre Kontaktfreudigkeit auszuleben, zu reisen und sich mit Mystizismus zu beschäftigen, aber vor allem, um ihre sakrosankte Freiheit zusammen zu genießen, gibt es keine besseren und gefürchteteren Kumpel. Ohne sie wäre morgen nicht auch wieder ein Tag.

Doch die Absolutheit der Leidenschaft des Skorpions terrorisiert den Wassermann völlig, der außerdem nicht den geringsten Sinn für das Geheime und für perverse Kompliziertheit hat. Eine starke, seltsame, verwirrende, unbedingt notwendige und sicherlich geniale Beziehung, aber sehr schwierig in Einklang zu bringen.

Skorpion – Fische

Auf dem Gebiet der Sublimierung, der Loslösung und der Erkenntnis des Göttlichen ist der Fisch dem Skorpion weit voraus. Eigentlich hat er schon die allgemeine Vorstellung von Gefühlen und irdischen Werten hinter sich gelassen.

Der Skorpion fasziniert und reizt ihn jedoch, und Anflüge von Sadomasochismus sind bestimmt nicht ausgeschlossen. Gemeinsam gehen sie sehr weit, selbst wenn sie nicht wissen wohin – auf jeden Fall aber dorthin, wohin kein anderer geht und ihnen kein anderer folgt.

Berufliches und gesellschaftsorientiertes Leben

Können, Schatten und Ausdauer

Der innere Reichtum und die innere Grenzenlosigkeit des Zeichens, die Vielzahl an Interessen, die große Bandbreite der Begabungen und die Bewußtseinsschärfe, mit der die in diesem Zeichen Geborenen sich der Welt nähern, sind unbestreitbar ihre bemerkenswertesten Trümpfe – aber auch die, die sie am meisten behindern. Die Überfülle an Möglichkeiten, eine spannender und kreativer als die andere, stellen einen Haufen Reichtümer dar, die vor allem für Behinderungen, wenn nicht gar Verstopfung sorgen, solange sie nicht kanalisiert und nach außen geleitet werden.

Den Skorpionen fällt es schwer, ihren Weg zu wählen, ihn als solchen zu erkennen und ihn dann zu beschreiten und nicht abzuirren. Sie können lange Jahre in ihrem inneren Laboratorium damit verbringen, sich zu suchen und zu experimentieren, zu konstruieren und zu zerstören, um wieder von vorn anzufangen. Sie sind mit allem unzufrieden, suchen ständig nach Möglichkeiten, die Dinge auszudrücken und zu tun, und können sich für eine Idee, eine Vorstellung, eine Überzeugung oder ein Vorgefühl begeistern, die sie voll Vorurteil erforschen, ehe diese schließlich das Tageslicht erblicken. Lange können sie sich für genial halten und die einzigen sein, die davon überzeugt sind, weil sie sich weigern, die üblichen Wege der Anerkennung zu benützen, und sie rackern sich damit ab zu beweisen, daß es immer noch eine bessere Möglichkeit gibt, man immer noch tiefer schürfen kann – und die anderen sich eben bemühen müssen, sie zu verstehen, statt daß sie sich selbst verständlich zu machen suchen. Daher bleiben sie, trotz ihrer vielen Qualitäten und trotz ihres Horrors vor der gesellschaftlichen Isolierung, lange in der zweiten Reihe, wenn nicht gar im Schatten.

Im Schatten gedeiht und entwickelt sich auch ihr ehrgeiziger, mißgünstiger, geduldiger, wenn nicht sogar ränkevoller und machiavellistischer Charakter. Es kann leicht zu negativen oder mehr noch zerstörerischen Auswüchsen kommen und zu

Autoritätsanspruch und Machtgier. Das kann sich in wenig empfehlenswerter Weise ausdrücken. Sensibel, weitherzig, überintelligent, klar, originell und tiefsinnig, wie die Skorpione sind, besteht bei ihnen die Gefahr, daß sie ihre schöpferischen Energien verkommen lassen, weil es ihnen nicht gelingt, sie in die richtigen Kanäle zu leiten.

Wenn sie lernen, daß ein Lächeln ein Gesicht verschönert, werden sie sich vielleicht eine Atempause gönnen und sich darüber klarwerden, daß die menschlichen Beziehungen sich nicht nur auf gesellschaftliche Kontakte beschränken und erbarmungsloser Ehrgeiz nicht der einzig mögliche Pol ist, um den sich das Leben dreht.

Mit dem Alter können sie außergewöhnlich werden, bewußt, großzügig und positiv und dabei doch leidenschaftlich und verwirrend bleiben. Man beginnt, sich an sie zu wenden, sie um Rat zu fragen und sie regieren zu lassen, was sie immer so sehr angestrebt hatten.

Berufe des Skorpions

Der Skorpion kann alles, kein Gebiet bleibt ihm speziell verschlossen oder ist ganz besonders für ihn geeignet. Man erkennt ihn oft an der Art und Weise, wie er etwas tut, an seiner Begeisterung und schöpferischen Unzufriedenheit, seinem Bedürfnis, den Dingen auf den Grund zu gehen und Autorität auszuüben. Trotzdem gibt es einige Berufe, in denen er seine Energien und seinen fabelhaften Ehrgeiz am besten kanalisieren kann.

Chirurgie: Von allen medizinischen Berufen ist der Chirurg für den Skorpion am besten geeignet, vor allem der Schönheits- und Notfallchirurg.

Eisen: Alle Berufe, die mit der Eisenverarbeitung zu tun haben (Blecharbeiten, Karosseriebau, Fräsen, Kupferschmied, Schweißer, Mechaniker), aber auch – in einem entwickelteren Stadium – Eisenskulpturen und die Verwendung des Feuers bei Kunstwerken, die aus Eisen entstehen.

Rechtsprechung: Rechtsanwalt und Gesetzgeber, seltener Staatsanwälte, weil sie sich gesellschaftlich zu sehr exponieren müssen, was der Skorpion nicht mag. Man findet hier auch Erzieher und Sozialarbeiter, die sich um Resozialisierung kümmern, weil sie die Kriminalität und den dunklen Aspekt des Menschen und der Gesellschaft genau kennen.

Sport: Man findet unter den Skorpionen Rennfahrer, Stuntmen, Kunstturner, Läufer, Skifahrer – alle Berufe, bei denen ihre große physische Stärke und ihre Widerstandskraft gefragt sind. Sie fühlen sich von gefährlichen Berufen angezogen, und sie bewähren sich gut darin.

Geld: Bank, Börse, Anlageberatung, Vermögensverwaltung, Steuer, Wirtschaftspolitik, internationale Organisationen, die mit Finanzen zu tun haben.

Kunst: Tanz, Malerei, Oper, Skulptur, angewandte Kunst, aber vor allem Theater und Film, wo sie in eine andere Persönlichkeit schlüpfen können. Viele Schauspieler gehören zu diesem Zeichen. Künstlerisch begabt und zweifellos schöpferisch, übt der Skorpion häufig einen Beruf aus, der mit Kunst und Unterhaltung zu tun hat. Geeignet sind auch alle Berufe, die mit der Vermarktung von Kunst verbunden sind (Agent, Organisator von Ausstellungen, Galeriebesitzer, Kritiker).

Öffentlichkeit: Alles, was direkt mit dem politischen und diplomatischen Leben zu tun hat, vor allem auf internationaler Ebene, wo der Skorpion als Berater, Diplomat, Politiker, Redner geschätzt wird, aber auch als Unterhändler und Mann der Praxis.

Schreiben: Alle Berufe, die mit Schreiben zu tun haben, weisen einen guten Prozentsatz von Angehörigen dieses Zeichens auf. Skorpione erkennen rasch das Wesentliche und verwenden Schreiben oft als Methode, sich und andere zu heilen, etwas zu sublimieren und zu transzendieren.

Psychologie: Viele Skorpione sind Psychoanalytiker, Psychologen, Forscher, Fachleute für Persönlichkeitsentwicklung und mystische und spirituelle Heilung.

Umwandlung, Verwandlung, Erleuchtung: Höhlenforscher, Archäologe, Psychoanalytiker, Astrologe, Magier oder Priester

– allen diesen Berufen ist gemeinsam, daß sie das Innere nach außen kehren und zur allgemeinen Erleuchtung beitragen. Für den Skorpion sind das die Berufe schlechthin.

Begegnung mit dem Göttlichen in uns

Der Sinn für das Göttliche beim Skorpion

Das Zeichen ist bis ins Innerste von der ihm völlig natürlich erscheinenden Überzeugung durchdrungen, daß zwischen dem Menschen und dem, »was viel größer ist als er«, eine Verbindung besteht. Es ist eine Weltsicht, die für den Skorpion den Rang der höchsten Philosophie einnimmt. Von Geburt an beschäftigen die großen, unlösbaren und gleichzeitig alles bewegenden Fragen (Wer sind wir, woher kommen wir, wohin gehen wir?) nicht nur sein Bewußtsein, sondern beeinflussen auch alle seine Handlungen und bestimmen sein Verhalten.

Er hört nie auf, in allen Geheimnissen herumzustochern, um zum Herzen des wahren Mysteriums vorzudringen, und ist sich völlig bewußt, daß das menschliche Leben sich auf keinen Fall positivistisch, materialistisch und mechanisch erklären läßt. Für ihn bleibt »das, was sich unzweifelhaft dahinter befindet«, das Wesentliche, ohne das sich das Wunder des Lebens auf Erden weder erklären ließe noch einen Sinn ergäbe.

Immer noch weiter auf der Suche nach dem Kern des ewigen Geheimnisses – das ist die gleichzeitig sinnliche und vernünftige Beziehung, die der Skorpion zum Göttlichen hat, das sein Wesen bis in die kleinste Zellfaser erfüllt.

Der Skorpion akzeptiert nichts auf Anhieb, durch Unterwerfung oder Selbstverleugnung. Er ist völlig von der Vorstellung der Erlösung durchdrungen und von der unabweichlichen Notwendigkeit der Umwandlung überzeugt (von seiner eigenen wie von der der Welt). Er glaubt zutiefst, daß der Mensch sich ständig bessern muß. Er hängt nur dem Kult an, den er sich selbst aussucht oder sogar selbst aufgebaut hat. Denn Gott hat viele Namen, und alle sind gültig, entsprechen der Zivilisation, der Zeit, der Notwendigkeit und der Ebene, auf der man sich befindet. Viel mehr metaphysisch als deistisch, unbestreitbar spirituell, aber wenig bigott, verstärkt er die Reihen der Kirchen nicht ohne Mißtrauen und nicht, ohne Rechenschaft zu verlangen.

Jedem sein eigener Gott, das ist seine volle Überzeugung. Jedem seine eigene Vorstellung vom Göttlichen und vom göttlichen Leben. Der Mensch ist immer allein, gleichzeitig Engel und Dämon, und vergänglich. Vor allem vergänglich. Dieser tiefen Weisheit kann der Skorpion den Namen Gott geben, aber er kann ihr auch gar keinen Namen geben, denn er lebt sie in jedem Fall: mit seiner Seele und seinem Bewußtsein, im Fleisch wie im Geist. Gott ist sein bester Freund und manchmal sein schlimmster Feind. Das heißt, er unterhält zu ihm eine lebendige, wenn nicht gar belebende Beziehung.

SCHÜTZE

23. November – 21. Dezember

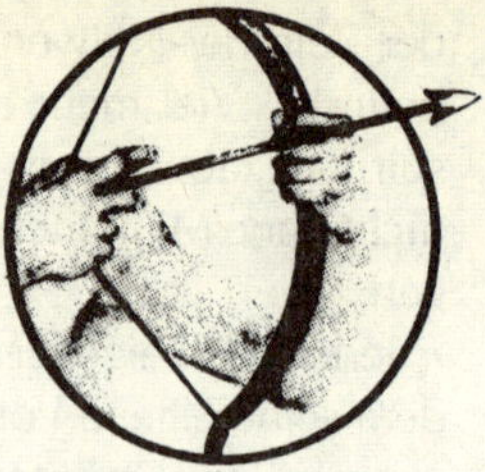

Ich bin, sagt die Ratte.
Ich habe mich selbst zum Akkumulator gemacht
und diene als Verbindung,
doch meine Tätigkeit gleicht der einer Wesenheit.
Ohne Pause, ohne Schwäche
strebe ich jedem meiner Ziele nach.
Das Leben scheint ein fröhliches Abenteuer,
jedes Verlangen wird durch Streben erfüllt.
Ich bin Fortschritt, Forschung, Scharfsinn,
der Regsamkeit Quelle bin ich.

Kraft, Weite und Optimismus – das sind die drei Schlüsselworte des Schützen, der dem chinesischen Zeichen der Ratte entspricht. Mit dem Schützen erreichen wir eine andere Entwicklungsstufe der Seele auf ihrem Einweihungsweg, den der Tierkreis darstellt. Plötzlich öffnet sich der Horizont. Die Perspektive wird weit, konstruktiv, unendlich positiv und eindeutig optimistisch – unheilbar optimistisch. Das Verlangen, sich zu schützen, das Zögern, die intuitive Erfassung der Kehrseite der Medaille und des verborgenen Teils der Menschen und Dinge, die Scheuklappen der Vorstellung, etwas schon einmal erlebt oder getan zu haben, die kühle konservative Einstellung – alle diese Barrieren fallen von allein, ohne Lärm, ohne Getöse, ohne auch nur den Schatten eines Bedauerns zu wecken. Die Werte der Vergangenheit, die erworbenen Anknüpfungen, die irreführenden Verhaltensregeln verschwinden völlig natürlich, weil sie ganz einfach keine Daseinsberechtigung mehr haben und unerträgliche und überflüssige Beschränkungen darstellen. Im Schützen sind alle Handlungen von Wertvorstellungen geprägt, die sich auf die Allgemeinheit beziehen. Sie sind nicht mehr nur persönlich und egozentrisch.

Abenteurer einer Zukunft, die sie sich selbst aufbauen, Forscher in jedem Sinn des Wortes, frei, offen, verläßlich und charakterfest, setzen die Schützen auf das, was sie werden, und nicht auf das, was sie waren. Vertrauensvoll und unverwüstlich, sind sie die Energie im Reinzustand. Sie wollen sich nicht vorstellen, daß die Vergangenheit sie einholen könnte, und blicken deshalb nicht zurück. Sie halten im Gegenteil den Blick auf den Horizont gerichtet. Die Augen gen Himmel, den soliden Körper voll irdischer Gelüste, die Seele jedoch immer im Ton des Ewigen schwingend – so führt der Schütze seine Suche durch, oder besser: seine Mission.

Angewandter Positivismus

Der Schütze irritiert andere sehr. Weil er alles im großen Zusammenhang sieht und keine Zweifel hat. Er verkündet überall, »man müßte ja nur . . .«, und beweist das auch sofort. Vielleicht klingt das eingebildet, aber vor allem klingt es nach Tüchtigkeit. Er tut alles im großen und mag die Kunst des Spitzenklöppelns ganz und gar nicht, denn er zieht stets die Lösungen den Problemen vor – und das wirksam, schnell und definitiv. Mögen alle, die klein denken, die Dinge klein sehen, die das Verkümmerte lieben und nicht auf vollen Touren leben, unter sich bleiben und ihn in Ruhe seine Arbeit tun lassen.

Als guter, großherziger und allmächtiger Patriarch ist er immer bereit, ihnen zu helfen, und fehlt nie beim Appell der letzten Musketiere. Doch man fällt ihm nicht lange zur Last: Wenn er merkt, daß seine Hilfe und seine Ratschläge nicht ankommen, wenn er merkt, daß die anderen von seiner Kraft profitieren wollen, ohne Lehren daraus zu ziehen und zu Parasiten werden, verschwindet er sofort.

Zu gesund und ganz, um im Morast zu wühlen, von moralischer wie physischer Gesundheit, arbeitet er lieber mit den Überschüssen (seinen) als den Mängeln (der anderen).

Er will kämpfen, siegen. Erfolg haben! Er will alles. Er kann alles. Er weiß alles – und alles übrige ignoriert er! Er findet niemals einen Ort, der ihn festhält, eine Beziehung, die ihn befriedigt, eine Aktivität, die ihn zum Bleiben veranlaßt. Alles, was er tut, tut er hervorragend, und findet immer, daß alles für ihn viel zu klein ist. Aber dieses »Zuviel« ist er selbst: Dieser Mensch ist einfach *too much!*

Dieser amerikanische Positivismus (die Vereinigten Staaten sind dem Schützen zugeordnet), dieses *do it yourself and win* hilft, viele Ziele zu erreichen, aber es hat auch etwas Dramatisches an sich und entfremdet manchmal dem wahren Leben. Übertrieben gelebt, ist der Schütze auch das Zeichen des Wahnsinns. Denn da er keinen richtigen Zufluchtsort findet und nur nach seinen eigenen Maßstäben lebt, findet er diese in der absoluten Maßlosigkeit, und das ist der Wahnsinn.

Ein auf die Erde gefallener Albatros

Das Bild des Albatros drängt sich auf, wenn man an die Sehnsucht des Schützen nach Größe und weiten Horizonten denkt: Der Albatros ist ein majestätischer großartiger Vogel, der seine riesigen Schwingen hoch dort oben im Blau des Himmels entfaltet, ein Magier unter seinesgleichen. Doch dieser herrliche Vogel wird zum Bild des Jammers, wenn er auf festen Boden gerät, wo seine riesigen Flügel ihn am Laufen hindern. Genauso stellt sich für den Schützen ständig die Frage nach dem Maß und der richtigen Dimension. Er fühlt sich wohl im Unermeßlichen, das andere erschreckt, in der totalen Freiheit, ohne Grenzen und Begrenzungen. Doch sobald man ihm Beschränkungen und halbe Maßnahmen aufzwingt, ist er wie gelähmt. Er läßt sich nicht schubladisieren, kann sich das nicht einmal vorstellen. Anpassung ist nicht seine Sache, obwohl er beweglich und zu vielen Veränderungen bereit ist, vorausgesetzt, sie werden von ihm selbst beschlossen und bestimmt.

Hin und her gerissen zwischen der Welt der Materie – die er als echter Patriarch managt, ein wenig donnernd und bombastisch, aber sehr wirksam – und dem verrückten Verlangen, sich ihrer völlig zu entledigen, um über alle Horizonte hinwegzufliegen, kann er dabei den Sinn für die Realität verlieren, oder sie beschäftigt ihn nur kurz, ehe er entschlossen zu anderen Dingen übergeht. Und vergißt, was für ihn gestern noch heilig war.

Der Schütze ist nicht: Er wird. Sein Leben ist ein ständiges Werden.

Die metaphysische Freiheit, nach der er sich so sehnt, ist für ihn wie ein Raum, der ständig neu erobert werden muß, und nicht ein Allheilmittel, das man ohne weiteres kaufen kann.

Ein fröhlicher Abenteurer, Weinkenner und Feinschmecker

Man glaube nicht, daß die echte Weisheit des Zeichens den Schützen daran hindert, zu leben und gut zu leben! Er ißt und genießt in vollen Zügen, maßlos, aufwendig und gierig. Gutes Essen, Essen im Überfluß und eine gute Seele gehören bei ihm zusammen. Deshalb findet man bei diesem Zeichen Menschen, die das Leben über alles lieben und die man mit Stiergeborenen verwechseln könnte, weil sie sich so sehr mit Genuß, Harmonie und Sinnestaumel beschäftigen. Es gelingt ihnen hervorragend, die beiden Tendenzen zu vereinen, die für das Zeichen typisch sind: die Vorliebe für das bürgerliche Leben und der große Geist, die große Seele, die Freude am Abenteuer und am Fortschritt. Im besten Fall leben die Schützen diese beiden Tendenzen als einander ergänzend und in Harmonie, im schlimmsten Fall werden sie zwischen diesen beiden Polen hin und her gezerrt.

Aber ohne Widerstände leistet niemand etwas Außergewöhnliches, und zweifellos ist die Tatsache, daß der Schütze die Gegensätze vereinen muß, daran schuld, daß es ihm gelingt, seine Existenz nach Kriterien der Großartigkeit und Originalität aufzubauen.

Die Dualität des Schützen liegt daran, daß in ihm zwei Arten von Abenteurern existieren: der Abenteurer, der es sich am Kaminfeuer, ein Glas in der Hand, bequem gemacht hat und »Geo« liest und sich dabei vorstellt, wie er die Sahara durchquert, und der andere, der dem Ruf der Wüste nicht widerstehen kann und schließlich sein ganzes Leben in ihr verbringt, im Hinterkopf das Bild eines gemütlichen Hauses, das nie Wirklichkeit wird, ihm aber sein Leben lang das Herz erwärmt. Und dann gibt es noch die Privilegierten, die die Fähigkeit und die Chance haben, sich das Anderswo zum Alltag zu machen und bei denen die Wirklichkeit selbst eine Reise ist, eine Mission, eine Erleuchtung, weil sie erkannt haben, daß sie auch im Hier finden können, was sie in die Ferne, von einem Ort zum anderen trieb, von einer Person zur nächsten, mehr draußen als drinnen.

Eine Revolution zum Wohl der Menschheit: der Weltbürger

Ihre absolute Sicherheit macht die Schützen zu naiven Menschen, die bei Schwierigkeiten nie ihren Optimismus verlieren und immer bereit sind, sich in den Kampf zu stürzen und über sich hinauszuwachsen. In ihrer Weltsicht und in der Art, wie diese ihre Handlungsweise beeinflußt, kommt das Allgemeine vor dem einzelnen, das universelle Wohl vor dem Wohlbefinden ihrer Familie, das Glück aller Kinder der Welt vor dem ihrer eigenen. Für sie ist es natürlich zu wissen, daß sie nach dem Bild des Universums erschaffen wurden, und so messen sie ihre Maßlosigkeit in diesem Maßstab.

Wozu muß man wissen, wo man geboren wurde? Höchstens, um es als Ausgangspunkt für die richtige Entwicklung zu benützen. Respekt für Tradition und Vorfahren ist den Schützen wenig wichtig, weil das ja auch wieder Faktoren sind, die sie einschränken.

Die Ursprünge liegen in der Gegenwart, das Gestern ist im Heute enthalten, und der Mensch wird nur das, was er selbst aus sich macht, bewußt oder unbewußt unterstützt von dem, was er geerbt hat. Auf keinen Fall bleibt er das, was er bei seiner Geburt war, denn wozu wären sonst die planenden, schöpferischen und umwandlerischen Fähigkeiten, die für den Menschen typisch sind, nütze? Wozu sollten dann Intelligenz, Fortschritt und Spiritualität gut sein?

Warum? Why? Pourquoi? Perché?

Der Schütze zeigt das Auftauchen der zentralen Frage der *religio* an: das Warum. Das fundamentale und begründende Warum des Lebens, zum Nachteil des praktischen und zufälligen Wie. Das »Wie tun« läßt ihn völlig kalt. Er antwortet immer mit einem schmetternden »Man braucht nur . . .« Nur das Wesentliche fesselt seine Aufmerksamkeit. Er überläßt den Ungläubigen die Sorge, sich um die Anwendung des Möglichen zu kümmern. Das Wissen hat Vorrang vor seiner pragmatischen Anwendung, die Weisheit geht über das Wissen hinaus, und der Ausdruck macht der Übermittlung Platz. Das »Wissen, wie« wird globaler. Das Herz öffnet sich der kosmischen Dimension und paßt ihr den Rhythmus seines Schlages an.

Warum . . . ist alles. Wir alle kennen die Fragen der kleinen Kinder, die voll Neugier und Interesse für das sind, was wir längst zu kennen scheinen oder das wir nicht mehr hinterfragen wollen, weil wir nicht mehr neugierig sind, denn die Neugierde verliert sich, je weiter wir die Wirklichkeit, »so wie sie ist«, akzeptieren. Außer eben bei den Menschen, die vom Schützen oder dem neunten Haus geprägt sind.

Das ist die Psychologie, die den Schützen bewegt, die ihn antreibt und Horizonte überschreiten läßt und durch die er über sich hinaus und immer höher geht.

Der Schütze wird von einem fest verwurzelten Glauben bewegt, belebt und vorwärtsgetrieben, der gleichzeitig fleischlich und spirituell ist. Seine Welt ist die des Fortschritts und des Weitblicks. Und er möchte, daß die ganze Welt davon profitiert.

Alles in allem – er ist perfekt, der Schütze. Falls er nicht zwischendurch auch störend, bombastisch und autoritär ist. Falls er nicht anderen auf die Füße tritt, ohne zu merken, daß sie überhaupt welche haben. Falls er nicht viele Aspekte der Wirklichkeit des Alltags übersieht, weil er in die Weite und in die Höhe blickt. Und falls er nicht Optimismus mit Naivität verwechselt. Und dann – er übertreibt, er übertreibt maßlos.

Aber jemanden wie ihn braucht man, jemanden, der stark und idealistisch ist und für den alles möglich ist, weil er nicht an der Schönheit der Dinge, der Menschen und der Zukunft zweifelt. Jemanden wie ihn, der immer die Größe der Dinge sieht. Im Grund beeinflußt dies die ganze Menschheit zum Besseren, und da den Schützen nur das interessiert . . .

Den Schützen verstehen

Die Grundstruktur

Männliches Zeichen
Die männliche Polarisierung erhöht, wie es in der Astrologie heißt, die aktive, bahnbrechende, schöpferische, strukturierende und schützende Komponente, große Yang-Eigenschaften, die das trockene, heiße Tagesprinzip ausdrücken. Daraus ergibt sich die Disposition zu leiten, zu entscheiden, anzuführen, zu beanspruchen und schließlich auch zu teilen, um zu herrschen, nicht aber so sehr die Qualitäten zu empfangen, zu verstehen, auszusöhnen, sich zu mäßigen und zu behalten, oder sogar zurückzuhalten. Es bedeutet darüber hinaus, daß das Zeichen allgemein von Männern besser gelebt wird als von Frauen, denn ihre Eigenschaften ermöglichen ein besseres Gleichgewicht zwischen der Polarisierung des Zeichens und dem sexuellen Pol der Persönlichkeit.

Der virile und elegante Aspekt ist bei den **Schützemännern** erhöht, da das Zeichen an dritter Stelle der Herbstzeit steht und die Leidenschaftlichkeit besser kontrolliert, gezähmt und kanalisiert werden kann. Sie sind großzügig, ritterlich, beschützend und beherrschend, aber auch zuvorkommend und kultiviert und respektieren Sitten und Gebräuche, auch beim heftigsten Streit.

Die **Schützefrauen** leben häufig ihre Charakteristiken im

Übermaß, wie das oft bei Frauen geschieht, die von der sehr männlichen Polarisierung des Feuerzeichens beeinflußt werden. Sie sind tapfer, aufrichtig, mutig, beherrschend, fest und stark und beeindrucken durch ihren Körperbau, ihren Ehrgeiz und ihre brillante Persönlichkeit. Lebhaft und liebenswürdig, verabscheuen sie Verlierer und tun ihr möglichstes, um auf der Seite des Sieges zu stehen. Und da es immer besser ist, sich selbst zu helfen, zögern sie nicht, in der ersten Reihe zu stehen, und werden so schnell zu einer guten Adresse für lahme Enten und Schmarotzer.

Feuerzeichen

Wie Widder und Löwe gehört der Schütze zum Element Feuer, was vor allem bedeutet, daß er »den Tiger im Tank« hat. Die Feuerzeichen verfügen über einen rostfreien Motor des Verlangens und des Glaubens und haben die phänomenale Fähigkeit, Berge versetzen zu können, um das ins Rollen zu bringen, woran sie glauben. Begeisterung, Tatendrang, Mut, schöpferische Kraft und Unternehmungslust mischen sich mit ihrem Ehrgeiz und formen eine leicht erregbare und extrovertierte Persönlichkeit.

Das Feuer symbolisiert das Aufwärtsstreben der Seele und greift alles an, das vergänglich ist. Es läßt nichts zurück als das Wesentliche und Echte jeder Sache. Im Negativen fördern diese Eigenschaften Autoritätsanspruch und Größenwahn und die Tendenz, bis zum Übermaß, bis zur Überspitzung, bis zum Überfluß, bis zur Maßlosigkeit zu gehen. Eine gewisse Neigung, zu schnell zu sein und konkrete Details zu übersehen, gehört auch zu den Schwächen der Feuerzeichen. Man findet hier, kurz gesagt, die ganze Größe – und das ganze Elend – der menschlichen Natur.

Beim Schützen handelt es sich um das herbstliche Feuer, fern und leuchtend, das Feuer der glühenden Kohlen, das nicht mehr flackert, niemals stirbt und nur darauf wartet, wieder angefacht zu werden. Es ist das Feuer im Kamin, das Zuhause, das die Herzen der Menschen verbindet, sie vereint und wärmt. Es ist auch die innere Heimat, das Feuer der Seele, das wie ein Pfeil zum

Himmel aufstrebt. Der Winter nähert sich, der Tag geht zur Neige, und so kann dieses Feuer auch als – innerer und äußerer – Führer dienen, in dem Sinn, wie Plato es definierte: Im Herzen der Dunkelheit muß man an das Licht glauben.

Bewegliches Zeichen

Zusammen mit Jungfrau, Fische und Zwillinge bildet der Schütze das Kreuz der beweglichen Zeichen, was bedeutet, daß er die Aufgabe hat, die Energie des Elements, zu dem er gehört, umzuwandeln. Wie der Name andeutet, repräsentieren die beweglichen Zeichen Prinzipien, die sich verändern, da sie am Ende einer Jahreszeit erscheinen und sich daher schon auf die Energie der nächsten Jahreszeit einstellen. Sie haben an der einen Jahreszeit und an der anderen teil, an der einen Energie und der anderen, und sollen für einen glatten Übergang sorgen. Dies erklärt ihre Eigenschaften, sich anzupassen und leicht und beweglich zu sein, aber auch ihre Doppeldeutigkeit.

Es sind auch Zeichen, die sich dem Dienst am Nächsten widmen und für das Erwachen und Reifen des Kollektivbewußtseins arbeiten. Im negativen Fall können die beweglichen Zeichen wegen ihrer Anpassungsfähigkeit und Geschmeidigkeit instabil, heuchlerisch und kritiksüchtig werden, zu analytisch und wenig gefühlvoll. Im allgemeinen leben diese Zeichen jedoch von der menschlichen Beziehung und können ihre Intelligenz den Bedürfnissen der Gruppe anpassen, auch wenn sie, wie im Fall der Schützen, lieber die Leitung übernehmen und ihre Meinung durchsetzen wollen.

Cholerisches Temperament

Seine Überaktivität und Extrovertiertheit geht mit ihm durch. Er neigt dazu, sich nur auf seine eigenen Handlungen zu verlassen und seine Energien zu verschwenden, die er glücklicherweise in Hülle und Fülle hat. Solange der Schütze agieren und reagieren kann, geht alles gut, doch die Gefühlswelt und die große Empfänglichkeit des Zeichens sind oft die Quelle für Unordnung und Unausgeglichenheit. Blutandrang, Stimmungsschwankungen, Überanstrengung – die Kräfte werden verzehrt, und es kommt beim Herzen, beim Verdauungs- und Herz-Kreislauf-System zu Abnützungserscheinungen.

Für die Choleriker ist es wichtig, einen Gegner vor sich zu haben, sonst drehen sie sich im Kreis und verzehren sich innerlich.

Die Sterne des Schützen

Beim Schützen, der als das kleine Eingangstor zur spirituellen Welt betrachtet wird, weil er das erste Stadium davon verkörpert, haben die Sternbilder die Form von Vögeln und sind von großer Symbolik.

Der **Adler,** der im Skorpion aufsteigt, erscheint jetzt in seiner ganzen Pracht neben dem Sternbild des Schützen. Der Adler, der Vogel, der am Firmament am höchsten fliegt und seine riesigen Schwingen ausbreitet, um direkt auf die Sonne zuzufliegen, der Vogel außerhalb von Zeit und Raum. Symbol der Ewigkeit, ist er auch das Symbol der Unsterblichkeit, jener geheimen und verborgenen Sache, die die Seele ist, wenn man sich von der Materie und dem gebieterischen Diktat der irdischen Wünsche gelöst hat. Vom Körper befreit, aber mit ihm verbunden, bildet die Seele das Band zwischen Erde und Himmel, zwischen Körper und Geist, und stellt so für uns den einzig richtigen Mittler dar.

Der **Schwan** ist das vollkommene Symbol der Seele. Das Sternbild des Schwans leuchtet mit seinen vier Sternen in Form eines Kreuzes. In diesem Entwicklungsstadium ist der Mensch tatsächlich an die Seele gekreuzigt, von der er sich lösen muß, um dem Geist zuzustreben – genauso, wie sich der Mensch im Löwestadium von der Persönlichkeit lösen mußte, um zur Seele zu gelangen. Es handelt sich also eindeutig um ein Tor zu einer höheren Ebene oder zumindest zu einer anderen Ebene. Wenn man dieses Tor durchschritten hat, befindet man sich am Fuß des Berges, den der Steinbock erklimmen wird.

Die Neun: Vollendung und Loslösung

Als neuntes Tierkreiszeichen steht der Schütze auch für das neunte Haus. Dies bringt ihn in Verbindung mit der Phase der Geburt der Seele am Ende des Zyklus der Fleischwerdung, die sich bis dahin in der Alchimie der unsichtbaren Welt vollzog, erinnert aber auch an den embryonalen Zyklus vor der Geburt eines Kindes.

Das neunte Haus bedeutet das Anderswo, das Absolute, die Seele, die Liebe, die Kunst – diese großartigen Dinge, die das Hervortreten des Menschen bestimmen. Es ist also das Haus, in welchem noch viel von dem zu entdecken und zu leben ist, das aus dem Ursprung hervorgegangen ist und sich von ihm gelöst hat. Hier entsteht Raum und Luft. Es zwingt zur Bewegung, genau wie der Fötus im neunten Monat sich bewegen muß, wenn er hinausgelangen will, abgesehen davon, daß er auch keine andere Wahl hat, denn er fühlt sich selbstverständlich sehr beengt. Die Erinnerung, an einem engen Ort gewesen zu sein und Sehnsucht nach Raum und Weite gehabt zu haben, prägt sich unauslöschlich ins Unbewußte ein und erwacht, sobald man es mit dem neunten Haus zu tun hat. Von nun an versucht man mit allen – physischen, intellektuellen oder spirituellen – Mitteln, seine Grenzen zu überschreiten, zu wachsen und zu werden.

Die Neun hat auch immer eine rituelle Bedeutung gehabt: Die Prüfungen der Einweihungen dauern deshalb neun Tage und neun Nächte. Die neun Musen entstanden in neun Nächten. Neun ist also die Zahl der Schöpfung und ihrer Vollendung auf allen Ebenen. Neun ist drei mal drei, dreimal die Dreieinigkeit, dreimal das Dreieck, dreimal die drei Körper – der Zyklus ist abgeschlossen, und man muß ihn nur noch vervollkommnen, Rechenschaft ablegen. Aber vor allem muß man aufbrechen, sich vom Erreichten und Vollbrachten lösen. Daher wird der Schütze während seiner ganzen Existenz von der Vorstellung getragen, sein Leben voll erfüllen zu müssen, um es mit friedlicher Seele verlassen zu können, und seine Aufgaben in der Materie erledigen zu müssen, um zu anderen Dingen übergehen zu können – was viele in diesem Zeichen Geborenen tatsächlich tun. Der Schütze wird jeden Tag reicher durch das, was er aufgibt – das er aber gelebt hat, bewußt gelebt hat.

Ab dem Schützen bleibt alles, was war, zurück, der Horizont liegt klar und offen. Doch der Mensch bleibt ein Suchender, der allein weiß, wo er bei seiner persönlichen Entwicklung angelangt ist. Auf den Platz, den wir in der Welt einnehmen werden, konzentriert sich ab diesem Zeichen das Interesse. Deshalb ist die Aufgabe, die jeder für sich selbst erkannt hat, so wichtig, denn sie bestimmt alles Folgende.

Dies ist auch der Grund, warum eine klare Sicht bei diesem Zeichen so notwendig ist. Der Schütze repräsentiert die wiedergefundene Einheit, die Möglichkeit, daß die Seele hervortritt, das Ergebnis des Gedankens, der im Widder entstand. Der bedeutungsvolle Übergang ins spirituelle Reich kann sich vollziehen. Der Mensch wird zu jenem Bogenschützen, der auf dem Schimmel sitzt, Symbol der Göttlichkeit.

Aber dennoch ist das Zeichen Schütze doppeldeutig, also problematisch. Ab dem Schützen sieht man das Ziel. Ab hier kann man in Raserei verfallen, in Maßlosigkeit und Tatenrausch.

Die Stärke des Schützen ist letzten Endes sein größtes Handikap: Eben weil er die körperlichen, intellektuellen und spirituellen Fähigkeiten besitzt, alles tun zu können, muß er einen Ausgleich finden zwischen dem Tun und dem Sein.

Stärken und Schwächen des Schützen

Die Stärken

- Größe, Weite, Offenheit, Offenherzigkeit
- Optimismus, Enthusiasmus, Fröhlichkeit, Neugierde
- Menschlichkeit, Großzügigkeit, Solidarität, Beschützerdrang
- Kühnheit, Kreativität, Dynamik, Ehrgeiz

- Unabhängigkeit, Freiheitsliebe, Sportlichkeit, Abenteuerlust
- Extrovertiertheit, Kontaktfreudigkeit, Ehrlichkeit, Fairneß
- Bonvivant, Feinschmecker, Weinkenner, Sinnenfreudigkeit
- Ritterlichkeit, Hilfsbereitschaft, Aufrichtigkeit
- Anpassungsfähigkeit, Beweglichkeit, Veränderungsfreudigkeit
- Verlangen zu wachsen, sich zu entwickeln, vollkommen zu werden
- Weisheit, Spiritualität, Intuition, Philosophentum

Die Schwächen

- Überfülle, Übermaß, Bombastik, Größenwahn
- Unsensibilität, Verachtung für Intimität und Geheimnisse
- Weitschweifigkeit, Zersplitterung, Impulsivität
- Rebellion, Unvorsichtigkeit, Unkonzentriertheit, Hang zur Flucht nach vorn
- Autorität, Heftigkeit, Dogmatik, Strenge
- Unmoral, Genußsucht, Spielsucht, Anarchie
- Glaubt, alles sei erlaubt, und erlaubt sich alles
- Untreue, Vergeßlichkeit, Verantwortungslosigkeit, Unrealistik
- Lüsternheit, Gerissenheit, Hinterhältigkeit
- Nichtbeachten von Einzelheiten, Grenzen, Vorschriften
- Individualismus, Egoismus, Unaufrichtigkeit

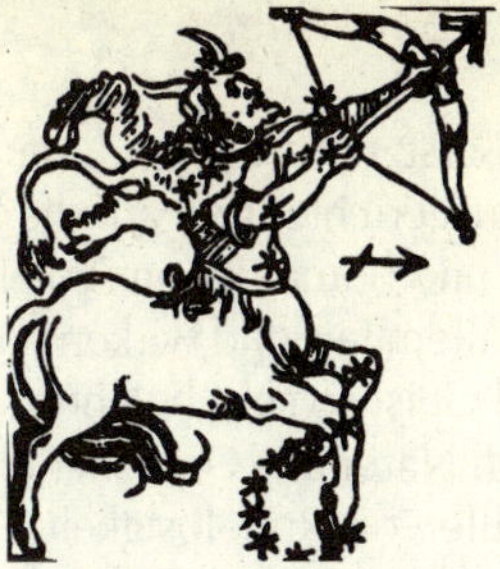

Die Aszendenten des Schützen

1. Schütze – Aszendent Widder

Impulsivität, Freiheitsdrang, Optimismus, Spiritualität und Seelengröße. Dazu eine übermäßige Sinnlichkeit und das Bedürfnis, das Leben in vollen Zügen zu genießen. Sie wollen alles tun, koste es, was es wolle, damit die positiven und lebensvollen Werte über die negativen und abtötenden Aspekte des Alltags siegen. Aber sie spüren auch die Wunden, die das Leben schlägt, besonders stark, weil der Alltag viel gewöhnlicher ist, als sie wahrhaben wollen. Eine extrovertierte, gesellige und Stimmungsschwankungen unterworfene Wesensart ergibt sich zwangsläufig, mit tiefen Abgründen der Enttäuschung und Entmutigung. Danach aber beginnt das Leben wieder in seiner ganzen Größe, nachdrücklich und temperamentvoll.

Sie sind trotzdem Genußmenschen. Für alles haben sie Hilfsmittel, einschließlich für sich selbst, wenn sie sie in humanitären Aktionen und Aufgaben kanalisieren können. Haben sie sich entschieden, einer Sache zu dienen, tun sie es mit unschlagbarer Tüchtigkeit und Hellsichtigkeit. Schöne Wesen, die reisen, beschützen und sich um die lahmen Enten kümmern, da sie Kraft und Gerechtigkeit verkörpern.

2. Schütze – Aszendent Stier

Gesund, schön, äußerst sinnlich, sind sie auf Wohlbefinden und Lebensfreude ausgerichtet und auf die Verwirklichung ihrer stets großartigen und humanitären Projekte. Sie sind immer zu allem bereit, bei allem fair und wirken naiv, weil sie die Einheit von Körper und Geist so sehr bejahen, die bei ihnen übrigens möglich ist. Von Natur aus Genießer und häuslich, haben sie regelmäßig Anfälle von Ruhelosigkeit. Auf Zeiten am heimischen Herd folgen dann Perioden als Globetrotter.

Sie tafeln gern im großen Stil, lieben anzügliche Scherze und große Helden, aber sie übertreiben immer und werden schließlich lästig – falls ihnen nicht überhaupt Takt und Zurückhaltung fehlen. Maßvoll sein gehört nicht zu ihren Vorzügen. In dieser Hinsicht haben sie noch alles zu lernen.

3. Schütze – Aszendent Zwillinge

Es ist ganz einfach: Anderswo ist alles immer besser. Sie möchten so viel verwirklichen! Alles! Es gelingt ihnen, wenn sie es schaffen, über das Stadium der Worte und der sogenannten guten Ideen hinauszukommen. Frei und lebhaft, zweifeln sie oft an ihrer eigenen Ernsthaftigkeit. Alle Rollen, bei denen es um Übermittlung geht, spielen sie glänzend.

Sie sind schwer einzufangen, höchstens in freien, freundschaftlichen Beziehungen, die mit Reisen, Unternehmungen und Reportagen zu tun haben. Sie brauchen sturmfreie Buden, in denen Besucher aller Art ein und aus gehen, manchmal nicht gerade die feinsten!

4. Schütze – Aszendent Krebs

Sie haben für alles Verständnis und wollen immer nur das Beste. Andererseits neigen sie dazu, sich für viel stärker und unternehmungslustiger zu halten, als sie tatsächlich sind. Ihr Bedürfnis, beschützt zu werden (vielleicht, weil sie nie beschützt wurden), kompensieren sie, indem sie andere zu sehr beschützen, vor allem die Frauen dieser Zeichenkombination. Sie kümmern sich vor allem um Kinder, um die eigenen, die der Welt, die, die leiden.

Offener als die reinen Krebse, schätzen sie keine Geheimnisse und Komplikationen und haben ein zwiespältiges Verhältnis zum heimischen Herd: Entweder sind sie Pantoffelhelden, oder es hält sie nicht zu Hause. Meistens finden sie aber doch in ihren Heimathafen zurück.

5. Schütze – Aszendent Löwe

Idealistisch, großherzig, realistisch und übertüchtig, sind sie auch die verkörperte Weitherzigkeit und haben die Begabung, alle Hindernisse zu überwinden und hartnäckig alles zu tun, um ihr Ziel zu erreichen. Dies nützt allen, denn ihrer Großzügigkeit und ihrem Beschützerinstinkt kommt nichts gleich – außer ihrer Begeisterung und ihrem unerschütterlichen Optimismus. Kurzum also perfekte und wohlgeratene Helden, deren Vorbild der ewige Vater und deren Problem das Bild des realen Vaters ist.

Wegen ihrer großen Virilität wird diese Zeichenkombination von Männern besser gelebt. Doch aufgrund ihrer Großartigkeit und Vollkommenheit werden sie auch leicht hochtrabend, cholerisch, besitzergreifend, eingebildet und bleiben dabei dennoch unheilbar naiv.

6. Schütze – Aszendent Jungfrau

Der Schütze ermöglicht es den in diesen Zeichen Geborenen, mehr nach außen zu gehen, aber was für Widersprüchlichkeiten müssen sie dabei einkalkulieren! Sie können nur soweit gehen, wie ihre Angst es zuläßt.

Sie brauchen Sicherheit im Alltag, damit sie sich in Frieden entwickeln können. Sie lieben phantasievolle, fröhliche und leichtlebige Menschen und ihre Familie genauso wie ihre wahren Freunde.

7. Schütze – Aszendent Waage

Sie sind ausgeglichen, gesund und lieben die feinen, sehr echten Genüsse im Leben und bei den zwischenmenschlichen Beziehungen. Im allgemeinen sind sie mit sich selbst im reinen und gewinnen viel Sympathie durch ihren Charme, ihren Mut, ihre Tapferkeit und ihre Offenheit. Warmherzig und verständnisvoll, sind sie immer bereit, allen bei der Lösung ihrer Probleme zu helfen, und bemühen sich dabei, gerecht und großzügig zu sein. Deshalb sind sie an den vielen lahmen Enten zu erkennen, die sich unter ihrem Schutz breitmachen.

Ihr Leben basiert völlig auf der sozialen, freundschaftlichen und manchmal spirituellen Ebene. Nie verletzen sie die Regeln des guten Benehmens und des Zusammenlebens. Die Frauen möchten einen Freund haben, der ihnen ihre Freiheit läßt, aber ein glühender Liebhaber ist. Die Männer suchen eine verständnisvolle Ehegefährtin, die mit ihnen ein gutbürgerliches Dasein führt.

8. Schütze – Aszendent Skorpion

Sie haben eine hohe Vorstellung von dem, was sie ihre »Mission« nennen, und haben die Mittel, sie auch zu erfüllen. Oft verausgaben sie sich zu sehr. Energisch und kultiviert, streben sie einem Ideal nach, das ihnen wenig irdisch erscheint. Sie haben eine feste Vorstellung vom Guten. Im Leben Erfolg zu haben, sich vom Unbewußten zu lösen, den Schatten zu erkennen – das sind Beweggründe für sie, mit denen sie sich gründlich auseinandersetzen sollten, um sich weiterzuentwikkeln.

Aber das Negativ gehört eben auch zum Foto: Sie wissen es,

aber sie können es nur schwer akzeptieren. Ihrer Rechtschaffenheit kommt nur ihr sexuelles Verlangen gleich.

9. Schütze – Aszendent Schütze

Ihre Weltsicht läßt sich nicht nur mit der irdischen, sondern auch mit der interplanetarischen Unermeßlichkeit vergleichen . . . Optimismus, Tapferkeit, bemerkenswerte Mitteilsamkeit, aber auch Maßlosigkeit, Pathos und Übertreibungen aller Art stehen auf ihrer Tagesordnung, ganz zu schweigen von der unverbesserlichen Naivität und ihren unangebrachten plötzlichen Stimmungswechseln. Ein einziges Sandkorn kann genügen, ihr inneres Getriebe zu blockieren und sie in ihrem äußeren Wesen zu destabilisieren. Dann werden sie zu wilden Amazonen und leicht lüsternen Abenteurern.

Ihre Partner fühlen sich oft wie ein Teil ihres Reisegepäcks, und was außerhalb ihres Lebens geschieht, ignorieren sie. Sie übertreiben eben immer. Aber welch edle Menschlichkeit und was für ein Schneid!

10. Schütze – Aszendent Steinbock

Ihr immenser und großzügiger Schwung kann durch Zweifel und zu große Ansprüche beeinträchtigt oder abgeschnitten werden. Sie streben mit Hartnäckigkeit nach Weisheit durch Moral und Dogmen und kommen so mit Riesenschritten vorwärts, mit Siebenmeilenstiefeln voller Zuversicht . . .

Melancholisch leben sie wie Springteufelchen in ihrem Kasten, gefährdet durch Implosionen, die von Zeit zu Zeit alles zertrümmern. Aber ihre Wahrhaftigkeit, Ernsthaftigkeit und Treue sind unvergleichlich, und die Menschheit braucht sie dringend, um sich zu entwickeln.

11. Schütze – Aszendent Wassermann

Ihr ganzes Leben ist ihren Freunden gewidmet, die zahlreich, unterschiedlich und immer da sind. Idealistisch, großzügig, naiv und optimistisch, sind sie stets bereit, die Welt von A bis Z zu erneuern, und haben für Ausflüchte und kleinliches Verhalten absolut kein Verständnis.

Ihr Freiheitsdrang ist riesig, in Gedanken, Worten, Taten. Wenn man sie zurückhält oder ihnen Grenzen setzt, sind sie imstande, von einem Moment zum anderen alles stehen und liegen zu lassen und dabei zu denken, daß morgen auch wieder ein Tag ist, und zwangsläufig ein besserer als heute. Materielles bleibt ihnen immer etwas fremd, es fällt ihnen schwer, sich im Konkreten zu verankern. Überhaupt scheuen sie alles, was sich an sie hängen könnte – Leidenschaften, Auseinandersetzungen, Eifersucht, Verpflichtungen. Sie jagen einem Traum nach und verwenden darauf ihre ganze fabelhafte Energie. Sie können ein wenig haltlos wirken – oder unerreichbar.

12. Schütze – Aszendent Fische

Unter dem Panzer eines starken, idealistischen und zutiefst mystischen Charakters schlägt ein großes Herz – so groß wie die Menschheit und alles, was man in ihrem Namen tun kann. Es sind geborene Missionare, Visionäre, Pilger oder Träumer, sensibel, künstlerisch, gefühlvoll und niemals wirklich mit dem Irdischen zufrieden. Sie sehen alles in großem und weitem Zusammenhang, streben immer nach Besserem und mehr und sind fähig, es auch zu realisieren.

Ihr lymphatisches Temperament kann sie schläfrig oder übererregbar machen: Sie lassen sich alles gefallen oder lehnen sich auf, kapseln sich ein oder explodieren, handeln oder flüchten, sind freundlich oder aufbrausend. Selbst wenn sie körperlich anwesend sind, leben sie in einer anderen Welt.

Schlüsselworte der Schützeenergie

Synthese: Die ganze Energie des Zeichens richtet sich auf ein einziges bestimmtes Ziel, das mit Macht und Entschlossenheit verfolgt wird, sei es auf sozialer, persönlicher, innerer oder äußerer Ebene. Auf die Vorstellung, alle Gegensätze zu sammeln, zu pauschalieren und zu einen, konzentriert sich die ganze Dynamik des Schützen. Jedenfalls bei den Schützen, die mit sich in Einklang sind. Die anderen definieren sich durch Antithese, Verzettelung, Zersplitterung, Gigantismus, was schließlich nicht mehr zusammenzufassen und zu kanalisieren ist.

Expansion: Spannkraft und Bewegung richten sich nach oben, aber auch auf den Horizont. Ohne expansives, bestimmtes Ziel setzt der Schütze seine Energien nicht in Schwung. Er bestellt ein weites Feld, das er, wie er glaubt, problemlos vergrößern kann und muß, manchmal bis zur Grenzenlosigkeit. Durch diesen Fortschrittsdrang entwickelt und verbessert er sich.

Verbreitung: Sich verbreiten bedeutet auch, anderen und seiner Umgebung zu nützen, nicht nur sich selbst. Der Schütze kann sich nicht vorstellen, daß seine Handlungen keinen Wert für die Allgemeinheit, die Familie, das Leben der Gesellschaft, die Gemeinschaft, wenn nicht sogar für die ganze Menschheit haben und sich nicht auf sie auswirken. Er lebt in einer weltweiten Dimension und bemüht sich, die Früchte seiner Arbeit, seines Geistes und seines spirituellen Strebens zu übermitteln, zu verteilen, zu exportieren und zu verbreiten.

Gesundheit

Als echtes Feuerzeichen verabscheut der Schütze Krankheiten. Er haßt es, zum Arzt zu gehen. Für ihn ist dies verlorene Zeit, die nun für interessantere Aktivitäten fehlt. Doch bei denen, die er liebt und für die er die Verantwortung übernommen hat, achtet er genau auf jedes Zeichen der Schwäche. Für sich aber lehnt er jede Vorstellung ab, daß sein Tatendrang und sein Eifer behindert werden könnten, denn er ist überzeugt, daß der Körper dem Diktat seiner Wünsche gehorcht. Kränkelnd oder wirklich krank, pflegt er sich nicht sofort und setzt mehr auf seinen Instinkt und seine phänomenale Widerstandskraft als auf Therapien und Medikamente. Man muß dabei aber zugeben, daß diese Haltung nicht nur auf reiner Unüberlegtheit beruht, da die Schützen im allgemeinen stark und kräftig sind und feste Knochen und Muskeln haben. Selbst bei einem zarten und hochgewachsenen Schützen hat man nie den Eindruck, es mit einem schwächlichen, leicht zerbrechlichen Wesen zu tun zu haben.

Aber da die Schützen voll glühenden inneren Feuers und mehr oder weniger kontrollierter Wünsche sind, leben sie in Hast und Streß – was sie übrigens auch brauchen – und hoffen dabei immer auf eine andauernde, totale Ruhe, von der sie eine genaue Vorstellung haben, aber eben nur eine Vorstellung. Allerdings sind sie die ersten, die versichern, nach dem Tod noch genug Zeit zu haben, sich auszuruhen und ihre Vorstellung von Ruhe zu verwirklichen. Inzwischen ist ihr Leben voll Großartigkeit, Eile, Enthusiasmus, Projektionen und Übertreibungen, wovon auch die Ernährung nicht ausgenommen ist. Glücklicherweise treiben sie gern Sport, doch sie vergessen dabei ihre innere Nervosität und ihr anfälliges Herz-Kreislauf-System, das zu sehr strapaziert wird, weil sie ihre Freizeitbeschäftigungen mit soviel Vehemenz betreiben, daß der Sport dann selbst zu einer Quelle der Erschöpfung wird und eine reelle Gefahr darstellt.

Von den Feuerzeichen sind die Schützen für alle Arten von Krisen am anfälligsten. Die reichen von Hustenanfällen bis zu plötzlichem unerklärlichem Fieber in ihrer Kindheit, von Asthma, das durch ihre traditionell schwachen Lungen verursacht wird, bis zur Verschleimung ihrer empfindlichen Atemwege. Sie können die Form von jeder Art von Verrenkungen, Verstauchungen und Brüchen annehmen. Das Risiko von Herzanfällen, Lungenentzündungen und Gehirnblutungen resultiert aus der fatalen Verbindung einer zu üppigen Ernährung und schlechtem Blutdruck.

Emotionen würden sie als Zeichen von Schwäche und Begrenzung gern unterdrücken, werden aber trotzdem davon völlig durcheinandergebracht. Wenn sie nicht lernen, sie zu akzeptieren, werden sie eines Tages davon überwältigt wie vom Teufel aus dem Kasten, und dann wird es fatal.

Schwache Punkte des Schützen

Atmung und Gehör: Die Probleme hängen mit der Labilität ihrer Nerven und Beziehungen zusammen und stehen in enger Verbindung mit den Emotionen, mit denen das Zeichen nicht immer richtig umgehen kann. Nasen- Rachen-Katarrh, Nebenhöhlenentzündung, Lungenentzündung, Rippenfellentzündung und Asthma schwächen durch ihr häufiges Auftreten und die notorische Disziplinlosigkeit der in diesem Zeichen Geborenen schließlich das Immunsystem. Sie versuchen meist, die Botschaft zu bagatellisieren. Die Ohren sind traditionell anfällig, und die Hörfähigkeit (vor allem des linken Ohrs) ist oft vermindert.

Knochen und Muskeln: Abnützung und Austrocknung der Bänder, Knochen- und Gewebesteifheit sind symptomatisch und für ein Zeichen wirklich paradox, das Bewegung und Beweglichkeit verkörpert. Krämpfe, Sehnenscheidenentzündung, Verstauchungen, Hexenschuß, Rheumatismus, Arteriosklerose, Rücken-, Nacken- und Steißbeinschmerzen, auch Brüche und Zerrungen kommen im Alltag daher immer wieder vor. Das gilt vor allem für die untere Körperpartie. Kreuzverrenkungen und Wirbelsäulenversteifung treten auf, und das Risiko eines Oberschenkelhalsbruchs im Seniorenalter ist groß.

Ernährung: Kreislaufstörungen beim Schützen gehen vielfach auf seine Unfähigkeit, sich richtig zu ernähren, zurück, auf seine geringen Bemühungen um ein grundsätzliches Gleichgewicht und auf sein schwaches Nervensystem. Erhöhtes Cholesterin, Gicht, Diabetes, Zirkulationsstörungen, erhöhter Blutdruck, Herzklopfen, Herzrhythmusstörungen plagen den Erwachsenen, zusammen mit einer eindeutigen Neigung zu Bauch und Verfettung des unteren Teils des Körpers, inklusive dicker Waden, worüber die Frauen verzweifelt sind, vor allem, weil ihre Figur in der Kindheit und Jugend anmutig und schlank ist. Diese augenfälligen Veränderungen sind immer das Zeichen für ein sehr heikles Gleichgewicht und eine falsche Ernährungsweise.

Leber: Hier finden sich die Folgen von drei Faktoren: Zartheit der Nerven und des Geistes, Herz-Kreislauf-Störungen und schließlich Immunschwäche, das Ganze gefördert durch geringe Disziplin und ein wenig gesundes Leben, beides typisch für den Schützen, und speziell ungesund für seine Leber.

Galle: Einer der großen Schwachpunkte des Schützen als direkte Folge seines zu fordernden und anspruchsvollen Charakters. Gallenreizung, Sodbrennen, Übelsein, Schwindel und Gallensteine – all das steht im Programm der Schützen, wenn es ihnen nicht gelingt, ihr überbordendes Temperament zu zügeln.

Ratschläge für ein besseres Gleichgewicht

Das Schlüsselwort für die Gesundheit der Schützen ist: **kanalisieren.** Sie leiden an einem Zuviel! Ihre enormen Qualitäten werden zu ihrer größten Schwäche, wenn sie nicht lernen, sich zu beschränken und Exzesse und Zersplitterung zu vermeiden, die sie von ihren Zielen wegführen. Empfehlen sollte man ihnen Bewußtheit, Mäßigung, Polarisierung und Verfeinerung, in der Hoffnung, daß sie darauf hören und nicht erklären, das wüßten sie schon alles und bei ihnen komme so etwas sowieso nicht vor. Sie müssen akzeptieren lernen, daß sie auf Erden leben und ihre physische und körperliche Beschaffenheit gewisse Begrenzungen braucht.

Harmonie durch Edelsteine

Zugeordnete Farben: Dunkelblau und Violett.

Amethyst: Fördert die Loslösung von der Materie und den Trieben. Er dämpft zu große Willensstärke und Eifersucht.

Harmonisierender Stein: Smaragd.

Liebe und Freundschaft

Der Faun, der einen Stern liebt

Die körperliche Liebe bereitet den Schützen weder im Kopf noch im Leben Probleme. Sie sind in der Liebe freimütig, offen und Vielfraße. Sie lieben die körperliche Liebe und verabscheuen Komplikationen. Statt ihr Feuer anzufachen, sind Verbote, Verzögerungen, Ziererei, spitzfindiges Versteckspiel eher dazu angetan, es zu löschen. Sie sagen: »Wenn du willst, um so besser, wenn du nicht willst, auch gut. Ich mach daraus keine Tragödie.«

Die **Schützemänner** sind ritterlich und Kavaliere. Auch wenn sie artig nach allen Regeln der Kunst den Hof machen, verlieren sie nie ihr »Ziel« aus den Augen und werden ihrem Ruf, Frauenhelden zu sein, immer gerecht. Nachdem sie der Dame ihres Herzens ihre Huldigungen dargebracht haben, bleiben sie zwar immer höflich und wohlerzogen, aber andere Schöne verdienen schließlich auch ihre Aufmerksamkeit!

Die **Schützefrauen** sind Amazonen, stolz, herrisch und sinnlich, die deutlich zeigen, was sie wollen – oder nicht wollen! –, und gehen nicht lange um den heißen Brei herum. Genau wie die Schützemänner verlieren sie keine Zeit mit Geplänkel und Ziererei: Sie essen lieber Heißes als Aufgewärmtes!

Wer auf ihre Psychologie nicht vorbereitet ist und sie nicht versteht, riskiert jedoch, von diesen Menschen mehr als verwirrt zu werden, die vor allem anderen ihre Freiheit lieben und um nichts auf der Welt Entscheidungsfreiheit und Selbstbestimmung aufgeben würden. Kurz gesagt: Obwohl sie schnell bereit sind und ihre sinnliche Freßlust offen zeigen, entwischen sie von heute auf morgen. Ehe man sich versieht, empfehlen sie sich mit einem großen Lachen und sind davongeflogen, sobald das Spiel gespielt ist. Der Horizont zieht sie an wie ein Magnet, mit dem der beste Liebhaber und die schönste Geliebte nicht rivalisieren können.

Wenn die Schützeamazone sofort nach dem Liebesakt in die Stiefel steigt, bedeutet dies nicht, daß sie unbefriedigt ist, sondern ganz einfach nur, daß ein Zug auf sie wartet. Wenn ein Schützezentaur hinterher unaufmerksam wirkt, dann nicht, weil er ein unsensibler Holzbock ist, sondern weil er, so großzügig er mit seinem Körper auch ist, jetzt einfach in Ruhe gelassen werden will.

Trotzdem gehört es zu den Grundeigenschaften der Schützen, daß niemand eine große, idealisierte und unmögliche Liebe so erleben kann wie sie. Trotz seines feurigen Elans und seiner leidenschaftlichen Gefühle empfindet der Schütze die Liebe immer als absolut. Wie der Faun, der sich in einen Stern verliebt, streben die Schützen stets nach einer humanistischen und spirituellen Dimension der Liebe, wobei ihr epikureisches Temperament sie in keiner Weise behindert.

In der Ehe halten sie die Familientradition hoch und sind bemerkenswerte Ehepartner. Trotzdem können sie an jeder Straßenecke wieder in amouröse Erregung versetzt werden. Doch sie haben einen tiefen Sinn für das stillschweigende Einverständnis, das sie mit ihrem Lebenspartner verbindet – und vor allem auch mit ihren Kindern –, und erkennen sehr wohl, daß hier ihre größte Verantwortung liegt. In dieser Hinsicht könnte man sie leicht für friedliche Spießer halten.

Aber tief im Innern bleibt der Taumel wach, der wilde Instinkt, verbunden mit einer kosmischen Sicht der Liebe. Den legitimen oder augenblicklichen Kopfkissennachbarn zu begehren, ersetzt weder das planetarische Bewußtsein noch das Verlangen nach der absoluten Liebe.

Schütze – Widder

Zweifellos eine großartige Beziehung, sehr klar, sehr konstruktiv. Sie belebt den Schützen, der es dadurch vermeiden kann, ein Pantoffelheld zu werden, und hilft dem Widder, seinen Schwung besser zu kanalisieren und zu konkretisieren. Im übrigen finden sie sich gegenseitig wunderbar, und es herrscht viel Fröhlichkeit. Der Widder hat das Bedürfnis, den Schützen zu bewundern, und tut alles, damit dieser auf seinem Piedestal bleibt. Das gefällt dem Schützen, der seinerseits den Widder gut beschützen und leiten kann.

Ab und zu kann es zu Machtproblemen kommen, auch zu verbalen Auseinandersetzungen. Sie haben beide die Achillesferse, sich gern in Szene zu setzen, und sind sehr naiv, was sie verletzlich macht.

Schütze – Stier

Wenn sie beisammensitzen, bei gutem Wein, ist das Leben vollkommen. Sie nehmen ferne Ziele aufs Korn, doch der Stier erreicht sie langsamer als der Schütze, und das Ganze löst sich oft in einer endlosen Diskussion auf. Was sie einander näherbringt, ist die materielle Welt, das finanzielle und konkrete Universum. Hier können sie ihre Trümpfe zusammenwerfen und problemlos zusammen vorwärtskommen. Sie sind unschlagbare Partner, bei Geschäften gefürchtet und sehr tüchtig. Ihr Verstand trägt sie und bringt sie einander nahe.

Doch der Schütze liebt die Freiheit und nützt jede Fluchtmöglichkeit aus, vor allem, wenn es eine Schützefrau ist und der Stiermann sich zu besitzergreifend verhält. Es besteht eher die Möglichkeit, daß die Stierfrau damit einverstanden ist, zum Gepäck des Schützemannes zu gehören, allerdings darf dieser es nicht zu eilig damit haben. Ein Wunder geschieht, wenn es den beiden gelingt, sich in ihrem spirituellen und religiösen

Streben zu verbinden, doch dazu ist Zeit nötig, denn nur die kann ihre fleischlichen Gelüste dämpfen und die Wünsche des Stiers etwas verfeinern. Ihr Haupttrumpf ist eine gemeinsame Begabung: Sie sind zweifellos die besten Erzieher des Tierkreises.

Schütze – Zwillinge

Es ist mehr als sicher, daß sich diese geistigen und seelischen Zwillinge anziehen. Sie haben große Projekte, große Ideen, führen lange und intelligente Gespräche, haben Freunde und Bekannte, die mit dem *Who's who* konkurrieren können.

Im Getriebe der Welt läuft alles glatt, nur – der Schütze wird durch die plötzlichen Meinungsänderungen und den beißenden Zynismus des Zwillings in seiner Weltsicht immer wieder zutiefst erschüttert. Seine Ideale und seine Gefühlswelt geraten völlig durcheinander. Und der Zwilling glaubt ständig, in Gefahr zu sein, von dem vollblütigen Schützen verschlungen zu werden, der in seiner Rolle des Übermenschen perfekt ist.

Schütze – Krebs

Noch mehr Unverträglichkeiten, und man würde sterben – zumindest dem Anschein nach. Sie terrorisieren sich gegenseitig: Für den Krebs ist der Schütze die personifizierte Unsicherheit und Frustration. Für den Schützen personifiziert der Krebs das Gefängnis. Er beeinträchtigt ihn in seiner Neigung zur Flucht und zu Ausflüchten.

Aber wenn es ihnen gelingt, sich näherzukommen, entdekken sie, daß ihre Grundsorgen gleich sind: Wie kann man hiersein, wenn man doch woanders ist? Wie kann man die Geborgenheit eines Zuhauses haben, ohne sich damit belasten zu müssen? Wie kann man seine Kinder richtig erziehen und eine Familie haben, ohne seine Persönlichkeit und seine eigene Dimension aufzugeben? Wenn sie wollen, können sie tatsächlich

– und wunderbarerweise – gemeinsam solide Antworten finden. Es ist eine alchimistische Beziehung fürs reifere Alter.

Schütze – Löwe

Viele, sehr viele Gründe, um sich gut, sehr gut zu verstehen. Das ist also klar, und diese Beziehung ist aus Klarheit gemacht. Sie helfen sich gegenseitig bei ihrer Entwicklung und dem Aufbau ihrer Persönlichkeit. Sie verstehen sich problemlos.

Doch Weitherzigkeit und Ähnlichkeit verpflichten. Es ist besser, wenn jeder sein eigenes Feld bestellt, um dem anderen nicht auf die Füße zu treten, denn zwei Sonnen nebeneinander machen niemandem das Leben leicht.

Schütze – Jungfrau

Sie ziehen sich wirklich an, auch wenn sie es sich selbst nicht erklären können, warum. Der Schütze sieht alles in zu großen Zusammenhängen, findet die Jungfrau. Sie fühlt sich verloren oder ist verärgert und am Ende noch frustrierter. Der Schütze könnte möglicherweise damit einverstanden sein, die Jungfrau zu beschützen. Die Jungfrau könnte möglicherweise dazu bewegt werden, das Freiheitsbedürfnis des Schützen besser zu verstehen. Viele Möglichkeiten und wenige Wahrscheinlichkeiten . . .

Schütze – Waage

Verständnis, Wärme, gemeinsame Erfolge, auch gemeinsame Verbürgerlichung, trotz der Manie des Schützen, die Waage immer loswerden zu wollen. Doch sie bewundert ihn vorbehaltlos und rückhaltlos – ein für allemal.

Viel Anziehung, alles in allem. Eine klare und beinahe positivistische Beziehung.

Schütze – Skorpion

Der Schütze ist genau das, was der Skorpion gern werden würde, wenn er aufgehört hat, sich in seinen Problemen zu sielen. Der Skorpion hingegen verkörpert für den Schützen das Geheimnis, das er nie durchdringen wird. Sie mißverstehen sich von Grund auf, doch das hindert sie nicht daran, sich auf gesellschaftlicher, kultureller und spiritueller Ebene zu verstehen, zu respektieren und gegenseitig zu helfen.

Sehr konstruktiv, vor allem, wenn der Mann Schütze ist. Bei der Schützefrau besteht die Gefahr, daß sie die Sache ziemlich schnell satt hat und verschwindet, um andere irdischere Horizonte zu erkunden.

Schütze – Schütze

Entweder sie werden ein unverbesserlich spießiges Paar oder ein Paar von unersättlichen Abenteurern. Falls es nicht ein wenig komplizierter ist und es ihnen gelingt, die beiden Extreme zu mischen. Auf jeden Fall blicken sie gemeinsam auf ferne Horizonte, statt gegenseitige Nabelschau zu halten.

Gemeinsam können sie große und schöne Dinge tun und ihre Energie versilbern, denn die haben sie im Überfluß und werden immer genug für sich zurückbehalten. Die Gefahr ist, daß sie zu sehr an der Realität vorbei leben und einander keine feste Basis geben können.

Schütze – Steinbock

Der Steinbock tut dem Schützen unendlich gut, denn er gleicht ihn aus und hilft ihm, seine äußere und innere Unruhe zu dämpfen. Er zeigt ihm, wie man Maß hält und Ausdauer entwickelt. Der Schütze tut dem Steinbock unendlich gut, weil er ihm Optimismus, Kühnheit, positives Denken und Wärme bringt. Der Steinbock hindert den Schützen daran, sinnlos die

Flucht zu ergreifen, und der Schütze hindert den Steinbock daran, sich für Gott zu halten.

Nicht schlecht! Aber leider hat der Steinbock nicht den Rhythmus des Schützen, und der Schütze sieht immer weiter und höher als nur bis zu dem Berg des Steinbocks. Und da beide die Macht wollen . . .

Schütze – Wassermann

Gemeinsam kommen sie sehr weit, denn sie lieben beide die Freiheit, die Unabhängigkeit und auf Entdeckungen zu gehen, sind optimistisch und haben humanitäre Ziele. Der Schütze hat nicht den geringsten Grund zur Flucht, der Wassermann hat nicht das Gefühl zu ersticken.

Doch die physischen und sinnlichen Erlebnisse sind nicht identisch und lassen zu wünschen übrig. Trotz allem bleiben sie Freunde fürs Leben und tief verbunden.

Schütze – Fische

Für die beiden ändern sich Raum und Zeit und werden ewig und grenzenlos. Sie bewohnen ein wunderbares Anderswo mit mystischem Widerschein, haben einen Glauben, der Berge versetzen kann, und einen Sinn für humanitäre Hilfsaktionen. Außerdem haben sie eine ziemlich genaue Vorstellung vom Körper und der Sinnlichkeit als Vehikel der Seele.

Sie akzeptieren, respektieren und lieben sich sehr. Der Schütze kümmert sich um alle materiellen und konkreten Dinge, und alles geht gut. Nur – der Fisch wird von der tiefsitzenden Unsensibilität des Schützen in seiner Empfindlichkeit getroffen. Alles in allem visieren sie nicht ganz genau denselben Horizont an, aber ihre Beziehung ist trotzdem sehr positiv.

Realisieren, Erfolg haben und teilen

Der Schütze ist vor allem ein tatkräftiger Mensch. Er kann sich sein Leben nicht anders vorstellen, als daß er es selbst in die Hand nimmt und konzipiert und durch seine natürliche Kraft und Entschlossenheit und seinen Mut aufbaut. Beruf und gesellschaftliches Umfeld sind für ihn äußerst wichtig, und er zeichnet sich auf diesen Gebieten aus, sobald er kann. Das heißt, schon in der Schule, in die er mit Freude und Wißbegier geht. Sie ist gleichzeitig der Anfang seiner Eingliederung in die Gesellschaft. Kontakte sucht er immer, Reisen, Studien macht er sein ganzes Leben lang. Auf diese Weise lernt er und macht Fortschritte. Er erweitert sein inneres wie äußeres Universum und macht es für möglichst viele fruchtbar oder zu klingender Münze, was in seinen Augen nicht minder interessant ist.

Er ist dynamisch und offen, optimistisch und eigenwillig, alles gute Trümpfe für Beruf und Gesellschaft. Er hat die Begabung zum Chef, dabei aber den ausgesprochenen Hang zu bevormunden, wenn er nicht aufpaßt. Autorität, Mut, Schnelligkeit, Weitblick und idealistische Vision seines Erfolgs ermöglichen es ihm im allgemeinen, die begehrten Horizonte auch zu erreichen. Seine Führungseigenschaften verbinden sich mit einer menschlichen Art, Macht auszuüben. Er hat Ideen, zu deren Realisation er die Impulse gibt, und kann auch Begeisterung und Erfolgsglauben auf seine Umgebung übertragen. Mit denen, die um ihn sind, bildet er eine Familie, obwohl jeder unabhängig bleibt und für ein bestimmtes Gebiet die Verantwortung hat. Zusammengehörigkeitsgefühl und Arbeitsgemeinschaft stellt er so in den Dienst seines mitreißenden Ehrgeizes, den er seiner Mannschaft zu übermitteln weiß.

Er ist kein Einzelgänger, selbst wenn er selbständig arbeitet. Er möchte gern das Gefühl haben, zu einer Kette zu gehören, möglichst weit vorne oder wenigstens eng mit ihr verbunden. Genauso liebt er es nicht, gegen den Strom zu schwimmen, und hält sich an etablierte Einrichtungen und Ordnungen. Er ist nicht jemand, der Steine ins Getriebe wirft. Im Gegenteil! Er setzt seine ganze Energie lieber in dem Rahmen ein, den die Gesellschaft bestimmt, in der er lebt und für deren Bedürfnisse er ein äußerst großes Feingefühl besitzt. Der Schütze handelt nicht, um zu verunsichern, sondern um die Gruppe zu verbessern, in der er arbeitet. Um zu übermitteln, mitzuteilen, zu erweitern und zu entwickeln. Die Übermittlung, der Wunsch, möglichst viele Menschen zu erreichen, ist sein großes Anliegen.

Seiner Meinung nach zeugt der Erfolg beim Publikum davon, daß eine Handlung richtig, notwendig und berechtigt ist. Der Erfolg beweist, daß eine Tat, eine Erfindung, ein Unternehmen, ein Wort ins Ziel getroffen hat. Solange dies nicht der Fall ist, gibt sich der Schütze nicht zufrieden und wird immer wieder versuchen, noch genauer zu zielen. Sein Handeln ist abhängig von der Art, wie die Dinge aufgenommen werden.

Daher interessiert es ihn ganz und gar nicht, im Verschwiegenen zu arbeiten, im Abseits, im Schatten, und den Verkannten zu spielen. Deshalb halten ihn manche für einen Opportunisten, für oberflächlich. Aber er ist nie ganz mit dem zufrieden, was er getan hat, selbst wenn der Erfolg offensichtlich ist. Oberflächlich – nein. Einfach – ja, das möchte er sein. Er möchte einfach sein, um von allen Leuten bemerkt zu werden und um alle Leute erreichen und das Maximum an Wirkung aus seinem Handeln herausholen zu können. Hier vollbringt seine Kunst der Synthese wahre Wunder. Darauf bildet er sich auch etwas ein und will dafür Lorbeeren ernten.

An seinen Mißerfolgen sind mangelhafte Kanalisierung und mangelnde Verfeinerung dieser Begabungen schuld, die ein Nach-außen-Tragen und eine Übermittlung unmöglich oder zum Stückwerk machen. Oder Maßlosigkeit, die entschiedene Weigerung, die richtigen Grenzen anzuerkennen, Machtgier und Sammelwut. Falls Mißerfolge den Schützen aus der Fassung bringen, so ermöglichen sie ihm aber auch, über die Wirklichkeit nachzudenken und sich bewußt zu machen, daß er nicht vollkommen und allmächtig ist. Aber er läßt sich nicht zu lange von ihnen beeinflussen, denn er hat immer noch eine

Überraschung in der Tasche, einen Pfeil im Köcher, einen Plan im Kopf. Übrigens läuft er erst zu seiner vollen Größe auf, wenn er fünfzig Projekte gleichzeitig verfolgen kann, während seine Umgebung ermüdet und in Panik gerät.

Berufe des Schützen

Wort und Schrift: Seine Rolle, etwas allgemein verständlich zu machen, drückt sich durch Berufe aus wie: Journalist, Quizmaster, Präsentator, Moderator, Dolmetscher, Reporter und Sonderkorrespondent. Die Kunst der verbalen Übermittlung ist genauso groß wie sein Schreibtalent, das immer wieder dazu eingesetzt wird, das Gewissen der Welt wachzurufen.

Handel und Finanzen: Unternehmend und einsatzfreudig, tut er sich in Berufen hervor, die mit Geld und Verkauf zusammenhängen, wobei er alle seine Qualitäten zur Geltung bringen kann.

Unterhaltung: Seine große Begabung, mit Publikum umgehen zu können, und sein Sinn für Spiel und Spaß sind hier gefragt: Theater, Film, Tanz, Kabarett. Man findet viele engagierte Künstler, die ihren Beruf als Aufgabe betrachten, unter den Schützen. Ihr Entdeckertalent ist bekannt: Im Entdecken, Entwickeln und Fördern von brachliegenden Talenten anderer sind sie unschlagbar. Um sie Publikum zugänglich zu machen, werden sie oft Agenten.

Recht und Gesetz: Rechtsanwälte und Gesetzgeber sind nicht selten, auch Regierungsbeamte und Staatsanwälte und andere Vertreter von Ordnung und öffentlichen Einrichtungen findet man hier. Erzieher und Sozialarbeiter, die für die Wiedereingliederung in die Gesellschaft arbeiten und sich so bemühen, das soziale Netz zu stärken und zu verbessern, sind häufig Schützen. Ungerechtigkeit und Ungesetzlichkeit sind ihnen unerträglich.

Humanitäres und Soziales: Das ist die große Berufung der Schützen. Ihre Bereitschaft, sich für das Wohl anderer aufzuopfern, ihre Brüderlichkeit, ihr Wunsch, am sozialen Netz mitzuwirken, um Lösungen zu finden, veranlassen sie, bei humanitären Aktionen, karitativen Organisationen, missionarischen Aufgaben mitzuarbeiten. Sie sind immer tüchtig, immer in vorderster Linie, bereit, Himmel und Erde in Bewegung zu setzen, um Dinge zu ändern, die sich angeblich nicht ändern lassen.

Erziehung: Philosophen, Universitätsprofessoren, Ethnologen, Astrologen, Historiker, Erzieher, Dozenten, Seminarleiter – die Schützen haben eine hohe Meinung darüber, was ihre Begabung für Erziehung und Übermittlung in der Welt bewirken kann, vor allem bei jungen Menschen. Sie haben sehr genaue pädagogische Vorstellungen, die sie bei sich wie auch im Beruf anwenden.

Abenteuer und Reisen: Auch das ist eines ihrer bevorzugten Gebiete. Bereit, bei jedem Abenteuer mitzumachen, jede Herausforderung anzunehmen, jeden Berg zu erklettern, bei jeder Überfahrt, jeder Durchquerung dabeizusein, findet man Schützen auf dem Everest, als Hubschrauberpiloten, Seefahrer, Reisebüroleiter oder Expeditionsteilnehmer. Anderswo sein zu wollen ist ihr Kennzeichen.

Mystik und Religion: Es ist nicht ausgeschlossen, daß sie in das »große Anderswo« eintauchen und sich gründlich mit Mystik und Religion beschäftigen. Sie können sich sogar vorübergehend oder auf Dauer an mystische oder geheiligte Orte zurückziehen.

Sport: Für die Schützen hat sportliche und athletische Betätigung einen moralischen Wert und stellt eine echte Lebensphilosophie dar. Beim Sport geht es auch um Selbstüberwindung, Perfektionismus und den Wunsch, sich ständig zu verbessern, alles Qualitäten, die auch bei den Schützen zu finden sind. In diesem Sinn haben sie eine Vorliebe für noble Sportarten und sind oft Rennfahrer, Golfer, Polospieler.

Der Sinn für das Göttliche beim Schützen

Nach den Entwicklungsstufen des Urteilens und der Umwandlung in der Waage und im Skorpion ist die Seele zurückgekehrt zur Einheit oder zumindest zur Möglichkeit, diese wiederzufinden. Das Feuer des Schützen weist nach oben. Es wird in der Erde kanalisiert und ihr entnommen und richtet sich himmelwärts, eine Verbindung zwischen den beiden Ebenen des Menschen. Alles Reden über die Notwendigkeit der Kanalisierung, der Zentrierung, der Verfeinerung und gegen die Zersplitterung und Maßlosigkeit beim Schützen erinnert unaufhörlich an die Rückkehr zum Ursprung.

Auch jede Reise kann ihr wahres Ende nur in der Seele finden, die gleichzeitig Antriebskraft und Ziel dafür ist. Letztlich können nur Seele und Geist reisen, denn sie sind es, die in uns reisen . . .

Vielleicht wird der Schütze dies am Ende seiner Irrfahrten, seiner Suche und seines irdischen Strebens schließlich entdekken und dann die Ruhe der völligen Einheit wiederfinden. Nur dort wird er die Bindung, das Zentrum, den gelebten Glauben dessen spüren, was er schon mit seinem ganzen Körper gefühlt hat, was ihn sein ganzes Leben lang vorantreibt und handeln macht. Kein anderes Zeichen wird so von dem intuitiven Wissen über die Bindung zum »Größeren als sich selbst« geleitet, kein anderes Zeichen strebt so danach, wie der Vogel im Augenblick seines Losfliegens . . . Und kein anderes Zeichen, das mit dem Körper in der Materie verankert und dessen Seele so nach oben gerichtet ist, gelangt zu diesem Punkt des In-die-Höhe-Strebens. Alle Handlungen, auch die unbedeutendsten, die sinnlichsten, die greifbarsten sind nur ein Versuch, den Menschen wieder mit dem Ganzen zu verbinden, die Vielheit mit dem Einen, das Alltägliche mit dem Zeitlosen, das Hier und Jetzt mit dem Dort.

Obwohl der Schütze das Zeichen der *religio* ist, ist er eher philosophisch, metaphysisch und mystisch als streng religiös.

Selbst wenn er einer Religion angehört, ist es die Vorstellung von der Grenzenlosigkeit über ihm und die der menschlichen Art, die ihn motiviert. Er zieht die Menschheit und die Gemeinschaft der eigenen Person vor, wählt die ganze Erde statt sein Heimatland und den Kosmos statt der Erde. Doch obwohl der Schütze nur von der Vorstellung und der Kenntnis des Himmels geleitet wird, wählt er die Erde, und das ist es, was ihn von den folgenden Zeichen unterscheidet.

Was er auch tut, er vergißt niemals, daß er ein Wesen aus Fleisch und Blut ist, und seine diesbezüglichen Freuden und Vergnügen sind groß. Für ihn ist der Körper ein Tempel, der die höchste Einweihung ermöglicht und ohne den selbst die Vorstellung von Erkenntnis nicht existiert. Selbst wenn er den Kopf in den Sternen hat, bleiben seine Füße auf der Erde. Doch es ist das Licht der Sterne, das seine Handlungen leitet.

Dadurch – und nur dadurch – werden diese Handlungen groß, menschlich und sind bewußt auf eine Verbesserung der Lebensbedingungen möglichst vieler Menschen gerichtet. Denn dies ist der größte und edelste Glaube des Schützen: zu glauben, daß morgen ein besserer Tag ist als heute, daß die Menschen jeden Tag ein wenig besser werden, daß man das Ende aller Schlechtigkeit und Begrenzungen erreichen wird . . . zu glauben und nie zu zweifeln. Und um niemals zu zweifeln, handeln – handeln in der Überzeugung, daß der Erfolg kommen wird. Jeden Morgen erwachen und sich sagen, daß »es möglich« ist, und erreichen, die anderen mit seiner Begeisterung anzustecken. In diesen Worten ist der ganze Missionar Schütze enthalten.

STEINBOCK

22. Dezember–19. Januar

Ich gebrauche, sagt das Rind.
Meine Kraft schafft die Beständigkeit,
durch die der Lebenskreislauf fortbesteht.
Entschlossen und unangreifbar stelle ich mich
der Herausforderung des Unglücks, unbeweglich.
Der Rechtschaffenheit dienend,
das Gewicht der Redlichkeit tragend,
befolge ich die Naturgesetze,
und ich drehe geduldig das Rad des Glücks.
So gehe ich, mein Schicksal webend.

Beständigkeit, Redlichkeit und Ausdauer – das sind die drei Schlüsselworte des Steinbocks, der dem chinesischen Zeichen Rind entspricht. Diesen Eindruck will er machen, so möchte er sein. Denn der Steinbock ist nicht, sondern er wird: Er schafft sich Stufe um Stufe durch sein ganzes dürres, zähes Leben, gepanzert mit Pflichten und zu häufig bar jeden Leichtsinns. Im Alter »verjüngt« er sich schließlich, entspannt sich, läßt sich sogar gehen, um einfach nur zu leben, nachdem er so viele Jahre damit verbracht hat zu arbeiten, aufzubauen und Bürden zu tragen. Für das richtige Verständnis seiner Psychologie spielt der Faktor Zeit eine wichtige Rolle. Er ist ein unerläßliches Kriterium bei seinen Beziehungen zu anderen Menschen. Wer sein lineares Zeitgefühl, das auf die Ewigkeit hinzielt – wenn nicht sogar auf die Unsterblichkeit –, nicht teilt, wird immer im Gegensatz zu ihm stehen. Dieses Zeitgefühl beschränkt seine Beziehungen, bestimmt seine Handlungen und seine Ziele, läßt aber nicht den geringsten Raum für jugendlichen Leichtsinn und Leichtigkeit. Denn in der Jugend muß er oft schon Aufgaben übernehmen, die gewöhnlich erst im Erwachsenenalter anfallen.

Er ist der Architekt des Tierkreiszeichens. »Ich erschaffe

mich, also bin ich«, sagt der Steinbock und folgt damit seiner inneren Stimme. Im Gegensatz zu dem, was er behauptet, zweifelt er, der sonst alles bezweifelt, an ihrer Richtigkeit nicht, gestattet sich nicht, an so etwas auch nur zu denken. Er muß ihr folgen, also folgt er ihr. Er hat keine andere Wahl.

Keine Wahl zu haben – die Vorstellung von Schicksalhaftigkeit, die er akzeptiert –, taucht als eine andere Schlüsselkomponente bei der Psychologie des Zeichens auf. Der Steinbock fühlt sich verpflichtet, verantwortlich, verdammt, wenn nicht sogar berufen. Was übrigens genau auf das gleiche hinausläuft, außer daß es der Schwere eines solchen Schicksals mehr Wert und Würde verleiht. Sich für auserwählt zu halten und dem Schicksal die Schuld an seinen Schwierigkeiten zu geben, lohnt immer, selbst wenn man entdeckt, daß man ein schweres Kreuz zu tragen hat. Leiden – ja, aber es muß zumindest einen Sinn haben. So klar der Steinbock sonst ist, da macht er sich viele Illusionen.

Das Gefühl, etwas aus seinem Leben machen zu müssen, ist auch der Grund für seinen Ehrgeiz. Und so ist es viel mehr der Ehrgeiz zu sein, der die phänomenale Kraft des Zeichens ausmacht, als seine angebliche Traurigkeit und Verschlossenheit. Und zu diesem Ehrgeiz zu sein gesellt sich der Ehrgeiz zu haben. Als Erdzeichen ist er nicht ohne gesellschaftliche und materielle Interessen, in die ein guter Teil seiner Energien fließt. In Analogie zum zehnten Haus wird das Zeichen auch sehr stark durch die Beziehung zu seinem Bedürfnis, sich hinaufzuarbeiten, zu wachsen und seinen Platz als Erwachsener unter Erwachsenen einzunehmen, bestimmt. Das gesellschaftliche und berufliche Gebiet ist sein hauptsächlicher Wirkungskreis. Die konstruktive Energie des Steinbocks, seine Autorität, Gründlichkeit, Ernsthaftigkeit, Zuverlässigkeit, Umsichtigkeit und Ausdauer erklären einleuchtend, warum er sich dort auszeichnet und entwickelt. Eine weiterreichende und spirituellere Dimension verbirgt sich jedoch im allgemeinen hinter diesem Wunsch nach Macht und Geld.

Um aber das vollkommene Selbstbild zu erreichen und die Gewißheit zu haben, daß es erreicht wurde, muß er sich unaufhörlich anstrengen und sich selbst erziehen. Der Lebensweg der in diesem Zeichen Geborenen ist also vollkommen vorgezeichnet. Es ist ein gewundener und steiler Weg, vor allem aber einer, der aufwärts führt, ein Weg, der nach oben geht und den Menschen, den Körper, die Seele und den Geist erhebt.

Unter dem Einfluß des Ursprungs

Der Steinbock träumt davon, sich seines Körpers und seiner glühenden Wünsche zu entledigen, sich von ihnen zu befreien, zu lösen, auch von den ursprünglichen Einflüssen und der ganzen enormen Bedeutung seines Gefühlslebens. Doch dazu muß man das höhere Stadium des Wassermanns erreichen, nachdem Uranus mit den verschiedenen persönlichen Bindungen völlig aufgeräumt hat. Der Steinbock befindet sich an einem Punkt des Tierkreises, an dem es sich noch um einen Traum vom Loslösen handelt, der unmöglich verwirklicht werden kann – und auch niemals verwirklicht wurde.

Als Gegenüber vom Krebs, dem ewigen Kind seiner Mutter, der die Bedeutung seiner Bindungen an den mütterlichen Ursprung bezeugt und darauf natürlich sein Leben ausrichtet, nimmt der Steinbock für sich in Anspruch, der »Vater von sich selbst« zu werden. Was er übrigens sehr gut macht. Doch da er die Prägung durch den Ursprung und die Tradition mißachtet, wird er ihr Opfer, wenn nicht sogar ihr Spielzeug. Im besten Fall wird er zum Bannerträger seiner Vorfahren und widmet sich einem mehr oder weniger bewußten Kult dieses schweren Erbes. Er erschafft sich zwar sein Haus, seinen Berg, einen bestimmten Lebensraum, aber immer im Hinblick auf Kriterien seiner Vorfahren, die nicht die seinen sind.

Niemals stellt er das Erbe der mütterlichen Linie in Frage, und wenn er im Leben bezahlt, tut er es immer in Beziehung mit ihr. Die Achse Krebs – Steinbock wird praktisch völlig vom Mangel des Vaterbilds bestimmt.

Im Steinbock wie im Krebs ist der Einfluß des Ursprungs ein

zentraler und wesentlicher Punkt. Doch statt ihn im Überfluß und in der Fülle zu leben (wenn nicht sogar übertrieben), ist er durch sein Fehlen gekennzeichnet. *Never more* . . . In der Tat »nie mehr«, wenn die Sichel des Saturns auf das magische Band zwischen Mutter und Säugling herniedergesaust ist. Keine Wärme mehr, keine Nahrung, kein Streicheln und Schmusen, weder Bindung noch wärmender Körperkontakt. Nichts mehr als Kälte, Beherrschung, Frustration und Trauern. Ewiges Trauern über das verlorene Paradies . . . Die Beziehung zum Ursprung fehlt nicht etwa, aber sie ist in den meisten Fällen schmerzlich, gestört, sogar untersagt, ungeachtet der Tatsache, daß der Statistik nach die Jugend der in diesem Zeichen Geborenen am meisten vom Tod Nahestehender betroffen wird . . . Auch hier wieder das Zeichen der saturnischen Sichel und der Trauer . . .

Da man schon zu früh allein war, bleibt einem also nichts anderes übrig, als auch allein seinen Berg zu besteigen und sein eigenes Leben aufzubauen. Mehr als seine eigene Wahl, ist der Ehrgeiz des Steinbocks eine Lebensnotwendigkeit. Wir alle bauen auf dem Fundament aus unseren Schmerzen, der Steinbock jedoch mehr als die anderen.

In ewigem Trauern erstarrt, in sich versteinert, versucht, sich zurückzuentwickeln, braucht der Steinbock Zeit, damit sich sein Bewußtsein entfaltet und so die Zirkulation der Energien freisetzt, damit seine Kommunikation in der Horizontalen und das Vergnügen an menschlichen Beziehungen und irdischen Dingen wiederhergestellt werden können. Vor allem die sexuellen Freuden spielen in diesem Zusammenhang eine besondere Rolle. Zeit ist notwendig, um es zu wagen, der Pflicht die Hoffnung gegenüberzustellen, dem Ehrgeiz die Liebe, der Hoffnungslosigkeit die Bedeutungslosigkeit, der Ewigkeit den Raum eines Lebens. Es geht einfach darum, das Leben gegen den Tod auszuspielen . . .

Aber als epikureisches weibliches Erdzeichen trägt der Steinbock dies alles in sich. Wie der Vulkan unter dem Eis brennt sein reines und lebendiges Herz in einem Körper, der viel heißblütiger ist, als er sich den Anschein gibt.

Dezember: der Sommeranfang . . .

Wie der Winter vor allem ein Versprechen auf den Sommer ist, hat der Steinbock neues Leben als einzige Perspektive. Der Sommer des Steinbocks befindet sich in seinem Herzen, und nur dort kann das Kommende keimen und wachsen. Wenn er aufgehört hat, sich mit seiner Vergangenheit zu identifizieren und dort alle Vorwände für Bedauern und Mißtrauen zu finden, wenn er seine Energien kreisen läßt und seine Trennwand aus Granit abträgt, entdeckt er, daß sie nur aus Kalk bestand. Das Wasser der Gefühle, der Emotionen und der Hoffnung löst sie auf. Rein, zärtlich, gerecht und ernsthaft, will der Steinbock nur eines: lieben.

Sich als Mensch wie alle anderen zu sehen und festzustellen, daß auch ihm die gleichen einfachen, warmherzigen und köstlichen Freuden zustehen, ist für ihn das schwierigste, und er verzichtet lieber darauf, denn ihm fällt verzichten viel leichter als hoffen. Auch hier ist es wieder eine Frage der Zeit, und er braucht viel Optimismus, um ein Leben lang durchzuhalten. Freude, Heiterkeit und Vergnügen, Hauptattribute der wahren Mystiker, sind ihm völlig unbekannt. Seine Art der Bewußtheit ist häufig ein Verdammtsein.

Das Wagnis, sich des Ursprungs bewußt zu werden und vielleicht dagegen aufzubegehren und die schwere Fessel der Vergangenheit und der Überlieferung zu durchtrennen, verschlägt ihm die Sprache. Statt zuzugeben, daß er es nicht kann, beschließt er lieber, es nicht gut zu finden. Seine Arbeit an sich selbst besteht darin, die Gegebenheiten zu akzeptieren, statt sich einzugestehen, daß er handeln kann.

Denn der Saturn bedeutet auch den Übergang vom Erleiden zum Wählen, und das macht die wahre Bewußtheit aus. Man kann beschließen, die Kette, die an die uralten Erinnerungen fesselt, zu durchtrennen. Spiritualität ist kein Vorwand und keine Verdammnis: Sie geschieht, als Zugabe, wenn das Herz endlich erblühen konnte.

Aber eben, man muß den Mut haben zu wagen! Als Erdzeichen folgt der Steinbock dem Schützen, dessen Feuer in ihm deponiert ist. Aber auch wenn das Feuer da ist, so hat es sich doch in den Stein verkrochen, und jemand muß dagegenschlagen, damit der Funke hervorspringt. Deshalb sind die horizontalen Beziehungen für den Steinbock derart notwendig. Weil ihm die Einsamkeit zur zweiten – falschen – Natur geworden ist. Von Kontakten abgeschnitten, riskiert er tatsächlich, in sich eingemauert zu bleiben und vor Kälte zu erstarren, denn seine Qualitäten sind vor allem Selektivität, Mut, Arbeit, Klarheit und Gerechtigkeit, alles Dinge, die die Einsamkeit nur noch verstärken, weil sie der Umwelt, wie auch ihm selbst, Grenzen setzen und Beschränkungen auferlegen.

Die Angst steht im Mittelpunkt der Steinbockpsychologie und verursacht die typische und notwendige, aber auch gefürchtete Introversion des Zeichens. Deshalb muß er die Dinge vorsichtig angehen – nach und nach –, denn er verfügt nicht über die gefühlsmäßigen und seelischen Hilfsmittel, um den Rückwärtsgang einzulegen und sich schnell von eventuellen Verletzungen zu erholen. Die Öffentlichkeit, die Menge, die Außenwelt, gutmütig-oberflächliche Kontakte ohne ein Morgen – all das jagt dem Steinbock Schrecken ein. Aber noch mehr als das ist es die Angst vor dem Mangel – diesem schrecklichen Mangel an Gefühlsbetontheit, der wie mit einem glühenden Eisen in ihn eingebrannt ist –, der in seinem Inneren bohrt.

Wie ein Verrückter zu arbeiten, wie ein Workaholic, ist dann in den meisten Fällen der Ausgleich. Man stürzt sich auf die Dinge, die funktionieren und bei denen man nur von sich selbst abhängt, um zu vermeiden, sich mit den Gebieten direkt auseinanderzusetzen, die Probleme machen. Zuviel zu arbeiten und eine seltsame Gier an den Tag zu legen, ist immer fragwürdig. Und doch, auf wie viele in diesem Zeichen Geborene paßt diese Beschreibung? Verrückt vor innerer Einsamkeit und nur auf ihre Arbeit konzentriert, auf ihren gesellschaftlichen

Aufstieg, auf ihren Machthunger oder auf eine bestimmte Sache – was auf das gleiche hinausläuft –, ist es im Grund eine selbstmörderische Flucht, eine Form, auf einen wesentlichen Teil von sich selbst – den lebendigen Teil – zu verzichten.

Der Kreislauf von Gier und Verzicht findet sich bei allen Lebensaspekten der in diesem Zeichen Geborenen und wechselt ständig zwischen den beiden Polen hin und her: Mal sind sie gierig, sammeln, häufen an, schwelgen besinnungslos, essen sich voll und betrinken sich, üben blinde Macht aus, dann bestrafen sie sich, wollen alles loswerden, alles verlieren, geben alles her und organisieren im Namen eines unbewußten Schuldgefühls, weil sie etwas besitzen, den Konkurs und kennen die Liebe nicht mehr.

Die Maßlosigkeit als Lebensnotwendigkeit

Zwischen Angst und Askese schwankend, können sich die in diesem Zeichen Geborenen nur durch Maßlosigkeit und Verrücktheit befreien, indem sie sich mit Körper und Seele direkt in den Abgrund der Angst stürzen.

Wer den Steinbock verstehen und die besondere Beziehung, die er zu seiner Angst hat, begreifen will, muß bedenken, wie sehr die Angst den Steinbock zur Maßlosigkeit treibt und daß sie das einzige Mittel ist, den Granit zu sprengen, damit er zu seinem Selbst gelangen und sich dadurch ausdrücken kann. Eigentlich hat er nur die Wahl, sich einzumauern oder von einer grandiosen Leidenschaft umwerfen zu lassen, von einem Schicksal, das er mit allen Namen, die er dafür hat, und mit all seinem Verlangen herbeiruft. Und dann will man noch behaupten, er sei kalt, zurückhaltend und vernünftig, er liebe das Leben nicht und lasse sich lieber erschlagen, als es wirklich zu leben!

Auf den Verzicht verzichten ist sicherlich das Beste, was ihm passieren kann . . . Dann, nur dann kann die Loslösung geschehen und besteht die Möglichkeit, das Altbekannte aufzugeben, mit vollem und friedlichem Herzen . . .

Schamgefühl und eine glühende Seele

Der Körper – und die Ausschweifungen, die man durch ihn kennenlernen kann – beschäftigt die in diesem Zeichen Geborenen nicht nur, weil sie sinnlich, empfindsam und Menschen aus Fleisch und Blut sind. Ihrer legendären körperlichen Kälteempfindlichkeit kommt nur noch ihre große Schamhaftigkeit gleich, die ihre Sensibilität bewahren und ihre Empfindsamkeit schützen soll. Deshalb ziehen sie den Mantel erst aus, wenn sie schon einige Zeit im Zimmer sind, weil sie sicher sein wollen, daß sie nicht frieren werden und eine Atmosphäre des Vertrautseins herrscht. Schlimmstenfalls setzen sie sich voll angezogen an den Tisch, oder sie gehen wieder ... Doch auch wenn sie sich ausziehen, bedeutet das noch nicht, daß sie alle Schutzschichten ebenfalls fallenlassen. Sie können auf andere einen schroffen, wenig umgänglichen und abkühlenden Eindruck machen.

Die Steinböcke – vor allem die Frauen – sind häufig vollkommen gewachsen und wirken äußerlich sehr sinnlich. Man spürt deutlich das Feuer unter ihrer Zurückhaltung und ihrer natürlichen Autorität. Schon viele waren erstaunt und entzückt, weil sie bei ihnen eine versengende Glut entdeckten und trunkene Nächte mit ihnen verbrachten, nachdem es ihnen zufällig gelungen war, Zugang zu ihnen zu finden.

Der Steinbock ist zwar ein Wesen aus Fleisch und Blut, ißt gern viel und manchmal zuviel, doch er hat seine grundsätzlichen Moralvorstellungen und ist konservativ. Seiner Meinung nach ist es zu bequem, zu einfach, zu sinnlos und vor allem zu trostlos, seinen Körper gleichgültig wie und mit wem zu gebrauchen. Für ihn bleibt er vor allem ein Tempel der Seele. Wenn der Körper im Spiel ist, ist auch immer die Seele mit im Spiel, und daher ist er unfähig, sich ohne wahre Liebe hinzugeben. Treu, aufrichtig, feurig – das ja. Aber zügellos, wozu soll das gut sein?

Dies wird verständlich durch die Tatsache, daß die Spiritualität und der Ruf der anderen Welten – im Schützen zum erstenmal zu bemerken – sich hier entfalten und auf der ersten

Stufe ihrer Entwicklung befinden. Der Berg ist auch das Symbol für diese langsame, aber unerbittliche Erhebung der Seele zum Himmel und als Bild den in diesem Zeichen Geborenen besonders teuer. Zum Besten der Seele würden sie gern den Körper loswerden und hoch hinaufklettern, wo es kaum noch Erde gibt, nur noch Wolken und ewigen Schnee. Dort, wo alle Masken fallen und ihre Gier nach Besitz und Erfolg wie von selbst verschwindet.

Wissen, daß man nichts weiß . . .

In diesem Punkt liegt jedoch die ganze Zwiespältigkeit: Wie hoch der Steinbock auch steigt, er bleibt auf der Erde. Fast nicht mehr, aber eben doch noch. Er kann sein ganzes Leben lang bedauern, daß er nicht imstande ist, davonzufliegen, und dann verliert er seinen Lebenssinn, oder er stürzt sich bis über die Ohren in die Materie und verliert seine Seele . . . Oder aber er bildet sich ein, auf dem Gipfel der Weisheit und des Wissens angekommen zu sein und die Weisheit erlangt zu haben, die mit dem bedingungslosen Respekt vor der Überlieferung der Vorväter verbunden ist. Auch dafür ist der Berg das Symbol. Diese letzte Möglichkeit ist der schlimmste Fehler, den der Steinbock machen kann: zu glauben, daß man alles weiß und recht hat – seit jeher und für immer.

Zu wissen, daß man nichts weiß, daß man niemals recht hat an sich und es möglich ist, daß die Dinge sich ändern, seine fleischliche und irdische Existenz zu akzeptieren und seinen Hang zu Sinnlichkeit und Materie zuzugeben, sich nicht gegebenenfalls für Gott Vater zu halten, außer dem nichts existiert – erst wenn der Steinbock diese einzige und wahre Weisheit erkennt, kann er seine echte spirituelle Dimension erreichen.

In der Überlieferung wird das Zeichen Steinbock »die Signatur Gottes« genannt, das Zeichen Christi, seines Sohnes und Retter der Menschheit, und in diesem Sinn betrachtet sie den Steinbock wenn nicht als das schwierigste, so doch als das geheimnisvollste Zeichen des Tierkreises.

Im Steinbock lebt die materielle Ziege, die sich ihr Futter am Fuß des Berges sucht und keinen anderen Lebenssinn kennt. Aber auch die heilige Ziege, die in den Bergeshöhen umherspringt und den Himmel zu erreichen versucht. Und das Einhorn, das mythische Tier, Symbol der Kraft, der Androgynie und des Absoluten.

Diese Charakteristiken demonstrieren die Gegensätzlichkeit des Zeichens sehr genau. Doch ehe der Steinbock die Rolle des Retters und Aufklärers spielt, was er sehr glaubwürdig tun kann, sollte er daran denken, daß er ein Wesen aus Fleisch und Blut und Liebe ist – und das auch seine Umgebung merken lassen.

Den Steinbock verstehen

Die Grundstruktur

Weibliches Zeichen
Die weibliche Polarisierung erhöht, wie es in der Astrologie heißt, die empfängliche, passive, liebevolle und aufgeschlossene Komponente, wichtige Yin-Eigenschaften der Verinnerlichung des nächtlichen, feuchten und kalten Prinzips. Es bewirkt eher die Neigung zu empfangen, zu verstehen, zu beschützen, zu versöhnen und sich zurückzuhalten als sich zu äußern, voranzuschreiten, zu teilen und zu beanspruchen. Es bedeutet aber auch, daß dieses Zeichen allgemein besser von den Frauen gelebt wird als von den Männern, weil dann Harmonie besteht zwischen der Polarisierung des Zeichens und dem sexuellen Pol der Persönlichkeit.

Die **Steinbockfrauen** verraten eine starke Persönlichkeit und sind leicht als charaktervolle Menschen zu erkennen. Die Charakteristiken des Zeichens scheinen wie ein Katalog dessen, was man als Frau gewordene Kraft bezeichnet.

Die **Steinbockmänner** sind auch nicht gerade charakterschwach, aber der introvertierte Aspekt der weiblichen Polarisierung hemmt sie häufig, vor allem in einer Gesellschaft, die feminine Männer wenig akzeptiert. Sie haben den Hang, die negativen, zurückhaltenden und possessiven Tendenzen des Zeichens übertrieben zu leben, und sind häufig von dominierenden Frauen fasziniert. Ihre tyrannische Unbeugsamkeit ist schwer zu ertragen.

Erdzeichen

Wie Jungfrau und Stier gehört der Steinbock zum Element Erde, das heißt, er hat eine Fülle von Mitteln und kann klug damit umgehen. Sinn fürs Praktische, Ausdauer, Planmäßigkeit, Ordnungsliebe, genaue und realistische Einschätzung der Dinge sind Qualitäten des Erdzeichens, die sich im negativen Fall in Starrsinn und Materialismus verwandeln können und in eine Kälteempfindlichkeit, die – im Übermaß – zu Unbeweglichkeit und Langsamkeit führt.

Als Ergänzung zum Feuer symbolisiert das Element Erde das konkrete Vorhandensein der Dinge, aber auch die Möglichkeit, sie nicht zu realisieren, sondern sie zu zerstören. Es wird dem Knochengerüst zugeordnet, dem physischen und sichtbaren Aspekt des Körpers.

Die Zugehörigkeit zur Erde macht dem Steinbock große Probleme. Er möchte sich von ihr lösen und befreien. Es handelt sich hier um die sublimierte, nackte, rissige Erdmaterie, die trotzdem auch ihre wichtige, nährende Rolle hat: den Samen zu schützen, das Leben fortbestehen zu lassen. Bild der Askese der Höhen, wo der Wind des Geistes weht, ist diese Erde auch Symbol und Empfänglichkeit für den Tod jeder Manifestation, ein Aufruf zur Transformation.

Kardinalzeichen

Wie Krebs, Waage und Widder gehört der Steinbock zu den Kardinalzeichen. Damit hat er die Aufgabe, einen Zyklus einzuleiten. Die Kardinalzeichen sind noch vom vorangegangenen Zeichen bewohnt, denn sie eröffnen die Jahreszeit, zu der sie gehören. Für sie charakteristisch ist also das Bedürfnis nach Entwicklung und Transformation, ein inneres – oder äußeres – Leben, das ständig in Bewegung ist, und das Temperament eines Pioniers, eines Aufklärers und Einweihenden. Man kann auch sagen, daß sie noch auf der Suche nach sich sind, weil sie erst im Umriß vorhanden sind, im Gegensatz zu den festen Zeichen, die die Fülle der Jahreszeit, in der sie auftreten, symbolisieren.

Erhöhte Gefühlserregbarkeit, reiches Gemütsleben und Mut – aber auch Idealismus, der zum Element Feuer gehört – drükken sich also mit einem Maximum an Lebhaftigkeit aus, aber man findet auch einen starken Hang zu Unstetigkeit und Aufbrausen.

Das Wort *cardinal* bedeutet Türangel, das heißt, diese Zeichen stehen vor der Tür, öffnen sie auch. In diesem Sinn öffnet der Steinbock die Pforte zur Spiritualität und leitet diese Ebene im Tierkreis ein.

Nervöses Temperament

Es bedeutet, daß der Steinbock, entgegen jedem Anschein, innerlich kocht und seine Gefühle jeden Aspekt des Lebens wie auch sein physisches und geistiges Gleichgewicht bestimmen.

Die geistige Verfassung ist bei ihm für das allgemeine Gleichgewicht besonders bedeutsam, vor allem für die Funktion der Ausscheidungs- und Geschlechtsorgane und des Verdauungstrakts, die von Kopf und Intellekt sehr stark beeinflußt werden. Nervöse Menschen müssen ihr inneres Universum vereinfachen und leichter machen. Sie dürfen nicht ständig unproduktive Gefühle hin und her wälzen und damit den Stoffwechsel belasten.

Die Sterne des Steinbocks

Das Sternbild **Sagitta** (Pfeil): Es hat nichts mit der Konstellation des Bogenschützen zu tun, die sich im Schützen befindet. Im Hebräischen bedeutet *sagitta* »der, der einsam ist«. Dies weist auf die Einsamkeit desjenigen hin, der wie der Steinbock seine Aufgabe als Erretter erfüllen muß.

Der **Adler:** Er gehört sowohl zum Schützen wie zum Steinbock. Der Adler ist der Vogel des Lichts, Symbol des höchsten

Aspekts eines Menschen, der Seele, die die Vollendung erreicht hat.

Der **Delphin:** Symbol des Sohnes Gottes, der nach dem Gesetz handelt, aber mit den Elementen spielen, im Wasser wie in der Luft leben und außergewöhnliche außersinnliche Wahrnehmung entwickeln kann. Der Mensch hat diese Wahrnehmungsstufe noch nicht erreicht, aber sie stellt für ihn eine Entwicklungsmöglichkeit dar.

Mythologie

Ziege-Fisch oder makara: Tiere, die hinaufsteigen, immer höher hinauf . . .

Das zehnte Zeichen ist im Augenblick der Wintersonnenwende geboren, wenn, wie C. G. Jung sagt, »die Sonne wie eine Ziege auf die höchsten Gipfel klettert und dann hinabsteigt ins Wasser wie ein Fisch«. Zu ihm gehören als Symbole seltsame Fabelwesen, die alle mit dem Hinaufsteigen zu tun haben.

Bei diesem Zeichen sind immer Wasser und Erde anwesend, die an den Ursprung der Welt erinnern, als die Bewegung, die einen Berg entstehen ließ, automatisch bewirkte, daß zu seinen Füßen ein Meer entstand. Das Zeichen ist die Ziege mit dem Fischschwanz, es tritt aus der Muschel des Unbewußten hervor, um sich in die Höhe zu schwingen.

Doch ehe es als Ziege mit dem Fischschwanz dargestellt wurde, war es in vielen ursprünglichen Tierkreisen ein Krokodil, ein Fabelwesen namens *makara.* Im Sanskrit-Tierkreis entspricht der *makara* der Wintersonnenwende, dem Tor der Götter, durch das die Seelen aufsteigen und laut den Pythagoräern mit dem transzendentalen Universum verschmelzen.

Stärken und Schwächen des Steinbocks

Die Stärken

- Strenge, Planmäßigkeit, Organisationstalent, Widerstandskraft
- Voraussicht, Ausdauer, Verantwortungsgefühl, Besonnenheit
- Gelassenheit, Gründlichkeit, Innerlichkeit, Keuschheit
- Sensibilität, Musikalität, Humanismus, Solidarität
- Pflichtgefühl, Beschützerdrang
- Integrität, Zuverlässigkeit, Ernsthaftigkeit, Echtheit
- Klarheit, Realismus, Solidarität, Treue
- Taktgefühl, Diplomatie
- Intellektueller, philosophischer und spiritueller Weitblick
- Sinnlichkeit, Genußfreudigkeit, Humor

Die Schwächen

- Sturheit, fixe Ideen, Erstarrung
- Materialismus, Berechnung, Ehrsucht
- Introvertiertheit, Egoismus, Kälte, Arroganz
- Schüchternheit, Schuldbewußtsein, Pessimismus, Mißtrauen
- Verzagtheit, Rachsucht, Lüsternheit, Neid
- Gier, Geiz, Kleinlichsein
- Prinzipientreue, Normverhalten, Vorschriftentreue
- Härte, grundlose Boshaftigkeit, Aggressivität, Tyrannei
- Elitedenken, Missionsbesessenheit
- Besitzergreifung, Eifersucht

Die Aszendenten des Steinbocks

1. Steinbock – Aszendent Widder

Eine Struktur, die schwierig zu leben ist, aber nicht nur Schwierigkeiten bedeutet: Der bestimmte und kluge Aspekt des Steinbocks hindert den Widderaspekt daran, zu viele Dummheiten zu machen und Energien zu verschwenden, die man besser mehr für sich behalten sollte. Die Widderseite macht dagegen optimistisch und kühn und verhindert, daß man in die Begrenzungen und Verhärtungen des Steinbocks fällt, die fast dazu führen, daß man nicht mehr richtig lebt. Die Kombination erzeugt gute Baumeister, die den Impuls, etwas erschaffen zu wollen, mit Verwirklichung und harter Arbeit verbinden, so daß eine Idee tatsächlich Wirklichkeit werden kann.

Diese Struktur erhöht jedoch auch den Grad des Anspruchs und der Strenge, aber auch die innere Reinheit und die Suche nach Echtheit. Die in diesen Zeichen Geborenen werden von Engherzigkeit und Wortbrüchigkeit tief getroffen. Sie sind ernsthaft, und ihr Herz und ihre Treue leiden oft Schaden. Man muß ihnen Lachen, Leichtigkeit und Humor entgegenbringen und ihre starke Sinnlichkeit wecken – die unter einer Schicht aus Frustration und Schuldgefühlen abgekühlt ist. Aber was für eine menschliche Wärme unter all dem Eis!

2. Steinbock – Aszendent Stier

Sie sind geduldig, ruhig, hartnäckig und weitblickend und sehen das Leben realistisch und mit Gelassenheit. Große Einfachheit und Echtheit, mit einer naturnahen Seite: Sie sind die geborenen Umweltschützer und lieben die Berge.

Sie sind eindeutig sinnlicher und größere Genießer als ein reiner Steinbock und dadurch weniger verschlossen und frustriert, wobei sie aber immer Wahrheit und Ernsthaftigkeit in ihren Beziehungen suchen. Sie wollen Pläne verwirklichen, eine Arbeit immer zu Ende führen und haben unantastbare Wertvorstellungen. Kinder und Familie stehen immer im Mittelpunkt. Zu ihrer manuellen Begabung gesellt sich im Alter noch die Philosophie.

3. Steinbock – Aszendent Zwillinge

Diese Verbindung erweist sich als positiv, weil sie das Zuviel an negativen Aspekten der beiden Zeichen korrigiert. Ihre Klarheit läßt nie nach, ihr Realitätssinn und ihre Tatkraft vollbringen wahre Wunder. Ihre Weigerung, sich Illusionen zu machen, ist erstaunlich. Sie arbeiten sorgfältig und genau, sind fleißig und umsichtig und viel ehrgeiziger, als es den Anschein hat. Und haben auch viel mehr Ausdauer als reine Zwillinge.

Sie lachen leichter als echte Steinböcke, zeigen Humor und Offenheit und erwarten vor allem Geduld und Festigkeit. Sie sind ausgezeichnete Ratgeber.

4. Steinbock – Aszendent Krebs

Mal sind sie zärtlich, verspielt, unselbständig, verträumt und poetisch und dann wieder kalt, hart, abweisend, selbstsicher, klar, ehrgeizig und moralistisch – und im Grunde ihres Wesens doch unheilbar romantisch. Oft fällt ihnen das Leben schwer, weil sie von einem immensen Gefühl der Frustration und der

Verlassenheit beherrscht werden und der Neigung, sich abzukapseln und zu schmollen, weil sie sich unverstanden fühlen.

Gesellschaftlich sind sie angesehen. Sie träumen nur von Wärme und Hingabe, doch sie lassen so etwas nie zu. Man muß ihnen helfen! Glücklicherweise haben sie Humor, und ehrlich sind sie auch. Und wenn man das Eis zum Schmelzen bringt – was für Köstlichkeiten sind darunter verborgen!

5. Steinbock – Aszendent Löwe

Mehr Struktur, Ausdauer, Gründlichkeit und Diplomatie als reine Löwen. Auch strenger und unnachgiebiger. Teils haben sie eine gute Meinung von sich, teils sind sie in ihren Gefühlen frustriert. Sie suchen Liebe, Unterstützung und Geborgenheit.

Die Frauen sind von kühler Schönheit, hinter der sich eine große Einfachheit verbirgt, oft auch Schmerz, und sie spielen gern den guten Kumpel, um dies zu vertuschen. Äußerlichkeiten und Repräsentation gefällt den in diesen Zeichen Geborenen, aber am Ende mißtrauen sie diesen Dingen immer. Sie fassen nur schwer Vertrauen. Kompliziert . . .

6. Steinbock – Aszendent Jungfrau

Sie bewohnen ein strenges und tristes, ernstes und klares Universum und sind von unerbittlicher Genauigkeit und Berechnung. Ihr Denken ist philosophisch. Man kann sie immer zu den Letzten der Gerechten zählen. Trotzdem würden sie viel darum geben, wenn sie explodieren und aus sich herausgehen, sich befreien und ausleben könnten.

Außer dem Wesentlichen scheint ihnen nichts zugänglich zu sein. Jedes Hälmchen Verrücktheit wäre willkommen, aber sie überwachen ihre Nahrung streng . . . Doch wenn es einem gelingt, sich den Weg zu ihrem Herzen freizuhacken, findet man einen wahren Schatz der reinen und unversehrten Liebe.

7. Steinbock – Aszendent Waage

Den in diesen Zeichen Geborenen gehört das Reich der Melancholie. Ein Nichts, das die quälenden Tiefen ihres Inneren weckt, kann schon ihre Lebensfreude vergiften. Sie sind ehrlich, echt und gefühlvoller, als sie zugeben. Gerechtigkeit, Verständigkeit und Disziplin sind ihnen sehr wichtig. Ihre Seele ist immer bereit, jeden Ruf des Spirituellen aufzufangen. Geborene Diplomaten, wägen sie gern ab und gleichen aus, greifen aber viel schneller durch als gewöhnliche Waagen.

Ihr Konformismus und ihre Sachlichkeit und Strenge warten nur darauf, geweckt zu werden. Die Frauen sind stark und können gut Verantwortung tragen. Ihre große Zerbrechlichkeit geben sie nie zu. Die Männer wollen sich ihre Schwächen und Frustrationen nicht anmerken lassen. Sie schließen harmonische Ehen, in denen sie dann aber gern den Patriarchen spielen.

8. Steinbock – Aszendent Skorpion

Was sie verbergen, ist eindeutig wichtiger, als was sie von sich zeigen, denn sie können nicht ausdrücken, was sie bedrängt und belastet. Energie, Wille, Intelligenz und Sexualtrieb sind beeinflußt von Erlösungsgedanken.

Hinter ihrer prüden Kälte, ihrer Geheimniskrämerei und ihrem Hang, sich zu isolieren, steckt jedoch eine große Zärtlichkeit. Ihr Gemeinschaftsgefühl ist sehr entwickelt. Sie sind bereit, jede metaphysische Schlacht zu schlagen.

9. Steinbock – Aszendent Schütze

Ihr immenser, großzügiger Schwung wird durch Zweifel und zu große Ansprüche beeinträchtigt und gelähmt. Sie streben mit Hartnäckigkeit nach Weisheit durch Moral und Dogmen und kommen mit Riesenschritten vorwärts, ihre Siebenmeilenstiefel voller Zuversicht . . .

Melancholisch, leben sie wie Springteufelchen in ihrem Kasten, gefährdet durch Implosionen, die von Zeit zu Zeit alles zertrümmern. Aber sie sind echt, ernsthaft und treu, und die Menschheit braucht sie, um vorwärtszukommen . . .

10. Steinbock – Aszendent Steinbock

Vor allem sind sie allein auf der Welt. Sie fühlen sich mißverstanden, schlecht geliebt, schlecht integriert, weil sie schlecht mit sich selbst auskommen. Sehr depressiv, ängstlich, empfindlich, machen sie das Leben nirgends angenehm.

Sie sehen automatisch immer schwarz, aber sie haben es gern, wenn man ihnen einen Topf mit rosa Farbe übers Haupt leert . . . Unter dem Eis warten Zärtlichkeit und Sinnlichkeit nur darauf, geweckt zu werden.

11. Steinbock – Aszendent Wassermann

Für sie ist heute schon morgen, denn von den konkreten und materiellen Dingen haben sie sich gelöst und streben mehr nach brüderlicher und menschlicher Spiritualität als nach allem anderen.

Frei, arbeitsam, verliebt in die Weite, stecken sie voller Pläne und konkreter Rezepte zu deren Realisierung. Weniger strikt als die reinen Steinböcke, läßt es sich angenehm mit ihnen leben.

12. Steinbock – Aszendent Fische

Intuitiv, gefühlvoll, sensibel, haben sie Angst, enttäuscht zu werden und sich die Finger zu verbrennen, und da sie sich nicht wehren und ihr Herz nicht schützen können, haben sie es nie sehr einfach mit sich. Ihr Bedürfnis, dazuzugehören, ist oft sehr groß und läßt sich nie ganz erfüllen. Sie haben großartige humanitäre und mystische Ideen, die sie mit anderen teilen wollen, aber dann zappeln sie doch immer wieder in ihrem eigenen Netz von Unglauben und Willensschwäche.

Sie sind gutmütig naiv, und wenn ihnen das bewußt wird, können sie abscheulich werden.

Energie und Gesundheit

Schlüsselworte der Steinbockenergie

Durchhaltevermögen: Ehrgeizig in jeder Beziehung und auf jeder Ebene. Verlangen, sich zu entwickeln, zu wachsen, Macht und Herrschaft zu übernehmen. Etwas aufbauen, sich bessern, zu den ersehnten Höhen aufsteigen. Der Ehrgeiz ist der Kern aller Aktivitäten des Steinbocks, die starke Antriebskraft, die ihn vorantreibt und alle Hindernisse einreißen läßt. Er leistet Enormes und Beeindruckendes, wenn er sich in dieser Beziehung bestätigen will. Wegen seiner Schlauheit und Ausdauer gefürchtet, hat er alle Trümpfe in der Hand, um auf sozialer Ebene jede Herausforderung annehmen zu können.

Erlöschen: Einerseits gibt es die Steinböcke, deren Kraft in ihrer Fähigkeit liegt, ja zu sagen, eine Herausforderung anzunehmen und ohne Furcht noch Mißtrauen an das zu glauben, was sie tun. Und dann gibt es die anderen Steinböcke, deren Kraft vom Neinsagen kommt: ein Nein gegenüber dem Leben selbst, zur Außenwelt, zum Instinkt, zum Verlangen, zur Zukunft . . . Keine Spontaneität existiert mehr, Schwung und Lebenskraft sind erloschen. Blockierungen, Verzögerungen, Kontrollen und Überprüfung: Man hat das alles satt, und die totale Ablehnung von allem verleiht einem schließlich wenigstens die Illusion einer gewissen Stärke, vor allem die, das Kind mit dem Bad auszuschütten.

Einbehalten: Die Energiereserven sind enorm, aber nicht zugänglich, weil sie durch Tonnen von Eis und Zurückhaltung blockiert werden. Die Energie ist versteinert unter der Angst und dem dramatischen Verlangen, sich zu beherrschen, das man fälschlich mit Selbstschutz verwechselt. Dadurch bleibt den Steinböcken ihr fabelhaftes Energiepotential verschlossen, und es besteht die Gefahr, daß es zum Gordischen Knoten wird, zum erstickenden und vergiftenden Pfropfen, statt ein Reichtum zu sein.

Gesundheit

Der Steinbock gehört zu den Zeichen, die eine schwache Gesundheit haben, vor allem in der Kindheit. In dieser Zeit ist er schwächlich, zu mager oder zu dick, das Gewicht ist selten normal. Mit dem Älterwerden gleicht sich das etwas aus. Doch auf die Dauer gesehen ist seine Widerstandskraft unberechenbar, und bei seiner Hypochondrie weiß man nie, bis zu welchem Punkt er tatsächlich krank ist. Und weil er keinen Sport mag und die Neigung hat, seine Kräfte sparsam einzusetzen und sich zu sehr zu pflegen, fördert das seine Anfälligkeit für Krankheiten noch. Vorsicht, Fixiertheit, Unbeweglichkeit und Langsamkeit beeinflussen daher seine Gesundheit grundlegend.

Einerseits verringert diese wachsame Vorsicht gegenüber seinem Körper und seinem Gleichgewicht die Risiken von Unfällen, Brüchen und heftigen und plötzlichen physischen und psychischen Reaktionen. Die Gefahr organischer Erschöpfung – mit sich daraus ergebenden Infektionen – verringert sich. Der Schlaf (ein Hauptheilmittel des Steinbocks) ist ebenfalls in physischer, psychischer und seelischer Hinsicht eine großartige Möglichkeit, sich wieder aufzuladen, obwohl der Steinbock dazu neigt, ihn zum großen Schaden seiner Umgebung zu mißbrauchen.

Andererseits verursachen Unbeweglichkeit und energetische Sparsamkeit den verschiedensten Überdruck und diverse Stauungen. Zuviel Vorsicht und sich einigeln ist also eine zweischneidige Lebensphilosophie, die, wenn sie übertrieben wird, zu einer echten Bremse für das Leben selbst werden kann.

Schwache Punkte des Steinbocks

Blutkreislauf: Das ist der schwächste Punkt des Steinbocks und erklärt sich durch eine allgemeine Trägheit der Herztätigkeit, die durch seine Abneigung gegen Anstrengungen und Sport auch nicht gerade verbessert wird. Die Schwäche der Atmungsorgane, die für das Zeichen typisch ist, begünstigt die Anreicherung des Bluts mit Sauerstoff nicht, und das Terrain ist günstig für Kreislaufstörungen, Gefäßerkrankungen und ihre Folgen: Krampfadern, Venenentzündung, geschwollene und schwere Beine, schwache Gefäße, geplatzte Äderchen.

Atmungsorgane: Der Steinbock hat gewöhnlich starke Knochen und einen festen, aber zu feinen und wenig entwickelten Brustkorb. Bei dem für dieses Zeichen typischen Körperbau ist die Bauchpartie breit und betont, Schultern und Thorax sind schmal. Der allgemein schwache Muskeltonus ist für die Brustentwicklung nicht günstig. Die Lungen und ihre Funktion sind im allgemeinen ungenügend, was an die Gefühlszartheit des Steinbocks und an seine Vorliebe für das Wasser erinnert (das der Organismus zu sehr speichert). Von Kindheit an hat der Steinbock schwache Lungen und schlechte Atemwege, was durch das schwache Herz nicht besser wird: Bronchitis, Asthma, Keuchhusten, Lungenentzündung, Rippenfellentzündung, Bronchialkatarrh und als Folge davon Probleme im Hals-Nasen-Ohren-Bereich.

Nieren: Die Nierenschwäche hängt mit dem Wasser und damit zusammen, wie die organische Struktur des Steinbocks mit ihm umgeht (eine problematische Sache). Die in diesem Zeichen Geborenen haben ein Bedürfnis nach Wasser und trinken häufig mehr, als sie essen. Obwohl – in dieser Beziehung heißt es alles oder nichts: Entweder trinken sie kaum einen Tropfen und schaffen mit Mühe einen Viertelliter am Tag, oder sie trinken ständig, bis sie sich wie aufgeblasen fühlen. In allen Fällen staut sich das Wasser leicht im Gewebe, vor allem bei den Steinbockfrauen, bei denen die Sekretion der Geschlechtshormone zur Überproduktion neigt. Pubertät und Wechseljahre müssen bei diesem Zeichen mehr überwacht werden als bei anderen Zeichen. Die Nierenfunktion zeigt die Probleme deutlich: Statt auszusondern und auszuscheiden, kommt es zu Stauungen und Überbelastung, die chronisch werden können. Vorsicht also vor akuter oder chronischer Nierenentzündung, Erhöhung der Harnsäure, Gicht, Arteriosklerose, Diabetes.

Verdauungstrakt: Wie Kreislaufprobleme ist auch ein schwacher Magen für den Steinbock typisch, wie für alle Personen, die vom Mutterbild geprägt sind. Psychische Schwierigkeiten und Probleme mit der Mutter lassen sich hier direkt ablesen. Man kann nicht genug betonen, was für eine ausgleichende und vielschichtige Rolle die Ernährung im Leben des Steinbocks spielt, vor allem seine Vorliebe für Milchprodukte und Zucker. Doch gibt es auch das Gegenteil. Dann kasteit sich der Steinbock, bestraft sich und ißt überhaupt nichts mehr. Diese ganze Unordnung kann, zusammen mit der langsamen Verdauung, ständige Gewichtsschwankungen verursachen, chronische Fettsucht oder unheilbare Magerkeit, zuviel Cholesterin, Diabetes, Gastritis, Luftschlucken, Muskelkrämpfe, Verstopfung, Dickdarmentzündung und Leberprobleme.

Haut: Die Haut ist ein idealer Gradmesser für übergroße Empfindsamkeit und chronische nervöse Spannung. Der Steinbock hat immer Probleme mit ihr. Mal ist sie zu fettig, mal juckt und brennt sie, im Winter wird sie blaß, im Sommer rötet sie sich, sie hat keine Elastizität. Außerdem bietet der Steinbock Allergien ein ideales Feld, ebenso der Akne, die auch nach der Pubertät noch auftreten kann.

Drüsen: Sie sind im allgemeinen anfällig, vor allem die Schilddrüse und die Bauchspeicheldrüse, besonders bei den Frauen, die auf ihren Hormonhaushalt achten müssen.

Knochen, Haare, Zähne, Nägel: Durch die schlechte Aufnahme von Kalk, Phosphor und Mangan hat der Steinbock gewöhnlich Probleme mit dem Haar, das zu fein und brüchig ist, mit den Nägeln, die weiße Flecken zeigen, und mit den Zähnen. Es muß von Kindheit an auf Knochenbildung und gute Skelettbildung geachtet werden. Die große Bewegungsfreudigkeit des Steinbocks fördert außerdem das Risiko von Brüchen.

Hüft- und Kniegelenke, traditionell problematisch, können ebenfalls Schmerzen verursachen.

Im allgemeinen bessert sich die Gesundheit des Steinbocks mit den Jahren. Er fühlt sich im Alter oft besser als in der Kindheit, vor allem besser als in der wichtigen Zeit von sieben bis acht Jahren und in der Jugend.

Beim Steinbock mit **Energieüberschuß** verstärken ständige moralische Depressionen seine Sorgen, Ängste, Krisen und machen ihn traurig, mutlos, aggressiv und düster pessimistisch. Gedächtnisverlust, Seufzer, Erstarrung, chronische Nervenschwäche gehören ebenfalls zu diesem seltsamen Bild.

Der Steinbock mit **Energiemangel** ist dagegen träge, matt, zerstreut. Es fehlt ihm an Schwung und echtem Verlangen. Seine Bewußtheit, seine Moral und seine Antriebskraft sind sehr schwach.

Ratschläge für ein besseres Gleichgewicht

Das Schlüsselwort für die Gesundheit des Steinbocks lautet: **erwärmen.** Wärme auf allen Ebenen . . . von der Sonne in der äußeren Welt bis zur Liebe zu sich und den anderen im Inneren. Das sind die wirkungsvollsten Mittel, die man ihm verschreiben kann.

Den in diesem Zeichen Geborenen fällt es schwer, auf sich zu achten und nicht auf alles mit Verachtung oder Härte zu reagieren, weil sie sich immer einreden, sie müßten jeden Schlag aushalten und dürften sich nichts anmerken lassen. Dieser Leistungsdruck verbraucht den Körper schließlich, und es wird immer schwieriger, die Folgen rechtzeitig zu beheben.

Das seelische Gleichgewicht ist das Wesentlichste. Alle seine Krankheiten weisen darauf hin. Und da der Steinbock immer viel Zeit braucht, bis er seine Schwierigkeiten zeigt, ist es nicht erstaunlich, daß ein Gefühlsproblem erst viele Jahre später schwere körperliche Wirkungen verursacht.

Also Wärme, Ruhe und Gelassenheit statt Härte und Selbstverachtung – das ist alles, und für den Steinbock schon sehr viel, den seine Verletzungen, die er nicht aussprechen kann, und seine Schamhaftigkeit gefangenhalten, bis er sich schließlich in heftigen Krisen äußert.

Harmonie durch Edelsteine

Zugeordnete Farben: Schwarz und Weiß.

Beryll: Bekannt dafür, daß er Meditation und Heilung fördert, vor allem der bernsteinfarbene Chrysoberyll.

Jade: Sie erweckt und beruhigt das Bewußtsein und gleicht es aus, stärkt Mut und Gerechtigkeitssinn. Sie ist ein Symbol für Kraft und langes Leben.

Schwarzer Onyx: Hilft, Weisheit und Stabilität zu erlangen.

Harmonisierender Stein: Der Topas, der Sonnenstein. Er aktiviert Ausstrahlung sowie Kraft und Geist der Überzeugung. Er lindert Erkrankungen durch Kälte, erleichtert die Nahrungsverwertung und fördert den Blutkreislauf.

Liebe und Freundschaft

Zurückhaltung, Schamhaftigkeit und Echtheit

Mit welchem Bereich man sich auch beschäftigt, die Eigenschaften des Steinbocks kommen überall zur Geltung: Er ist ernsthaft, stark und echt, und das vor allem auf seine Beziehungen und sein offenes und positives Handeln bezogen. Auf der Ebene des Herzens und der Liebe sind diese Charakteristiken noch verstärkt und noch wichtiger.

Im Kampf mit allen Gefühlsdingen glauben alle Steinböcke, es sei vor allem wichtig abzuwarten, die Entwicklung zu bremsen und zu verzögern. Mißtrauen ist ihre erste Reaktion, und sie lassen sich genausowenig auf Leichtsinnigkeit ein, wie sie einmal eingegangene Verpflichtungen rückgängig machen. Doch da schließlich ihre Zurückhaltung genauso echt ist wie ihre Ernsthaftigkeit, kann man sich auch auf ihre

Gefühle verlassen, wenn man sie einmal aus der Reserve gelockt hat.

Anfangs scheinen Steinbockmann und Steinbockfrau nichts zu hören, nichts zu sehen, auf nichts zu achten. Wer sich ihnen nähern will, braucht Talent, Mut, Optimismus und Willen für zwei. Aber wieviel Gutes, wieviel Echtes und welche Glut findet man auf der anderen Seite des kalten Äußeren!

Sie haben keine Reserven, um umzukehren oder ihre zu tief gehenden Verletzungen zu heilen. Das ist die ganz einfache Erklärung für ein solch kühles Verhalten, das viel mehr Selbstschutz und Verteidigung ist als die bewußte Absicht, unangenehm und beleidigend zu sein. Das Beste, was ihnen passieren kann, ist, zu merken, daß ihr Partner genug hat. Dann wachen sie plötzlich auf und wagen, ihr Verhalten zu ändern und sich ihm zu öffnen.

Denn ihre zweite – wenn nicht sogar ihre erste und wichtigste – Eigenschaft bleibt ihre Feurigkeit. Die Steinböcke haben den Ruf, ausdauernd sinnlich zu sein, Feinschmecker, die man seinen Freunden guten Gewissens empfehlen kann. Deshalb bedauert man oft, daß sie sich nicht schneller entschließen. Sie sind bestimmt keine reizvollen Strohfeuer wie die Widder und die Feuerzeichen, doch ihre Treue und innere Glut halten länger an.

Um sich sicher zu fühlen und das Beste von sich zu geben, wählen sie lieber die feste, dauerhafte Beziehung, die sich in mehreren Phasen entwickelt und die unterschiedlichsten Früchte trägt. Sie betrachten ihre Gefährten leichter als Partner – sogar als Gegner – denn als Freunde. Trotz ihrer Sinnlichkeit und Glut suchen sie sich vor allem intelligente, kultivierte, feinsinnige und bewußte Menschen aus, mit denen sie diskutieren und Hand in Hand gehen können, voll Vertrauen und Anteilnahme. Sie verabscheuen Beziehungen für nur einen Abend und oberflächliche und inkonsequente Menschen, in deren Gegenwart sie sich immer noch älter und schwerer fühlen.

Ihnen Mut einflößen, sie trösten, beraten, sie unterstützen, sie aufheitern und in ihrer Nähe bleiben und sich um sie kümmern – um sie, die behaupten, daß sie sich allein am wohlsten fühlen –, so kann man ihnen helfen, die angenehmsten und leidenschaftlichsten Partner zu werden. Im Grund sollte man sie nicht allzu ernst nehmen und sich von ihrer augenscheinlichen Kälte nicht täuschen lassen.

Die Beziehungen zu den anderen Zeichen

Steinbock – Widder

Sie haben einfach nichts gemeinsam! Sie können sich nur stumm und starr ansehen. Der Widder möchte den Steinbock gern frontal angreifen, um ihn aus seiner Reserve zu locken und ihm zu beweisen, daß es keinen Zweck hat, sein Verlangen zu unterdrücken (der Ärmste, er hat nie Angst, daß etwas sinnlos sein könnte!). Der Steinbock möchte den Widder dazu bringen zuzugeben, daß Langsamkeit, Nachdenklichkeit und Ausdauer auch ihr Gutes haben und Begierde nur etwas taugt, wenn man sie kanalisiert (der Ärmste, er hat keine Angst, er könnte ein Prediger in der Wüste sein!).

Sie können ausgezeichnete Partner in einem Betriebsrat sein, doch von da bis zu einer echten Kommunikation im Alltag . . . Es ist eine Beziehung, die reifen muß, denn mit dem Alter und dem Nachlassen der Kräfte kann sie auf verschiedenen Ebenen interessant und ergänzend werden, aber erst dann, wenn der jugendliche Überschwang vorbei ist.

Steinbock – Stier

Wenn sie auf Logik, Verstand und ihre materialistische Weltsicht schalten, haben sie dieselbe Wellenlänge. Gemeinsam können sie vor allem etwas aufbauen und darauf setzen, daß es lange hält. Diese beiden Arbeitstiere haben wirklich alle Trümpfe, um bei ihrem gemeinsamen Vorgehen etwas zu verwirklichen und auch sich selbst zu verwirklichen. In dieser Beziehung sind sie zuverlässige Partner und respektieren sich gegenseitig wie vernünftige Erwachsene. Die Sinnlichkeit ist ebenfalls ein großer Trumpf, auch wenn sie das nicht zeigen: Der Stier spielt für den Steinbock die Rolle des Aufklärers und gehört zu den wenigen Leuten, die ihm Sicherheit geben können, weil er es ihm ermöglicht, sein Verlangen zu formulieren, und ihn dazu ermutigt, es mit Vergnügen und Genuß auszuleben. Der Steinbock zerfließt darüber fast, und das öffnet ihm den Horizont des Herzens und des Körpers.

Die Gefühlsebene bleibt jedoch schwieriger, weil der Stier sich immer frustriert fühlt und ständig eine kalte Dusche bekommt. Er hat den Eindruck, ständig zur Ordnung gerufen zu werden, und glaubt, daß man ihm nicht erlaubt, seinen Gefühlen den richtigen Ausdruck zu geben, was für ihn wichtig ist, vor allem, wenn der Stier eine Frau ist. Die beiden müssen auf lange Sicht planen, denn wenn sie sich im reiferen Alter begegnen, verstehen sie sich besser und akzeptieren sich schließlich. Ganz und aufrichtig geworden, finden sie oft wieder zusammen, weil sie entdecken, daß sie einander tief und innig lieben.

Steinbock – Zwillinge

Jeder hat genau das, was dem anderen fehlt – also ein guter Grund, um sich entweder zu ergänzen oder abzustoßen, je nach der augenblicklichen Situation, den Interessen und dem Bewußtseinsniveau der Beteiligten. Bestenfalls lockert der Zwilling die Sache etwas auf, und der Steinbock macht sie solider. Der Zwilling diskutiert, der Steinbock urteilt und entscheidet.

Aber die gleiche Geschichte ließe sich auch unter einem anderen Blickwinkel betrachten: Der Zwilling laviert herum, der Steinbock scheitert. Der Steinbock drängt sich auf, und der Zwilling erstickt. Im besten Fall rettet sie ihr Humor. Im schlimmsten Fall bleibt der Steinbock sehr allein . . .

Steinbock – Krebs

Jeder ist für den anderen ein Spiegel, in dem er sich besser betrachten kann. Das verursacht den schönsten – oder den schlimmsten – Ärger. Doch sie ergänzen sich, und das dürfte ihnen darüber weghelfen, falls der Krebs bereit ist, dem Steinbock zu folgen. Es geht darum, von der Beziehung zu profitieren, solange sie dauert . . .

Der Steinbock ist von den Zärtlichkeiten und Liebesbeweisen des Krebses berührt, der Krebs liebt Ernsthaftigkeit und Gefühlsstabilität des Steinbocks. Freunde, Familie, Chefs, ihre Kinder – sie alle fühlen sich mit ihnen auf sicherem Gebiet. Aber sie selbst langweilen sich manchmal, weil keiner den anderen wirklich weiterbringt.

Steinbock – Löwe

Das ist eine Verbindung von Ausdauer und Explosion. Der Löwe stürzt sich in große Heldentaten. Der Steinbock nimmt sie dankbar an, aber sie leben nicht für dieselbe Sache. Der Steinbock ärgert sich darüber, wie der Löwe sich zur Schau stellt, und der Löwe findet, daß die moralischen Ansichten und Einengungen des Steinbocks nichts für ihn sind. Außer im Sektor körperlicher Liebe haben sie sich nichts zu sagen – es sei denn, sie sind beide große Philosophen.

Steinbock – Jungfrau

Wenn sie sich darauf beschränken, ihr Geld zusammenzuwerfen, geht es gut – eine Weile. Wenn sie ihre Frustrationen, ihren Moralismus und ihre Prüderie miteinander teilen, ist es die Eiszeit. Denn irdische Vergnügen und Liebesfreuden, die sie ebenfalls teilen sollten, werden durch ihre Zurückhaltung unmöglich gemacht. Im besten Fall verstehen sie sich bei Alltagsproblemen und ohne Worte. Emotionen überrollen sie und bringen sie so einander näher. Zwischen den beiden Abhängen gibt es also doch ein zartes, empfindsames Tal für eine liebevolle, ruhige, friedliche, dauerhafte Freundschaft.

Steinbock – Waage

Der Zufall macht seltsame Dinge möglich. Liebe und angeborene Zuvorkommenheit der Waage tun dem frustrierten und strengen Steinbock gut. Aber unglücklicherweise steigert die Zurückhaltung des Steinbocks die Zweifel der Waage ins Unerträgliche.

Eine Zufallsbeziehung und nicht für lange, denn sie haben vor allem die Melancholie gemeinsam.

Steinbock – Skorpion

Hart, hart, oder doch nicht? Beide sind in ihre Zweifel verloren, eingemauert in ihre verborgene Emotivität, die sie nicht in Worte fassen können, aufgesogen von ihrer unsichtbaren Tiefe und ihrer mystischen Suche, versteinert durch ihre Ansprüche und Strenge – wie sollen sie sich da jemals treffen? Sie treffen sich in ihrer Echtheit, in ihrer unglaublichen und sturen Arbeitslust, ihrer Ernsthaftigkeit und tiefen Sensibilität.

Und wenn sie sich unerwartet in der Horizontalen wiederfinden, entdecken sie plötzlich die Freuden ihrer Sinneslust. Eine philosophische und sinnliche Beziehung – oder überhaupt keine.

Steinbock – Schütze

Der Steinbock tut dem Schützen unendlich gut, weil er ihn mit sich selbst aussöhnt und ihm hilft, seine äußere und innere Unruhe zu dämpfen. Er zeigt ihm, wie man Maß hält und Ausdauer entwickelt. Der Schütze tut dem Steinbock unendlich gut, weil er ihm Optimismus, Kühnheit, positives Denken und Wärme bringt. Der Steinbock hindert den Schützen daran, sich grundlos aus dem Staub zu machen, und der Schütze hindert den Steinbock daran, sich für Gott zu halten.

Aber trotz allem folgt der Steinbock nicht dem Rhythmus des Schützen, und der Schütze sieht immer weiter und höher als nur bis zu dem Berg des Steinbocks. Und da alle beide die Macht beanspruchen . . .

Steinbock – Steinbock

Eine schöne, beruhigende und tröstende Freundschaft, mit solidem und dauerhaftem gesellschaftlichem, finanziellem und intellektuellem Erfolg, aber die intimeren Beziehungen sind nicht immer einfach und selbstverständlich. Die Mißverständnisse werden immer schwerwiegender und die Vorbehalte immer gewichtiger.

Wenn sie diesen Aspekt nicht dauernd zurechtrücken, riskieren sie, sich gründlich festzufahren.

Steinbock – Wassermann

Das kann konstruktiv, produktiv und fröhlich sein, falls der Steinbock seine Unfähigkeit überwindet, sich mit Körper und Seele (vor allem mit dem Körper) in die Beziehung einzubringen und der Wassermann über die ständigen Beschränkungen und Abgrenzungen dieser undurchsichtigen Persönlichkeit nicht schockiert ist.

Ein schönes, humanitäres, kulturelles und oft dauerhaftes Abenteuer erwartet sie.

Steinbock – Fische

Sie haben aufeinander gewartet. Sie sind dazu gemacht, sich

zu verstehen, auch mit der Seele. Vor allem der Fischemann kommt mit der Steinbockfrau gut aus. Dem Fisch gelingt es, den frustrierten und mißtrauischen Steinbock zum Träumen und Lächeln zu bringen. Er entspannt sich und läßt sich gehen – ein Wunder!

Denn dieser harmlose kleine Fisch scheint völlig unfähig, ihm auch nur im geringsten weh zu tun, aber dann . . . da er nur das tut, was ihm Spaß macht, könnten die Dinge eben doch ziemlich schwierig werden. Trotzdem – sie ergänzen sich großartig.

Berufliches und gesellschaftsorientiertes Leben

Das Leben ist ein Geschäftsunternehmen

Der Beruf ist eines der wichtigsten Gebiete – wenn nicht sogar das wichtigste – der in diesem Zeichen Geborenen. Sie bauen sich etwas auf, sie bauen sich selbst auf und sind das, was sie werden. Ernsthaftigkeit, Ausdauer, klarer Verstand und Bewußtheit, Freude an Arbeit und Macht, das Bedürfnis, Erfolg zu haben und sich gesellschaftlich zu etablieren, sind die Antriebskräfte und ermöglichen es ihnen, ihr Leben zu bestimmen und genau auszurichten.

Sie besitzen also alle Erfolgstrümpfe – die sie auf lange Sicht einsetzen und mit der Zeit noch weiter verbessern –, aber sie können auch übertreiben: Dann werden sie zu wahren Arbeitspferden, sind tyrannisch, possessiv, zänkisch, niemals zufrieden und unruhig bis zur Manie. Und drehen jeden Pfennig um.

Sie schätzen die Atmosphäre eines Familienbetriebs, denn ihre Schüchternheit und ihr Mißtrauen treiben sie in diese Richtung. Teamarbeit liegt ihnen besonders, allerdings wollen sie dann an der Spitze stehen oder zumindest viel Verantwortung übernehmen.

Da sie ihr Seelenleben auf das berufliche Gebiet projizieren und ihre gewöhnlich große Gefühlsleere durch den Beruf kompensieren, kann man sie auch noch an Weihnachten und Ostern im Büro finden, und noch bis Mitternacht vor der Abreise in den Urlaub, zu dem man sie gezwungen hat und der höchstens eineinhalb Tage dauert, mit halbstündlichen Anrufen in der Firma. Sie täten gut daran, Dampf abzulassen und die Dinge zu relativieren und zu lernen, wie man ganz einfach lebt, ohne zu glauben, daß das Leben eine Herausforderung sei und es wie ein Geschäftsunternehmen funktionieren müßte. Sonst sind sie später im Ruhestand griesgrämig und wollen immer Macht ausüben, die sie aber nur noch Hund, Nachbarn oder Ehepartner spüren lassen können.

Darüber hinaus haben sie kein einfaches Verhältnis zu den Früchten ihrer Arbeit, die sie seltsamerweise weniger interessieren als die Arbeit selbst. Eine Art Schuldgefühl, weil sie »reich« sind, ist die Ursache. Je mehr sie arbeiten und je mehr sie sich vorwerfen, daß sie nicht genug tun, desto mehr Geld verdienen sie und desto verrückter gehen sie damit um. Mal begehen sie eine riesige Dummheit, dann gönnen sie sich die elementarsten Dinge nicht und sparen jeden Pfennig.

Dahinter steht natürlich ihre Gefühlswelt. Unausgeglichen und schlecht kanalisiert, werden die Gefühle zur Bremse, zur Fessel. Der richtige Umgang mit ihnen fällt schwer, und so finden sie auf beruflichem und gesellschaftlichem Gebiet eine ideale Möglichkeit, sich auszudrücken und zu entwickeln. Mit der Zeit haben die Steinböcke also Erfolg, dank ihrer Begabung, eine Situation in ihrer Gesamtheit zu übersehen und den Dingen auf den Grund zu gehen, dank ihres intuitiven Erkennens, was wesentlich und richtig ist, dank ihrer Fähigkeit, feste Zielvorstellungen verfolgen zu können, dank ihrer Konzentrationsfähigkeit und ihrer Geschicklichkeit, mit der sie Hindernisse aus dem Weg räumen.

Falls es – überhaupt – zu Mißerfolgen kommt, sind daran ihre Neigung, zu schnell auf etwas zu verzichten, und ihr Pessimismus schuld, ihre fehlende Sensibilität bei zwischenmenschlichen Kontakten und ihr Mißtrauen, eine krankhafte Langsamkeit und eine zu tyrannische, unbequeme Strenge.

Sie sind tüchtig und selbstbewußt, aber nicht bequem. Alles

in allem muß man sich an sie gewöhnen, in der Arbeit und auch sonst . . .

Berufe des Steinbocks

Erde: Garten, Wald, Wiese, landwirtschaftliche Arbeiten oder künstlerische Gestaltung mit dem Rohmaterial (Botanik, Obstanbau, Agronomie, Landschaftsarchitektur). Alle Berufe, die mit der Haltung von Tieren und deren Aufzucht zu tun haben. Wein, Weinberge und alle Berufe, die damit zusammenhängen, auf jedem Niveau.

Immobilien: Bauunternehmer, Immobilienmakler, Erschließung von Baugelände, Berufe, die mit Steinen zu tun haben, Immobilienanlagen, Treuhänder.

Bauwesen: Gräben, Schleusen, Staudämme, Brückeningenieur, öffentliche Arbeiten, Baumeister, Architekt, Maurer, Fliesenleger, aber auch Dekoration, Design, Innenausstattung.

Geld: Banken, Börse, Anlageberater, Finanzmakler, Steuerberater, Finanzinspektor. Wirtschaftspolitik, internationale Finanzorganisationen.

Politik: Man findet viele Steinböcke in der Welt der Politik (national und international), in der Diplomatie und in großen kulturellen und humanitären Organisationen – sie leisten auf diesen Gebieten zweifellos hervorragende Arbeit.

Erziehung: Philosophen, Universitätsprofessoren, Mythologen, Astrologen, Historiker, Erzieher, Dozenten, Seminarleiter. Sie haben eine hohe Meinung darüber, was ihre Vorstellung von Erziehung und Wissensübermittlung in der Welt bewirken kann, vor allem bei jungen Menschen. Sie haben genaue Vorstellungen über Pädagogik, die sie auf sich selbst und im Beruf anwenden.

Mystik und Religion: Es ist ganz und gar nicht ausgeschlossen, daß sich der Steinbock mit den unsichtbaren Welten befaßt und mit Mystizismus und Religion beschäftigt. Er kann sich auch vorübergehend oder definitiv an einen geheiligten Ort zurückziehen.

Der Sinn für das Göttliche beim Steinbock

Es heißt allgemein vom Steinbock, daß ihn die spirituelle Suche anzieht, falls es sich nicht um einen mystischen oder religiösen Weg handelt, der offiziell eindeutig vorgeschrieben ist. Er möchte, daß man seine Weisheit und sein Interesse auf diesem Gebiet anerkennt, hat das Bedürfnis, eine andere Dimension zu leben, und verweist auf seine metaphysische und philosophische Natur wie auch auf sein Verständnis für das Namenlose.

Meistens hat er recht, denn der Ruf ist an diesem Punkt des Tierkreises sehr deutlich zu vernehmen. Die Sirenen des Ewigen (oder die Stimme der Engel) treffen hier ohne große Hindernisse direkt an sein Ohr.

Sich einer spirituellen Tradition zu verschreiben, sie zu respektieren und ihre Lehre, ihre Vorschriften, ja sogar ihre Dogmen zu befolgen, sind Grundwerte des Zeichens. Auch Meditation, innere Einkehr und klösterliches Leben allgemeiner Art, auf der Suche nach dem Wesentlichen, dem Urewigen, gehören dazu. Der Steinbock scheut nicht vor der Bewußtheit, noch vor der Einsamkeit zurück, die mit einer derartigen Suche und einer solchen Bewußtseinsebene verbunden sind: Fasten, Disziplin, Verzicht und Reinigung sind weit davon entfernt, ihn abzuschrecken. Sie verleihen seinem Leben vielmehr ein echtes Gefühl der Liebe. Seine Seele wird geläutert, und er ist oft bereit, die Rolle des Meisters zu übernehmen, nachdem er für mehr oder weniger lange Zeit als Schüler und Suchender belehrt wurde.

Nachdem der Steinbock also in seiner Eigenschaft als Kardinalzeichen die Tür zum Himmel geöffnet hat, steht er am Fuß der Stufen. Er ist das erste Zeichen, das sich in dieser Stellung befindet, das erste, das einen Zipfel der Ewigkeit wahrnimmt. Und gerade hier liegt seine Größe und seine Verdammnis, gerade dies ist für den Steinbock die größte Falle.

Freude an Macht, Verhärtung des Egos und versteinerte

Überzeugungen hindern ihn nämlich daran, zu empfangen und anzunehmen. Und um was geht es dabei? Um alles, was er nicht weiß, nicht sieht, noch nicht ist . . . Wenn er alles nur bis zu dem Punkt weiß und anerkennt, an dem er steht – und sei es noch so hoch oben auf seinem Berg –, wird er niemals mehr als nur ein Stück des Himmels sehen. Es ist der sichere Sturz, der Fall, weil es ihm an Demut und wahrem Bewußtsein fehlt.

Er muß sein Ego auflösen, die kollektive und kosmische Dimension zulassen, die allein zählt. Er muß die Gewißheit erlangen, daß es niemals eine Gewißheit gibt, und vor allem, daß sie nicht von selbst entsteht . . . So viele Dinge sind notwendig, auf einer Ebene, auf der der Steinbock noch nicht sein kann.

Es ist schon großartig und ungeheuer beeindruckend, daß er schon so weit gekommen ist. Aber alle Weisheit, die vom Steinbock verlangt wird – und das ist die Botschaft des Zeichens –, besteht darin zu verstehen, daß er weiter nicht kommen kann. Wenn er gelernt hat, sich des Himmels sicher zu sein, den er wahrgenommen hat, so ist das eine völlig andere Lektion als schließlich zu lernen, sich selbst in Frage zu stellen . . . »Wenn du Glauben genug hast und Zweifel genug, dann kannst du das Licht sehen« , sagt der heilige Paulus.

WASSERMANN

20. Januar–18. Februar

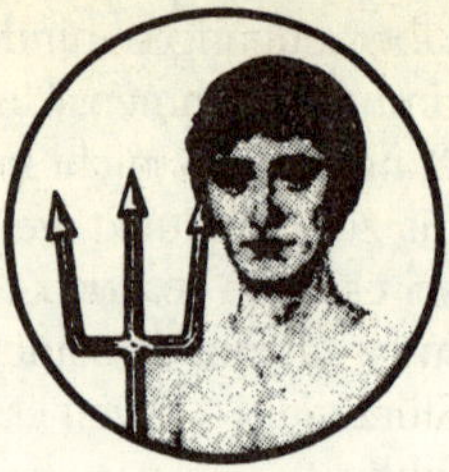

Ich weiß, sagt der Tiger.
Ich bin ein lebendes Paradox,
die ganze Welt dient mir als
Bühne,
ich stecke neue Wege ab
und will, bekannte Grenzen überschreitend,
das Neue wagen.
Das Leben ist Musik, die mich tanzen macht,
und ich gebe mich ihrem Rhythmus hin.
Besteig mit mir das große Karussell
und bewundere die unzählbaren Farben
und das Feuer, das leuchtet.
Sieh, wie man mich grüßt,
mich, den Akteur ohnegleichen.

Neuerung, Schnelligkeit und Vergeistigung – das sind die drei Schlüsselworte des Wassermanns, der dem chinesischen Zeichen Tiger entspricht. Er kennt das Morgen oder ahnt es zumindest voraus. Er hat eine fast unumstößliche Vision dessen, was geändert werden muß, und der neuen Wertvorstellungen, die für die Menschheit lebensnotwendig sind. Trotzdem verliert er über all dem nicht den Kopf.

Geistbetont und vernünftig, sieht der Wassermann der Revolution mit größter Ruhe entgegen, ohne übertriebene Begeisterung. Er weiß, daß sie unvermeidlich und erneuernd ist. Sie wird sich ganz ruhig durchsetzen. Genauso ruhig wird sich der Wassermann dieser visionären Perspektive widmen und seine Botschaft an möglichst viele Menschen weitergeben. Aufgeklärt, seherisch, genial, naiv – dies ergibt bei ihm diese unglaubliche Mischung aus Wissenschaft und Glaube, Sichtbarem und Unsichtbarem, Individuellem und Kollektivem, Menschlichem und Technischem . . .

Er lebt schon im Morgen, und das Heute scheint ihm mit dem Aufgang der Sonne bereits überholt zu sein. Während der

Krebs noch in der Vergangenheit lebt, projiziert sich der Wassermann in die Zukunft. Seine Arbeit besteht darin, für die Zukunft eine Form zu finden und die Fesseln mit dem Dynamit der Kühnheit, sogar der Utopie, zu sprengen. Morgen ist ein anderer Tag, und mit dem Alten muß man Neues machen! Der Wassermann ist weniger ein wahrer Schöpfer, als vielmehr ein fabelhafter Wieder-Erschaffer, dessen Hauptstärke es ist, die abgenutzten Formen in avantgardistische Strömungen zu verwandeln. Paradoxerweise ist er das, weil er die Dinge nicht aus sich selbst heraus entwickelt, sondern von einer bekannten Basis aus, mit der andere auf andere Weise schon experimentiert haben. Von da aus kann er andere Formen ausprobieren und andere Anwendungsmöglichkeiten versuchen. Der Wassermann ist rationell: Er erschafft aus dem, was vorhanden ist.

Die Sonne zurückholen

Die Aufgabe des Wassermanns ist die kollektive Erneuerung. Die Nacht, die bis zum Steinbock herrscht, zieht sich nach und nach zurück: jeden Tag eine Minute Sonne mehr. Der Schatten lockert seinen Griff, und das innere Panorama erweitert die Vision der Welt und der Menschen in ständiger Entwicklung.

Durch den Platz, den der Wassermann im Tierkreis einnimmt, begünstigt er die Entfaltung des Frühlings. Er hat nicht nur die Pflicht gegenüber der Gemeinschaft, die Sonne zurückzuholen, sondern auch dafür zu sorgen, daß jeder sie auf seine Weise benützen kann. Da er weiß, daß der Frühling zurückkehrt, und nach ihm der Sommer, geht er noch viel weiter als der Löwe, der das Sonnengestirn für einzig und unverrückbar hält. Der Wassermann wagt den größten Frevel: Er erklärt, daß die Sonne nicht für alle das eine und einzige ist, sondern daß jeder seine eigene Sonne ist . . . Nur um diesen Preis entwikkelt man sich, und nur zu diesem Preis wird die Freiheit nach und nach möglich.

Auswählen, teilen, solidarisch sein

Das Ziel des Wassermanns bleibt jedoch vor allem die organisierte Gruppe, zu der er gehört. Damit diese Gruppe gut funktioniert und sich entwickelt, muß dafür gesorgt werden, daß niemand ihre Prinzipien zerstört oder ihr Funktionieren behindert. Die Auswahlkriterien des Wassermanns sind zumindest so streng wie sein Wunsch, die Persönlichkeit des einzelnen zu respektieren. Wenn ein schwarzes Schaf die Gemeinschaft der Brüder im Geiste stört, in der er besonders gern lebt, muß man es entfernen.

Die Freiheit zu kommen und zu gehen hört auf, wenn die der anderen tangiert wird. Die Persönlichkeit hat sich vor der Notwendigkeit zu beugen, an der gemeinsamen Aufgabe teilzunehmen. Die Unabhängigkeit hängt völlig vom Grad der Störung ab, die sie verursachen kann, und die Autorität muß ihre Grenzen in dem Wirkungsbereich finden, der ihr von der Mehrheit zugewiesen wird, da es sonst zur Autokratie kommt.

Freiheit, Gleichheit, Einheitlichkeit

Das starke Bewußtsein dieser Prinzipien für eine Entwicklung der Menschheit hinterläßt im Wassermann eine gewisse Spaltung: Er schwankt zwischen der tiefen Überzeugung, daß das Individuum sich in die Gruppe integrieren und mit ihr verschmelzen muß, und dem Aufbegehren des Individualisten hin und her, das in ihm bohrt und ihn leicht in einen Tyrannen verwandeln kann. Sich zu integrieren und an die Spielregeln zu halten oder sich allein zu entwickeln und seine Gesetze den anderen vorzuschreiben, und sei es auch nur in geistiger Hinsicht – das ist für den Wassermann ein großes Problem, der die Welt und die Menschen mit der konzeptuellen, manchmal künstlichen Starrheit des Geistes und des Intellekts begreift.

Ein tiefes Wissen um die Überlieferung

Intelligent, erfinderisch, frei, visionär und kühn – das sind die großen Trümpfe, die der Wassermann ausspielen kann, um der Gesellschaft nützlich zu sein und von seinen Freunden geschätzt zu werden. Er entwirft die neuen Gesetze für das Morgen, durch seine Ideen, seine Dynamik, durch seinen ein wenig naiven Glauben, der ihn darin bestärkt, daß alles möglich ist, wenn man nur daran glaubt.

Wenn es richtig wäre, daß die Welt nur durch Respekt vor der Tradition und den Gesetzen der Väter bestehen bleibt – wovon der Steinbock, das vorangegangene Zeichen, überzeugt ist –, wäre der Tierkreis dort zu Ende. Aber jetzt taucht der Wassermann mit seiner Unverfrorenheit und seinem Vorrat an Dynamit auf. Er hat die Aufgabe zu zeigen, daß nicht alles so bleiben muß, nur weil es schon seit Tausenden von Jahren so ist.

Der Wassermann, der von Saturn und Uranus gleichzeitig regiert wird, kennt die Tradition genau, denn er kommt vom Steinbock her. Doch er fühlt sich durch sie eingeengt, mißt ihre Grenzen und schätzt ihre Gefahr ab. Dann bombardiert er sie und löscht sie aus. Das ist natürlich der Idealfall, denn es gibt auch, je nach Entwicklungsgrad, den Wassermanntyp, der nie erwachsen wird, immer revoltiert und ein Außenseiter ist. Er wirft die Bomben, nur um sie zu werfen, aus Unreife, aus Mangel an Zurückhaltung und Beherrschung. Diese Wassermänner lehnen alle Vorschriften und alle Normen ab, ohne auch nur darüber nachzudenken. Sie sind reizbar und aufreizend, unerträglich und ermüdend, trotz ihres strahlenden Lächelns, das ihren anarchistischen Zerstörungswillen überdeckt ... Und dann gibt es die sachkundigen, aufgeklärten Wassermänner, Verkünder einer notwendigen und konstruktiven Revolution.

Beide Komponenten existieren höchstwahrscheinlich in jedem Wassermann. Zeit, Erfahrung und Erziehung sorgen für den Unterschied.

Die Schule des Lebens

Was die Erziehung betrifft, so erzieht sich der Wassermann zu einem großen Teil selbst, weil er mit der, die für die meisten gilt, nicht zufrieden ist und sie schlecht findet. Undiszipliniert, wie er ist, denkt er lange Zeit, daß das, was für den einen nicht auch zwangsläufig für den anderen gilt, vor allem nicht für ihn! Er ist ein Ausnahmefall, zumindest hält er sich dafür. Deshalb interessiert ihn nur, was er ausprobieren kann.

Viel mehr als in Schulen oder Universitäten verfolgt der Wassermann seine Spur auf unabhängige und respektlose Weise in der Schule des Lebens. Er kümmert sich wenig um Protektion und Ehrungen. Bis zu dem Tag, an dem er begreift, daß ihm die Beachtung der allgemeinen Normen schließlich mehr Respekt und Freiheit verschafft als der ewige Aufstand. Dann beginnt er die traditionelle Moral zu verteidigen und sucht die Gesellschaft von Menschen, die integrierter sind als er.

Der kleine stürmische und unruhige Wassermann wird mit der Zeit vernünftiger. Für ihn heißt nun das Spiel, sich mit der Realität auseinanderzusetzen und zu wagen, zu seiner Persönlichkeit zu stehen, eine wichtige Vorbedingung, um seine altruistischen Ambitionen zu verwirklichen. Dann werden seine Kühnheit, seine Leichtigkeit und seine Überzeugung zu einer Wohltat für die Menschheit.

Er betrachtet die Welt mit leuchtenden und staunenden Augen, ohne rückwärts zu schauen. So reißt er uns mit sich in Richtung auf das Morgen, mit den schnellen Schritten des Kindes, ungestraft hoch oben auf seiner interstellaren, visionären Rakete sitzend, entschlossen, die materiellen Zufälligkeiten des Alltags hinter sich zu lassen.

Den Wassermann verstehen

Die Grundstruktur

Männliches Zeichen
Die männliche Polarisierung erhöht, wie es in der Astrologie heißt, die aktive, produktive, initiatische, kreative, strukturierende und beschützende Komponente, wichtige Yang-Charakteristiken, die das trockene und warme Tagesprinzip ausdrükken. Daraus ergibt sich die Disposition zu leiten, zu entscheiden, vorauszugehen, zu beanspruchen und schließlich auch zu teilen, um zu herrschen, und weniger die Neigung, zu empfangen, zu verstehen, zu raten, zu dämpfen und zurückzuhalten, wenn nicht sogar sich selbst zurückzuhalten. Es bedeutet weiter, daß das Zeichen im allgemeinen von Männern besser gelebt wird als von Frauen, weil seine Charakteristiken ein besseres Gleichgewicht zwischen der Polarisierung des Zeichens und dem sexuellen Pol der Persönlichkeit ermöglichen.

Wassermannmänner und Wassermannfrauen erleben die latente und gesuchte Androgynie des Zeichens, die sich durch die asexuelle Dimension des Geistigen ergibt, auf sehr identische Weise. Ihr Unbewußtes ist von der Suche nach der wiedergefundenen hermaphroditischen Einheit geprägt, von der Tatsache, daß sie vom Standpunkt der Seele und der energetischen Asexualität Mann und Frau gleichzeitig sind, und durch die Reintegration Animus und Anima in einem.

In diesem Rahmen zeigen sich die **Frauen** oft reifer, selbständiger, strukturierter und dynamischer, auch wenn man von ihnen behauptet, sie seien kompliziert.

Die **Männer** schleppen den mehr oder weniger begründeten Ruf hinter sich her, instabil und unverbindlich zu sein und einen Fluchtkomplex zu haben. Doch verzeiht man ihnen das immer wieder, weil sie über eine einzigartige Waffe verfügen: die Kunst, auf unnachahmliche Weise alles zu verführen, was sich bewegt.

Luftzeichen

Wie Zwillinge und Waage gehört der Wassermann zum Element Luft, was seine intellektuellen und geistigen Fähigkeiten erhöht, auch sein Bedürfnis, sich zu bewegen, zu wechseln und schnell und geschmeidig von einer Sache zur anderen überzugehen. Die Luft ist ein Vehikel, ein Übertragungskanal, der hauptsächlich für die Verbreitung des Feuerelements sorgt. Wenn also Leben durch die Befruchtung der Erde mit Wasser entsteht, wird das geschaffene Leben durch das Feuer in seiner vollen Ausdehnung charakterisiert. Doch damit sich das Leben verbreitet, muß die Luft in Aktion treten und es auf der ganzen Erde und unter den Menschen verteilen und ausdehnen.

Festes Zeichen

Wie Stier, Skorpion und Löwe ist der Wassermann ein festes Zeichen. Es bedeutet, daß er das eigentliche Prinzip seines Elements darstellt und es in seinem vollendetsten Aspekt repräsentiert. Diese Festigkeit ist auch eine Strenge, eine Kristallisationskraft, die fast zur Versteinerung führen kann, weil sie nach genauen Vorstellungen funktioniert. Aber das feste Zeichen symbolisiert auch Stabilität, Verläßlichkeit und Authentizität, doch manchmal auch eine gewisse Routine, was Hartnäckigkeit und Gewohnheiten betrifft. Häufig manichäisch, fehlt es ihm an Geschmeidigkeit und Anpassungsfähigkeit.

Da der Wassermann die Festigkeit der Luft verkörpert, repräsentiert er die besten Seiten der Funktion der Luft, die Werte der Umwandlung und der Übermittlung in ihrer höchsten Vollendung.

Sanguinisches Temperament

Die Bedeutung der Nervenbelastung bei diesem Zeichen ist nicht erstaunlich. Der Wassermann ist hauptsächlich schizothym, das heißt, er ringt mit seiner inneren Spaltung und mit dem Spiel mit dem Spiegel, die ihn verunsichern und in die Hölle des Zweifels und der latenten und permanenten Selbstkritik stürzen. Die innere Dualität läßt ihn zwischen chronischer Unentschlossenheit schwanken (weil keine Lösung absolut ideal ist) und einer trotz allem heftigen und spontanen Äußerung seines Willens und seiner Intelligenz. Dadurch kann ein Klima der Spannung, wenn nicht der Unaufrichtigkeit entstehen, Zeugnis für die ständige Spannung, in der die in diesem Zeichen Geborenen leben. Das kann mehr oder weniger große Konsequenzen für das emotionale Gleichgewicht und die Dauerhaftigkeit ihrer Beziehungen haben.

Wie bei allen nervösen Menschen empfiehlt sich hier eine gewisse innere Duldsamkeit und eine intensive Suche nach Authentizität, Disziplin und Ausrichtung auf das, was ihnen wesentlich zu sein scheint. Viele schwierige Dinge für die in diesem Zeichen Geborenen, vor allem, wenn Uranus, der das Zeichen regiert, im Horoskop schlecht aspektiert ist.

Die Sterne des Wassermanns

Kefus, im Gegensatz zum Stern des Löwen Regulus, der das Gesetz des einzelnen repräsentiert. Kefus dagegen stellt die Idee des kollektiven Gesetzes dar, die Vorstellungen von Liebe und Teilen. In diesem Übergang von Regulus zu Kefus findet man den Gedanken der immer stärker werdenden Selbstlosigkeit zugunsten der brüderlichen Gemeinschaft.

Der **südliche Fisch,** der zum Zeichen der Fische weist und die Ankunft des Retters der Welt repräsentiert.

Pegasus, das geflügelte Pferd, inspirierendes Symbol der höheren Geistesebene, das die Erde mit Verachtung behandelt, weil es sich auf ihr nicht zu Hause fühlt.

Der **Schwan,** in vollem Flug. Der Schwan der Ewigkeit, der in Zeit und Raum fliegt, Symbol des werdenden Lebens.

Mythologie

Die Symbolik der Elf

Als elftes Zeichen des Tierkreises verweist der Wassermann auf die allgemeine Symbolik des Vorletzten, auf die Vorstellung vom fast Vollendeten, das heißt auf die letzte entscheidende Phase, die das Endergebnis möglich macht. In diesem Sinn schließt er einen Kreis ab und beginnt gleichzeitig einen anderen: Er schließt den Zyklus des Bekannten, den der Vollkommenheit der Zehn, die mit dem Steinbock verbunden ist. Der Zyklus, den er einleitet, bleibt dagegen unbekannt, weil er das vollkommene Maß der Zehn überschreitet.

Die Elf kann also sowohl eine Erneuerung und eine Regeneration einleiten als auch Maßlosigkeit oder das totale Chaos, was wieder auf die charakteristische Doppeldeutigkeit des Wassermanns durch den Uranus hinweist. Sie zeigt sich ebenfalls in der Elf, die mit mehr oder weniger Glück auch eins plus eins ist und auch zweiundzwanzig werden kann, ein Zyklus nicht nur der irdischen Vollendung wie durch die Zehn, sondern der kosmischen, an die die Tarotkarte XXII erinnert, die Welt. Diese Karte transportiert auch die Vorstellung von dem, was kurz vor der Vollendung steht, oder der Vollendung vor der Auflösung, identisch mit der subtilen Verbindung, die zwischen Wassermann und Fischen besteht.

Stärken und Schwächen des Wassermanns

Die Stärken

- Einfallsreichtum, Originalität, Neuerschaffung, Freude am Neuen
- Pläneschmieden, Visionen, Antriebskraft
- Risikofreude, Erfolgsstreben, Beweglichkeit
- Eifer, Dynamik, Optimismus
- Geselligsein, Mitteilsamkeit, Verfügbarkeit
- Altruismus, Solidarität, Bereitwilligkeit zu teilen
- Unabhängigkeit, Freiheit, Selbständigkeit
- Rationalität, Intellekt, Logik
- Soziale, gemeinschaftsbezogene, sogar galaktische Dimension

Die Schwächen

- Vergeistigung, Abstraktion, Zynismus
- Abkühlung, Mechanisierung, Ablehnung, Kälte
- Kompliziertheit, Abweisung, Verantwortungslosigkeit, Ausweichen
- Burschikosität, Unreife, Kindischsein, Naivität
- Abenteuerlust, Aufbegehren, ständig in Opposition
- Lügen, Respektlosigkeit, Illusionen
- Nervosität, Brüskierung, Tyrannei
- Instabilität, Unbeständigkeit, Stimmungsschwankungen

Die Aszendenten des Wassermanns

1. Wassermann – Aszendent Widder

In ständiger Revolte, manchmal asozial, starten sie immer sofort, fliegen davon und wollen ständig die Welt revolutionieren. Dann aber kehren sie zu ihren alten Werten zurück und sind nicht mehr von ihnen überzeugt. Sie verwechseln häufig Neuerung mit Unordnung, Unabhängigkeit mit Einsamkeit, Originalität mit Ungeschicklichkeit. Das tut ihnen nicht gut, denn sie schwören immer auf Solidarität und Altruismus, doch zerstören alles, weil sie den Chef spielen wollen. Die Männer sind flüchtige Wirbelwinde, die nicht zu fassen sind und sich nicht festlegen. Die Frauen gelten als etwas verrückte Originale, aber was für eine Frische findet man bei ihnen!

Mehr als für alles andere sind sie für ein freundschaftliches Liebesverhältnis gemacht. Als Familie haben sie nur die Menschen, zu denen sie sich außerhalb der Blutsbande wirklich hingezogen fühlen. Man muß ihnen folgen, sie im Flug einfangen und ihnen beim Landen helfen, und sei es auch nur für einen Augenblick, um die Sterne in ihrem lebhaften Blick leuchten zu sehen.

2. Wassermann – Aszendent Stier

Die Frauen sind verführerisch, die Männer verwirrend. Die in diesen Zeichen Geborenen sind nicht leicht einzuschätzen, vor allem nicht von sich selbst, denn sie wollen immer andere Dinge als die, die sie gerade unternehmen, und das mit Hartnäckigkeit und Erfindungsgeist. Für sich selbst beanspruchen sie jede Freiheit, gestehen sie anderen aber nur ungern zu. Sie verunsichern und mögen es nicht, wenn man es mit ihnen genauso macht. Sie ertragen es nicht, wenn man sich an sie klammert, bekunden aber Anflüge eines verborgenen Hanges, besitzergreifend zu sein.

Bei ihnen geht es jeden Tag zu, als säße man im Kino: Sie verbinden Kunst und Technik, das Irreale mit dem Alltäglichen. Gefühlsturbulenzen tauchen wie aus dem Nichts auf, große Liebe schlägt in Abweisung um, Anbetung in Gleichgültigkeit, Unerbittlichkeit in ein »ist mir doch egal«. Kurz, sie sind eine Welt für sich und haben das Verdienst, originell zu sein, und den Nachteil, daß sie nie zufrieden sind.

3. Wassermann – Aszendent Zwillinge

Sie sind die ewig Halbwüchsigen, Jungen, Sympathischen, Unabhängigen, die ewigen Antikonformisten, mit einer Seite, die ihrer Zeit weit voraus ist und ihr soziales und berufliches Leben mit Rückschlägen und Schwierigkeiten erfüllt und ihr Privatleben mit Überraschungen, was sie als einzige nicht bedauern. Trotzdem – weich, schwärmerisch und aufbrausend, wie sie sind, brauchen sie Wärme, Halt und Gefühlsbeständigkeit.

Ihre psychische Zartheit ist extrem groß, und sie haben große Angst vor einer Bindung. Daher rührt ihr Ruf, unbeständig und treulos zu sein. Tatsächlich jedoch gehen sie haushälterisch mit sich um und ziehen außergewöhnliche Entdeckungen und die Welt der Ideen, Bilder und Musik einfach zu komplizierten zwischenmenschlichen Beziehungen vor.

4. Wassermann – Aszendent Krebs

Ein Erfindergenie, viel Freundlichkeit, viel Freiheit, ein echtes Gefühl für Freundschaft und eine ewig kindliche Naivität. Ein natürlicher Hang zu helfen und zu dienen. Sie haben eine internationale Seite, den Drang, etwas in Bewegung zu setzen, doch zuwenig Willenskraft und unterliegen zu vielen fremden Einflüssen, die sie allerdings mit einem entschiedenen Donnerschlag kappen, wenn man sie enttäuscht.

Immer auf der Suche nach einer soliden und doch freien Beziehung, leben sie ihre Originalität voll aus. Fotografie, Bildgestaltung, Spiel, Theater – im Leben oder auf der Bühne – sind ihr Reich.

5. Wassermann – Aszendent Löwe

Narzißtisch, leichtsinnig, dann empfindsam und plötzlich gutmütige Dummköpfe, wie es sie eigentlich gar nicht geben dürfte! Die in diesen Zeichen Geborenen sind verwirrend – einerseits sind sie narzißtisch, andererseits altruistisch, einerseits legen sie Wert auf viele Beziehungen, andererseits haben sie das Gefühl, sie könnten sich nur auf sich selbst verlassen. Sie reden viel, provozieren aus Lust am Provozieren, stürzen sich in Exzentrik und lassen sich vom Ruhm beeindrucken. Das Vaterbild ist zwiespältig und quält sie bis ans Ende ihrer Tage.

Während die Frauen eher die Kraft zeigen, die in dieser Zeichenverbindung steckt, leben die Männer deren problematische Seite. Letztlich aber begeistert sich der eine wie der andere immer für das Wohl der Menschheit und die Erneuerung sozialer Wertvorstellungen und Strukturen. Sie sind entschieden zukunftsorientiert und wollen die universelle Brüderlichkeit.

6. Wassermann – Aszendent Jungfrau

Von morgens bis abends stehen sie im Dienste am Nächsten und vergessen schließlich die widersprüchlichen Tendenzen, die sie bewegen. Verwirrend und verwirrt, unberechenbar und seltsam, setzen sie auf Sicherheit und Freiheitsbedürfnis.

Abgesehen von ihrem Altruismus lieben sie die Freundschaft und lehnen es ab, sich mit sich selbst zu beschäftigen.

7. Wassermann – Aszendent Waage

Verstandesbetont, kunstsinnig und reisefreudig – aber nur, wenn es sicher und bequem ist –, hält man sie für etwas oberflächlich, dabei steckt wesentlich mehr dahinter. Sie haben ständig Angst, daß man sie festhält und einsperrt. Sie zerstören lieber alles, als daß sie sich einsperren lassen. Unabhängig, verständnisvoll, offen, empfänglich für alles Neue, sind sie die Säulen jeder Party oder Einladung.

Eigentlich mögen sie nur Fremde, im Sinn von Anderssein und unbekannt, und wollen vor allem die Andersartigkeit des anderen verstehen, allerdings unter der Voraussetzung, daß man ihre eigene zur Schau getragene Gleichgültigkeit respektiert.

8. Wassermann – Aszendent Skorpion

Charakteristisch für die in diesen Zeichen Geborenen ist ihre Unabhängigkeit. Sie sind Außenseiter und revoltieren grundsätzlich, woran ihr ungewöhnlich klarer Verstand schuld ist. Sie bewegen viel in ihrem Kopf und auch in ihrer Umgebung und kämpfen mit vollem Einsatz für eine neue Welt. Sie bringen echte und unlösbare Probleme zur Sprache, für die sie dann als einzige eine Lösung sehen.

Zwar sind sie Idealisten, haben aber doch zuviel Realitätssinn, um sich idiotisch in Gefahr zu begeben oder Defätisten zu sein. Sie würden gern ihren Instinkt sublimieren und ihre Wildheit zügeln, aber das gelingt ihnen nur für Augenblicke. Ihr ganzes Leben dreht sich nur um die Freunde, die alle außergewöhnliche Menschen sind – wie sie selbst!

9. Wassermann – Aszendent Schütze

Sie widmen ihr ganzes Leben den Freunden, die zahlreich, unterschiedlich und immer präsent sind. Idealistisch, großzügig, naiv und optimistisch, sind sie immer bereit, die Welt von A bis Z zu erneuern, und haben für Ausflüchte und kleinliches Verhalten absolut kein Verständnis.

Ihr Freiheitsdrang ist riesig, sei es in Worten, in Gedanken, in Taten. Wenn man sie zurückhält oder einengt, sind sie imstande, von einem Moment zum anderen alles stehen- und liegenzulassen, und denken immer, morgen ist auch wieder ein Tag – der bestimmt besser ist als der heutige. Das Materielle bleibt ihnen immer ein wenig fremd, es fällt ihnen schwer, sich im Konkreten zu verankern. Überhaupt scheuen sie alles, was sich an sie hängen könnte – Leidenschaften, Auseinandersetzungen, Eifersucht, Verpflichtungen. Sie jagen einem Traum nach, auf den sie ihre ganze fabelhafte Energie verwenden, und können ein wenig haltlos wirken – oder unerreichbar.

10. Wassermann – Aszendent Steinbock

Für sie ist heute schon morgen, denn von den konkreten und materiellen Dingen haben sie sich gelöst und streben nach brüderlicher und humanitärer Spiritualität mehr als nach allem anderen.

Frei, arbeitsam, verliebt in die Weite, stecken sie voller Pläne und konkreter Rezepte zu deren Realisierung. Weniger strikt als die reinen Steinböcke, ist das Leben mit ihnen angenehm.

11. Wassermann – Aszendent Wassermann

Gehören sie tatsächlich noch der Erde an? Vielleicht, aber nicht dem festen Land . . . Kindlich, verspielt, optimistisch und großzügig, ist der Umgang mit ihnen erfrischend.

Aber nicht sehr beruhigend, denn sie sind verwirrend, nicht zu fassen, gleichgültig, um dann plötzlich wie ein Löwe zu sein: tyrannisch, egozentrisch und völlig irrealistisch. Viel Paradoxe und Ungeduld . . .

12. Wassermann – Aszendent Fische

Sie leben nicht im Heute und auch nicht richtig im Morgen: Sie schwimmen in einer Raum-Zeit, die der Zeitlosigkeit näher ist als den Gegebenheiten des Alltags.

Sie sind für das Unsichtbare empfänglich und glauben fast alles, was man ihnen sagt. Sie fühlen das Leid der Welt und teilen es. Und wenn sie beschließen, in einem bestimmten Sinn zu handeln, gibt es für sie nichts anderes mehr.

Energie und Gesundheit

Schlüsselworte der Wassermannenergie

Geist: Es ist der Kopf, der den Wassermann bewegt. Seine Ideen sind seine Hauptantriebskraft, und seine beträchtliche Motorik wie auch seine große Fähigkeit, andere mitzureißen, hängen von dem Bild ab, das er sich von der Zukunft macht. Kulturell ausgerichtet, wie er ist, hat er kein Gefühl für die Natur und den wesentlichen und unveränderlichen Rhythmus der Dinge und begreift häufig ihren natürlichen, zyklischen Ablauf nicht richtig. Die Intelligenz ist sein Gott, im Guten wie im Schlechten.

Erneuerung: Aus dem Alten Neues machen – das ist die besondere Alchimie, in der der Wassermann mehr als jeder andere bewandert ist. Sie ist seine Stärke, die er aus seinem Optimismus, seiner Zukunftsgläubigkeit und dem Impuls seiner inneren Umwandlungsdynamik schöpft. Regenerieren, revidieren, wiedererfinden, wiederverwerten – das bedeutet, dem Leben eine Chance geben, weil man sich nicht verzweifelt daran klammert, seine Erwerbungen nur verwalten zu wollen.

Zersplitterung: Wer nur an das Morgen denkt und nicht mehr zurückblicken will, unterliegt zweifellos einer äußerst starken nervlichen und psychologischen Zwanghaftigkeit und Spannung. Der Wassermann riskiert mehr oder weniger ständig Explosion und Zerstörung. Tausend Ideen und Wünsche wirbeln ihm durch den Kopf. Er begeistert sich schnell für sie, aber weniger gern führt er sie auch aus. Seine märchenhafte Energie zersplittert sich, und es besteht die Gefahr, daß er oft keine mehr hat.

Gesundheit

Der Wassermann macht nichts so wie die anderen. Die Beziehungen zu seinem Körper und zu seiner Gesundheit sind nicht wie allgemein üblich. Von klein an denkt er nicht besonders viel an seinen Körper, höchstens dann, wenn er nicht richtig funktioniert. Die Dinge sollen einfach sein und sich natürlich abspielen – das gefällt dem Wassermann, und daher stammt auch sein Ruf, oberflächlich zu sein und keine Bindung eingehen zu wollen, ein Ruf, der ihn überallhin begleitet. Es paßt ihm nicht, wenn eine Handlung, ein Gedanke oder, schlimmer noch, irgendeine Krankheit den Verlauf seines Vorgehens oder seinen Schwung hemmt. Wie alle Luftzeichen interessiert ihn die Maschine, die ihn am Leben erhält, aber er sieht sie eben nur als Maschine und verlangt von ihr wie von allen anderen Maschinen nur, daß sie ordentlich funktioniert.

Doch hat er seinen eigenen Rhythmus, seine eigene Methode, sich zu ernähren, seine eigene Weise, Überschwang und Mangel auszugleichen, allerdings auf eine Art, die nicht unbedingt harmonisch erscheint. Von quecksilbriger Spontaneität, den Kopf voller Ideen und optimistisch bis in die Haarspitzen, dazu ein Hauch von Naivität, durch die er wagt, alles aufs Spiel zu setzen, ist er auch mit dem Widder ein Herz und eine Seele, seinem Kumpel, mit dem er unter einer Decke steckt und der die gleichen Dinge nicht mag wie er.

Sein Puls, sein Herz und seine Nieren müssen es büßen, und man muß alles tun, damit er sich bewußt wird, was sein Organismus braucht. Er ist scharf auf Aufputschmittel (Kaffee, Tabak, Alkohol, Überaktivität), weil er glaubt, daß sie ihn aufmöbeln, denn er funktioniert am besten unter Streß. Aber dadurch ist er auch erschöpft, vor allem in der ruhigen Zeit zwischen elf und halb vier Uhr. Sein Blutzuckerspiegel erreicht dann den niedrigsten Stand. Deshalb ist also ein wenig mehr Disziplin notwendig, eine größere Bewußtheit für den Körper und die Sinne, ein wenig mehr Rücksicht auf seine Maschine, weniger Extravaganzen und Experimente mit sich selbst. Er muß sich bewußt werden, wie verletzlich er in Wirklichkeit ist, wie schnell er abbaut, weil er sich nicht lange anstrengen kann.

Schwache Punkte des Wassermanns

Blutkreislauf: Er ist vor allem ein schwacher Punkt des Zeichens und erklärt sich durch die allgemeine Trägheit der Herztätigkeit. Die Schwäche der Atemorgane ist charakteristisch für den Wassermann und für die Sauerstoffzufuhr im Blut auch nicht förderlich. Das Terrain ist also günstig für Zirkulationsstörungen, für Gefäßerkrankungen, für Krampfadern, Venenentzündungen, geschwollene oder schwere Beine, schwache Gefäßwände, geplatzte Äderchen.

Atmungsorgane: Von Kindheit an hat der Wassermann schwache Lungen und anfällige Atemwege. Dies kann sich äußern in: Bronchitis, Asthma, Keuchhusten, Lungenentzündung, Rippenfellentzündung, Bronchialkatarrh und als Folgeerscheinung auch in Problemen des Hals-Nasen-Ohren-Bereichs.

Nieren: Die in diesem Zeichen Geborenen brauchen viel Wasser, doch in dieser Beziehung heißt es bei ihnen alles oder nichts: Entweder trinken sie kaum einen Tropfen und schaffen mit Mühe einen Viertelliter am Tag, oder sie trinken unaufhörlich, bis sie sich wie aufgeblasen fühlen. Und meistens trinken sie kohlensäurehaltige und künstliche Getränke oder Alkohol statt Wasser oder frisch gepreßten Saft, wie sie sollten. Die Zeit der Pubertät und des Klimakteriums sollte stark überwacht werden, mehr als bei anderen Zeichen. Störungen der Nierenfunktion manifestieren sich durch Stauungen und Überlastung, die leicht chronisch werden können. Vorsicht auch vor akuter oder chronischer Nierenentzündung, Blasenentzündung, Gicht, Arteriosklerose, Diabetes.

Verdauungsapparat: Kreislaufprobleme und Anfälligkeit des Verdauungsapparates sind typisch für den Saturneinfluß beim Steinbock, beim Wassermann und allen Menschen, die durch das Mutterbild geprägt werden. Alle diese Störungen, zusammen mit der allgemein langsamen Verdauung, können ständige Gewichtsschwankungen zur Folge haben, chronische Fettsucht oder unheilbare Magersucht, zuviel Cholesterin, Diabetes, Gastritis, Luftschlucken, Muskelkrämpfe, Verstopfung, Dickdarmentzündung und Leberprobleme.

Herz-Kreislauf-System: Herzschwäche und Herzprobleme stehen bei diesem Zeichen an erster Stelle. Übererregbarkeit, Gefühlsempfindlichkeit, Nervosität und zu große physische Verausgabung wie auch die generelle Veranlagung machen sich hier bemerkbar. Die in diesem Zeichen Geborenen sind energischer und aktiver, als ihre Widerstandskraft erlaubt. Ab den Vierzigern (wenn nicht schon früher) muß auf folgende Schwächen geachtet werden: Herzrhythmusstörungen, Herzgeräusche, Herzklopfen, erhöhter Blutdruck, Probleme mit den Herzkranzgefäßen, Cholesterin, Arteriosklerose, Herzkrisen, Infarkte, vor allem in Zeiten großer Hitze.

Knochen und Muskeln: Abnützung und Austrocknung der Bänder, Knochen- und Gewebesteifheit sind symptomatisch, für ein Zeichen, das so sehr Bewegung und Beweglichkeit liebt, aber auch paradox. Krämpfe, Sehnenscheidenentzündung, Verstauchungen, Hexenschuß, steifer Hals, Rheuma, Arteriosklerose, Rücken-, Nacken- und Schulterschmerzen, Brüche und Zerrungen vor allem der Knöchel und Waden, die die Schwachpunkte des Wassermanns sind.

Der Wassermann mit **zuwenig** Energie ist ständig erschöpft, gehemmt, voll Zweifel, Traurigkeit, Unlust, Depressionen. Er hat keine Lebensfreude und keine Antriebskraft, keine Wünsche, der Appetit ist gering, den anderen gegenüber hegt er nur Groll und Verbitterung, vor allem, wenn es ihnen gutgeht und sie Erfolg haben. Er will weder etwas annehmen noch geben, und seine Quellen versiegen, weil er keine Hoffnung und keine Begeisterung mehr hat. Die Tränen kommen ihm zu leicht, die Füße sind eisig, der Magen neigt dazu, alles wieder herzugeben. Beim geringsten Geräusch zuckt er zusammen, ständig steht er unter Spannung.

Der Wassermann mit **Energieüberschuß** hat eine traurige Vorstellung von den Menschen, gemischt mit Bitterkeit und Unzufriedenheit, was sich durch ständiges Empören ausdrückt. Seiner Meinung nach hat die ganze Welt unrecht, und seine geistige Überreiztheit ist für niemanden eine Freude. Alles wird im Übermaß getan, ist überbetont, wird bis ins Irreale und Überspannte übertrieben, was manchmal an Verfolgungswahn grenzt. Körperliche Schmerzen treten auf, Krämpfe, Magenschmerzen wegen zuviel Säure, und die Reizbarkeit ist auf allen Ebenen spürbar.

Ratschläge für ein besseres Gleichgewicht

Das Schlüsselwort für die Gesundheit des Wassermanns ist: **den Druck vermindern.** Seine Übererregbarkeit verzehnfacht noch seine Veranlagung, schnell erschöpft zu sein, und steigert die Neigung, nicht lange durchhalten zu können. Einem Wassermann zu sagen, sein Tempo zu verlangsamen und sich nicht total zu verausgaben, ruhig zu Hause zu bleiben und Ernährungsratschläge zu befolgen, hieße, ihn völlig zu verkennen. Trotzdem bleiben diese Dinge gültig, denn mit den Jahren macht sich die allgemeine Erschöpfung des Körpers spürbar.

Es handelt sich nicht darum, daß der Wassermann seine Aktivitäten einstellt oder auch nur verringert und Streß und Druck, die er braucht, völlig abbaut, sondern er sollte sie nur richtig verteilen, damit er sie besser erträgt und die großen Schwankungen vermeidet, aber das kann er zweifellos am schwersten annehmen.

Körperbewußtsein zu entwickeln ist für ihn auch sehr wichtig. Sein Gleichgewicht und seine Gesundheit werden selbstverständlich besser, wenn er sich mehr und genauer mit seinem Körper beschäftigt und intensiver – und auf natürliche Art – auf ihn hört.

Wenn der Wassermann lernt, den Druck zu vermindern, und einsieht, daß das Leben sich nicht nur unter Zwanghaftigkeit abspielt, wenn er erkennt, wie schön es ist, heute zu leben, die Vergnügungen der Gegenwart auszukosten, ohne sich ständig in die Zukunft zu versetzen, dann sollte er sich eigentlich mit seinem Körper und seinen physiologischen Möglichkeiten aussöhnen können. Er wird sie dann nicht mehr zugunsten seiner geistigen und intellektuellen Fähigkeiten verleumden.

Harmonie durch Edelsteine

Zugeordnete Farbe: durchsichtiges Blau.

Blauer Saphir: Er fördert die Meditation, die spirituelle Entwicklung, stärkt den Glauben, entwickelt außersinnliche Wahrnehmung, verjagt Illusionen und Vorurteile. Er hat eine beruhigende Wirkung.

Quarz (Bergkristall): Er ist mehr der Träger von Mondenergie als von direkter Sonnenenergie. Folglich unterstützt er Ruhe, Entspannung und Kräfteaufbau. Falsch verwendet kann er den Kontakt mit den unheilvollen Energien der niederen Astralebene herstellen.

Harmonisierender Stein: ebenfalls Quarz.

Brüderlichkeit, Gemeinschaft, Freiheit

Wie alle anderen Dinge möchte der Wassermann auch gern den Begriff der Liebe neu definieren. Am liebsten sähe er sie als reines Konzept. Die Regeln der zwischenmenschlichen Beziehungen und der Liebe neu zu überprüfen, ist ein Hauptanliegen des Wassermanns, den die Beziehungsspielarten, die er ringsumher beobachten kann, unbefriedigt lassen. Er sieht dem Tanz häufig lieber vom Rand aus zu, als sich auf etwas einzulassen, das seiner Meinung nach hauptsächlich jede individuelle Persönlichkeit mißachtet und deren Freiheit ebenso einschränkt wie die der Gemeinschaft.

Überzeugt, daß andere Beziehungsformen möglich sind und sie sich nur mit der Entwicklung des allgemeinen Bewußtseins einstellen werden, möchte der Wassermann gern zu den ersten gehören, die mit ihnen experimentieren. Im Mittelpunkt dieser neuen Vision der zwischenmenschlichen Beziehungen stehen der Gedanke, daß man teilen muß, der Gemeinschaftsgeist und die Überlegung, daß man beim Zusammenleben mit den Menschen, die man vor allem als Partner sieht, seine volle Freiheit behalten sollte.

Gleichberechtigt und gleichbedeutend, sind sie Weggenossen der freien Wahl und gegenseitigen Überzeugung, Brüder und Schwestern in der gemeinsamen Vision und Gewißheit der Solidarität. Aber auch geeint im stillschweigenden Übereinkommen, die Besonderheit des anderen zu respektieren und niemals zu vergessen, daß sie erst sie selbst sind, ehe sie sich mit anderen verbinden. Sehr abstrakt und abgehoben, werden viele sagen, und es stimmt, daß diese Art von »gefühlsfreier« extrem vernunftbetonter, kultiviert höflicher und hochentwickelter Beziehung in ihrer Makellosigkeit und beinahe Körperlosigkeit die Mehrheit verwirrt und von ihr nicht verstanden wird.

Wer den Wassermann auf die rutschigen Hänge einer unterjochenden Leidenschaft schleppen will, erhält von ihm nicht einmal eine Reaktion, denn sich in ein Gespräch darüber einzulassen hieße, sie anzuerkennen. Er macht sich davon, die Hände in den Taschen, und sagt höchstens noch: »Das ist deine Angelegenheit, mach, was du willst!« Tatsächlich ist jeder für sein eigenes Leben verantwortlich, was man im allgemeinen nur schwer zugibt. Doch für den Wassermann ist es ein Gesetz.

Um nichts auf der Welt, schon gar nicht um der Liebe willen, würde der Wassermann sich unter das Joch sexueller Beziehungen und Gefühlsverwicklungen beugen, sozialer Spielregeln für Familie und Sippe oder des Diktats der allgemeingültigen Konventionen.

Wie beim gegenüberliegenden Zeichen Löwe leben auch beim Wassermann die Frauen die Charakteristiken des Zeichens verstärkt. Sie zeigen sich bei ihnen viel deutlicher als bei den Männern. Sie haben den Ruf, Anarchistinnen zu sein, sind entschlossen, autonom, mutig, humanistisch und von Natur aus originell (nur nicht wie alle anderen!) und lassen keine Gelegenheit aus, daran zu erinnern. Männer und jede Art von Beziehungen – ja, aber man versuche nicht, ihr Leben zu stören, das nur ihnen gehört und das sie gleichberechtigt mit demjenigen leben wollen, der ihr Mitspieler ist und den sie gewählt haben, weil sie mit ihm in Unabhängigkeit respektive Selbstbestimmung zusammensein können.

Der **weibliche** Wassermann ist klug und entschlossen, liebt die Unabhängigkeit, hat Herz und kann sehr leidenschaftlich sein. Er läßt sich nur mit jemandem ein, der mindestens ebensogut konstruiert ist wie er selbst. Auf jeden Fall gibt es viel wichtigere Dinge im Leben, als auf die große Liebe zu warten.

Der **männliche** Wassermann ist sich seiner zwiespältigen Natur zu sehr bewußt, als daß sie ihm nicht zu schaffen machen würde. Er ist sehr viel weniger entschlossen und selbstsicher als seine Mitschwestern. Mit der Suche nach der Frau seines Lebens, einer Idealgestalt, die gewöhnlich kaum auf den städtischen Bürgersteigen herumschlendert, kann er sein ganzes Leben verbringen. Er liebt vor allem den Vamptyp und die Unnahbaren, die ihn gleichzeitig umgarnen und bemuttern sollen, und findet sich trotzdem häufig an der Seite wirklich schöner, reifer Frauen wieder, die von seiner kindlichen Zerbrechlichkeit und Traumtänzerei berührt werden. Wenn er das andere Extrem seines Lebens lebt, verschmäht er die blutjungen Dinger zwar nicht, aber das Weibliche bleibt für ihn auf jeden Fall vor allem ein Traum, ein Luftgebilde.

Die Beziehungen zu den anderen Zeichen

Wassermann – Widder

Eine sehr freie, sogar äußerst freie Verbindung, revolutionär, fröhlich und anregend. Sie treiben sich gemeinsam bei allen Festen in der Stadt herum, ziehen gemeinsam in der Welt umher, um dann plötzlich zusammen aufs Land zu ziehen. Wie zwei Batterien, die sich berühren, erleben sie Geschichten von knisternder Spannung. Die Dynamik des einen unterstützt die Taten des anderen, solange der Wassermann nicht die Sterne erstürmen will, während der Widder einfach stur in seiner Richtung geht. Ihre Flugbahn ist zweifellos nicht die gleiche, weil ihr grundlegendes Lebensziel sehr verschieden ist.

Den Widder treiben immer seine Gefühle und körperlichen Bedürfnisse an, beim Wassermann sind es sein Geist und seine ätherische, nüchterne und rationale Seite. Auf der Herzensebene ist das ein Dialog von Schwerhörigen, von der Sinnlichkeit gar nicht zu reden. Doch das hindert sie nicht daran, gute Kumpel zu sein – aber mehr auch nicht.

Wassermann – Stier

Anfangs könnte man glauben, es handle sich um ein Gespräch zwischen Gehörlosen, und doch haben sie sich absolut alles zu geben. Keiner kann den Stier wie der Wassermann aus seiner Verkrustung lösen, die ihn einengt und abwürgt. Keiner kann so gut wie der Stier dem Wassermann Kunst und Sinnlichkeit nahebringen, die seinem Rationalismus so sehr fehlen.

Ihre Beziehung ist konstruktiv, falls sie sich gegenseitig akzeptieren, denn der Wassermann möchte dem Stier unbedingt begreiflich machen, daß die Wirklichkeit revidiert und korrigiert werden muß, und der Stier möchte dem Wassermann unbedingt begreiflich machen, daß auch der Alltag sein Gutes hat und man auf ihn bauen kann.

Der Wassermann, der seine Sinnlichkeit sublimiert, frustriert schließlich dadurch den armen Stier, der mit seinem Latein am Ende ist. Aber gerade ihre Verschiedenheit führt sie dann zusammen: Sie sind die besten Freunde der Welt, ohne selber zu wissen, warum. Und wenn sie sich das eingestehen, merken sie schnell, daß sie ohne einander nicht auskommen, denn beide zusammen sind sie eine vollkommene Welt, weil sie sich ergänzen.

Wassermann – Zwillinge

Sie sind Brüder oder Schwestern für alle Ewigkeit. Freiheitsdrang verbindet sie in einer freundschaftlichen Liebe aus Instinkt und gleicher intellektueller Denkungsart, in ihrer Vorliebe für Bewegung und Geschwindigkeit, für lange Nächte, in denen diskutiert und die Welt erneuert wird – viele Gründe also, um sich gut zu verstehen, sich zu schätzen und zu lieben.

Ob Sinnlichkeit und Intimität etwas fehlen? Ja, zweifellos, aber sie merken das wahrscheinlich gar nicht.

Wassermann – Krebs

Kindlich und naiv, poetisch und verträumt, ein Vor und Zurück, Stellungswechsel, und schließlich aufgeben, weil man nicht zusammenpaßt. Ein völliges Unverständnis für die Gefühle des anderen. Selbst wenn der Krebs bereit wäre, still zu leiden und sich auf eine totale und ein wenig perverse Unsicherheit einzulassen, würde der Wassermann es niemals gestatten, daß der Krebs ihn mit seiner Liebebedürftigkeit einwikkelt. Dann besteht die Gefahr, daß er in Räume verschwindet, in die ihm der Krebs niemals folgen kann.

Wenn die Frau der Krebs ist, kann sie die unerreichbare Prinzessin spielen, und das motiviert den Wassermann dann. Ist sie mütterlich, möchte sie für ihn sorgen: In den seltenen Augenblicken, in denen er so gnädig ist, zur Erde zurückzukehren – einen Atemzug lang!

Wassermann – Löwe

Der Wassermann bewundert den Löwen, der sich darin sonnt, aber der Löwe hat die Neigung, den Wassermann für einen mittelmäßigen Typ zu halten. Deshalb beschließt er, ihm seinen Willen aufzuzwingen, und da hat er eine harte Nuß zu knacken. Denn der Wassermann tut nur so, als würde er die Vorschriften und die Autorität des Löwen anerkennen. Er legt sich nicht fest.

Wenn die Frau Löwe ist, vergöttert der Wassermann sie gern und stellt sie auf ein Piedestal. Am besten ist es, wenn sie ein humanitäres Unternehmen finden, das sie zusammen durchführen können, oder Überzeugungen haben, für die sie sich gemeinsam einsetzen. Aber die Beziehung ist riskanter, als es scheint.

Wassermann – Jungfrau

Das Geistige – beim Wassermann eindeutig, bei der Jungfrau weniger klar – und die Vorstellung, anderen helfen zu sollen, bringen sie einander zweifellos näher. Erstaunlicherweise verstehen sie sich oft sehr gut, unterstützen sich gegenseitig und können voll Vertrauen etwas zusammen aufbauen.

Was Verstand und freundschaftliche Liebe anbelangt, verstehen sie sich zwar, aber alle anderen Gefühle müssen sie noch zusammen entdecken. Die positiven Seiten entwickeln sich besser, wenn die Frau Jungfrau ist.

Wassermann – Waage

Eine hübsche Beziehung, voll gegenseitiger Aufmerksamkeit und Ähnlichkeit, sie stecken wirklich unter einer Decke. Aber die Waage ist entschieden zu bürgerlich, und dem Wassermann gefällt so etwas nur kurze Zeit.

Er verschwindet auf der Suche nach Neuem, wenn sie ihm nicht folgen will. Und was Sinnlichkeit und Gefühle anbelangt, ist es wirklich nicht das Wahre.

Wassermann – Skorpion

Um Konventionen, Gesetze, Gewohnheiten zu sprengen, um Feste und Orgien zu feiern, um ihre Kontaktfreudigkeit auszuleben, zu reisen und sich mit Mystizismus zu beschäftigen, aber vor allem, um ihre sakrosankte Freiheit zusammen zu genießen, gibt es keine besseren und gefürchteteren Kumpel. Ohne sie gäbe es kein Morgen.

Doch die Unbedingtheit der Skorpionleidenschaft entsetzt den Wassermann, der außerdem nicht den geringsten Sinn für das Geheime und für perverse Kompliziertheit hat. Eine starke, seltsame, beunruhigende, wesentliche und sicherlich geniale Beziehung, aber sehr schwierig in Einklang zu bringen.

Wassermann – Schütze

Zusammen kommen sie sehr weit, denn beide sind von Freiheitsdrang, Unabhängigkeit, Entdeckerlust und Optimismus getrieben. Sie haben auch die gleichen humanitären Ziele. Der Schütze hat nicht den geringsten Grund zur Flucht, der Wassermann fühlt sich nicht eingeengt.

Doch die physischen und sinnlichen Erlebnisse sind nicht gleich und lassen zu wünschen übrig. Aber sie sind Freunde fürs Leben und bleiben trotz allem tief verbunden.

Wassermann – Steinbock

Das kann eine konstruktive, produktive und fröhliche Beziehung sein, falls es dem Steinbock gelingt, sich mit Körper und Seele (vor allem mit dem Körper) in die Verbindung einzubringen und der Wassermann über die ständigen Eingrenzungen und Beschränkungen dieser undurchsichtigen Persönlichkeit nicht verärgert ist. Ein schönes, humanitäres, kulturelles und oft dauerhaftes Abenteuer erwartet sie.

Wassermann – Wassermann

Wenn sie zusammenleben, leben sie wie Bruder und Schwester im Geiste in einer echten Brüderlichkeit der Herzen. Das ist noch das beste, denn so vermeiden sie, sich im Kreis zu drehen oder einander zu entgleiten und niemals zu wissen, wer wer ist und auf was sie sich verlassen können.

Die schönste Liebe aller Welten ist noch weit und vielleicht gar nicht so schön, wie man glaubt ...

Wassermann – Fische

Der eine lebt im tiefen Wasser, der andere in den Wolken. Sich zu treffen ist also nicht einfach! Glücklicherweise bleiben ihnen ihre humanitären Ideen, die sie verbinden, ihr Sinn für das Teilen und ihr Altruismus bis zur Opferbereitschaft. Doch der Fisch sucht seinen Peiniger, und der Wassermann kann es nicht ertragen, diese Rolle zu spielen. Hier liegt das grundlegende Mißverständnis.

Berufliches und gesellschaftsorientiertes Leben

Neuerung, Unabhängigkeit, Toleranz

Von Uranus und Merkur beeinflußt, hat der Wassermann einen gesunden Geist und sichere Erfolgschancen. Erfolg ist ihm übrigens nicht im Sinn gesellschaftlicher Anerkennung wichtig, sondern weil er dann tun kann, was er für richtig hält, und zwar so, wie er es will und wann er es will, und er kann die Gültigkeit seiner neuen Ideen durchsetzen, alles Dinge, die nur der Erfolg ermöglicht. Wenn ihm das nicht gelingt, ist er nur eine Randfigur, die versagt hat und zerstört, ein regelrechter Missetäter – was im Grunde immer in ihm steckt. Ehrungen interessieren ihn nicht, doch Originalität motiviert ihn.

Alle in diesem Zeichen Geborenen, ob Mann oder Frau, verfügen über die große Fähigkeit, Pläne zu machen, etwas Neues in die Wege zu leiten, der Zukunft voranzugehen, ja sogar Granaten in Institutionen und den Routineablauf der Strukturen zu werfen, in die sie sich häufig schlecht einordnen, weil sie nicht ihr Problem sind und sie dafür oft zu einzigartig und zu fortschrittlich sind. Jedenfalls ist die Gegenwart für sie immer unbefriedigend und also ein guter Grund, um Revolutionen zu rechtfertigen. Ihr Intellekt ist hellwach, voll Schärfe und Leidenschaft, voll Tatendrang und schöpferischem Optimismus. Die Wissenschaft und ihre Anwendungsgebiete sind ganz besonders etwas für sie.

Ihre Unabhängigkeit verteidigen sie wie wild. Sie befreien sich von allem: von Zeitplänen, Vorschriften, Verhaltensregeln, Anstand, angeblich notwendigem Respekt. Ehe sie selbst Chef werden, betrachten sie den eigenen als menschliches Wesen und versäumen keine Gelegenheit, ihn daran zu erinnern. Dabei haben sie selbst ziemliche Schwierigkeiten, die Rolle des Chefs zu spielen. Es fällt ihnen schwer, sich darauf einzustellen und ihre trotz allem unbestreitbare Autorität auszuüben, die sich oft als verletzend erweist, da sie sich im Alltag in Form von – oberflächlicher – Kameraderie ausdrückt. Sie kehren nie den Chef heraus, solange niemand ihnen diese Position streitig macht, aber wenn es einmal dazu kommt, ist es bis zur Gewaltherrschaft nicht mehr weit.

Trotzdem ist eines ihrer hervorstechendsten Merkmale die Toleranz. Sie zögern nie, die Trümpfe anderer Leute anzuerkennen – ohne Vorbehalte. Aber es ist auch nicht wichtig, denn sie lieben die Freiheit, neue und ungewöhnliche Lösungen zu sehr und fühlen sich vor allem berufen, bei den anderen den Keim zu neuen Begriffen und Werten zu legen, auch wenn diese Keimlinge erst in Jahrzehnten zu sprießen beginnen.

Viele Wassermanngeborene sind zum Beispiel Ökologen und Umweltschützer, besonders gute Beispiele für Rolle und Verhalten des Wassermanns innerhalb der Gesellschaft, wie er sie sieht. Er ist mehr auf sie ausgerichtet als auf die Familie und macht den Menschen Dinge in einem Ausmaß bewußt, wie es die meisten von ihnen bisher noch nicht gekannt haben. Deshalb ist er auch ein großartiger Autodidakt, scharfsinnig, klar, brüderlich, freundlich, die Fähigkeiten anderer respektierend. Er argumentiert logisch und gelassen, immer mit Fakten, niemals mit Vermutungen, verliert sich nicht in Leidenschaftlichkeit und dem Labyrinth der Gefühle und ist immer überzeugt, es genüge, nur einfach zu erklären, damit die Leute begreifen.

Die Fähigkeit zur Synthese ist einer seiner großen Trümpfe, vor allem wenn sie mit seiner Gabe verbunden ist, sich wirksam zu konzentrieren. Dann trifft er mit einem Schlag den Nagel auf den Kopf, gelingt ihm alles sofort.

Durch seine Geschicklichkeit, eine Verbindung zu erneuern oder zu wecken, schafft er es, einen Dialog wieder anzukurbeln, ohne sich bei einem vorangegangenen Mißerfolg aufzuhalten, neue Methoden zu finden, um zu verhandeln und sich zu verstehen, Interesse wiederzuwecken oder zu entfachen, Fehler in Qualitäten zu verwandeln, unsaubere Dinge zu entschleiern und endgültig klarzustellen. Versagt er, sind daran seine Unfähigkeit, sich persönlich zu behaupten, schuld, Unvorsichtigkeit, Infantilismus, Inkonsequenz, Unbeständigkeit, blinde Begeisterung und Abenteuerlust, Mystifizierung oder Aberglauben – und die ständige, beharrliche Rebellion, die keinen anderen Sinn hat, als systematisch zu zerstören.

Technik: Motoren, Raketen und vor allem Flugzeugindustrie, alles, was mit Rhythmus, Explosion und Antrieb zu tun hat, ist die große Leidenschaft der in diesem Zeichen Geborenen, auch der Frauen.

Musik: Ihr Rhythmusgefühl und ihr Urbedürfnis, sich mit unglaublicher schöpferischer und schwingender Einfühlsamkeit zu bewegen, macht sie zu Musikverehrern, vor allem der modernen, zeitgenössischen und avantgardistischen Musik.

Moderne Architektur: Wolkenkratzer, Zukunftsstädte, Satellitenstädte, Raumplanungen – alles, was sich im Raum und für die Zukunft gestalten läßt, wird von ihnen erdacht und berechnet.

Energie: Alle Energieformen gehen den Wassermann etwas an, von der Elektrizität bis zur Atomkraft oder Untersuchungen über bessere Brennstoffverwertung bei Verringerung der Schadstoffanteile.

Fernsehen: Auch hier ist der Wassermann in seiner Rolle als Mittler gefragt, als Fernsehjournalist, Quizmaster, Ansager, Showmaster, Moderator.

Neue Technologien: Elektronik und Systeminformatik – er ist der König, vom Film bis zum Video und Radio, Fax, Satelliten- und Kabelfernsehen und so weiter. Informatik, Automatisation, weltweite Übertragung – immer noch mehr übertragen, noch schneller, noch weiter und in voller Freiheit selbständig arbeiten, in freier Organisation –, das ist die Gesellschaft, die der Wassermann anpeilt.

Medizin: Viele große Mediziner finden sich unter den so humanistischen und altruistischen Wassermanngeborenen, die sich um das Wohlergehen möglichst vieler Menschen kümmern. Zweifellos sind die Sozialversicherung und viele weltweite Schutzorganisationen Erfindungen des Wassermanns.

Öffentlichkeit: Alles, was mit dem politischen und diplomatischen Leben im engsten oder weitesten Sinn zu tun hat, vor allem auf internationaler Ebene, wo der Wassermann als Berater, Diplomat, Politiker, Redner brilliert, wenn er dadurch im öffentlichen Leben eine Rolle spielen und es nach seinen Vorstellungen beeinflussen kann.

Humanitäre und soziale Aktionen: Sie sind die große Aufgabe der Wassermanngeborenen. Wegen ihrer Bereitschaft, sich für andere aufzuopfern und alles mit ihnen zu teilen, ihrem Verlangen, am sozialen Netz mitzuwirken, um neue Lösungen zu finden, trifft man sie bei vielen humanitären Aktionen, karitativen Vereinigungen, religiösen Hilfsorganisationen.

Erziehung: Philosophen, Universitätsprofessoren, Mythologen, Astrologen, Historiker, Erzieher, Dozenten, Seminarleiter – sie haben eine hohe Meinung darüber, was ihre Art der Erziehung und ihre Wissensübermittlung in der Welt bewirken können, vor allem bei jungen Menschen, und wenden ihre genauen pädagogischen Ideen bei sich selbst und auch bei ihren beruflichen Aktivitäten an.

Abenteuer und Reisen: Auch dies ist eins ihrer Lieblingsgebiete. Bereit für jedes Abenteuer, jede Herausforderung, jede Bergbesteigung und Wüstendurchquerung, findet man sie auf dem Gipfel des Mount Everest, als Hubschrauberpiloten, Seefahrer, Reisebüroleiter oder Expeditionsteilnehmer – das Fernweh prägt sie.

Begegnung mit dem Göttlichen in uns

Der Sinn für das Göttliche beim Wassermann

Schon der Apostel Matthäus, der mit dem Wassermann assoziiert wird, unternahm den Versuch, das höhere und niedere Selbst des Menschen zu vereinen, was die Dualität des Zeichens deutlich zeigt. Zwiespältigkeit und Ambivalenz sind und bleiben die Definition des Menschen, und wer kennt diese Ambivalenz besser als der Wassermann?

Eines der zentralsten Anliegen am Ende dieses Jahrhunderts ist der Versuch, die neuesten Entdeckungen der Wissenschaft, durch die sie an ihre Grenzen gestoßen ist, mit den großen religiösen Prinzipien, der Frage nach Gott und der Bedeutung der Wissenschaften zu vergleichen und sie nebeneinanderzustellen. Trotz aller mathematischen Erklärungen, die bis an die Grenzen des Verständlichen und Erfaßbaren gehen, bleibt das ewig andere bestehen, welchen Namen, welche Form man ihm auch gibt und wozu es uns auch inspiriert. Metaphysisch, ketzerisch, verstandesbetont, steht der Wassermann völlig wehrlos vor diesem Problem. Er ist ein Mensch der Tat, der Überzeugung, der Hilfsbereitschaft und der humanitären Politik. Der Wassermann ist keinesfalls kontemplativ. Er würde sich nie allein in die Wüste zurückziehen, um zu beten und dadurch den Lauf der Welt zu ändern. Er hat Initiative, Mut, revoltiert und zögert nicht, die Trägen schuldig zu sprechen, wenn sie sich nicht bewegen. Sein Glaube ist von der Glut, dem Optimismus, dem Sinn für die Materie der Dinge, wie man ihn in allen Religionen findet. Hat Krishnamurti nicht gesagt: »Wie kann man eine einzige Religion wählen, und wieso sollte man? Alle Dinge beruhen auf den zwei großen universellen Prinzipien: der Barmherzigkeit und der Loslösung von allen materiellen Gütern.«

Also die Exklusivität einer einzigen Religion? Nein, das ist dem Wassermann zuwenig. Er hat einen viel zu gemeinschaftsorientierten, universellen, brüderlichen Geist und predigt viel zu sehr Kampf und spirituelle Aktion wie auch neue Formen der Liebe, um sich für eine einzige Sache allein zu engagieren. Und schließlich liegen ihm die fernöstlichen Philosophien viel mehr als die unerträglichen Dogmen der westlichen Seite der Geschichte.

Jedenfalls steht fest, daß der Wassermann durch seine ihm eigene Selbstbestimmung, seinen militanten Eifer und seine grundlegende Vorstellung vom Teilen und von der Toleranz einen konkreten Weg zum wesentlichen christlichen Prinzip weist: Liebe deinen Nächsten wie dich selbst! Es bedeutet gleichzeitig, sein Ego loszulassen und den Mitmenschen zu respektieren.

FISCHE

19. Februar–20. März

Ich sehe, sagt der Hase.
Mein Herz schlägt in Harmonie
mit dem Herzen des Universums.
In der Stille meiner Einsamkeit
höre ich die Melodien der Seele
und schwimme über den Veränderungen.
Ich verführe durch meine Geschmeidigkeit
und hülle meine Worte in zarte Pastellfarben.
Ich verkörpere die Fülle und den inneren Frieden.

Ungreifbarkeit, Fülle und Unendlichkeit – das sind die drei Schlüsselworte der Fische, die dem chinesischen Zeichen Hasen entsprechen. Sie bilden den Rahmen für das letzte Zeichen des Tierkreises, das gleichzeitig auch dem ersten vorangeht. Und da von einem Rahmen die Rede ist, sollte man sich einmal, ein letztes Mal, bemühen, keine Grenzen zu ziehen, keine starren Definitionen zu gebrauchen. Die Dimension der Fische – zu der sie zurückkehren, aus der sie kommen, aus der alles im Universum kommt und in die alles zurückkehrt – ist das Namenlose und Unendliche.

Ein Schuft also, wer als Materialist in diesem Fall denkt, daß ihnen der Sinn für das Praktische und Alltägliche etwas fehlt. Schließlich sind sehr wohl Menschen nötig, die sich um Mitleid, Liebe und Ewigkeit kümmern, die uns daran erinnern, daß wir nur vergänglicher Staub sind.

Der Fisch wohnt im Land der Unendlichkeit, des Unaussprechlichen, des Namenlosen, des Absoluten, im »Land ohne Länder und ohne Grenzen«, auch ohne Unterschiede und Sicherheiten. Es ist nicht nötig, daß man die Dinge sagt, damit er sie weiß, daß man ihm etwas erklärt, damit er es kennt, ihm etwas zeigt, damit er glaubt. Er orientiert sich mit seinem Schnorchel, fühlt mit seinen Poren, sieht mit seinem Herzen, hört vor allem im Schlaf. Der Fisch ist ein ganz besonderes Wesen, er nimmt alles mit dem Bewußtsein auf.

Der Zustand des Kommunizierens und des intuitiven Mitteilens, der den Fisch charakterisiert, ähnelt stark dem, den jeder Mensch als Fötus erlebt und der für ihn völlig natürlich ist. Doch ist dieses Stadium vorbei, ist er verpflichtet, Vernunft und Intellekt zu entwickeln, seine kommunikativen Fähigkeiten, ohne die sich keiner in die soziale Wirklichkeit integrieren kann. In dem Augenblick, da der Normalmensch sein amphibisches Stadium hinter sich läßt, gibt er gleichzeitig mit diesem angeborenen Zustand der Verschmelzung auch seine sensorischen und medialen Kommunikationsmöglichkeiten auf und verläßt sich nur noch auf die völlig neuen Eigenschaften der Luft. Auf diese Weise gibt man die kosmische Urmatrix auf und schreibt sich in der Welt der irdischen Realität ein. Man geht von dem Bereich der Ewigkeit auf eine genau abgegrenzte Ebene von Raum und Zeit über.

Dieses Prinzip gilt für die ganze Menschheit, für jeden – außer für die Fische!

Was den Fisch betrifft, so bleibt er mit dem unendlich Ewigen verbunden – auf immer. Verschmelzung und Intuition, seine natürlichen Möglichkeiten zu kommunizieren, sind seine persönliche Sprache. Er trennt sich niemals von dem Stadium des stummen inneren Dialogs, der ihn so genau charakterisiert. Seit ewigen Zeiten und für immer erkennt er sich als ein Element des kosmischen Bewußtseins und lebt danach.

Er interessiert sich nicht für das, was vergänglich, konkret, zeitlich ist. Nur die großen Wahrheiten und großen menschlichen Fragen und also auch die Kunst erregen wirklich seine Aufmerksamkeit. In dem Stadium, in dem er sich befindet – am Winterende oder Frühlingsanfang –, hat er die Aufgabe, die Sicherheiten aufzulösen, alle Sicherheiten, und das Archaische, alles Archaische, um endlich auf das Morgen zugehen zu können, befreit vom Gestern, befreit von den Normen, dank der tiefen verwandelnden Magie des Loslassens. Das Loslassen, Symbol der Fische.

Ungreifbar und glatt, magnetisch bis zum Dämonischen, lebt der Fisch mit seiner unschätzbaren philosophischen Veranlagung gelassen das, was andere Dualität, Manichäismus,

Widersprüchlichkeit oder sogar Falschheit nennen (was er sicherlich auch hat), als Komponenten der menschlichen Seele. Gleichzeitig mystisch und pervers, bewegt sich der Fisch mit ausgefahrenen Richtantennen unbekümmert in dem Teil von uns, der der Schatten ist – dem wesentlichen Teil, dem unsterblichen Teil.

Er ist das Zeichen der größten Weisen, weil er mehr als jeder andere den Schlüssel zu den Rätseln der Menschheit besitzt, in ihn eingeschrieben wie ein genetisches Programm: Er weiß, wie unendlich fein die Linie ist, die das Gute vom Bösen, das Sichtbare vom Unsichtbaren trennt oder es miteinander vereint. Zwischen Inspiration und Konspiration spaziert er ungestraft umher: Das irdische Leben ist so unwichtig!

Transparenz und Gleichgültigkeit

Lebt er in der Realität, oder lebt er in seinem Traum? Er hat Ideen und weiß nie genau, ob sie durchführbar sind oder ob es sich nur um hübsche Projektionen handelt. Es bleibt ihm nur übrig, seinen Traum einzuholen oder, noch besser, es den anderen zu überlassen, sich darum zu kümmern.

Im allgemeinen wird von den Fischen als erstes gesagt, daß man sie aufrütteln und sich bei ihnen um alles kümmern muß. Unternehmungslustige Frauen finden das großartig, machen sich dabei aber nicht klar, daß die Fischemänner sich das mehr aus Faulheit als aus Engagement gefallen lassen. Virile Männer verehren die zarten, so hingebungsvollen Fischesirenen, die plötzlich wortlos und ohne Bedauern verschwinden können.

Das Transparentmachen von Dingen, die ihm offensichtlich scheinen – die aber sonst niemand sieht –, ist die große Lebensaufgabe des Fisches. Deshalb findet man in diesem Zeichen ein Heer von Schriftstellern, Musikern, von all jenen, deren Beruf es ist, etwas zu enthüllen, indem sie etwas erschaffen, das das Filmnegativ verdeutlicht.

Doch um diese Transparenz zu verwirklichen, muß der Fisch ein Minimum an innerer Klarheit erreichen, und in dieser Beziehung bleibt noch alles zu tun. Und das ist eine Hauptaufgabe der in diesem Zeichen Geborenen: Sie müssen an sich arbeiten und eine unermeßlich große Anstrengung machen, um für alle verständlich und faßbar und klar zu werden. Sonst können sie ihr ganzes Leben damit verbringen, nach einer Ausdrucksmöglichkeit zu suchen, und versinken darin, ohne daß etwas davon durchschimmert. Eine tägliche Anstrengung, wenn sie nicht verschwommen bleiben wollen . . . tief unten im Meer der Schatten.

Die Kunst, auf Sicht zu navigieren

Die in diesem Zeichen Geborenen sind zwangsläufig zart, aber ihre Zartheit wird schließlich zu einer unerschöpflichen Quelle nach Wunsch formbarer Kraft, vor allem dank ihrer sehr großen Empfänglichkeit, die sie für das ganze Elend der Welt sensibilisiert und für das sie ihr ganzes Potential an Mitgefühl einsetzen.

Unendlich nachgiebig, scheint der Fisch allen Strömungen, die sich ihm darbieten, zu folgen und in sie einzutauchen, ohne Urteil noch Vorurteil. Überzeugt, daß nur das im Leben geschieht, was man leben kann, verweigert er sich nie einer Erfahrung und stellt sich sogar darauf ein, möglichst viele zu machen. Und so ist sein Leben reich an Überraschungen.

Diese Verfügbarkeit ist ein wahrer Schatz. Dank dieser Fähigkeit zur Erneuerung und seiner eigenen Art, die sich bietenden Fäden zu ergreifen, kundschaftet der Fisch sein Leben Schritt für Schritt aus. Er stellt es sich nicht schon zwanzig Jahre im voraus vor, denn es gleicht nicht einer Wegstrecke, die man wie einen starren Bauplan oder einen Bausparvertrag entworfen hat. Auf den Wellen zu reiten und sich dem Wind zu überlassen, erfordert eine Geschicklichkeit, eine Intuition und ein spirituelles Bewußtsein, die über jede Norm hinausgehen.

Nach Meinung der Welt leben die zerbrechlichen, glatten, willenlosen Fische in einem Zustand ständiger Wunder. Doch sie selbst, die sich trotz allem gut kennen, verlassen sich nur auf ihre Unbesiegbarkeit. Wenn die anderen sich aufregen, lächeln sie nur. Sie wissen.

Unbesiegbar, mit Wundern vertraut, verfügen die Fische tatsächlich über die einzigartige Fähigkeit, sich allem zu stellen, sich in alles zu versenken, in alle Strömungen einzutauchen, auch in die weniger sauberen oder weniger offensichtlichen. Sie können in jeden Fluß steigen, ohne je unterzugehen oder gar zu ertrinken. Wenn man glaubt, sie tauchten in unruhige Gewässer, kann man entdecken, wie sie mit der Strömung schwimmen und diese Strömung sogar nach Belieben umlenken. Sie folgen allem, aber sie lassen sich in nichts hineinziehen. Sie gehen aus allem intakt hervor, unberührt, rein wie am ersten Tag.

Wenn die Fische den Eindruck machen, sie ließen sich alles gefallen, hat das folgenden Grund: Sie lassen Entladungen, Begierden, Notwendigkeiten, sogar Katastrophen einfach durch sich hindurchgehen. Sie behalten nichts zurück, nicht einmal das, was ihnen eigentlich gehören würde. Auf diese Weise verlieren sie aber auch, was sie geschaffen haben. Sie geben, sie geben, aber all dieses Geben scheint in ein Faß ohne Boden zu fallen. Es fällt ihnen schwer zu begreifen, daß Menschen oder Dinge zu ihnen gehören. Es fällt ihnen auch schwer, sie einzufordern. Im kosmischen Maßstab betrachtet, erscheint ihnen alles so unbedeutend, so unnütz. An der Dimension der Himmel gemessen sind alle diese irdischen Werte gleichgültig.

Im Geschäftsleben gefürchtet

Die Fische warten noch mit einer Menge von Überraschungen in ihrem Charakter auf. Nicht die kleinste davon ist ihr Ruf, gefürchtete Geschäftsleute zu sein, hart im Geschäft, unmöglich zu manipulieren.

»Geschäft« ist hier übrigens in dem Sinn zu verstehen, daß Menschen zu einem gemeinsamen Unternehmen zusammenkommen. Die Fische haben dort Erfolg, wo man es am wenigsten erwarten würde, mit mehr Kraft und Härte, als jeder andere einsetzen würde, um dieselben Ziele auf völlig andere Weise zu erreichen.

Wendig und doppeldeutig sind sie, die doch so losgelöst scheinen, plötzlich geldgierig und an irdischen und materiellen Werten mehr als interessiert. Man kann sich nicht vorstellen, wie sehr sie Erfolg haben, triumphieren, vernichten wollen. Sie wollen Geld und Geschäfte machen und legen viel gerissenere Leute als sie selbst noch aufs Kreuz. Doch mit dem Unterschied, daß sie dann von heute auf morgen nicht mehr interessiert zu sein scheinen und alles aufgeben, ohne sich Sorgen zu machen, ohne einen Blick zurückzuwerfen. Das Wesentliche ist für sie immer woanders.

Diese Fische sind Jupitermenschen. Sie haben eine Jupiterdominante im Horoskop, denn das Zeichen wird von Neptun und Jupiter regiert. Durch seine vom Jupiter beeinflußte Seite wird der Fisch daher tatsächlich sehr viel beweglicher und unternehmungslustiger, sehr viel konkreter und realitätsbezogener, als er gewöhnlich erscheint. Daher geht er dann, ohne zu straucheln, vom Status des Abhängigen zu dem des Verantwortlichen über. Unterstützt von den anderen, von ihnen getragen und für sie verantwortlich gemacht, wird er zum wissenden Magier, der sich um die anderen kümmert. Selbst wenn man dann glaubt, er schliefe, träume, sei in den Nebeln davongeflogen, in denen er so oft verschwindet, taucht er unter den Siegern an erster Stelle auf.

Die Schuld und die Erlösung

Verworrene Verhältnisse, zwiespältige Beziehungen, Helldunkel, halb lethargisch, mit plötzlichen Blitzen dazwischen, Intuition und Inspiration, nie richtig Farbe bekennend . . . Es fällt dem Fisch schwer, transparent, klar, faßbar und heiter zu sein, und er weiß sehr gut, daß er furchtbare Anstrengungen unternehmen muß, um sich zu zwingen, Interesse am wirklichen

Leben und den Zufälligkeiten des Alltags zu haben. Anstrengungen, die den Namen Konzentration, Integration, Eingrenzung tragen.

Ohne Grenzen und genaue Schranken, ohne Anhaltspunkte noch Kriterien für eine Integration, suchen die Fische sie überall und auf die verschiedenste Weise. Sie brauchen eine Basis, eine Wohnung, um ihr Verlangen, sich im Raum aufzulösen, zu begrenzen, einen starken Menschen an ihrer Seite, der ihnen als Stütze dient und sie an die moralischen Spielregeln erinnert. Sonst strecken alle Arten der Flucht und der Suche nach künstlichen Paradiesen und die Loslösung von der Wahrheit die Hand nach ihnen aus: Alkohol, Drogen, Medikamente und auch sadomasochistische Beziehungen, von denen sie so stark angezogen werden.

Doch sie bewegen sich nicht außerhalb der Grenzen, ohne auf ihre Seele zu lauschen, und in den meisten Fällen erreicht sie der Hauch der Schuldgefühle. Das ist dann ebenso Gelegenheit zu sühnen, wie durch Strafe und Erlösung endlich die sicheren Grenzen zu finden, die für jeden, der auf der Erde lebt, notwendig sind. Deshalb schätzen die Fische komplizierte und einengende Beziehungen so sehr, die die meisten anderen abschrecken, durch die sie sich aber entwickeln wie ein Fisch in schlammigem Wasser. Dabei machen sie den – auch hier falschen – Eindruck, daß sie sich alles gefallen lassen, während sie völlig Herr der Lage sind.

Liebe und Licht

Das Zeichen Fische, das den Tierkreis beschließt und also wieder erneuert, kann nur voll gelebt werden, in allen seinen wahren Dimensionen, wenn es Zugang hat zu dem, was den echten Sinn seines Lebens ausmacht: zur Seele.

Da der Fisch alles Menschliche kennt, da er bis ins Mark von diesem ganzen jahrtausendealten Wissen durchtränkt ist, wird er in einem Schlüsselmoment seines Lebens unfehlbar feststellen, daß dies alles nur durch den Dienst am Nächsten einen

Sinn hat. Für ihn geht es darum, seinen Nächsten zu lieben. Intuition, Empfindung und Eindrücke können nicht besser verwendet werden als dafür, anderen zu helfen, sich selbst zu verstehen und die Prüfungen hier auf Erden zu ertragen und zu bewältigen. Diese Inspiration erhöht noch die Trümpfe, die den Fischen gegeben wurden: Schreiben, Musik, Tanz und Malerei, diese für das Zeichen typischen Urformen der Aktivität, sind die schönsten und stärksten Mittel, um einen Menschen direkt ins Herz zu treffen und ohne Worte in ihm Liebe und Gnade zu wecken. Vor allem ohne gesprochene Sprache, ein weiteres Charakteristikum des Zeichens.

Hai oder Delphin, vielleicht beides auf einmal, zieht der Fisch seine Bahn in Richtung Ewigkeit . . . Entsprechend dem Leben, das er lebt, muß er sich reinigen und umwandeln, sich von seinen schlammigen und zwielichtigen Gedanken lösen, damit – um seinet- und der anderen willen – jenes Licht der Seele erscheint, das er kennt und ahnt. Dem Urmagma zu entsteigen, um menschliche Gestalt anzunehmen, ist für den Fisch, der nur mit der Seele schwingt und sich woanders einpflanzt, sobald er von seiner natürlichen Ebene irrt, ein echtes Wagnis. Er braucht oft viel Zeit, um sich auszurichten, transparent zu werden und sich auf das Wesentliche zu beschränken, damit er endlich durch das Nadelöhr der Wirklichkeit geht und die Kommunikation mit der größtmöglichen Zahl von Menschen wählt.

Die Fische verstehen

Die Grundstruktur

Weibliches Zeichen
Die weibliche Polarisierung erhöht, wie es in der Astrologie heißt, die rezeptive, passive, liebevolle und empfangende Komponente, alles bedeutende Yin-Eigenschaften der Verinnerlichung, des nächtlichen, feuchten und kalten Prinzips. Dies fördert die Neigung, aufzunehmen, zu verstehen, zu

schützen, zu versöhnen und zu behalten, und weniger die, sich zu äußern, voranzugehen, zu teilen und zu beanspruchen. Es bedeutet auch, daß das Zeichen im allgemeinen von den Frauen besser gelebt wird, weil dann zwischen der Polarisierung des Zeichens und dem sexuellen Pol der Persönlichkeit Harmonie besteht.

Das Bild einer beherrschenden und übermächtigen Mutter steht im Zentrum der unbewußten Dynamik der Fische, ein Bild, das sehr oft die Lebens- und Daseinsfreude stört, wenn nicht sogar abtötet. Die Hydra, gegen die die Fische auf Leben und Tod kämpfen, ist meistens eine magmatische Mutter, die nicht Leben gibt, sondern es zurückhält. Um aus diesem Kampf lebend hervorzugehen und ans Tageslicht zu gelangen, ist also viel Zeit und Widerstandskraft notwendig. Es erklärt auch den Eigensinn, der nicht anders als heftig sein kann.

Die Fische fühlen sich nie sehr stark polarisiert, und als solche zwischen feminin oder maskulin wählen zu müssen, interessiert sie nicht. Die mehr empfindsame als sexuelle Aufladung des Zeichens impliziert, daß die Zugehörigkeit zu einem genauen Pol ziemlich vage ist, wenn nicht gar absurd, denn der Körper dient auf jeden Fall nur als Vektor der Seele.

Wasserzeichen

Wie Krebs und Skorpion gehören die Fische zum Element Wasser, weshalb der Akzent auf den seelischen Qualitäten liegt. Das Wasser ist die Unendlichkeit des Unbewußten, aus der alles aufsteigen kann – Träume, Phantasien, Sensationen, die wenig greifbar zu sein scheinen und trotzdem das Wesentliche und die Wahrheit des Lebens vereinen. Die Beeindruckbarkeit ist eine Haupteigenschaft der Wassermenschen, die mit der Vorstellung des passiven Gefäßes verbunden wird, analog zum Yin der chinesischen Überlieferung. Das Innenleben ist extrem stark entwickelt, denn sie leben zwischen zwei Welten, an der Grenze zur unsichtbaren.

Bewegliches Zeichen

Zusammen mit Zwillinge, Schütze und Jungfrau bilden die Fische das Kreuz der beweglichen Zeichen. Es bedeutet, daß sie die Aufgabe haben, die Energie des Elements, zu dem sie gehören, umzuwandeln. Wie ihr Name schon andeutet, repräsentieren die beweglichen Zeichen Prinzipien, die sich in Veränderung befinden, denn sie erscheinen am Ende einer Jahreszeit und ziehen daher schon die Energie der nächsten an. Sie haben an der einen Jahreszeit und der anderen teil, an der einen Energie und der anderen, und sollen den Übergang sichern. Ihre Eigenschaften der Anpassung, der Leichtigkeit, der Beweglichkeit, aber auch der Doppeldeutigkeit finden hier ihre Erklärung. Es sind auch Zeichen, die hauptsächlich dem Wohl des Nächsten dienen.

Im Negativen können die beweglichen Zeichen wegen ihrer Anpassungsfähigkeit und Geschmeidigkeit instabil und doppelzüngig werden, und im Fall der von Merkur beeinflußten Zeichen mit ihrem so agilen Geist kritiksüchtig, kleinlich, übertrieben analytisch und wenig gefühlvoll. Aber im allgemeinen nähren sich diese Zeichen von den menschlichen Beziehungen und können ihre Intelligenz den Gruppenbedürfnissen anpassen.

Lymphatisches Temperament

Die Vorstellung von Lymphe verbindet man gewöhnlich mit dem Begriff der Weichheit und Flüssigkeit. Außerdem gehört noch die Eigenschaft der Empfänglichkeit dazu, die zu einer großen Aufnahmebereitschaft führt, sowohl auf der Ebene der Sensibilität, der Gefühle, der Sensitivität, als auch organisch und vor allem bakteriell. Die organische lymphatische Qualität verweist auf die Qualität der Lebensenergie und auf das Reaktionsvermögen des Immunsystems des Organismus, aber auch der Seele. Ständig ist zu trennen zwischen dem, was einem gehört und was einem nicht gehört, zwischen der Vorstellung, durchdrungen oder überschwemmt zu werden, alles Möglichkeiten, einen Bewußtseinszustand zu verändern. Man muß sich vor den häufig nicht zu kontrollierenden Wirkungen von Medikamenten in acht nehmen, vor allem von Psychopharmaka, vor alkoholhaltigen Substanzen und vor dem »Zuviel«

jeglicher Art. Menschen mit lymphatischem Temperament haben eine Neigung, sich und andere zu vergiften, in jedem Sinn des Wortes.

Auf der Aktivseite steht eine unglaubliche, völlig unerwartete und rätselhafte Regenerationsfähigkeit, charakterisiert durch eine Kraft zur Erneuerung, die wieder aufleben läßt, eine »neue Haut« schenkt, die Kräfte wiederfinden läßt, auftauchen läßt, nachdem man von den verschiedensten Strömungen eingezogen und beinahe ertränkt worden war. Das liegt an der ständigen Verbundenheit mit dem Kosmos und am kollektiven Unbewußten, und auch an der Fähigkeit, sich in andere hineinzuversetzen, die für die lymphatischen Krebse, Skorpione und Fische typisch ist. Sie können anscheinend völlig passiv in jedes mehr oder weniger saubere Wasser eintauchen, und es genügt eine Kleinigkeit, eine winzige Bewegung, um dank dieser Flüssigkeit unbeschadet und intakt wieder aufzutauchen, als habe sie nie irgend etwas berührt.

Den Fischen gelingt dies als einzigen wirklich, denn der Krebs häuft systematisch zu viele Schwächen seines Temperaments an. Der Skorpion hat alle Möglichkeiten, seine Energien umzuwandeln, und nimmt sogar Krankheit oder Schwäche, die immer vorübergehend sind, als Anlaß, um sich auf lange Sicht zu kräftigen. Doch während er dabei trotz allem ein paar Federn läßt, geht der Fisch aus allem intakt hervor, als sei er weder in etwas eingetaucht noch in irgendeine Beziehung verwickelt worden. Dieses »Wunder«, das für Neptunmenschen typisch ist, steht dem Fisch zu, während der Skorpion noch dem Zwang unterliegt, für seine Verwandlung einen hohen Preis zahlen zu müssen.

Die Sterne der Fische

Das **Band:** eine seltsame Sternenansammlung, die die beiden Fische verbindet: Der eine geht direkt nach Norden, der andere zum Horizont. Ersterer ist das Symbol des Anwärters auf die Mysterien, letzterer repräsentiert den gewöhnlichen, merkwürdig trivialen Menschen – beides deutliche Komponenten des Fischezeichens.

Andromeda: »die gefesselte Frau« , symbolisiert die gezähmte, überwundene Materie.

Kepheus: der König, Gemahl der Kassiopeia, Vater der Andromeda. Der König symbolisiert den Geist und den Aspekt des Vaters.

Mythologie

Und es ward die Zwölf

Als zwölftes Zeichen des Tierkreises werden die Fische mit der totalen Vollkommenheit dieser Zahl assoziiert. Die Zwölf ist zwei mal sechs, aber vor allem drei (die Zahl der Dreieinigkeit und der spirituellen Vollkommenheit) mal vier (Zahl der irdischen Manifestation).

Zwei Zyklen regieren das Universum: der lunare und der solare Zyklus. Ihr Pulsschlag folgt dem Rhythmus der Sieben, dem Mondrhythmus (die sieben Tage der Woche, die sieben Noten der Tonleiter, die sieben Farben . . .) oder dem Rhythmus der Zwölf, dem Sonnenrhythmus, dem des Jahres, auf welchem die Symbole der solaren, also der göttlichen Vollkommenheit beruhen, die Zahl der Apostel, der Stämme Israels, der Ritter der Tafelrunde, der Tierkreiszeichen . . .

Die Zwölf ist also vollkommen analog zur kosmischen Ewigkeit, sie erinnert uns daran, daß wir dorthin zurückkehren, von wo wir gekommen sind. Das bildet die unendliche Weisheit des Zeichens.

Stärken und Schwächen der Fische

Die Stärken

- Intuition, Vorherwissen, mediale Fähigkeiten, Rezeption
- Verinnerlichung, Innigkeit, innere Grenzenlosigkeit
- Inspiration, Vorstellungskraft, unerschöpfliche Kreativität
- Sensibilität, Mitleid, Mitgefühl, Freundlichkeit

- Bereitschaft zu vergeben, zu teilen, zu kommunizieren
- Anpassungsfähigkeit, Nachgiebigkeit, Beeindruckbarkeit, Entwicklungsfähigkeit
- Großzügigkeit, Aufopferungsbereitschaft, Zuhörenkönnen, Gastfreundlichkeit
- Mystik, Religiosität, Philosophie, Loslösung
- Sentimentalität, Sensitivität, Gefühlswärme, Empfindsamkeit
- Musikalität, Tastsinn, Plastizität, künstlerische Fähigkeiten

Die Schwächen

- Vagesein, Neigung zum Lügen, Phantasterei, Aberglauben
- Betrug, Heuchelei, Verschlossenheit
- Verpflichtungslosigkeit, »Ist-mir-egal«-Haltung, Gleichgültigkeit, Verachtung
- Verantwortungslosigkeit, Perversion, Amoral, Unaufrichtigkeit, Flatterhaftigkeit
- Unersättlichkeit, Aufbrausen, Wetterwendigkeit, Beeinflußbarkeit
- Schwäche, Ängstlichkeit, Mutlosigkeit, Kraftlosigkeit, Grenzenlosigkeit
- Verworrene Wertvorstellungen, Laxheit, Gefühlsduselei
- Hysterie, Abhängigkeit, Zynismus, Masochismus
- Instabilität, Unentschlossenheit
- Gefahr des Alkoholismus, der Drogenabhängigkeit, der Vergiftung

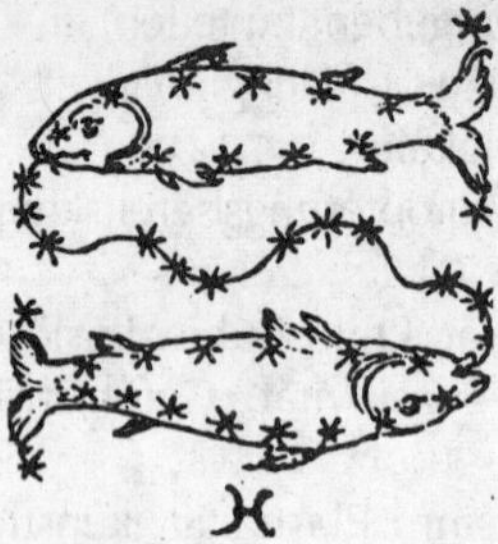

Die Aszendenten der Fische

1. Fische – Aszendent Widder

Sie scheinen viel integrierter und engagierter zu sein als die reinen Fische. Charakterstärke und Überzeugung in ihren Handlungen und ihrer Fähigkeit, die Dinge zu realisieren, aber auch Trägheit, die sie zu der Überzeugung veranlaßt, daß nur das geschieht, was ohnehin geschehen muß, auch ohne ihr Zutun. Darin bringen sie es zu wahrer künstlerischer Meisterschaft – oder sie werden Alkoholiker! Dazu Verwundbarkeit, verbunden mit Unsicherheit, eine vieldeutige Sexualität, mal unerklärlich unterwürfig, mal sadistisch. Sie sind tatsächlich hypersensibel.

Die Männer irren umher, auf der Suche nach vernünftigen, soliden und einfachen Menschen, die ihnen als Heimathafen dienen könnten. Die Frauen wollen unbedingt, daß man sich um sie kümmert, und kümmern sich dann aber selbst um alles und alle. Idealismus, eine Art von Mystizismus, treibt sie zu den unterschiedlichsten Forschungen. Man muß ihnen eine große Schale frische Luft mitbringen und auch einen Schoppen Idealismus, denn sie leben in den archaischsten und abgeschiedensten Seelenregionen der menschlichen Natur.

2. Fische – Aszendent Stier

Sie behexen – das ist alles! Sie reden nicht, alles geht durch die Augen, das Herz und vor allem die Poren. Hier regieren die »hautnahen« Beziehungen, solche, wo man sich spürt und vibriert. Sie wollen nichts durch Vernunft und Intellekt erklären – die sie auch nicht im geringsten betreffen! Mit Harmonie der Formen und Proportionen, mit grenzenloser Sinnlichkeit, manchmal voll lästiger Berührungslust, sind sie vollendete Geishas, echte Künstler, gefühlvoll, sanft, verträglich und intuitiv. Aber wie sie einen erdrücken!

Wie kann man ihnen nur entkommen, denkt man schließlich. Wie kann man sich ihrer gallertigen Art entziehen? Kapriziös und nonchalant, geraten sie dann in großen Zorn, und das schlimmste für ihre Umgebung ist mitzuerleben, wie sie weinen und seufzen, weil man sie »feige sitzengelassen« hat. Aber sie trösten sich bald wieder – schon an der nächsten Straßenecke.

3. Fische – Aszendent Zwillinge

Man fragt sich, über was sie sich eigentlich lustig machen, weil es einem einfach nicht gelingt, sie zu fassen und sie zu verstehen. Sie streiten sich nicht, weil sie ihre Ruhe haben wollen, und verlieren sich nicht gern in konkreten Überlegungen, weil die zu schwer auf ihren zarten Schultern lasten. In ihrem Alltag und in ihrer Wirklichkeit sehen sie nicht sehr klar und flüchten sich gern und mit Erfolg in ihre legendären und heilsamen medialen Fähigkeiten. Seltsamerweise sind sie aggressiv, obwohl sie gefühlvoll und sensibel sind, und haben immer das Gefühl, unter Wasser zu schwimmen . . . unter trübem Wasser.

Ihr Leben ist voll außergewöhnlicher und unerwarteter genialer und inspirierter Momente, denn ihre beste Eigenschaft besteht darin, das übermitteln zu können, was sie fühlen. Um nicht zu leiden, ziehen sie sich aber lieber in ihre innere Welt zurück, zu der niemand Zutritt hat, obwohl sie nach außen hin sehr umschwärmt, sehr umworben und sehr umgänglich sind. Ihr Verstand verläßt sie nie. Er begleitet sie wie ein Schatten.

4. Fische – Aszendent Krebs

Hypersensibel, hellsichtig, medial – man glaubt, sie schliefen, und dann trifft man sie am anderen Ende des Planeten wieder! Sie besitzen jene verrückte Eigenschaft, sich von den Dingen völlig durchtränken zu lassen und danach jedesmal gestärkt und intakt wieder aufzutauchen. Und wie geschickt sie das machen! Flatterhaft, das ja, aber auch dickköpfig wie ein Maulesel. Ein Don Juan, aber treu, wenn es um eine besondere Beziehung geht, um eine von vielen . . .

Sensibel und empfindsam, wollen sie anderen wirklich helfen, und das gelingt ihnen auch oft. Natürlich leben sie auch in anderen Welten, ohne Zeit und Grenzen, entsprechend ihrer ungeheuren Einbildungskraft. Und ganz sicher sind sie masochistisch, aber sie bezeichnen es nicht so. Die Doppeldeutigkeit regiert auch hier, vor allem bei den Männern.

5. Fische – Aszendent Löwe

Intuitiv, altruistisch, idealistisch und mystisch, leben sie zwischen der rauhen Wirklichkeit und ihrer Medialität, die ihnen sehr viel interessantere Horizonte öffnet. Sie brauchen eine gewisse Zeit, um diese Welten miteinander in Einklang zu bringen und sie als gegenseitige Ergänzungen gebrauchen zu können, nachdem sie lange Jahre damit verbracht haben, zwischen hemmungslosem Materialismus und absoluter Entsagung hin und her zu schwanken.

Im besten Fall vergraben sie sich in die Arbeit, opfern sich der Liebe auf und haben große humanitäre Ideen. Künstler und Sinnesmenschen, sind sie weniger stark, als sie scheinen, aber auch viel angriffs- und kampflustiger als reine Fische.

6. Fische – Aszendent Jungfrau

Als würden sie in einen Trickspiegel blicken, sehen sie gleichzeitig ihre Vorderseite (zuvorkommend, liebevoll, einsichtig, ernsthaft und streng) und ihre Kehrseite (mystisch, egozentrisch, sinnlich, voll Sehnsucht nach dem Anderswo und der Unendlichkeit). Und da sie sich nicht richtig erkennen können, verlieren sie leicht den Kopf.

Sie verkehren gern mit Menschen, die sie zwingen, über sich hinauszuwachsen, besser zu werden und standfester, oder die mit ihnen zur Suche nach den verlorenen menschlichen Werten aufbrechen.

7. Fische – Aszendent Waage

Wie ein Schwamm oder ein Delphin fangen sie die Schwingungen von ihresgleichen auf und überleben nur durch ihr – enormes – Bedürfnis nach Liebe, Schönheit und Eleganz, und das betrifft sowohl Inhalt wie Form. Ihre Schwäche für das Geheimnisvolle, das Mystische, Phantastische und den Zauber der inneren Welten ist offenkundig und kann die besten und die schlimmsten Folgen haben, genau wie eine gewisse Neigung, sich von allem verzaubern zu lassen, was sie auf Abwege führen und sie verschlingen kann.

Sie scheinen sich alles gefallen zu lassen, geben jedem Wunsch nach und heiraten schnell, weil sie wissen, daß sie allein schwach sind. Und dann entdeckt man sie plötzlich, unfaßbar und wenig moralisch, wie sie sind, am anderen Ende der Welt, obwohl man gedacht hatte, daß sie sich in einer unvergänglichen Leidenschaft häuslich eingerichtet hätten. Sie haben tausend Facetten und sind nicht festzuhalten.

8. Fische – Aszendent Skorpion

Inspiriert, medial, engelhaft und mephistophelisch, sehen und hören sie ungeahnte Dinge. Sie haben die Intuition der Nacht und der Schattenseite der Dinge und folgen den ewigen Wellen, die ihren schwingenden und so mitreißenden Schritt bestimmen. Schließlich jedoch durchschauen sie die Illusion, brauchen aber viel Zeit, um den Ausgang aus ihrem phantastischen und oft dunklen Universum zu finden. Sie drohen immer wieder zu ertrinken, überstehen aber jedesmal den Schiffbruch.

Sie sind das Gedächtnis des Universums. Magier, die sie sind, zögern sie zwischen weißer Magie und schwarzen Messen. Ihre Sinnlichkeit ist beängstigend, vor allem für sie selbst, aber auch für jeden, der in ihren Treibsand gerät. In schöpferische Kanäle geleitet, wird sie wunderbar.

9. Fische – Aszendent Schütze

Unter dem Panzer eines starken, idealistischen und zutiefst mystischen Charakters schlägt ein großes Herz – groß wie die Menschheit und alles, was man in ihrem Namen tun kann. Es sind geborene Missionare, Visionäre, Pilger oder Träumer, sensibel, künstlerisch, gefühlvoll und niemals mit dem Irdischen wirklich zufrieden. Sie sehen alles in großem und weitem Zusammenhang, streben immer nach mehr und Besserem und sind fähig, es auch zu verwirklichen.

Ihr lymphatisches Temperament kann sie schläfrig oder übererregbar machen: Sie lassen sich alles gefallen oder revoltieren, kapseln sich ein oder explodieren, handeln oder flüchten, sind freundlich oder aufbrausend. Auch wenn sie körperlich anwesend sind, leben sie in einer anderen Welt.

10. Fische – Aszendent Steinbock

Intuitiv, gefühlvoll, sensibel, haben sie Angst, enttäuscht zu werden und sich die Finger zu verbrennen, und da sie keine Verteidigungsmöglichkeit haben, um ihr Herz zu panzern, ist es für sie nicht immer leicht. Ihr Integrationsbedürfnis ist oft sehr groß und nie ganz zu befriedigen. Sie haben großartige humanitäre und mystische Ideen, die sie mit anderen teilen wollen, doch dann zappeln sie doch immer wieder in ihrem eigenen Netz von Unglauben und Willensschwäche.

Sie sind gutmütig naiv, und wenn ihnen das bewußt wird, können sie abscheulich werden.

11. Fische – Aszendent Wassermann

Sie leben nicht im Heute und auch noch nicht richtig im Morgen. Sie schwimmen in einer Raum-Zeit, die dem Zeitlosen näher ist als den Gegebenheiten des Alltags. Sie sind für das Unsichtbare empfänglich und glauben fast alles, was man ihnen sagt.

Sie sind sensibel, teilen das Leid der Welt, und wenn sie beschließen, in einem bestimmten Sinn zu handeln, gibt es für sie nichts anderes mehr.

12. Fische – Aszendent Fische

Ihr Körper ist Gefäß für das ganze kollektive Unbewußte. Es sind wahre Weltenschöpfer, aber gefangen in ihren inneren Windungen, und fordern eine totale affektive – und effektive – Eroberung. Oder sie machen eine Kehrtwendung und werden mehr Jungfrau als die Jungfrau selbst – pingelig, starr, streng, verklemmt, unkenntlich . . .

Jedenfalls ist diese Struktur seelisch instabil und schwierig zu leben. Die Frauen sind sehr viel strukturierter als die Männer.

Energie und Gesundheit

Schlüsselworte der Fischeenergie

Schwanken: Ständig hin und her schwankend zwischen Nonchalance und Aggressivität, zwischen Schweigen und verbalem Überschwang, zwischen nicht genug und zuviel, ohne Grenzen, ohne jedes Maß, ist der Fisch einmal überschwenglich, dann wieder erschöpft. In seinem inneren Chaos prallt ohne Unterlaß alles aufeinander. Dieses ewige Schwanken verbraucht zwangsläufig die Energiereserven, die sich schließlich erschöpfen, weil sie nicht richtig eingeteilt und reguliert werden. Aber wenn die Erschöpfung die energetische Haupteigenschaft des Zeichens ist, so folgt darauf als nächste die der Regeneration.

Verinnerlichung: Handlungen und menschliche Kontakte gehen dem Fisch nie wirklich nahe. Er behält immer einen wichtigen Teil von sich zurück, der ihm bei allen Prüfungen, vor allem den Gefühlsproblemen, als schußsichere Weste dient. Denn genau an diesem Punkt kann man ihn am meisten treffen und ihm seine – schwankende, aber unerschöpfliche – Energie rauben. Verinnerlichung und Kommunikationsverweigerung sind Teil der energetischen Fischestrategie.

Fusion: Bei dem Verlangen des Fisches, im Unterscheidungslosen aufzugehen, könnte man von einem Fusionssyndrom sprechen. Seine Fähigkeit zur Selbstbehauptung wird sehr schnell durch seine legendäre Empfindsamkeit untergraben, durch seinen fast völligen Mangel an Widerstand gegenüber dem Anstürmen von echten oder falschen Gefühlen und Ideen aller Art. Sein Masochismus ist legendär, bedrängend, beängstigend, als habe er ein gewisses Bedürfnis nach archaischer Erlösung, eine Sehnsucht, sich zu opfern. Verwirrung und alles in sich Einsaugen führen nicht zu einer echten energetischen Ausgeglichenheit, und so sind die Fische immer Verunreinigungen, Infektionen, Vergiftungen und irgendwelchen anderen, plötzlich auftretenden Störungen ausgeliefert.

Gesundheit

Bakterielle Überfälle von unerwartetem und verrücktem Ausmaß und fast ans Wunderbare grenzende Regenerationskraft – damit ist alles über die Fischegesundheit gesagt. Die Beziehung des Fisches zu seinem Körper und zum Leben allgemein übersteigt völlig das Begriffsvermögen der Mediziner: Der Fisch ist grundlos krank und gesundet ohne Medikamente. Er ist den Zufälligkeiten seiner Emotionen und seiner Vorstellungskraft ausgeliefert, gegen die er wehrlos ist, und genau dort, und nur dort muß man nach der Erklärung für dieses seltsame Verhalten suchen. Ein Priester oder eine Liebesromanze heilen ihn offenbar besser als alle Medizin der Welt.

Der Fisch spielt mit seinen eigenen Grenzen, was damit endet, daß er seine Maschine überfordert, aber während man glaubt, er sei an Fettsucht oder an einer Abmagerungskur gestorben, an einer Zirrhose zugrunde gegangen oder mit einer Prise Kokain davongeflogen, taucht er, vor Gesundheit strotzend, wieder auf, den Körper von der Sonne gebräunt, muskulös und voll Spannkraft, obwohl er einen Monat früher noch schlaff und abgespannt herumhing. Zu verstehen ist das nicht! Dabei sollten Anfälligkeit, Empfindlichkeit, zu große Sensibilität und chronische Neigung zu Infektionen, höchste Aufnahmebereitschaft für Gifte den Fisch eigentlich zur leichten Beute machen . . . Das wird er dann auch plötzlich eines Tages im Sommer, weil er sich im Durchzug befand, und dieser leise Hauch genügte, um seine Seele davonzutragen . . .

Für Menschen, die so störanfällig und andererseits so wenig zu stören sind, ist schon die geringste Kleinigkeit das Ganze. Kurz, eine hervorragende Gesundheit, mit der nicht richtig umgegangen werden kann, vor allem auch, weil der Fisch auf eine sehr vage Weise nie weit davon entfernt ist zu denken, daß das irdische Leben alles in allem sehr wenig bedeutet, und wenn er an seiner eigenen Instabilität sterben muß – mein Gott, was soll's?

Nervliche und psychische Instabilität:
Gefühlsschwankungen und Depressionen drohen mit heftigen Krisen, können sich aber auch in einem Abwehrmechanismus äußern, der an Versteinerung grenzt, oder durch zu große Sensibilität, die zu Tränenausbrüchen, permanentem Klagen, verbaler und körperlicher Aggressivität und physischen Tics führen kann, sehr typisch für Menschen, die man als wahre »elektrische Batterien« bezeichnet.

Bei den Nervenkrankheiten sind zu nennen: chronische Krampfanfälligkeit (vor allem bei den Fischefrauen), Ernährungsprobleme (Über- oder Unterernährung, Neigung, zu schnell und wahllos zu essen), Verdauungsstörungen, unerklärliche Fieberanfälle, Zittern, Schüttelfrost, Atemnot, Adrenalinabfall, Immunschwächen, die den Körper wahren Elektroschocks aussetzen.

Lungen und Atemsystem: Auch hier sind die Probleme auf nervöse Instabilität und Beziehungsschwäche zurückzuführen und haben direkte Folgen auf die traditionell schwachen Lungen. Die Probleme des Atemsystems (vor allem der Lungen) stehen unmittelbar mit den Emotionen in Verbindung, mit denen der Fisch nicht immer richtig umgehen kann, und mit dem amphibischen Ursprung des Menschen, den der Fisch nie ganz vergißt. Weil er Gefühle vergeistigt oder mißachtet, ist der Fisch in diesem Punkt eines der anfälligsten Zeichen. Nasen-Rachen-Katarrh, Nebenhöhlenentzündung, Lungenentzündung, Rippenfellentzündung, Asthma schwächen schließlich das Immunsystem durch die Häufigkeit ihres Auftretens und den offenkundigen Disziplinmangel des Fisches, der die Botschaft bagatellisieren möchte.

Blutkreislauf: Die Schwierigkeiten lassen sich durch die allgemeine träge Herztätigkeit erklären, die durch die Abneigung der Fische gegen Sport und Anstrengung nicht besser wird. Ebensowenig fördert die für das Zeichen typische Schwäche der Atmungsorgane die Sauerstoffzufuhr des Blutes. Das Terrain ist also günstig für Zirkulationsstörungen, Gefäßerkrankungen und ihre Folgen in Form von Krampfadern, Venenentzündungen, geschwollenen oder schweren Beinen, schwachen Gefäßen, Kuperose.

Nieren: Ihre Unzulänglichkeit hängt mit dem Wasser zusammen und wie der Organismus damit umgeht (problematisch). Der Fisch braucht Wasser und trinkt oft mehr, als er ißt. In dieser Beziehung heißt es alles oder nichts: Entweder er schafft mühsam einen Viertelliter am Tag, oder er trinkt unaufhörlich, bis er sich wie ein Ballon fühlt. Bei den Frauen neigt die Sekretion der Geschlechtshormone zur Überproduktion. Pubertät und Wechseljahre sollten stets überwacht werden, mehr als bei anderen Zeichen. Die Nierenfunktion macht sich durch alle ihre Probleme bemerkbar: Statt auszusondern und auszuscheiden, kommt es zu Stauungen und Überlastung, die leicht chronisch werden. Vorsicht vor akuter oder chronischer Nierenentzündung, Blasenentzündung, Gicht, Arteriosklerose, Diabetes.

Lymphatisches System: Ein gesundes lymphatisches System sorgt für Spannung und Lebendigkeit, für die Lebenskraft. Wenn es überlastet wird, was immer mit der Ernährung und dem Verdauungsapparat zusammenhängt, ergeben sich sofort mehr oder weniger schwere Leberprobleme. Bei den Wasserzeichen ist das lymphatische System besonders empfindlich.

Haut: Die Haut ist das ideale Terrain, um übergroße Gefühlsempfindlichkeit und chronische Nervenspannung anzuzeigen. Sie macht bei den Fischen immer Probleme: Sie ist fett, rauh, gedunsen, juckt, ist bleich im Winter und rot im Sommer und hat wenig Elastizität. Außerdem ist der Fisch für Allergien sehr anfällig, auch für Akne und auch noch nach der Pubertät.

Leber: Hier findet man die Folgen von drei Faktoren: nervöse und mentale Empfindlichkeit, Herz-Kreislauf-Störungen und Immunschwäche, das Ganze verstärkt durch geringe Disziplin und wenig gesundes Leben, beides kennzeichnend für den Fisch. Hinzu kommen noch Eßlust und der Hang zur Flasche. Mit der Zeit verstärken sich die Leberprobleme und haben schwere Folgen für das allgemeine Immunsystem. Ein unzulängliches Immunsystem ist einer der Schlüsselpunkte des Zeichens.

Gift: Der Fisch läßt nicht einen Exzeß, nicht einen Schuß aus. Nachdem er den Alkohol probiert hat, beginnt er zu rauchen und peilt psychedelische Substanzen an, falls er nicht offen von harten und tödlichen Drogen abhängig ist. Auch *junk food* darf man hier nicht vergessen. Der Fisch ist das einzige Zeichen, das in einer Woche zehn Kilogramm zu- oder abnehmen kann! Aber nichts kommt der Trunkenheit – und der Schädlichkeit – eines emotiven Schusses, sprich der Verliebtheit, gleich. Die großen Geschichten auf Leben und Tod geben im Leben des Fischs den Takt an. Auch seine sadomasochistischen Beziehungen mit sich selbst tun seiner moralischen, seelischen und körperlichen Gesundheit nicht gerade gut.

Beim Fisch mit **zuwenig** Energie ist die Emotivität übertrieben und krankhaft, Ursache seines fehlenden Unterscheidungsvermögens und seiner Richtungslosigkeit, seiner Mattigkeit und Neigung zu Depressionen. Melancholie, Reizbarkeit und Gefühlsschwankungen stellen sich ein. Fuß-, Hals- und Kreislaufprobleme, Frigidität und Weinkrämpfe mit Strömen von Tränen durchziehen seinen Alltag.

Der Fisch mit **zuviel** Energie entwickelt Unzufriedenheit mit den Menschen und wird zornig auf sie, er ist eifersüchtig und macht ständig Vorwürfe, aus Rachsucht oder echter, mit vorsätzlicher Hinterlist gemischter Gemeinheit. Und dann, plötzlich, mitten in einem Ausbruch von Gewalttätigkeit, treibt ihn eine tödliche Erschöpfung in den Schlaf.

Man sollte jedoch nicht vergessen, daß sich Phasen mit zuviel oder zuwenig Energie immer abwechseln, je nach Augenblick und Lebensabschnitt. Nur durch eine Generaluntersuchung kann die energetische Landkarte eines Menschen wirklich verständlich gemacht werden.

Ratschläge für ein besseres Gleichgewicht

Das Schlüsselwort für die Fischegesundheit ist: **vermeiden.** Als Variationen über das Thema, wie man sich schützen kann, teilen sich die Fische in zwei Lager, in denen sich zwei Kategorien in ihrem Verhalten abwechseln: Die einen sind wahre Schwämme, saugen alles auf, was herumtreibt, und wissen nicht mehr, was ihnen gehört und was nicht. Sie sind mit tausend Emotionen, Krankheiten, Bakterien und Gedanken zugestopft, die nichts mit ihnen zu tun haben. Und dann gibt es die anderen, die ständig wachsam sind, immer die Zähne zusammenbeißen und so ihre Kräfte aufzehren, weil sie nicht dazu geschaffen sind, lange in diesem Zustand zu bleiben. Resultat: Ekel und die Erschöpfung des Immunsystems gewinnen die Partie. Dann versucht man, sich mit einem Glas zu beruhigen, sich durch Aufputschmittel zu integrieren, und frißt, um sich wieder zu verankern und ruhig zu werden . . .

Aber das einzige Heilmittel für den Fisch ist und bleibt, sich von all dem, was nicht zu ihm gehört, leerzumachen und aufzuhören, das Elend der Welt in sich zu tragen, damit es anderen erspart bleibt. Sonst opfert er sich im wahrsten Sinn auf, und das ist reine Selbstvernichtung. Er muß eliminieren! Und vermeiden, ausrichten, sich wieder erholen und basta! Die Leere und Reinheit des Herzens wiederfinden, damit er dort die Sirenen singen hört.

Harmonie durch Edelsteine

Zugeordnete Farbe: Indigo.

Diamant: Der Stein der Steine. Seiner Reinheit kommt nur seine Festigkeit und seine Leuchtkraft gleich, die er über alle, die ihn tragen, strahlt. »Ein Diamant ist für die Ewigkeit«, und wenn man ihn trägt, fühlt man sich verpflichtet, so vollkommen zu sein wie er. Er fördert die Erhöhung der Energien und den Kontakt mit der höheren Astralebene.

Jade: Sie weckt das Bewußtsein, befriedet es, gleicht es aus, stärkt Mut und Gerechtigkeitssinn. Symbol für Kraft und langes Leben.

Aquamarin: Säubert den Körper und reinigt die Seele, hilft bei der spirituellen Entwicklung.

Harmonisierender Stein: Rubin. Gibt Energie, reguliert den Blutkreislauf und macht für Sinnesfreuden aufgeschlossen.

Liebe und Freundschaft

Absolut, großartig, ehrerbietig

Der Fisch hat immer eine mehr oder weniger absolute, grandiose und ehrerbietige Sichtweise der menschlichen Begegnung, und ihm rational erklären zu wollen, daß es eine solche Vollkommenheit nicht gibt, ist von vornherein aussichtslos.

Im alltäglichen Leben wird dieses unerfüllbare Ideal jedoch auf viel zwiespältigere Weise gelebt. Im allgemeinen gutaussehend, aber vor allem behexend, haben die Fischemänner den Ruf, glühend sinnlich und erprobte Don Juans zu sein. Sie tun tatsächlich alles, um als Helden der Literatur zu enden, denn die keusche, reine und ätherische Frau, die in ihrer Vorstellung herumspukt, existiert nicht. Doch während sie auf sie warten, haben sie alle anderen aus Widerwillen und mit Widerwillen ausprobiert, hinausgeworfen, verhöhnt, verachtet, verführt. Und dann fängt es wieder von vorne an: Sie kommen beinahe um vor Sehnsucht nach der einen, für die sie Körper und Seele hingeben würden und die sie tausend Tode erleiden läßt, weil sie sich ihnen verweigert. Sadomaso, und es heißt, zurück zum Startpunkt für eine neue Runde!

Die Fischefrauen, lasziv und wogende Sirenen, sind zu jedem Opfer, jedem Exzeß, jeder Verrücktheit bereit, wenn man sie liebt. Fügsam, süß und anpassungsfähig, bleiben sie jedoch viel unzugänglicher, als diejenigen ahnen, die glauben, sie könnten gleichzeitig in ihr Geheimnis eindringen, wenn sie in ihr Fleisch eindringen. Sie loszuwerden ist unmöglich, selbst wenn man sie mit einem Fußtritt hinausbefördert. Doch wenn man näher hinsieht, entdeckt man, daß sie sich zwar alles gefallen und alles mit sich machen lassen, aber völlig intakt daraus hervorgehen.

Ausgeglichenheit und Vernunft gelten nicht für ihr Liebesleben, wie auch sonst nicht. Doch die Fischefrauen schwingen im Ton ihrer Seele und der – noch so kurzen – Gemeinsamkeit, die sie nur bewerkstelligen konnten, weil sie eines niemals vergessen: Abgesehen von Perversionen und zwielichtigen Handlungen ist jeder Kontakt ewig.

Die Beziehungen zu den anderen Zeichen

Fische – Widder

Sie scheinen der totale Gegensatz zu sein und brauchen sich doch gegenseitig. Der Widder setzt nur auf die Wirksamkeit seiner Taten, denn »nichts geschieht, was man nicht erschafft«. Der Fisch setzt nur auf sein »Wozu soll das gut sein?«, denn alles geschieht im richtigen Augenblick, ohne eigenes Zutun. Deshalb braucht keiner die Einsatzfreudigkeit des Widders so sehr wie der Fisch, und keiner hat die Gleichmütigkeit und das intuitive Loslassen der Fische so dringend nötig wie der Widder.

Etwas Faszinierendes, Ursprüngliches bindet den einen an den anderen, den einen im anderen. Doch trotz seiner sogenannten Nonchalance und obwohl er so tut, als ließe er sich alles gefallen, bleibt der Fisch immer intakt und schwimmt weiter in den Gewässern seines Inneren, ohne sich je wirklich auf der festen Erde des Widders zu verpflichten. Und dieser hat es schließlich satt, ihm immer nachzulaufen.

Fische – Stier

Sie wissen eindeutig, daß sie füreinander gemacht sind, spüren, daß sie das gleiche innere Universum teilen, daß alles vom Gefühl und den subtilsten Emotionen abhängt. Aber es fällt ihnen unglaublich schwer, das auszusprechen. Alles geht soviel besser mit den Händen, den Augen, den Poren, der Seele – vor allem mit der Seele, jener Seele, die man so verhätschelt. In der irdischen Realität hindert der Stier den Fisch daran, sich zu ertränken, und der Fisch den Stier, sich in der Erde zu vergraben. Musik, Tanz, Malerei, alle künstlerische Arbeit und besonders die Freuden ihrer Beziehung – und manchmal auch die Schrecken der Leidenschaft mit einem leicht sadomasochistischen Beigeschmack –, das ist ihr Universum. Wenn sie demselben Geschlecht angehören, können sie großartige Freunde sein. Zwischen ihnen kreisen magische, zwillingshafte Strömungen. Bei verschiedenem Geschlecht ist es eine sehr sinnliche Liebesbeziehung, denn sie fordern immer vom Körper, daß er im Namen der Seele spricht, und wissen nicht, wie und warum sie sich dem entziehen können.

Fische – Zwillinge

Nichts, wirklich gar nichts können sie gemeinsam tun. Sie leben in zwei völlig verschiedenen Welten. Und doch öffnet jeder dem anderen neue Universen – allerdings ohne daß dieser sie dann betritt. Dem Zwilling gelingt es zwar, das Universum seiner medialen Fähigkeiten zu schildern, das sie trotz allem gemeinsam haben. Der Fisch aber erreicht Bewußtseinszonen und -ebenen, die dem Zwilling noch verschlossen sind.

Die Beziehung wird von immateriellen Wesen bevölkert und durchquert, von Phantomen und Schatten, die nicht leicht zu entschlüsseln und nicht unbedingt positiv sind. Das ist subtil, medial – oder sumpfig. Jedenfalls bewirkt das alles Dramen für den Körper und Hochgenüsse für den Geist. Oder umgekehrt, man weiß es nicht so genau.

Fische – Krebs

Zweifellos kommunizieren ihre Seelen miteinander. Sie brauchen keine Worte, um dasselbe innere Universum und eine intuitive Wahrnehmung der nicht faßbaren, unsichtbaren, magischen und ewigen Welt zu teilen. Der Körper ist das Gefäß ihrer Seele, und sie haben die gleiche Vorliebe für subtile sinnliche Spiele. Letztlich ist es eine mediale Beziehung – für alle Ewigkeit –, wie es sie nur selten gibt.

Aber . . . der Krebs lebt auf Erden, selbst wenn er sich in den unergründlichen Tiefen des Meeres aufhält. Der Fisch hat nur die Unendlichkeit des Kosmos zur Heimat. Es bestehen Mißverständnisse über die Dimension der Dinge und die Vorstellung von Freiheit. Der Fisch ist sehr zufrieden, beim Krebs Sicherheit zu finden, wenn er sie braucht, doch er verschwindet wortlos in die Unendlichkeit, die allein seine »Familie« ist. Ganz entschieden schrecklich für den Krebs, der mit seinem Latein am Ende ist, denn wie soll man dem Unnennbaren folgen, wenn man weder Flügel noch Flossen hat? Fluktuierend, magisch und glatt – so ist die Szenerie.

Fische – Löwe

Der Fisch verehrt den Löwen vorbehaltlos und versorgt ihn mit Intuition und Spiritualität, die ihm fehlen, und so sind alle Hoffnungen erlaubt, um so mehr, als die Nachgiebigkeit des Fisches hoffen läßt, daß es zu keinen Zusammenstößen und Mißverständnissen kommt. Deshalb ist es im allgemeinen besser, wenn der Fisch eine Sirene ist und geführt werden mag. Aber Vorsicht: Man wird sie nie unterdrücken können, auch wenn es so aussieht.

Falls der Mann Fisch ist, schwimmt er wohlgemut neben der gelassenen Kraft seiner Begleiterin, die ihn glauben macht, daß er das Boot steuert, selbst wenn sie am Steuer sitzt. Tatsächlich dröhnt der Löwe, daß nur er weiß, wohin es geht, aber dann erreicht der Fisch das Ufer als erster. Eine reife Beziehung.

Fische – Jungfrau

Der Anfang ist sehr erfreulich. Die Jungfrau verankert den Fisch in der Wirklichkeit und gibt ihm irdischen Halt. Der Fisch öffnet die Jungfrau der Sinnlichkeit, der bedingungslosen Hingabe und der Selbstverleugnung, und sei es auch nur, weil er ihr immer wieder entschlüpft.

Sie sollten diese guten Aspekte genießen, ehe jeder wieder in sein eigenes Universum zurückkehrt, doch ein Kommen und Gehen ist nicht ausgeschlossen, im Gegenteil. Man kann sich finden, verlieren und wiederfinden, bis in die Unendlichkeit.

Fische – Waage

Wenn ein Lufthauch einer Seife begegnet, was passiert? Es gibt Seifenblasen, die nicht zu fassen sind – und davonfliegen! Wie sie zurückhalten? Und warum sollte man es tun, wozu? Der eine gleitet in die Tiefen, der andere wird durch den Wind geblasen . . .

Die Waage moralisiert, der Fisch zeigt seine Empfindlichkeit, und wenn er von der Welt erzählt, geht sie die Zeitung holen . . . Mißverständnisse und Unsicherheiten, die auch von der Sinnlichkeit nicht überspielt werden können.

Fische – Skorpion

Der Fisch ist dem Skorpion auf dem Gebiet der Sublimierung, der Loslösung und der Erkenntnis des Göttlichen weit voraus. Tatsächlich hat er schon die allgemeine Vorstellung von Gefühlen und irdischen Werten hinter sich gelassen.

Doch der Skorpion fasziniert und reizt ihn, und Anflüge von Sadomasochismus sind sicherlich nicht ausgeschlossen. Zusammen gehen sie sehr weit, auch wenn sie nicht wissen wohin, auf jeden Fall aber dorthin, wohin kein anderer geht und ihnen kein anderer folgt.

Fische – Schütze

Für die beiden ändern sich Raum und Zeit und werden ewig und grenzenlos. Sie bewundern eine wunderbare andere Welt mit mystischem Widerschein, haben einen Glauben, der Berge versetzen kann, und einen Sinn für humanitäre Hilfsaktionen. Außerdem haben sie eine ziemlich genaue Vorstellung vom Körper und der Sinnlichkeit als Vehikel der Seele. Sie akzeptieren, respektieren und lieben sich zutiefst.

Der Schütze kümmert sich um alle materiellen und konkreten Aspekte, und alles geht gut. Außer, daß die Sensibilität des Fisches von der tiefsitzenden Unsensibilität des Schützen sehr verletzt wird. Alles in allem visieren sie nicht ganz genau denselben Horizont an, trotzdem ist die Beziehung sehr positiv.

Fische – Steinbock

Sie haben aufeinander gewartet. Sie sind dazu gemacht, sich zu verstehen, auch mit der Seele. Vor allem der Fischemann kommt mit der Steinbockfrau gut aus. Dem Fisch gelingt es, den frustrierten und mißtrauischen Steinbock zum Träumen und Lächeln zu bringen. Er entspannt sich und läßt sich gehen – ein Wunder.

Denn der kleine Fisch scheint völlig unfähig zu sein, ihm auch nur im geringsten weh zu tun. Aber dann . . . Da der Fisch nur das tut, was ihm Spaß macht, könnten die Dinge ziemlich schwierig werden. Trotzdem ergänzen sie sich großartig.

Fische – Wassermann

Der eine lebt im tiefen Wasser, der andere ganz und gar in den Wolken – es ist also nicht einfach, sich zu treffen. Glücklicherweise bleiben ihnen ihre gemeinsamen humanitären Ideen, die sie verbinden, ihre Bereitschaft zu teilen und ihr Altruismus bis zur Opferbereitschaft. Doch der Fisch sucht seinen Peiniger, und der Wassermann kann es nicht ertragen, diese Rolle zu spielen. Hier liegt das grundlegende Mißverständnis.

Fische – Fische

Sie leben in ihrem Aquarium mit direktem Anschluß ans weite Meer. Wenn sie sich berühren, vermischen sich jedesmal ihre Seelen, ohne daß sie darüber reden oder es zeigen müssen. Das ist mystisch-kosmisch, es läßt sich nicht erklären.

Doch die äußere Welt hat auf lange Sicht keinen Platz für sie vorgesehen: Sie sollten ihre Lebensweise und ihre Unfähigkeit, sich einzuordnen, überprüfen und aufhören, sich mit der Gierigkeit der Abhängigen aneinanderzuklammern. Aber ihrer beider Sinnlichkeit ist unerreicht . . . Trotzdem, es kann hier viel Porzellan zerschlagen werden.

Berufliches und gesellschaftsorientiertes Leben

Subtil, hart, mystisch

Die Fischegeborenen erweisen sich häufig als sehr harte Geschäftspartner, obwohl bekannt ist, daß sie sich aus konkreten und materiellen Erfolgen eigentlich nichts machen. Was das Geschäftliche anbetrifft, sind sie oft mehr Jungfrau als die Jungfrau selbst und entschlossen, sich nicht alles gefallen zu lassen, sondern im Gegenteil ihr Wissen um Schatten und Besuche unsichtbarer Wesen – das heißt, ihre Kenntnis von den Geheimnissen, die den Menschen regieren – voll auszunutzen. Dies sind äußerst wirksame Waffen, denn es gibt auf dem Planeten sehr wenige Menschen, die sie so gut anwenden können wie sie. Tatsächlich leben sie ihr gesellschaftliches und berufliches Leben nach den Kriterien und Methoden der Mystik und mit einer Unbeteiligtheit, die mehr Erfolge und Wunder bewirkt, als wenn sie mit der Faust auf den Tisch schlügen!

Subtilität, Psychologie, Intuition, Kultur, sich durchschlängeln und ständig anpassen – die Waffen des Fisches sind sehr raffiniert, und man könnte Löwe, Steinbock und auch Widder empfehlen, sich eine Scheibe davon abzuschneiden.

Eben weil sie zu gut wissen, daß gesellschaftlicher und finanzieller Erfolg nicht unbedingt notwendig sind, können sie sich frei fühlen und darin brillieren. Wenn man einwendet, daß ihnen eben die Dinge leicht von der Hand gingen, lächeln sie nur, weil sie wissen, daß sie von einer unsichtbaren Wesenheit geführt werden.

Dies ist jedoch die Idealversion des Zeichens und seiner äußeren Möglichkeiten. Denn viele, zu viele Fischegeborene gibt es, die von der Wirklichkeit verwirrt sind, sich nicht richtig integrieren können, davonlaufen, von ihren Illusionen abhängig sind und ihr inneres Chaos mit ganzem Gewicht auf ihre Umgebung abladen. Sie geraten auf krumme Wege und lassen sich auf mehr als dunkle Geschichten ein, führen ihr Leben mit mehr oder weniger freiwilligen Hinterhältigkeiten und Betrügereien, deren Folgen für andere Menschen ihnen gleichgültig sind und für die sie nur Verachtung haben. Diese Fische gibt es, und wer ihnen große Summen geliehen und Stunden verbracht hat, darüber mit ihnen zu diskutieren, und schließlich aufgibt, sieht mit Entsetzen, wie sie sich an einen anderen heranmachen und wieder das gleiche Spiel beginnen, ohne sich an den vorherigen Fall noch genau zu erinnern.

Zwischen diesen beiden Extremen gibt es feine, freundliche und offene Menschen, die hervorragende menschliche Kontakte haben, glänzende Psychologen sind, allgemein geachtet und in allen Sätteln gerecht, und die überall eingeladen und unauffällig anwesend sind, aber immer nur zur Hälfte in ihre gesellschaftlichen Beziehungen eingespannt und immer bereit, die Flucht zu ergreifen. Sie verleihen dem Alltag einen Hauch von Poesie und Traum und arbeiten mit Inspiration und Intuition. Aus allen diesen schönen Gründen bewundert man sie, aber Vorsicht! Ein Minimum an Zurückhaltung zu bewahren, ist bei einem Fisch immer gut.

Berufe der Fische

Kunst und Kreativität: Dieses Gebiet steht im Vordergrund, denn die Fische sind geborene Künstler und Ästheten, voller Einfälle. Man findet sie in jedem Künstlermilieu, vom Film bis zum Design, vor allem in Berufen, die mit Tanz, Malerei und Musik zu tun haben. Die Welt des Films lieben sie besonders, da sie sehr gute Schauspieler sind.

Schreiben: Die Fische stehen bewußt auf der Seite des Schöpferischen, des Künstlers, des Schriftstellers. Es gibt tatsächlich keine bessere Möglichkeit, loszulassen, als das Schreiben, das bei den Fischen von soviel Inspiration, Kultur und außergewöhnlichem Vorstellungsvermögen unterstützt wird.

Medizin: Pflegen, heilen, vorsorgen, lindern – diese Dinge sind für die Fische sehr wichtig. Deshalb trifft man sie in der Medizin häufig, als Ärzte, aber auch als Pfleger, Helfer, Hebammen, Apotheker, und immer mehr praktizieren sie auch Alternativmedizin, als Gesundheitsberater, Akupunkteure, Ernährungsberater, Pflanzenheilkundige, Homöopathen, Aromatherapeuten . . . Alles, was sich heutzutage in direkter Nachfolge von Äskulap und seiner Zunft in den verschiedenen Gruppierungen der mehr oder weniger mystischen und metaphysischen Heiler oder Zauberlehrlinge entwickelt, fällt in dieses Gebiet und betrifft vor allem die Generation der Vierzig- bis Fünfzigjährigen.

Humanitäres und Soziales: Fürsorglichkeit, Verständnis und Hilfsbereitschaft, der mehr oder weniger feste Wunsch, seine Energien zu kontrollieren, auf sozialem Gebiet und für sozial Benachteiligte arbeiten zu können, veranlassen die Fischegeborenen, bei humanitären Unternehmungen, karitativen Organisationen und religiösen Aufgaben mitzuwirken.

Ernährung: Die Ernährung ist ein zentraler Punkt bei den Fischen. Man findet sie deshalb oft in Cafés, in etwas besonderen Restaurants, in Reformhäusern und vegetarischen Restaurants, als Ernährungsberater, vor allem für Kinder, in Kurheimen und auf Gesundheitsfarmen.

Öffentlichkeit: Das heißt, alles, was eng mit dem politischen und diplomatischen Leben zusammenhängt. Dort schätzt man die Fische als Berater, Diplomaten, Politiker und Redner, weil sie ein Charisma haben, das die Menge unglaublich anzieht, aber auch als Helfer und Assistenten, je nach den Gegebenheiten und der Person.

Psychologie: Unglaublich viele Fische sind Psychoanalytiker, Psychologen, Forscher, Fachleute für Persönlichkeitsentwicklung und Personalchefs, auch mystische und spirituelle Heiler.

Abenteuer und Reisen: Dies ist auch eine große Vorliebe der Fische. Zu jedem Abenteuer bereit, zu jeder Herausforderung, jeder Besteigung und Durchquerung, findet man sie auf dem Gipfel des Mount Everest, als Hubschrauberpiloten, Seefahrer, Reiseagenturinhaber und Expeditionsteilnehmer.

Begegnung mit dem Göttlichen in uns

Der Sinn für das Göttliche bei den Fischen

Die Aufgabe des Fisches ist es, uns die Botschaft der Liebe zu übermitteln. Für ihn selbst geht es um den Versuch, sein Herz zu läutern und dem Urchaos, das er in sich trägt, Sinn und Form zu geben. Wenn ihm dieses erhabene Bemühen gelingt, das nur wenige in diesem Zeichen Geborene schaffen (denn viele sind berufen, aber wenige sind auserwählt . . .), wird er zu einem reinen Kanal, der uns endlich wieder mit unserer ewigen Dimension verbindet.

Und wen dies nicht überzeugt, sollte nur lange in die Augen eines im Zeichen der Fische Geborenen blicken. Da sieht man seine Seele, da erkennt man, daß er schon zur Hälfte dort ist. Aber wohnt der Fisch überhaupt jemals auf der Erde? Oder ist er nicht der Mensch, der Fisch war, ehe er Mensch wurde?